历史之眼
主 编：姜 进

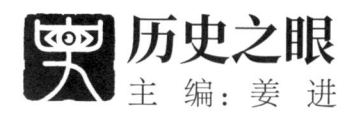

THE FORBIDDEN BEST-SELLERS OF
PRE-REVOLUTIONARY FRANCE

法国大革命前的畅销禁书

〔美〕罗伯特·达恩顿 —— 著

郑国强 —— 译　洪庆明 —— 校

上海教育出版社

献给哈里·皮特——我的良师益友

中文版序

《法国大革命前的畅销禁书》的中文版即将问世,让我感到非常高兴和荣幸。这本书的英文版已经面世25年,其间发生了很多事情,中美两国人民彼此之间有了极大的相互理解,书籍的翻译在其中做出了巨大的贡献。如果我的书也能促进这种相互理解,没有什么比这更让我高兴。

这听起来像是一种礼貌的陈词滥调。为了避免这个误会,我应该补充说,我非常关心书籍突破文化差异的力量。事实上,《法国大革命前的畅销禁书》即是试图理解这种力量的尝试。它挑战了启蒙运动的作品直接导致法国大革命的假设,也挑战了书籍的历史直接影响这一事件的假设。与线性因果关系分析不同的是,它试图揭示大革命源起的文化模式,并遵循文化传播的过程。也就是说,这本书要展示的是,书籍如何真正渗透到社会中,以及它们如何威胁到旧制度的正统。

随着我在档案馆待的时间越来越长,尤其是在18世纪唯一一家档案保存得几乎完好无损的出版商"纳沙泰尔出版社"(STN)的档案馆,我发现,书籍遇到读者和读者获取书籍的方式变得越来越复杂。当我开始阅读出版商和书商的书信时,一个令我惊讶的短语是"哲学书"。起初,我认为它指的是哲学家的作品。但当我检查书商订单上出现的书籍时,我发现像《修道院中的维纳斯》和《路易十五的私生活》这样的书名,与伏尔泰的《哲学通信》和德·霍尔巴赫的《自然体系》并列。

"哲学书"被证明是法国政府高度禁止的专业术语。它们是市场上在售书籍中最危险的元素,因此在售卖中,它们受到图书专业人员的特殊对待。它们被藏在货物底部的稻草中，或被夹在包括《圣经》在内的合法书籍中。当我系统地研究这些图书是怎么交易的，一部已被遗忘的文学通史逐渐变得清晰起来。

《法国大革命前的畅销禁书》就是这项研究的结果。我希望它不仅能吸引学界人士，也能吸引一般读者，那些对文学的性质以及对其他时代和地区的历史有兴趣的中国大众读者。我相信，这类文化史可以带我们走出眼前的小世界，进入外部的大世界。在那里，人们以不同的方式处理和理解熟悉的物品，如书籍。

承蒙东道主的热情好客，最近一次中国之旅，让我在过去看来一直无法触及的伟大文化中，开始提升对自己生命的理解。我希望这本书的中文版将加强来自世界各地的思想交流。书籍从不受国界、民族、政治或文化的限制。书籍史是一个新的研究领域，在中国和美国都蓬勃发展，在任何时候它可以都为保持开放和交流提供机会。我希望，当我的中国读者打开这本书的时候，会总体上将之理解为促进开放的一次努力。

罗伯特·达恩顿

2020 年 5 月

目 录

绪 言 / 1

第一部分 违禁文学作品与文学市场 / 9
第一章　披着伪装的哲学 / 11
第二章　畅销书 / 32

第二部分 主要文本 / 99
第三章　富于哲理的色情文学 / 101
第四章　乌托邦幻想 / 129
第五章　政治诽谤 / 153

第三部分 书籍引发革命? / 185
第六章　传播 vs.话语 / 187
第七章　传播网络 / 199
第八章　政治诽谤史 / 217
第九章　读者反应 / 239
第十章　公众舆论 / 258

第四部分 "哲学书"简编 / 275
《哲人泰莱丝》,或《狄拉格神父与爱拉蒂丝小姐情史之回忆》/ 277
《2440 年:一个梦想,假如梦想不虚》/ 309
《杜巴利伯爵夫人轶事》/ 340

译名对照表 / 388

绪 言

历史上重大的问题往往不易把握。哪些原因会引发革命？价值体系为什么会变化？公众舆论如何对历史事件产生影响？本书试图从次第相续的质询入手阐明这些问题，一个可能得到解答的问题是：18世纪的法国人读些什么书？

在本书的分析过程中会清晰展示出一个小问题如何能够揭示重大问题。在此，我仅仅提出问题并指出该问题也有历史。83年前，丹尼尔·莫内首次提出了这一问题，他以此为起点探讨法国大革命的思想根源。莫内认为18世纪法国人所阅读的不是我们通常认为的18世纪法国文学。在我们的印象中，每一个世纪的文学主要以经典作品为核心构成。我们的经典概念来自我们的教授们，教授们又是从自己的教授那里获得的，而这些人的概念又来自他们的教授，如此一直追溯到19世纪初某一点便断了线索。文学史是一种组合结构，经许多代人拼合起来，一些地方缩短了而另一些地方加长了，某些地方磨损了而有些地方重叠了，时代错误俯拾即是。它与过去的实际文学经验毫无联系。

莫内通过发现法国人在旧制度时期的阅读内容，确认当时的文学经验（la littérature vécue）。莫内从清点图书做起，其中大量图书（总计20 000册）由18世纪私人藏书拍卖目录收集汇总。他积累了成山的索引卡，然后从中确认卢梭《社会契约论》的册数有多少。答案是1册。20 000册书中仅有1册。好像1789年以前，鲜有人读过这部18世纪最伟大的政论、法国大革命的圣经。启蒙运动与法国大革命之间的纽带好像消失了。法国人似乎从未关注有关民权及民众意志的争论，而是乐于欣赏李科伯尼夫人的言情小说和泰米索尔·德·圣-亚塞特的探险故事。法国大革命不是"卢梭的错"，可能也不是"伏尔泰的错"。①

这是1910年的说法。我们现在了解莫内有几处失误：他的调查止于1780年，那时卢梭著作的首批多种版本，包括《社会契约论》刚刚问世。莫内忽视了《社会契约论》通俗本，尤其是卢梭《爱弥儿》第五卷内的通俗本，在法国大革命前就是毋庸置疑的畅销书。况且，莫内的资料有瑕疵。公开拍卖的藏书，尽管重要，却不代表普遍的藏书种类，更不要提阅读范围了。况且，为拍卖而印制的目录还需通过审查。因此，莫内希望在其中发现的意识形态元素在他找到的资料中荡然无存。

无论答案是否站得住脚，莫内提出的问题还是成立的。他的问题启发了后来的一系列研究，这些研究进行了四分之三世纪之久，尝试确认法国人在旧制度统治时期都阅读哪些文学作品。每一尝试都有自身的长处和缺点，不过，整体而言，这些研究尝试要么相互抵消，要么矛盾重

---

① Daniel Mornet, "Les Enseignements des bibliothèques privées (1750—1780)", *Revue d'histoire littéraire de la France XVII* (1910), pp.449—492. 又见莫内的综合史 *Les Origines intellectuelles de la Révolution française* (1715—1787) (Paris, 1933)，以及延续莫内研究体系的范例：François Furet 与他人合编的 *Livre et société dans la France du XVIIe siècle* (Paris and The Hague 1965 and 1870)，卷 2；Roger Chartier 与 Henri-Jean Martin 合编的 *Histoire de l'édition française*，卷 2, *Le livre triomphant* 1660—1830 (Paris, 1984); Roger Chartier, *Lectures et lecteurs dans la France d'ancien régime* (Paris, 1987) 和 Daniel Roche, *Les Républicains des letters. Gens de culture et Lumières au XVIIIe siècle* (Paris, 1988)。关于对莫内作品的批评讨论，见 Robert Darnton, *The Literary Underground of the Old Regime* (Cambridge, Mass, 1982) 第六章和 Roger Chartier, *Les Origines culturelles de la Révolution française* (Paris, 1990)。法语 "C'est la faute à Voltaire, c'est la faute à Rousseau"（"这要怪伏尔泰，这要怪卢梭"）传达了"哲学"著作直接导致法国大革命的观点。

重,一直无法鉴别出一种普遍模式。莫内的问题将继续笼罩文学史,一如既往地耐人寻味。

这个问题容易成为一道难题,因为它不像看上去那样简单。为了易于把握起见,我重点探讨莫内调查所忽视的部分:非法文学作品。我知道这样做会排除掉相当数量的作品,我的确无法遍览18世纪全部的法国文学作品,不过,我认为自己有能力调查违禁文学作品领域,这是一个广阔的领域。事实上,该领域几乎囊括了全部启蒙运动以及莫内后来认定为法国大革命思想根源的作品。对法国读者而言,非法文学作品几乎等同于现代文学作品。当时负责查禁此类作品的官员拉穆瓦尼翁·德·马尔泽尔布认为,要禁止根本不可能。他本人曾拒绝承担这项责任。他写道:"只读政府正式批准出版的书籍,会比同时代人落后几乎一个世纪。"①

马尔泽尔布不仅没有试图没收不合法出版物,而且还在其权力范围内允许漏洞出现,表现出灵活性,为一些非法但无害作品的传播提供方便,使其免受政府法律制裁。这种做法始于17世纪,当时政府全力控制出版物,使其服从于体现路易十四专制的各种制度:报刊审查(隶属于出版局或图书贸易管理部门的皇家审查员)、警察(巴黎警察总监辖下专门的图书检查官)以及垄断性行会(外省公会,尤其是巴黎书商与印刷商公会,他们拥有多种书籍出版特权,并且通过检查国内图书装运强化这些特权)。一本书为了合法出版,不得不经过这一制度的道道关卡并且加盖上皇家特许大印章。特许权如同现代出版权,赋予持有者专有的印刷出版权利。但是,它也用作皇家批准印鉴。特许权保证文本的质量及正统性。图书审查合格证也起同样的作用,它通常与特许权一起出

---

① C.-G. de Lamoignon de Malesherbes, *Mémoire sur la liberté de la presse*,1788年著,1809年出版(日内瓦1969年再版),第300页。

现在书的封面或者封尾。书为了完全合法必须符合政府制定的详细标准。

不合标准的出版物通常在国外出版，然后偷运回法国。法国边境地区涌现出数十家出版社，有数百代理商操作一个地下组织为读者供给图书。但是，这个庞大的行业从法国赚取了大量金钱，同时又把大量非正统思想散布到法国各地。法国政府发现无力消除这个自己帮助建立的竞争局面，于是就规定类别，允许交易没有皇家特许权但不诋毁教会、政府及传统道德的书籍。1750 年以前，图书检查官们一直在大范围内辨别合法性的细微等级差别，范围从"特许"到"默许""警方许可""简单容许"等。合法出版以几难辨析的程度渐变到非法出版。但与此同时，有一类色情文学作品方兴未艾，削弱了旧制度所有的正统价值。因此，政府当局以重启镇压回应，专门对付各类图书中最极端的一类，这类书包括合法程度最低、完全非法、极端违规、超越法律类的书籍。这些书正是我计划研究的。

说来容易做来难。在 20 世纪人们的眼里，18 世纪文学作品里无可救药的非法成分并不明显。一些书名页以粗俗的语言或者挑衅性的假地址招摇其非法性质，例如"彩虹女神的屁股""费城出版""以自由的名义出版"或者"出版于距巴士底狱一百码处"。但是，许多书名页看上去平淡，或者并不比政府容忍的那些准合法作品显得更非法。人们如何能够识别出警察所认定的真正的"坏书"呢？警察握有书单，国王的顾问班子颁布具体定罪理由，主教们在布道坛嘶声遣责，官方打手们在巴黎地方法院雄伟的台阶下举行盛大仪式撕毁、焚烧违禁书。但是，这些行为没有一项形成详细档案资料，足以使人们能够研究全部违禁文学作品。

追踪所有"坏书"的唯一办法是通过地下图书交易渠道进行跟踪，而了解这些渠道的唯一资料是利用过这些渠道的专业人士的文件。但是，幸存下来的文件只有一个来源：纳沙泰尔出版社，这是讲法语的瑞士纳沙泰尔公国内的一个重要的出版批发商，专门面向法国市场。这些档案有足够的资料——50 000 件信函和若干架账簿——让人再现法国地下图书交易。不过，这些资料有一定的局限，所以必须通过调查巴黎所存的大量的有关图书交易管理方面的档案资料对其进行补充。本人研究了所有这些资料，想在这里汇报一下成果。

当然，这个题目太大，一部著作的篇幅不足以讲清。本书（及其姐妹篇《秘密文学作品大全》）是一部将要成形的三部曲之二，之一讲述狄德罗《百科全书》出版史，之三将是普遍性出版与图书销售研究。[①] 本书关注书籍本身——它们的识别、它们的传播及其文本内容。

尽管我醉心于这项研究，坚持不懈探索了 25 年之久，但是我知道，对我的一些读者来说，这项研究好像是纯粹研究古董。有人会问：为什么要费心鉴定两百年来鲜有人问津的文学作品？我们这个时代的畅销书尚且不足道，为什么还要钻研 18 世纪的畅销书文本呢？这种研究的关窍是什么？

我的答案是：第一，书籍史作为"人文科学"的新门类能够进一步拓展对文学作品和文化史的理解。通过发现全社会的读者接触的是什么书以及读者（至少在某种程度上）如何理解这些书，人们可以把文学作品作为公众文化体系的组成部分进行研究。这种看法必然要扬弃对名作家的大作品的先入为主的偏见。但是，这不意味着文学必须融入社会

[①] Robert Darnton, *The business of Enlightenment: A Publishing History of the Encyclopédie*, *1775—1800* (Cambridge, Mass, 1968)。我在 *The Literary Underground of the Old Regime* 和 *Gens de letters, gens du livre* (Paris, 1992)两部文集中有关于这个课题若干方面的文章。我还用法语写了本书的初级本：*Edition et sédition. L'Univers de la littérature clandestine au XVIIIe siècle* (Paris, 1991)。但是，初级本尽管包含了一些同样的资料，却侧重于出版商与书商而非图书本身，且该书没有包括有关非法作品整体的所有信息资料。

学。正相反，许多被遗忘的畅销书在今天仍然是优秀读物。通过详细分析这样的一些作品，我希望阐明文本研究把书籍史作为一个学科进行研究的核心。况且，我还期望复原编制出大革命前法国的畅销书书目，包括畅销书地理分布和每一本的相对需求量，以便为深入研究提供基本指南。

由于绝大部分此类文献从没有研究过，大量的工作有待完成。为了使讲英语的读者了解一些这类作品，我附加了最重要作品中三部的节选翻译的简短汇编。通过阅读体会这些翻译节选，读者能够形成对非法文学世界的个人印象。非法文学作品也许令人惊奇、让人惊恐、下流猥亵，或滑稽好笑，但是，这个领域肯定会不同于因伟人名作型文学史而人尽皆知的那个世界。

第二，我希望说明书籍史如何通向信息传播史的广阔天地。文学本身可以被理解成传播系统，从作者、出版商经过印刷工和书商延伸到读者。它也是一种综合文化，其中各种媒介——印刷、书面、口头、视觉——纵横交错、相互关联。18世纪的法国不存在图书与广播电视之间的竞争，但是，图书流通在一个流言、谣言、笑话、歌谣、漫画涂鸦、招贴画、讽刺诗歌、传单、书信、报纸横流的社会。这些媒介许多在图书上留下印迹，同时又受到图书的影响。这个传播与扩大过程使各种言语和形象泛滥法国。但是，这个过程怎样运作，它又如何威胁到旧制度的稳定呢？

这些问题涉及我想要研究的第三个领域：意识形态的表述与公众舆论的形成。这是推测的范围，因为对什么是公众（如果我们事实上指单一公众），公众在18世纪怎样建立舆论，我们仅有模糊的认识。但是，违禁书中含有大量它们称为"公众舆论"的信息，因此我不禁要推测一番。

这些推测引出了第四个研究领域：政治史与法国大革命的起源。

这个范围更常见更具体。在这里,我仅简略概括我希望以进一步研究充实的论点。但是,我相信该论点在违禁书讨论中应占一席之地,因为违禁书传达出某种政治信号和普遍政治观点。当然,这类书与凡尔赛权力交易的实际做法不尽一致。恰恰相反,这类书和政治现实鲜有瓜葛,它们代表了我称之为"民间传说"的东西。但是,正是由于这样,违禁书才影响了现实本身和帮助决定了事情的发展。

不过,我现在有可能许诺过多而不能兑现,所以我最好还是返回起点:莫内所提出的 1789 年以前法国人阅读什么的问题。这是首要的问题,是历史最令人兴奋的问题之一,因为追踪这个问题可以把人领入新奇领域。本书探索这个领域,目的是在揭示新问题的同时跟踪老问题,并在不再需要被认可但必须证明自己价值的领域(文字出版作为历史动力的研究方面)提出若干普遍性启示。

在经过多年努力出版这项研究成果之际,我必须铭记和感谢哈佛大学学会,在其帮助下我在 1964 年开始了这项研究,麦克阿瑟基金会支持我完成了最后阶段的工作。我在柏林维森堡学院宜人适意的环境中完成了写作。我自始至终得益于许多朋友和同事的批评意见,特别是雷蒙德·博恩、皮特·布朗、罗杰·夏蒂埃、史蒂文·福曼、卡洛斯·弗芒特、安东尼·格拉斯顿、克里斯琴·朱汉德、杰夫里·梅里克、彼埃尔·雷塔、弗朗索瓦·利戈罗、戴尔·范克雷。辛西娅·格塞尔在数据计算、玛乔里·阿斯布里在文献目录录入方面、苏珊·达恩顿在法语原文翻译方面提供了宝贵的帮助。文献目录得益于罗伯特·道森和维维安·默恩的专业指点,而维维安的去世使研究 18 世纪的学者们失去了一位最杰出的同行。

第一部分

违禁文学作品与文学市场

第一章 披着伪装的哲学

当刽子手在巴黎正义宫前院公开撕毁和焚烧违禁书时,他是在赞颂印刷文字的威力。但是,他往往毁掉的是样书,而地方行政官们手中掌握着原本——他们不像人们通常认为的那样随意举火烧书。因为明白一把大火只会促进销量,所以他们宁愿收缴禁书、监禁书商,希望动静尽量小。一项统计表明,18世纪七八十年代当局平均每年仅没收4.5部书和小册子,而且仅公开焚毁19部。①

虽然这些书灰飞烟灭了,但是成千上万其他书却通过地下图书交易渠道秘密流行着。这些书给整个王国如饥似渴的读者提供了基本的非法文学食粮。目前,尚无人知晓这都是些什么书。

这一大批文学作品——流动商贩平常到处"遮掩着"出售的一类书——数量有多少,是什么版本?政府自己一无所知。除了某些警察尝试登记编目外,政府当局没有记载过那些被认为非法但从未被判定非法的图书。② 文学作品合法性的概念一直模糊,因为负责管理图书交易的

---

① 根据 Félix Rocquain, *L'Esprit révolutionnaire avant la Révolution*, 1775—1789 (Paris, 1878)附录中有关每年没收图书方面的资料,我自己进行了统计。被没收图书之中大部分仅是专题小册子。根据王国枢密会议或巴黎地方法院的敕令,大部分被"查禁"而不是焚毁,也就是说,如果被警察缴获,图书会被没收,而售书者或被罚款或被监禁。
② 在法国国家图书馆,ms. fr.21928—21929 中可以找到负责管理图书交易官员编制的最全书单,包括从1669至1773年的各类著作(其中许多从未出版),有1 563种书名。但是,该书单不很准确,也不代表法国大革命前流行的文学作品。图书交易检查官 Joseph d'Hémery 记录下了引起他注意的所有图书。他的日记尽管是有价值的原始资料,但仅限于1750至1769年。该日记可以被理解为违禁书门类广泛和警察当局(转下页)

政府机构凭空捏造出合法与非法之间的界限。在合法方面,该机构不仅签发各种特许证和准许证,还发放简便核准书(许可证),上面不写姓名,或者以"仅允许有声望人士阅读"字样登记。①在非法方面,该机构没收盗版图书、未通过官方书商合法引进的图书、无冒犯性但未经任何准许的图书(通常是别国准许发行的进口的图书),以及触犯皇家敕令和不符检查官规定的三项标准——诋毁君主、教会或者传统道德——的图书。

甚至没人能够规定(警察所称)最后范畴里"坏书"的罪恶程度。而此类区别标准很有必要,因为有些书一旦被没收后可能会退还给书商,有些可能会成为把他关入巴士底狱的依据。1771 至 1789 年期间,巴黎书商行会的官员系列登记了巴黎海关没收的所有图书书名。首先,这些书籍按三种标准进行分类,即"禁书"(要收缴或销毁)、"非经允许的书"(有时要退还给发送人)、"盗版书"(出售后利润归还原来的出版特许证持有人)。但是,随着登记条目增多,区别界限变得相互重叠、相互矛盾、杂乱混淆;最后,分类系统失去作用,变成一堆杂乱的条目,共有 3 544 条之多,这些条目唯一的共通点是:它们都多少有非法味道。②

(接上页)无力控制的证明:法国国家图书馆,ms. fr. 22156—22165 及 22038。见 Nelly Lhotellier 的 *Livres prohibés, livres saisis. Recherches sur la diffusion du livre interdit à Paris au XVIIIe siècle*,巴黎大学未刊硕士论文,I,1973 和 Marlinda Ruth Bruno 的 The "*Journal d'Hémery*", *1750—1751: An Edition* (范德比尔大学未刊博士论文,1977)。

① Hans-Christoph Hobohm, "Der Diskurs der Zenure: Über den Wandel der literarischen Zensu zur Zeit der 'proscription des romans'"(Paris,1973), *Romanishtische Zeitschcrift für Literaturgeschichte*, vol.X(1986), p.79.

② 法国国家图书馆,ms. fr. 21933—21934。较早期的 ms. fr. 21931—21932 涵盖 1703 至 1771 年时期,但是它们通常不提供没收的原因;后期的登记提供太多的原因,造成混乱。但是,如下面所解释的,最不合法和最危险的图书可以从这些空泛言辞中去粗取精,筛选出来。因此,在辨别违禁文学作品方面,这些手稿是有价值的资料。

第一章 披着伪装的哲学

谈到细微区别,这些官员们不能相信自己的嗅觉。因为,有谁能跟得上文学作品的出版速度?有谁能说出一部准合法书和一部轻微非法书之间的差别?运输经纪人应该具有这项能力,因为他们运送非法文学作品是要遭罚款的。然而,蓬塔尔利耶的一位经纪人,让-弗朗索瓦·皮昂承认自己未能识别违禁书。而且,当他向瑞士边境海关一位官员请求指点时,他得到的回答是:

> 我无法明确告诉皮昂先生什么是禁书。总的来讲,所有反宗教、反政府、反道德的都不能进口。关于这些书有具体的禁令标准,例如盗版法国历史,《百科全书》及其他书。但是,书的质量和海关的关系不大,那是书商行会的事。①

当然,书商知道得多一些。书商预定装运,书商行会经理人原则上同皇家图书检查官一起检视装运。但是,大多数书商仅仅大致了解什么书实际流通,特别是那些经地下渠道传播的图书。文学刊物要接受检查,不允许评论违禁书,不过有时也会评论一二。甚至不能根据书名判断一本书。当然,书名页上会有许多暗示。任何书名页底部印着"国王特许批准"标准字样的书都属合法,尽管它或许是盗版。任何使用明显的假地址——"梵蒂冈资助出版""男性生殖神出版社""威廉·泰尔印制"——的书都无视法律。但是,这两个极端之间大有混淆的余地。书商们往往根据图书目录订购,甚至依据交易关系网上的传言购书,因此他们经常弄错书名。一些书商连字都不会写。当凡尔赛的普瓦索订购25部《诡计新编》时,他的瑞士供应商意识到他要旅游书《俄罗斯新发

---

① 蓬塔尔利耶的 Jean-François Pion 致纳沙泰尔出版社,1771 年 11 月 22 日,附有弗雷伯格(堡)海关"关长"M. Petit 的笔记记录:纳沙泰尔出版社书信档案,瑞士纳沙泰尔。

现》。这个瑞士人还正确解读了他说的"雷纳利尔",指的是雷纳尔神父的《欧洲人在两印度的贸易和机构的政治哲学史》。① 不过,供应商严重贻误了里昂的弗夫·巴利泰勒发来的订单。他的订单好像只关乎无关紧要的"夏特勒画像",而事实上指的是淫秽的、反教会的《夏特勒的守门人……艳史》。②

这样的错误可能会带来严重的后果。如果一位书商店里被发现有《艳史》,他会进监狱或被取消图书交易资格。运送书的马车夫会被罚款并强迫交出车上所有货物。买书的流动小贩会被烙上"苦役犯"(GAL)字样,戴镣铐发配去做苦工。这些惩罚确实发生过。③ 旧制度在其最后几年不像有些历史学家想象的那样快活、宽容、放任,况且巴士底狱不是三星级宾馆。虽然不应该与旧制度和大革命前鼓动家们描绘的刑讯室混为一谈,但是它毁掉了许多从事文学者的人生——他们中不单单有作家;还有出版商与书商,不创造文学作品却使文学发生作用的专业人士。这些人在平常做生意的过程中要日复一日地区分合法书和非法书。通过研究他们在18世纪怎样对付这个难题,可以想出办法解决一个困扰了历史学家两世纪之久的问题——确认大革命前夕法国实际

---

① Poinçot 致纳沙泰尔出版社,1781 年 9 月 22 日收,无发信日期;Poinçot 致纳沙泰尔出版社,1781 年 6 月 1 日。

② Vewve Baritel 致纳沙泰尔出版社,1774 年 9 月 9 日;以及纳沙泰尔出版社"代办书籍",Vewve Baritel 1774 年 9 月订单账本记载。

③ 1768 年 9 月 24 日,因为贩卖 *Le Christianisme dévoilé*, *L'Homme aux quarante écus*, *La Chandelle d'Arras* 和类似的书,杂货店伙计 Jean-Baptiste Josserand、旧货商 Jean-Lécuyer 和他的妻子 Marie Suisse 被巴黎地方法院判刑。他们戴着镣铐,身上挂着"邪恶淫荡诽谤言论传播者"的牌子,在奥古斯丁码头、巴纳比兹市场、格雷乌市场示众 3 天。然后,两位男人右肩被烙上"GAL"字样,收监服刑。Lécuyer 服 5 年徒刑,Josserand 服 9 年徒刑,然后被永远驱逐出法国。Mme Lécuyer 被发往沙尔比特埃尔监狱服刑 5 年,后来被特赦减刑,但特赦书来得太晚了。法国国家图书馆,ms. fr. 22099, folios 213—221。

第一章　披着伪装的哲学

流传的文学作品中危险因素的问题，这样的研究路数避免了犯时代错置的错误。该方式不是从旧制度的正统性该受到什么样的威胁这样的现代观念入手，而是通过调查18世纪图书经纪人的习惯做法——他们怎样用行话交流意见、谈论图书，怎样相互间交换图书、定价、订货、包装、运输，并通过一个庞大系统进行销售，超出法律限制的范围把书传播给读者——提出识别违禁书的可能性。

生意行话

鉴别违禁文学作品的问题首先是语言问题。兰斯有位名叫于贝尔·卡赞的书商，他因为在店里出售各种禁书和有害文献而被捕并关入巴士底狱。警察审问这位犯人时，要他解释一个他在书信中常用的令人困惑的术语："哲学读物"。卡赞把它解释成一个"图书交易中表示所有违禁物的习惯说法"。① 警察听说过其他术语："煽动性图书""药品""苦难"。如前所述，警察有自己喜欢用的术语："坏书"（mauvais livres）。印刷工使用自己行业俚语中的另一术语："栗子"（marron，指违禁书），"摘栗子"（marronner，指从事秘密工作）。② 不过，出版商和书商则喜欢一个更高层次的术语："哲学书籍"。这个术语是他们商业密码中的一个符号，专指那些给他们带来麻烦而必须谨慎处理的图书。

最便利于研究图书交易术语的资料是纳沙泰尔出版的书信资料，该社位于法国东部与瑞士接壤边境地区纳沙泰尔公国内，是一个重要的出

---

① Charpentier, *La Bastille dévoilée, ou recueil de pièces authentiques pour servir à son histoire* (Paris, 1789), IV, p.119.

② A.-F. Momoro, *Traité élémentaire de l'imprimerie, ou le manuel de l'imprimeur* (Paris, 1793), pp.234—235. Momoro具体说明，这一"旧制度时期的术语"包括了"诽谤作品、反政府、反道德、反教会、反政府部长、反国王、反地方行政官员等作品"。

版商与印刷商。纳沙泰尔出版社,像几十家同样的出版社那样,需要天天应对供货满足需求的问题,其中也包括应对交流沟通方面的难题。要把装着易损未装订单页的沉重货柜经原始道路在合适的时间运到合适的地点以交付给合适的人,出版商必须弄懂所收到信函的意思;他们的客户发出订单时也必须直截了当地表明意图。纳沙泰尔出版社的主管们从他们从未去过的地方、从未见过面的书商那里收到订单,订购从未听说过的图书。书名经常不准确、拼写错误,或者难以辨认。而且,这些书时常惹祸。通过错误的渠道发送错误的图书必定会引祸上身。但是,一个人怎样从浩如烟海的法国文学作品和混乱的日常邮件中识别好坏呢?

出版商们依靠密码。"哲学"表示危险。开始做生意时,纳沙泰尔出版社主管们没有存放多少违禁书,也不喜欢使用交易行话。他们曾写信告诉一位书商说:"时常有一些不十分合适称为'哲学类'的新作品出现。我们没有这类书,但是我们知道哪里有,如有要求,也可以供货。"① 不过,他们不久便明白"哲学"一词指的是很多客户最为看重的一部分生意。里昂的 P.-J. 杜普兰告诉这些主管们他渴望做图书生意,"尤其是哲学类图书,好像是我们这个世纪的偏爱"。马努里从卡昂写信说:"你们有关于哲学方面的图书吗?这是我的主打书。"来自法国的信函用五花八门的语言表达了一个相同的主题:"哲学作品"(贝尔福的勒利埃夫尔)、"哲学著作"(雷恩的布鲁埃)、"哲学书"(吕内维尔的奥狄阿尔)、"各种哲学书"(图尔的比约尔)。②

---

① 纳沙泰尔出版社致 J. Rondi,1773 年 9 月 9 日。
② 按其在原文中出现的顺序,这些引文出自:P.-J. Duplain 致纳沙泰尔出版社,1772 年 10 月 11 日;Manoury 致纳沙泰尔出版社,1775 年 10 月 4 日;Le Lièvre 致纳沙泰尔出版社,1776 年 12 月 31 日;Blouet 致纳沙泰尔出版社,1772 年 8 月 30 日;Audéart 致纳沙泰尔出版社,1776 年 4 月 14 日;Billault 致纳沙泰尔出版社,1776 年 9 月 10 日。

由于业内所有人都使用这种密码,当书商们——以奥布河畔巴尔的巴特拉斯为例——发出空白订单要"你们全部最新哲学著作每种3册"时,他们想当然地以为供应商应该知道他们在说什么。书商们靠同样的假设打探信息。因此,朗格勒的卢耶尔要求:"如果你们有什么好东西、新东西、新奇的东西、让人感兴趣的东西、好哲学书,还请告我为盼。"里昂的小雷诺尔强调:"我经营的都是哲学书,除此以外我不要其他类的书。"供应商们被期望知道什么书属于什么种类;不论怎样,订单通常表明这一点。在一份有18种书名的订单里,小雷诺尔用十字符号标出全部"哲学"著作,并且说明这些书应该小心藏于货柜之中。这些书一共6种:《教父马修》《夏特勒的守门人……艳史》《快乐的少女》《太太学堂》《论精神》《2440年》。这是典型的选择,范围如我们目前所知的包括色情文学和哲学。①

交 换

"哲学书籍"的经营不能以经营合法作品或稍有违法之嫌的作品的方式进行,后者仅属盗版或未经检查但尚未犯禁到有被没收的危险。纳沙泰尔出版社选择和专门从事地下出版的人以交换的方式获得危险图书,而不是自己出版。这些人属于甘心冒险的边缘实业家,如日内瓦的让-萨缪埃尔·凯耶、洛桑的加布里埃尔·德孔巴以及纳沙泰尔当地的萨缪埃尔·弗歇。交换通行于18世纪各类出版。一位出版商通过拿自己的图书与其他出版社的各种库存书进行交换,就可以迅速推广自己的版本,从而降低盗版或者反盗版的风险,还增加了自己的图书品种。出

---

① Patras 致纳沙泰尔出版社,1777年6月6日;Rouyer 致纳沙泰尔出版社,1781年6月9日;Regnault le jeune 致纳沙泰尔出版社,1774年9月19日及12月28日。

版商们通过计算易手的单页(张)数,结算互换账目。一本书的单页和另一本书的单页等值,特别版式或插图版除外。不过,哲学书比普通书要贵,它的市场回报大,出版成本高,或者至少风险比较大。因为即使在相对宽松自由的瑞士城镇,受加尔文派牧师促动,地方当局有时也会没收一些版本并且罚款。违禁图书的交换因而需要特殊比率:"哲学书"2单页对换普通盗版3单页,或1页换2页,或2页换3页不等,这要看双方讨价还价的本领。

纳沙泰尔出版社从日内瓦争取到最优惠的价格和最大胆无忌的书,那里的边缘小出版商,在如克拉默和德·图尔纳这样的大出版社的遮掩下,已经成了气候。1777年4月,两位纳沙泰尔出版社的主管在因公赴日内瓦途中收到了出版社本部的下列通知:"到目前为止,日内瓦是我们哲学书的主要来源;按照本世纪的口味,此类书成为我们所有品种必不可少的部分。凯耶、加布里埃尔·格拉塞、加莱应按2单页对我们3单页的比率给我们供书:看看你们能和他们商讨出些什么。"①档案资料没披露该讨价还价过程中到底发生了什么,但是,议价的概况清楚地表现于纳沙泰尔出版社和两位日内瓦主要供货商雅克-本杰明·泰隆和加布里埃尔·格拉塞之间的往来书信中。

泰隆靠着辅导数学、买卖图书、管理商业性图书馆、干能挣点钱的零星脑力活,凑合着过日子。在1773年和1778年他两次破产之间的一段时间,泰隆经营起了小出版业。他挑选了一些似乎十分热门的违禁书,用朋友垫付的本钱雇用当地的印刷工生产秘密版本。这些书他私下现金出售,也用来交换那些能在他自己的书店——充其量不过是日内瓦戈兰德大街上一栋房子二楼一间屋子——公开摆放的合法图书。听说有

---

① 纳沙泰尔出版社的Jean-Elie Bertrand致日内瓦Frédéric-Samuel Ostervald和Abram Bosset de Luze,1777年4月19日。

第一章　披着伪装的哲学

这样一个潜在的重要新货源之后,纳沙泰尔出版社1774年写信告诉泰隆:"经常也有人向我们订购这类被称为'哲学'的书籍。请告诉我们你是否方便供应这些书。我方乐意从你那里进货,我们之间的交易对你来说肯定划算。"泰隆通过下一班回程邮递回信说:"我出3单页你们需要的哲学书,换4单页我从你们库存所选的书。"出价不算不大方。不过,纳沙泰尔出版社是多金客户,泰隆得博取对方的好感。因为先前那些投机生意让他捉襟见肘,无力付账。三周后,他发出第一批订书:"8册《基督批评史》,6册《博林布鲁克信札》,3册《三个骗子的约定》,6册《袖珍神学》,12册《望教徒》,2册《可爱有用之物》,6册《索勒》"——总共533又1/2单页,这样按商定的3∶4比率771单页记入了泰隆的交换账目。泰隆多少偏重伏尔泰的作品,因为他专门发掘自费尔尼流传出来的文学作品,伏尔泰曾在那里领导过反"卑鄙者"(实质上就是反天主教会)的运动。但是,他也经手奇特色情书和一些短篇政论,尤其是《莫普大人在法兰西君主制框架下操纵的革命之历史日志》)的一种版本。作为回报,纳沙泰尔出版社运送给泰隆该社出版的一些较单纯的图书。泰隆曾说明:"我尤其需要大批的小说、旅游书以及历史著作。"因此,交换时好时坏继续了五年,直到泰隆的生意倒闭。①

加布里埃尔·格拉塞在没有经营自己的图书出版销售之前,曾经管理过克拉默出版社印刷坊。他得到过伏尔泰的一些暗中赞助,但是无济于事,因为格拉塞与其说是位商人还不如说是位印刷工。他经营过两家出版社,自己打理全部账目和往来通信,他账目混乱而且一贯长期拖欠货款。1770年4月间,情况糟糕到了他主动提出把全部资产卖给纳沙泰尔出版社,自己给该社打工。于是,他靠着出版和秘密销售违禁书存活

---

① 纳沙泰尔出版社致Téron,1774年4月6日;Téron致纳沙泰尔出版社,1774年4月14日、1774年4月23日、1777年6月10日。

了下来。

自1772年始,格拉塞以1单页对2单页的优势比率和纳沙泰尔出版社交换图书,他坚持不能接受任何低于此的比率。他说:"由于所有其他书商都以2单页和我交换哲学书的1单页,我提议我们也照此办理。"格拉塞从纳沙泰尔出版社的书目择取图书,纳沙泰尔出版社则从他寄来的库存清单上选择自己需要的书。没隔多久,纳沙泰尔出版社就依此方式用自己版本的《圣经》交换了《有神学论者信仰声明》和《三个骗子的约定》。该社还以同样的方式得到了许多其他经典的秘密书籍,如《哲人泰莱丝》《教父马修》《2440年》。在这些书来来往往的同时,纳沙泰尔出版社试着争取更便宜的价位。1774年4月,纳沙泰尔出版社试图让格拉塞接受以3单页换他的2单页,不是4单页换2单页。可是,格拉塞坚持不让步,声称:"你们所建议的3单页换2单页违反了先前的协议。你们当然应该晓得哲学类书籍的风险及成本值高于2比1的估价。为了继续和你们做生意,我将按(2对1的)价码交换所附书单上已经标明价格的全部哲学著作。"格拉塞坚持他的交换比率,但却放松了警惕性。1870年1月,日内瓦地方法院以出版淫秽敌视宗教书籍罪对他处以罚款和监禁。他出狱后不得不卖掉印刷作坊,不过他保留了一批秘密库存的图书。1780年8月,他提出愿意交换100本《基督批评史》。直到1782年2月去世前,他似乎一直在继续他的秘密生意。[①]

销售与定价

格拉塞对信中所附书单的说明显示了"哲学书籍"受到特别处理的

---

① Gabriel Grasset 致纳沙泰尔出版社,1772年6月19日以及1774年6月10日。

另一种方式：开列单独的秘密书目。格拉塞把他的书目写在一小张纸上，起首标着"哲学书账单"字样。该书单包括按字母顺序排列的75种书名，没有货源说明。出版商往往从违禁书目中剔除对自己不利的信息，这与附有姓名、地址和公开发行的合法书目形成鲜明对比。例如，日内瓦的两位出版商J.-L.夏皮施与J.-E.狄迪耶，在1780年合并生意时，发出铅印的合并通知，外加两部书目。第一部书目包括了大多数库存书种类：106种标准主题书名，涉及历史、旅游、法律、宗教、畅销书，都有"大量"存书并且绝对合法。第二部书目题为"独立清单"，包括25种作品，从《太太学堂》到《修道院里的维纳斯》，其中掺杂大量的伏尔泰、霍尔巴赫和政治诽谤，全属极端非法。①

尽管没有引起当代目录学家的重视，但这类书目似乎在当时的地下图书交易中广泛流传。纳沙泰尔出版社档案内有5部这类书目来自日内瓦和洛桑的供应商，两部由该社自己拟定：一部是110种作品的手写书单，标题"哲学书籍"，日期大约是1775年；另一部是名为"独立清单"的铅印书单，上有16种书名，日期是1781年。这些书具有两个目的：面向出版商和批发商，说明可供选择交换的库存书；面向零售商，暗示什么作品可以通过秘密渠道订购。但是，书目本身就危险，因此发行也就秘密。1773年3月，警察突击搜查斯特拉斯堡的寡妇斯多克朵夫书店时，缴获的文件内含最容易使人获罪的证据之一即是"1772年伯尔尼法语图书书目"。该书目包括182种书名，让警察看到了一位瑞士供应商的库存以及和法国客户的交易情况。一位瑞士出版商杰里米·威特尔1781年来巴黎推销时遭到逮捕，理由仅仅是传播"一部铅印的坏书书目"。书商们在法国境内交换这类图书时，

---

① Grasset的书目附在他1774年4月25日致纳沙泰尔出版社的信中，Chappuis和Didier的书目附在他们1780年11月1日的信中。

使用某些隐蔽手法：用密码写的信件、不加姓名地址，并且使用诸如"我的书目不要张扬"这样的警示性语言。警察对这些招数了如指掌。为了博取图书贸易部（法国出版局）一位主要官员的好感，纳沙泰尔出版社让其最重要的客户之一，凡尔赛的普瓦索出马，利用合法书目进行游说。普瓦索报告说："他满意了。不过，他对我说，他们有另一部为坏书准备的书单吧。"①

尽管冒险，书目对图书销售绝对必要，出版商通过正规邮递发送。为了吸引客户，纳沙泰尔出版社 1776 年 8 月向欧洲各地 156 位书商发出了一份通知。一位职员在书信名录上记录客户姓名时，在一些姓名后面写上"售哲学书籍"，另一些后面记上"不售哲学书籍"。前者——如梅斯的博查尔、南锡的巴班和阿维尼翁的尚博等可靠的老客户——可能会对非法文学作品有兴趣，可以给他们放心提供秘密书目；后者——瓦伦西亚的莫兰、巴塞罗那的波亚德尔和西蒙、里斯本的包雷尔、那不勒斯的赫米尔——居住在险恶的天主教国家，发往那里的书信最好不要提哲学书籍这类东西。②

法国书商们好像不怕有危害邮件。虽然他们也不时使用密语，谈论警察在密室启封检查的情况，但他们不忌讳订购哲学书籍。博韦书商莱斯尼收到纳沙泰尔出版社寄给他的标准合法书目时，就表示不

---

① 纳沙泰尔出版社的秘密书目，以及 6 部标准合法书目的抄件，可以在"Société typographique de Neuchâtel"书信卷中找到。秘密书目和被没收的 Veuve Stockdorf 书信均存于法国国家图书馆，ms. fr.22101，folios 242—249。有关 Wittel 的议论出现于 Quandet de Lachenal 致纳沙泰尔出版社书信，1781 年 5 月 6 日。与书目"不要张扬"的话相关等计策的详细论述可见于 Noël Gille 卷，法国国家图书馆，ms. fr.22081，folios 358—366，引文出自第 364 页正面。Poinçot 在 1783 年 7 月 31 日给纳沙泰尔出版社的信中报告了他和图书贸易部主任 Le Camus de Néville 的秘书及左右手 Martin 的谈话。

② 纳沙泰尔出版社"Copie de lettres"，1776 年 8 月 12 日至 9 月 19 日等在条目。

第一章 披着伪装的哲学

满。他不要大路货,他要"书目上没有的一些哲学书籍,无论如何我不相信你们库房里没有这类书"。默伦书商普雷沃也写信抱怨说:"你们的书目除了一般图书以外再无别的了。"他的顾客需要"另一类,哲学书籍"。纳沙泰尔出版社寄出秘密书目以后,他们立刻购书了。南特的马拉西明白无误地提出同样的要求:"请尽快——也就是说,通过当日返程邮递——给我们寄你们所有的哲学书籍书目,我们将为你们卖出许多本。"每当书商们交易违禁图书时,他们总是以为供应商手里掌握着特殊库存书并且拟定出特殊的书目。为了启动交易,他们发出标准信号:"哲学书籍"。①

供应商发出同样的信号,附加传递有关市场价格的信息。如上所述,纳沙泰尔出版社有时发动邮递攻势。不过,该社每日给客户发信,策略地附加上最新库存书名。因此,一封寄给波尔多书商伯热莱的信中有这样一个典型的旁白:"就哲学书籍而言,我们目前不出版,但我们知道去哪儿找。附上我方哲学书目摘录的简短书单一份。"伯热莱发出一份订单作为答复,上面列满了像《哲人泰莱丝》和《袖珍神学》这样的书。不过,在开始进行一项秘密图书交易前,纳沙泰尔出版社认为警示一下这类书的价格不失为明智之举:"贵方订购的图书中,我们发现许多属于被称为哲学的那一类。我们无此类书库存。但是,鉴于我们和其他出版社的往来关系,我们仍可供货。不过,我们要提醒你,这类书的价格比别的书要高,原因就不用说了。我们不能按书单上其他书的价位供货,因为我们还要以更高的价从别的地方订购这些书。尽管如此,我们会以最优惠的价格代你们采购。我们周围,此类

---

① Laisney 致纳沙泰尔出版社,1777 年 7 月 26 日;Prévost 致纳沙泰尔出版社,1783 年 5 月 11 日;Malassis 致纳沙泰尔出版社,1775 年 6 月 27 日。又见 Bar-le-Duc 的 Teinturier 致纳沙泰尔出版社,1776 年 9 月 2 日以及阿维尼翁的 Guichard 致纳沙泰尔出版社,1773 年 4 月 16 日。

书数量增长极快。"①

哲学书籍的价格变化不同于其他图书。这些书起价高,是类似盗版书价格的两倍,然后,价格无规则地大幅下跌和上升,这要看书的非法定罪程度(往往对生意有利)、警察搜缴多少(刺激读者需求但威慑书商和客户)、供应手段变化(市场上可能会充斥着互相竞争的出版社同时秘密出版的六种版本)。一般情况下,纳沙泰尔出版社的普通书批发价定在每单页1苏,②违禁书每单页2苏。该出版社经常用合法书2单页换哲学书1单页。但是,如该社与泰隆和格拉塞的交易所表明的那样,一旦一方讨价还价占了上风,比率就会更改。各方都期望一部新作品的价格飙升,如果这部作品中伤力强又在市场上从未出现过的话。③

定价方面的多变性在秘密书目上留有痕迹——手写字迹,因为供应商们往往在上面标写出最新价格。格拉塞铅印的"哲学书籍账目"没有价格。他和纳沙泰尔出版社达成2单页换1单页的协定之后,他根据每本书单页数目手写上了价格。由于纳沙泰尔出版社每单页要价1苏,所以他要价2苏。因此,他把《袖珍神学》20单页一本书,以2里弗(40苏)定价。但是,他仅仅用这个比率交换他书目上75种图书中的33种。其余的书,包括像《快乐的少女》和《中国间谍》这样一些名著,他期待提高价格,因此这些书后面没有标价。格拉塞坚持要给他的两本最新书《白色的公牛》和《柏伽斯与老人的谈话》特殊价位,这两本书刚刚才由

---

① 纳沙泰尔出版社致 Bergeret,1773 年 7 月 26 日;Bergeret 致纳沙泰尔出版社,1773 年 8 月 7 日;纳沙泰尔出版社致 Bergeret,1773 年 8 月 17 日。又见纳沙泰尔出版社与默伦的 Prévost 之间通信中类似的意见交换:Prévost 致纳沙泰尔出版社,1777 年 4 月 10 日以及纳沙泰尔出版社致 Prévost,1777 年 4 月 15 日。
② 苏(sou),法国旧时货币单位,20 苏合 1 里弗(livre)。——编者注
③ 纳沙泰尔出版社 1775 年 9 月 24 日把一部最新哲学书目寄给兰斯的 Cazin 后,后悔没有能力给这些书定出实价:"如你所知,这类题材图书的价格普遍不正规,随着各种情况变化。"

第一章 披着伪装的哲学

伏尔泰设在菲尔尼的邪恶生产线出版。他说:"至于《白色的公牛》和《柏伽斯》,共6单页,我以现金1里弗(20苏)的价格卖给所有日内瓦的书商,因为两本书都用浅蓝色纸张印刷而成。不过,我最愿意和你们交易,因此决心给你们18苏的特价。"①

新鲜程度,名声,特殊纸质,插图,版本升级修订等诸多因素使得违禁书的价格无规律浮动。同样一本书常常以不同形式、不同价格出现在不同的书目上。《太太学堂》,一部自1680年首次上市以来经过若干改动的色情畅销书,就出现在三种秘密书目之中。1772年,伯尔尼印刷商会把它列入书目,不附加任何图书编目细节,价格是24里弗。1776年,洛桑书商加布里埃勒·德孔巴推出"经修改,升级的附插图1775年八开两卷本,价格12里弗"。1780年,日内瓦的夏皮施和狄迪耶推出两种很不同的版本:"荷兰出版大八开附37幅插图简装本,价格13里弗"和"十二开插图两卷本,价格3里弗"。②

每卷价格2—3里弗的书,违禁书没有超出许多法国读者的购买力。普通技工一天赚的薪水与书价持平或更高。但是,书目提供的是批发价,书在到达读者手中之前需要经过许多人之手,如走私商、运输代理人、车夫、零售商等。发行困难增大了定价方面的变数,因此,客户实际支付的金额可能会是出版商要价的2倍甚或10倍。竞争降低了零售价格水平,但是在流动书贩涉足的边远地区情况不是这样。流动书贩把哲学书、小故事书一起卖,不管卖什么价。一位从卢丹的秘密书库给众多流动书贩供货的书商保罗·马勒尔布注意到:"流动书贩极热衷于获得这类书。他们卖这类书比其他书赚钱多,因为他们可以漫天要价,依据

---

① Grasset 致纳沙泰尔出版社,1774年4月25日。
② 这些书目可见于 Décombaz 1776年1月8日致纳沙泰尔出版社;Chappuis 和 Didier 致纳沙泰尔出版社,1780年11月1日;以及1773年斯特拉斯堡的 Stockdorf 书店被没收的书信文件。法国国家图书馆,ms. fr.22101,folios 242—249。

公众对一本书的渴望程度,一本书尽量多卖钱。"①

在这样不可预测的市场做买卖特别冒险。出版商们一般依靠商务通信了解突然变化和追踪需求。但是,出版商们也派出专人进行推销和听取地下交易的详细情况报告。1776 年,纳沙泰尔出版社就派出了最可靠的雇员让-弗朗索瓦·法瓦热依次到瑞士、萨瓦、里昂、勃艮第、弗朗什-孔泰等地行销。他的马上驮载着一批样书、书名页以及书目,公开的和秘密的两类书目。然后,他一个城镇、一个书商地详细报告情况。如此这般,他离开格勒诺布尔的布赖特书店之后,报告说:"他和洛桑印刷社有联系,不论我去哪里,这个出版社总是先我一步。不过他还是倾向从我处订购任何瑞士版图书。我给了他一套哲学书目。他对我说目录上的书他几乎都搞到了。"他和第戎的卡佩尔谈判后,写道:"卡佩尔是一流书商,至少他的书店充实。他大量买卖哲学书。我给了他一部(哲学书)书单和一部附简介的书目。他说会考虑从我处购书。他本人便是图书交易检查官。我们通过若涅(依靠走私者)运送的所有货柜都要经他之手。他对那类货物并不太认真。"在整个行程的每一阶段,如同在生产、进货、定价、销售过程中的每个环节上一样,哲学书籍都显然需要并且得到了特殊处理。②

订购与运输

同样的倾向也凸显在传播过程的另一端——非法图书的订购和运送方式上。书商们在填写订单时有时把合法、非法、半合法等各类图书混杂在一起。但是,当他们意识到这样做有风险时,便想办法隔离开哲

---

① Malherbe 致纳沙泰尔出版社,1774 年 8 月 13 日。
② Favarger 致纳沙泰尔出版社,1776 年 8 月 16 日以及 1776 年 9 月 4 日。

第一章 披着伪装的哲学

学书籍。他们有时把订单上不具冒犯性的书开列在信件的正文中,然后把违禁书名写在一张纸条上,夹入信内。这张纸条不但无签名而且收信后要立即销毁。尽管如此,这样的一些纸条在纳沙泰尔出版社书信中仍然存在。① 更通用的做法是,书商们用各种办法在订单中暗示最危险的书名。卡昂书商马努里就在订单中把它们集中开列;拉卢彻尔书商德伯尔第把它们写在订单最后;南特书商马拉西则分别写在不同的行列中;里昂的巴利泰勒用十字给它们作记号;图尔的比约尔、贝藏松的夏迈、马恩河畔沙隆的松贝尔则先列出合法书,然后画一道横线,再开列出违禁书。②

所有这些手段都是为了同一个目的:提醒供应商注意需特殊处理的图书,以便一旦货柜接受检查时不暴露。波尔多书商伯热莱就是先列出他所要的60种图书,把其中的11种不折不扣的哲学书籍标上"×"记号,并加以解释:"请把所有标有'×'的书插放在其他书里面。""插放"图书是把一部书的单页混合放入另一本书的单页之中。该方法简单易行,因为图书都是不装订运送。书商们也称这一方式为"夹带"。连同3册良性盗版的李科波尼夫人作品一起,贝藏松的夏迈订购了6套黄色反教会的《阿拉斯的蜡烛》。他指示说:"在提货单上写另一个书名,用李科波尼的书夹带该作品(《阿拉斯的蜡烛》)。我在验货处出示提货单,这样一来,某些货柜他们就不打开了。这就是把哲学书列在其他书

---

① 例如,里昂的 Barret 致纳沙泰尔出版社,1772年4月10日;马赛的 Mossy 致纳沙泰尔出版社,1777年3月12日;吕内维尔的 Gay 致纳沙泰尔出版社,1772年5月19日;吕内维尔的 Audéart 致纳沙泰尔出版社,1775年4月8日;卡昂的 Le Baron 致纳沙泰尔出版社,1776年12月24日。

② Manoury 致纳沙泰尔出版社,1783年6月24日;Desbordes 致纳沙泰尔出版社,1773年1月12日;Malassis 致纳沙泰尔出版社,1775年8月15日;Baritel 致纳沙泰尔出版社,1774年9月19日;Billault 致纳沙泰尔出版社,1776年9月29日;Charmet 致纳沙泰尔出版社,1774年10月1日;Sombert 致纳沙泰尔出版社,1776年10月25日。

名下的原因。"纳沙泰尔出版社的职员或许会满脸严肃地注意这些指示，不过很难相信他们看到下列书名时不放声大笑：

》《少女学堂》
《宗教的残酷》 夹入《法国新教徒传》
《放荡的帕纳丝》

《快乐的少女》放入《新约》①

他们被吩咐令芬妮·希尔②与福音相结合。

总之，图书的订购方式直接影响包装运输手段。小雷诺尔要求所有标"×"的书隐藏于货柜底层，这样他便可以躲过里昂的检查官。第戎的努布拉要求把全部非法书集中放在货柜的上层，这样他就可以在货柜接受行会检查前把书偷偷地取出来。里昂的亚克诺德偏好把哲学书籍以及为了蒙混过关改动过的提货单隐藏在货柜底层。巴黎的巴卢瓦则要求把他的书藏于包装材料内。手段千变万化，但全靠着明确区分相对安全的图书和容易被没收的图书。③

一位书商如果想躲避风险，便不会通过合法渠道偷运禁书。他雇佣走私经理人——交易圈内称"保险人"。运输商们经常安排这类服务，但是客户们往往在收货时才支付费用。保险人雇捎夫沿秘密小路，绕过

---

① Bergeret 致纳沙泰尔出版社，1775 年 2 月 11 日；Charmet 致纳沙泰尔出版社，1775 年 9 月 30 日；纳沙泰尔出版社 1776 年 4 月 24 日"委托图书"记载，根据卢丹（Loudun）的 Malherbe 订单。
② 芬妮·希尔（Fanny Hill），同名小说中的主人公，法语书名《快乐的少女》。该小说被视为英国文学史上第一部色情小说。——译者注
③ Regnault 致纳沙泰尔出版社，1774 年 7 月 6 日；Favarger 致纳沙泰尔出版社，1778 年 11 月 15 日，报告 Nubla 提出的要求；Jacquenod 致纳沙泰尔出版社，1775 年 9 月（缺少确切日期）；Bornand 致纳沙泰尔出版社，1785 年 10 月 16 日，报告 Barrois 提出的要求。

边境海关和国内检查站转运图书。捎夫一旦被抓捕,人要上断头台,书要被没收,保险人要赔偿损失。这项服务又笨又费钱(1777年偷越瑞士附近边境的费用是货物总值的36%),但它却提供了书商最需要的安全感。雷恩图书交易的龙头布鲁埃就是在他认为可以稳妥销售并且价格高过运费时才订购违禁书。他给纳沙泰尔出版社写信说:"你方来信通知已经安排好保险人运货进入法国,不需要通过行会或者任何别的检查。我想你们利用这个渠道运送我的哲学书籍最好,我相信这样便可以绕开里昂,不担被没收的风险。至于其余的书,你方可经里昂送达我处……我十分愿意支付全部费用,却不想冒图书被收缴的风险。"①

对于像布鲁埃这样的书商来说,一般违法图书和彻头彻尾的"哲学书籍"之间的区别包括计划费用、风险评估、渠道选择。对走私者而言,这简直事关生死。1773年4月,弗朗什-孔泰地区的保险人大格隆报告说,他的两名负责运送梅西耶的《2440年》和伏尔泰的《论百科全书问题》的捎夫遭到逮捕。由于圣-克劳德主教对此案的关注,他们肯定要被送去服苦役。虽然这两人最终获释,但是其余的捎夫却不干活了。为了让捎夫们回来复工,格隆试图说服纳沙泰尔出版社用单独的货柜装载最危险的图书,一旦遭遇流动关税巡逻队时,捎夫们可以弃货逃跑。纳沙泰尔出版社的答复是:任何通过格隆运送的图书都不在法律允许范围之内,这就是为什么要使用保险系统而不是利用包装手段通过正常贸易渠道输送违法程度较低的图书。②

情况好转后,捎夫们又回来工作了。但是,利益冲突不仅让捎夫和

---

① Blouet 致纳沙泰尔出版社,1773年9月10日。
② Guillon 致纳沙泰尔出版社,1773年4月6日;纳沙泰尔出版社致 Guillon,1773年4月19日。

雇主继续发生摩擦,而且还脱离了图书交易中区别真正"坏"书和略有不妥书的界限。背负80磅沉重的货柜行走于崎岖山路上的掮夫们,不会具备高度的文学鉴赏力。法国瑞士边境地区的大部分掮夫多是从绕过为保护法国丝织品而专设的关卡偷运印花布干起。他们很愿意背负任何假冒品,但是,他们害怕运送那些会导致他们服苦役痛苦而死的非法货物。因此,另一位负责安排纳沙泰尔至蓬塔尔利耶线路保险的纳沙泰尔出版社代理人建议道:"你方的生意特别棘手,因为掮夫们害怕一旦被抓,他们就要为运送攻讦教会或诽谤某些公众人物的作品承担责任。他们仅仅走私货物逃避关税时不存在这种危险。如果你方想要走私内容无可指摘的图书(例如盗版法学书籍),掮夫们要你们保证不会出事,而且你们会在我们这个地区找到愿意以每120磅12里弗的价格替你们运书到蓬塔尔利耶的人。"①

走私方式决定了违禁书的备货、定价、宣传广告、推销、订货,乃至谈论违禁书方式。在出版流通过程中的每一阶段,那些活动在区分合法和非法文学作品这一晦涩领域的人知道用哪种办法处理哪种图书,否则就会大祸临头。

在1789年,灾难降临整个政府体制。来自出版业"哲学"部分的思想侵蚀是不是法兰西王国大崩溃的必要条件呢?在回答这个问题之前,我们需要识别所有的违禁书,考察其内容,研究其被接受的程度。但是,目前阶段的调查表明了通过地下图书交易渠道扩散的"哲学"书与一般启蒙运动相关联的思想意识之间差别很大。事实上,观察了这项买卖的专业人士日复一日的交易活动,有人会开始质疑标准18世纪史构建出的许多相互关联情况。

启蒙思想和法国大革命是什么关系呢?这一经典问题已然像是一

---

① 莱维埃尔的 François Michaut 致纳沙泰尔出版社,1783年10月30日。

个"并不恰当的问题"。因为,如果我们这样提问,容易歪曲问题。首先,我们把启蒙运动思想具体化了,好像启蒙思想可以独立于18世纪文化的其他方面。其次,我们把启蒙思想注入法国大革命的分析,似乎在1789至1890年期间的事件中都可以追寻启蒙思想的踪迹,如同监测血液中某种物质。

18世纪的文字出版物十分复杂,不能简单地用"启蒙"和"革命"范畴分类。但是,在1789年以前把文学作品传播给读者的人设计了一种很实用的范畴,用来识别他们所经手图书里的确实危险因素。我们如果认真地看待他们的经历,就必须重新思索一些文学史的基本界定——包括危险概念和文学概念本身。我们把《社会契约论》看作政治理论;认为《夏特勒的守门人……艳史》属于色情文学作品,甚至于不入文学之流的粗俗东西。但是,18世纪的书商们把它们全部归并为"哲学书籍"。如果我们用他们的方式审视他们的题材,那些哲学与色情文学之间好像不言自明的界限便开始解体了。我们即将体会淫秽作品——从《哲人泰莱丝》到《贵妇沙龙里的哲人》——中的哲学因素并且重新考察"哲学性的"色情作品:孟德斯鸠的《波斯人信札》、伏尔泰的《奥尔良少女》、狄德罗的《八卦珠宝》等。作为1789年精神的化身,米拉波会在前10年便写出了最粗俗的色情作品和发表最辛辣的政论,再不会让人费解。自由和放荡似乎连在了一起,我们可以在秘密书目上所有的畅销书中发现共鸣。因为我们一旦专心寻找披着伪装的哲学,任何事情似乎都可能发生,甚至是法国大革命。

第二章　畅销书

简短观览一下18世纪出版业习俗导致了一个初步的结论：非法文学有自己的领域，它是图书交易的一个特殊的领域，是以既定习惯做法为标志围绕"哲学"这一可行概念构成的领域。了解这一点后，我们现在可以开始一个更有魄力的调查：试图确认哪些图书通过地下交易渠道流通传播。我们可以通过跟踪出版商和书商的日常业务，认识他们商业往来中的"哲学"成分。出版商和书商把调节供应与需求看作自己分内的事，因此，我们可以通过分析他们的生意情况了解人们对禁忌的兴趣如何以图书形式表现出来，这些书又怎样实际传播给读者，最终应该有可能列出法国大革命前20年间受到严格通缉的畅销书书目。

这些想法气魄不小，读者会被疑问困扰：怎么可能会有人估量出两个世纪前图书交易秘密领域内的文学作品需求量呢？那时没有任何可靠的数据，包括死亡和税收数字。[1] 在我讨论一些个案以说明秘密图书交易的基本特征情况时，我必须祈求把怀疑暂且放置一边。这些个案出自纳沙泰尔出版社档案，18世纪以来幸存的唯一一整套出版批发商档

---

[1] 当然，各种各样的机构记录下了有关1789年前法国所发生事件的情况，但是，这些数据明显不可靠。见 Emmanuel Le Roy Ladurie 的"Les Comptes fantastiques de Gregory King"，载于 Le Roy Ladurie, *Le Territoire de l'historien* (Paris, 1973), pp.252—270; Jacques Dûpaquier 及其他人合著 *Histoire de la population française* (Paris, 1988), vol.II, chap. I; Bernard Lepetit, *Les Villes dans la France moderne (1741—1840)*, pp.445—449; Christian Labrousse 和 Jacques Lecaillon, *Statistique descriptive* (Paris, 1970)。全国范围内的系统数据收集通常可以追溯到1806年人口普查，科学的统计分析可追溯到 Alphonse Quételet 的著述。

第二章　畅销书

案。纳沙泰尔出版社恰好位于法国边境之外，占据着出版非法法语书籍并沿罗讷河或穿过汝拉山脉运送的理想位置。该公司的库存图书除了自己的出版物之外，还包括各种各样当时的文学作品。它的客户多是零售书商，来自法国各大主要城市以及大部分有一定规模的城镇；还有在欧洲其他地方销售法语书籍的商人，遍布从圣彼得堡到那不勒斯，从布达佩斯到都柏林各地。

纳沙泰尔出版社每天书商订单不断，其中很多附带着市场状况评估和走私指示。一份来自法国零售商的典型订单列有十几种书名，如果他做"哲学"书籍买卖的话，其中会混杂违禁书。不过，他每种书名仅订购几册。按交易惯例，滞销书不允许退还。因此，他限定自己订购顾客索要的书，或者订购他相信卖得出去的书。有时为了得到纳沙泰尔出版社优惠的 13 本免费书，他也会放宽订购数量。当然，在订购数量和进入图书交易的非法领域自愿性方面，一些书商比别人担更大的风险。但是，不准退书的规定——这是今日出版商们的梦想——意味着所有订单都严格遵循书商们对需求量的估算。

订单到达纳沙泰尔后，办事员将其抄录进被称为"委托图书"账簿的左边一行。订货发出之后，他在右边一行每类书名下填写相应的册数。因此，账簿清楚地显示出供求状况。供与求往往相符，因为纳沙泰尔通过交换从关系密切的出版商手中获取库存短缺的图书。因此，纳沙泰尔出版社文件——附带着"委托图书"和（被称为"草账"和"手册"的日常流水账）其他账簿的书商通信——为按照书名追踪文学作品的流通和了解法国各地市场图书的供给情况提供了一个罕见的机遇。这些资料让识别违禁书成为可能，原因如上所示：在出版销售过程的各阶段，"哲学"类图书需要筛选出来进行特别的处理。通过追寻"哲学"书的种种标志，人们可以构建出 1769 至 1789 年间在法国流传的违禁文学作品总体书目——也就是，与那些没有许可证和发行权照样可以平安销售的图书对比,被认为确实有危险性的图书书目。另外,通过从充足的订单样本收集数据,人们可以发现什么书最畅销。①

不过,数字本身不会发表意见。为了弄清数字的意义,人们需要了解书商们如何进行交易以及他们的交易活动如何适应当时的社会环境。个案研究提供了融定量定性分析于一体的最佳方式。由于纳沙泰尔和巴黎两地有着取之不尽的丰富资料,这些个案研究可以无限扩展。我主要分析四个案例:首先是代表着纳沙泰尔出版社临时客户的两位书商;其次是代表固定客户的两位书商。第一对个案展示了根据不同时间不同地点临时小规模交易构成的交易模式。第二对个案揭示了由纳沙泰尔获取大宗库存图书的重要交易的全貌。

市场一瞥

南锡的马蒂欧集中体现了洛林速成图书交易。马蒂欧的流动零售生意始于1754年,法国1766年在洛林建省之前,当时的斯坦尼斯拉思·勒兹金斯基政府尚且宽容,允许任何人做违禁图书投机生意。这种投机生意到1767年时仍然兴隆,一份警察报告说:

> 在南锡,人人自由进口和出售图书。旧家具贩子们收购私人藏书,在家里或者公共广场上出售。他们也从孩子们和其他人手中收购。流动商贩们云集本省各地,带来各种各样的货物。他们出现在各个小城镇的集市以及普洛姆比埃和巴恩-

---

① 相对而言,纳沙泰尔出版社装运的图书极少有运送不到目的地的;一旦出现意外,书商们会在信中提及并且记账。因此纳沙泰尔出版社档案显示出什么书迅速到达读者手里以及什么书需求量最大。美中不足的是,档案资料不包括关于零售商销售量的系统信息,所以传播过程最后阶段的情况比较模糊。

第二章 畅销书

雷-巴恩的贸易集市。他们是最危险的一群人,因为他们完全自由,并且享受出版商给予他们的优惠价格。①

到 1764 年时,马蒂欧通过零买零卖攒足了钱在南锡开了一家店。但是,根据警察局的说法,他的店面规模不大,库存图书不足两百部,他还继续在阿尔萨斯和洛林走街串巷。他的摊位可能每年两次出现在斯特拉斯堡集市上,出现在科尔马,在普隆比埃尔那些衣着时髦饮圣水的人群之中,在"吕内维尔城堡大厅里"。②

马蒂欧写给纳沙泰尔出版社的信件——其中 69 封是用低级的拼写错误百出的法语写成的——以及该省其他书商的书信暗示出他这位不好应付的客户。③ 他拼命讨价还价,排挤竞争对手出局,还极少冒险。但是,他从不拖欠货款,不像洛林许多边缘商人那样不自量力,乃至最终破产。18 世纪 70 年代,马蒂欧生意兴旺。1779 年,他收购了南锡 17 家书商中比较有实力的巴班的产业之后,发布了一份引人注目的书目,声明他有能力提供各类图书和刊物。④

书目所列都是无懈可击的合法作品,其中大部分是宗教类书籍。但是,马蒂欧写给纳沙泰尔出版社的信中却表露了他对"哲学"书非常感兴趣。他曾一直通过斯特拉斯堡渠道进货,直到该渠道变得十分危险之后才转而经营合法出版物。他几乎从一开始就点名要"伏尔泰写的作品

---

① "Liste des imprimeurs de Nancy",1767 年 1 月,检察官 Joseph d'Hémery 附加说明的报告:法国国家图书馆,ms. fr.22098,第 81 件。
② 同上。
③ 在洛林商家致纳沙泰尔出版社数以百计的信函之中,和 Matthieu 有关的最重要信件属 Dalancourt,Babin 和 Duvez。
④ 特别参见 Matthieu 致纳沙泰尔出版社,1779 年 12 月 28 日;洛林图书交易背景情况,见 *Almanach de la librairie*(Paris, 1781)。

或者其他不寻常作品。贵方知道我指的是什么"。① 马蒂欧的意向随着他不断增加的订单变得越来越明显。起初，他订购伏尔泰的《论百科全书问题》和霍尔巴赫的《自然体系》。后来，他听说了梅西耶的《2440年》，便立即寄了50册的加急订单，随后又索要如《铁甲报》这样的诽谤公众人物的小册子和少量的色情作品。这个模式在表2-1中清楚地显示出来。该图表列出了马蒂欧订单中全部的违禁书——他像大多数书商那样混合订购合法和非法图书，但是表中仅仅列出了严格意义上的非法图书。该图表还显示出1770至1778年间违禁书影响的进展情况。

这些数字证明马蒂欧图书交易中突出两种作品：《自然体系》和《2440年》。每种书，马蒂欧首批订购量之大非同寻常；而且在以后几年间，随着读者需求的增加持续追加订购。订单的数量肯定了订购册数的重要性并证明了需求持续上涨的情况，是不是根据这一点就可以断定这两种作品是马蒂欧生意中，或许也是整个南锡乃至全洛林地区的畅销书呢？

并非如此。首先是因为统计基础太小，无力支持有力的结论。其次是因为马蒂欧的库存图书仅有小部分来自纳沙泰尔出版社。他的书信证明，每当价格更合适时，他就转向别的供应商。例如，他1773年间写信给纳沙泰尔出版社，声明不再订购该社版本的《美洲人之哲学探索》。这本书在1768至1777年间至少出了14版，畅销毋庸置疑。他之所以这样做是因为他从另一位出版商那里得到了更便宜的版本。马蒂欧在1779年说他选择从洛桑购买伏尔泰的作品集，显然出于同样的原因。两种书名都未出现在他和纳沙泰尔出版社的交易模式中，但他仍可能大批量销售每一种书。

---

① Matthieu致纳沙泰尔出版社，1772年4月7日。

第二章 畅销书

表 2-1 马蒂欧在南锡的图书交易

	1770年11月15日	1771年6月	1771年7月19日	1771年9月27日	1772年2月24日	1772年4月7日	1772年9月6日	1772年9月25日	1772年10月28日	1773年12月31日	1774年8月7日	1775年5月29日	1775年11月18日	1775年12月6日	1777年3月4日	1777年6月	1778年2月20日	总计*
《论百科全书问题》伏尔泰著	7						6											13(2)
《自然体系》霍尔巴赫著		12	24	50	6							3	4	4		2		60(9)
《2440年》梅西耶著					4	6		4		2	4				2	2		66(6)
《哲学的秘密》韦尔纳著					6													4(1)
《铁甲报》摩朗德著								1	2	1								6(1)
《作品集》卢梭著										1								4(3)
《书信、讽刺、短篇小说》伏尔泰著																		4(1)
《短篇小说》拉·封丹著																		1(1)

续表

	1770年11月15日	1771年6月	1771年7月19日	1771年9月27日	1771年2月24日	1772年4月7日	1772年9月6日	1772年9月25日	1772年10月28日	1773年12月31日	1774年8月7日	1775年5月29日	1775年11月18日	1775年12月6日	1777年3月4日	1777年6月	1778年2月20日	总计*
《社会体系》霍尔巴赫著										6			4	4				14(3)
《作品集》狄德罗著										3								3(1)
《美感》霍尔巴赫著													4					4(1)
《红蛋》麦罗贝著													2	2				4(2)
《路易十五回忆录》无名氏著														4				4(1)
《作品集》拉梅特里著														1				1(1)
《哲学辞典》伏尔泰著													2	2				2(1)
《快乐的少女》克莱朗著													2	2				2(1)

第二章 畅销书

续 表

	1770年11月15日	1771年6月	1771年7月19日	1771年9月27日	1771年2月24日	1772年4月7日	1772年9月6日	1772年9月25日	1772年10月28日	1773年12月31日	1774年8月7日	1775年5月29日	1775年11月18日	1775年12月6日	1777年3月4日	1777年6月	1778年2月20日	总计*
《被包养的女人》圣·维克多著														2				2(1)
《共济会……奥秘探隐,或玫瑰十字架》科耶著														2				2(1)
《责任、地位或外国使团章程》无名氏著														2				2(1)
《被揭穿的基督教》霍尔巴赫著															1			1(1)
《太太学堂》尼古拉著																2		2(1)
《伊昂骑士的消遣》伊昂著																	1	1(1)

* 图表的右端一栏内第一个数字代表总订购册数,括号内的数字表示总订单数。图表不包括马蒂欧订购的合法图书。

尽管如此，表2-1提供了马蒂欧图书生意的确切基本状况。该图表虽然没有提及伏尔泰全集，却包括了伏尔泰最重要作品中的两种《论百科全书问题》和《哲学辞典》以及《书信、讽刺、短篇小说》。马蒂欧书信中不断索购"一些伏尔泰的最好作品"，这进一步证实了该图表的伏尔泰趋向。① 这些信件还表现了对像路易-塞巴斯蒂安·梅西耶这样的通俗作家和如伪造的《路易十五回忆录》这样的政治诽谤小册子的强烈兴趣。虽然因资料不足难以评估每个书名的需求量，但是定量和定性证据相互印证，指向同一普遍模式。

纳沙泰尔出版社的另一位临时客户兰斯的阿尔方索·伯第的订单中也呈现出类似的模式。与马蒂欧不同的是，伯第有些知识，此人能说会道并且会毫不含糊地向瑞士人建议什么书需要再版："你方正在考虑出版的布封著作一直很好卖……但有必要加上动物的习性和特点。因为这本书如果过分简化，就会变成节选本，不再会让图书爱好者满意。"如同洛林一样，香槟省的图书市场不错，而且伯第在其省会有较稳固的地位。尤其是1776年以后，这一年警察突袭了他的主要竞争对手马丹-于贝尔·卡赞的书店，没收了价值6 000镑的违禁书，还把卡赞关进了巴士底狱。② 这次搜缴行动严重影响了全省的图书生意。伯第似乎在任何情况下都谨慎。在写给纳沙泰尔出版社的信中，他不断地叮嘱不要冒险，订货也总是不超过他觉得有把握卖出手的册数——或是他通常已经预售的册数。在一份日期标明1781年2月3日的典型订单中，伯第

---

① Matthieu致纳沙泰尔出版社，1774年8月7日。该信重复了1772年2月24日和4月7日信中的类似要求。
② Cazin致纳沙泰尔出版社，1777年3月24日。Cazin在巴士底狱关了6周，声称此次遭难他损失了20 000部书。虽然他收回的书足以做生意，但他缩小了生意规模，而且害怕担风险。见他1780年1月1日、1783年11月17日以及1784年7月27日致纳沙泰尔出版社书信。

从纳沙泰尔出版社书目选择了16种书名,附加若干本他要求纳沙泰尔出版社从其他供应商那里代买的图书,然后画一横线并在下面列出需要特殊处理的8种"哲学"书——这是一种典型的选择,从伏尔泰的作品到《杜巴利伯爵夫人轶事》都有。

如表2-2所示,伯第的订单(1779至1784年期间订单中的14份)与马蒂欧订单(1770至1778年的17份订单)的不同点在于它们包括了18世纪80年代流行的作品。不过,这些订单有大量作品涉及路易十五(1771—1774)统治最后一年所发生的政治危机。这些订单还表现出对无神论、共济会以及性变态色情文学作品的极大偏好。伯第的书信印证了统计数据所传达的印象。他在1783年曾写信说:他的客户不断"折腾"他,索要大开版梅西耶《巴黎图景》——一部攻讦旧制度诸多方面的作品。这书还没到货,他就已经售罄了全部订购册数。与此同时,客户们还不断"骚扰"他,索要卢梭全集新卷。伯第刚听说S.-N.-H.兰盖的《巴士底狱回忆录》就认定它是畅销书,随之发出了一份不寻常的25册大订单,两个月后又续订了24册。一本关于内克尔内阁的辩论册子也大量订购。事实上,重新订购这本书时,伯第一次性订购了两部全新的"批评性作品",意思是政治诽谤性作品。政治显然在兰斯卖得不错。①

这是否证明政治作品主导了香槟省非法图书交易呢?当然不是。伯第同马蒂欧和纳沙泰尔出版社的其他临时客户一样,也从别的来源大量进货。他提及了来自马斯特里赫特、鲁昂以及里昂的货运。他可能还和若干低地国家与莱茵兰的供应商打交道。如果他们的书和纳沙泰尔出版社的书大不相同,他和纳沙泰尔的生意证明不了什么。但

---

① 按照原文中出现顺序,引自Petit致纳沙泰尔出版社信件,1783年6月29日、1783年1月20日、1783年8月31日。

表 2-2 伯第在兰斯的图书生意

	1779年10月	1780年5月31日	1781年2月3日	1781年8月27日	1782年2月16日	1782年4月24日	1782年12月16日	1783年1月20日	1783年3月10日	1783年5月10日	1783年6月29日	1783年8月31日	1784年3月30日	1784年8月31日	总计
《朴实的少女》雷蒂夫·德·拉·布雷东著	2	3													5(2)
《哲学史》雷纳尔著	2			13										4	19(3)
《2440年》梅西耶著		2			2			4		4					12(4)
《作品集》卢梭著		12													12(1)
《奥尔良少女》伏尔泰著			2												2(1)
《美感》霍尔巴赫著			1												1(1)
《自然体系》霍尔巴赫著			1												1(1)
《作品集》拉梅特里著			1												1(1)

第二章 畅销书

续 表

	1779年10月	1780年5月31日	1781年2月3日	1781年8月27日	1782年2月16日	1782年4月24日	1782年12月16日	1783年1月20日	1783年3月10日	1783年5月10日	1783年6月29日	1783年8月31日	1784年3月30日	1784年8月31日	总计
《作品集》弗雷莱著			1												1(1)
《哲人泰来丝》德·阿尔让			2												2(1)
《艳史》热尔韦·德·拉图什著			2												2(1)
《杜巴利伯爵夫人轶事》麦罗贝著			1			13	2							2	3(2)
《让-雅·卢梭身后作品集》				13		13	13								28(3)
《巴黎图景》梅西耶著				13						4				6	32(3)
《英国间谍》麦罗贝著					6								2		12(3)
《铁甲报》默朗德著					1										1(1)

续表

	1779年10月	1780年5月31日	1781年2月3日	1781年8月27日	1782年2月16日	1782年4月24日	1782年12月16日	1783年1月20日	1783年3月10日	1783年5月10日	1783年6月29日	1783年8月31日	1784年3月30日	1784年8月31日	总计
《宗教奴役的起源研究》波默勒尔著						6									6(1)
《巴士底狱回忆录》兰盖著									25	24			3		52(3)
《各类作品全集》内克尔著										13			6		19(2)
《刑法理论》布里索著										2					2(1)
《责任,地位或外国使团章程》无名氏著													2		2(1)
《路易十五的私生活》姆弗尔·丹格维尔著													4		4(1)
《圣经的谬误》米拉波著														2	2(1)

是,这似乎不太可能。因为伯第曾抱怨再版书生产超量使得同类作品到处可见,并且他的竞争者经常廉价抛售。事实上,出版商和批发商之间的以物易物和互惠交易,已经发展到了有可能让他以比纳沙泰尔出版社更低的价格从里昂购买纳沙泰尔出版社版本的程度。① 由于这些及其他原因——特别是他因为惧怕地方图书检查官的严酷,不情愿冒险②——伯第和纳沙泰尔从未有过大量的交易。他的订单模式看起来似乎像一张模模糊糊的快照:反映大致印象有余,而细部图像不足。

交易概况

要深入了解图书交易,必须考察纳沙泰尔出版社与其固定客户的关系,这些客户有规律地每隔一段时间便发出一批订单,从纳沙泰尔大批量进货。以下是贝藏松最主要书商让-菲力克斯·夏迈的个案调查。夏迈的生意集中在省会,18 世纪 80 年代此地人口多达 32 000。他的客户主要是皇家官吏、军官、乡村绅士、法律界人士。贝藏松缺少制造业,但给书店提供客源的各种机构不少:一个地方法院、一个监察部门、一个陆军基地、众多财政和司法部门、一所大学、一所中等学校、一处剧院、三

---

① Petit 致纳沙泰尔出版社,1782 年 9 月 9 日,1782 年 4 月 24 日,1783 年 10 月 24 日。Petit 在兰斯的主要竞争者 Cazin 证实了他关于过量生产和廉价销售的看法。Cazin 1780 年 1 月 1 日致信纳沙泰尔出版社,声称:"先生,你方必须了解现在收账困难,图书过量拖累了全部图书交易。几年来,有 40 或者 50 个流动贩子一直在法国各地兜售,他们从瑞士、阿维尼翁、鲁昂及其他地方进货。他们靠现金支付吸引供应商。然后,他们一旦取得信任建立起信用,便不再付款。没有一位供应商可以吹嘘没有吃过这些人的亏。他们(流动商贩)全都以破产收场并且通过半价卖书祸害了全省……本城的生意全毁了。"

② Petit 致纳沙泰尔出版社,1780 年 5 月 31 日。

处共济会分部——一处大教堂和十数所修道院尚且不算。①《藏书年鉴》(一部号称包罗所有法兰西王国书商和出版商之大成的年鉴)列有12户书商和4户出版商。但是,夏迈告诉纳沙泰尔出版社他们中间仅4户有些生意;4户中数他最活跃,虽然他烦恼一位包揽了大部分《百科全书》市场的精力充沛的年轻人多米尼克·雷帕涅。②

从1771年10月至1785年3月,夏迈的订单和1782年他去世后由他妻子接手生意的订单每隔3或4个月便发至纳沙泰尔。③ 这些订单总计55份,包括了97种违禁书名和各种合法作品。订单所汇集的统计数据太广泛,不能全部纳入一个图表之内,状况类似马蒂欧与伯第。因此,我把所有这些合并成一份纳沙泰尔出版社客户订单的综合统计抽样在下面进行讨论。另外我在表2-3列出了夏迈销售的19种畅销书。

表2-3 夏迈在贝藏松的图书交易*

1.《伏……哲学通讯》	无名氏著	150	(3)
2.《阿雷丹》	劳朗著	137	(4)
3.《杜巴利伯爵夫人轶事》	皮当萨·德·麦罗贝著	107	(5)
4.《情诗》	无名氏著	105	(3)
5.《路易十五的私生活》	姆弗尔·丹格维尔著	104	(4)
6.《君主政体的哲学随笔》	兰盖著	93	(5)

① 有关贝藏松种种机构的详细情况,见 *Almanach historique de Besançon et de la Franche-Comté pour l'année 1784* (Besançon, 1784);有关弗朗什-孔泰并入法兰西王国后,贝藏松发展成为行政中心的情况,见 Claude Fohlen, *Histoire de Besançon* (Paris, 1965)。

② Charmet 致纳沙泰尔出版社,1777年4月18日。关于 Encyclopédie 市场以及贝藏松图书交易其他方面情况,见本人 *Business of Enlightenment*, pp.287—294。

③ 关于书商妻子们——她们往往在经营、会计、信函处理、售书等方面起关键作用——这一被忽视却又重要的课题,见 Geraldine Sheridan, "Women in the Booktrade in Eighteenth-Century France", *British Journal for Eighteenth-Century Studies XV* (1992), pp.51—69。

续表

7.《奥尔良少女》	伏尔泰著	75	(3)
8.《被揭穿的间谍》	鲍德安·德·盖马德克著	60	(1)
9.《哲学史》	雷纳尔著	59	(7)
10.《2440年》	梅西耶著	57	(6)
11.《忏悔录》	卢梭著	54	(2)
12.《薄伽丘传》	译自薄伽丘	49	(3)
13.《法兰西无人瞩目之戏剧》	无名氏著	45	(2)
14.《论逮捕密札》	米拉波伯爵著	44	(3)
15.《巴黎图景》	梅西耶著	42	(3)
16.《我的皈依》	米拉波伯爵著	32	(2)
17.《流浪妓女》	阿日提诺或弗朗柯·尼克洛著	31	(2)
18.《莫普大人……历史日志》	麦罗贝与丹格维尔著	31	(2)
19.《路易十五回忆录》	无名氏著	28	(1)

* 自1771年12月至1785年3月,夏迈发出55份订单。这些订单包括97种非法作品,其中以上19种需求量最大(右手一栏第一组数字代表订购总册数;括号中数字为订单总数)。

这份图表从两个方面揭示了需求:就每一本违禁书而言,它显示了总册数以及夏迈发出的订单总和。后一类数字出现于最右边一行括号之中,起补充或者修正前一类数字的作用,因为后一类数字显示了需求方面的连续性——即,当夏迈的最初订购不足,他的客户继续求购时,又发出追加订单。

这部畅销书单基于足以支持概括性解释的统计数字基础之上,但又不能单从数字进行理解。它不显示每种书名的准确需求量。例如,最先列出的《伏……哲学通讯》——一本不能和伏尔泰《哲学通信》相混淆的匿名淫邪故事集——能够代表有些不寻常大批量订购单上的冒险赌博,尽管夏迈曾两次续订这本书。还有,列在最末的《路易十五回忆录》的流行程度或许比图表显示要大,原因是夏迈可能会从别的供应商那里追加订购。况且,这些书名不代表严格的可比较单位。《伏……哲学通讯》按出版商的话讲是由雇佣枪手编辑的,印刷"粗糙不堪",价格从17苏至1里弗5苏不等。它和下面所列雷纳尔神父的皇皇巨著《哲学史》有天壤之别。雷氏《哲学史》出版六或七卷版本,通常是精美的八开本,附插图及详细的折叠式图表。《哲学史》的价格,不算增补卷内的地图集,10里弗10苏至20里弗不等。因为价格昂贵,夏迈不敢大批量订购。但是,他续订该书的次数多于表上所列任何一本。因此,《哲学史》的实际需求量可能会高于它在畅销书表上的第九位。

这些及其他考量起了警示作用①:畅销书表一定要谨慎对待。这些图表仅仅提供了文学作品需求量的概况,不能用来确定表上所列每种书的重要性。不过,如果参照其他资料进行研究,这些图表可以展示出重要的图书交易模式。夏迈的交易之所以重要是因为他从纳沙泰尔出版社购买大量图书并在往来书信中谈论生意。他的书信,一份179件的档案卷宗,提供了他从自家生意角度观察需求时的连续性评论。由于他的书店离纳沙泰尔仅仅50英里,中间隔着汝拉山脉,他可以不时光顾纳沙泰尔出版社总部。在纳沙泰尔出版社各位董事眼里,夏迈的身份介乎朋友与客户之间,因此他写信时也就公私兼顾,以不同寻常的坦诚提出看法。

1774年10月,他造访了纳沙泰尔出版社,安排走私,此后,他写信的口气变得异常坦率。他通过贿赂海关官员和买通喜欢文学的开明官员检察官布日瓦·德·伯伊恩,开辟了越境通路。这位检察官给夏迈的货物发放特别通行证,夏迈"实实在在地礼貌了一下"作为回报——不是

---

① 关于 Raynal 的 *Histoire Philosophique* 的补充考虑是纳沙泰尔出版社生产自己版本这一事实。纳沙泰尔出版社销售自己版本的册数往往超过进货库存图书的册数,这类图书的出处一定程度上影响了销售量记载。为了提醒读者注意这一因素,纳沙泰尔出版社出版作品书名在表2-5(pp.63—64)畅销书总表中用星号标出。

给钱,是给"哲学"书。① 当 1775 年间在弗朗堡边检站的几次失误导致纳沙泰尔出版社货柜中三个被没收时,夏迈给这位检察官的藏书贡献了两册印制精美摩洛哥皮烫金装帧的雷纳尔《哲学史》。夏迈写道:"为了安抚一些笨蛋,监察官署的院内会烧起一堆火。"不过,他会关照只烧那些没有销路的书,比如用夏尔·克里斯坦的《论圣-克劳德》取代和货柜一起被没收的像《哲人泰莱丝》那样的畅销书。②

就纳沙泰尔出版社而言,它不仅仅在纳沙泰尔殷勤好客。每当推销新版书时,它会照顾夏迈对抗他在贝藏松的主要竞争对手雷帕涅。此人转而从纳沙泰尔出版社的竞争对手那里订书,包括纳沙泰尔的萨缪埃尔·弗歇。随着时间推移,这种彼此利益联系发展成为互惠尊重,由尊重又发展为类似友谊的关系。1777 年 3 月,夏迈途经纳沙泰尔后,写信告诉正在巴黎公干的几位纳沙泰尔出版社董事,他们的妻儿安康。"她们表达的关爱、客气、友善让我感动。"③1779 年生意不景气时,夏迈向他的纳沙泰尔伙伴保证:"贵社……是我敬重的出版社;在生意上,我倚重贵方超过任何一家。"④这时,夏迈担任了贝藏松新的书商公会理事,负责检查图书装载运送是否夹带非法书——这个职位让他得心应手地利用非法文学作品地下传播通道输送纳沙泰尔出版社的货柜。⑤ 夏迈利用各种方法帮助他的瑞士供应商,不过,他身边还有一位警觉的皇家图书交易巡视官从旁监督检查。所以,夏迈需要十二分的小心。像许多固定的地方书商一样,他从不冒险,而且纳沙泰尔出版社从未找到希望经过贝藏松开启至巴黎的西北货运通道。

---

① Charmet 致纳沙泰尔出版社,1775 年 10 月 18 日。
② 同上。
③ 同上,1777 年 3 月 7 日。
④ 同上,1779 年 9 月 4 日。
⑤ 同上,1780 年 4 月 28 日。

夏迈的生意起色了,但他的身体却每况愈下。他的书信中呈现出的第一个征兆是在1781年9月他妻子代写的一封信,她解释说夏迈病得不能下床了。是什么病呢?癌症?肺结核?夏迈太太既不了解又缺乏词汇来说清到底是什么病让她丈夫卧床不起,历史学家们只能无助地看着死亡侵入档案卷宗。1782年夏,夏迈在一次出差途中再次病倒。他不在时打理书店生意的妻子在9月报称:"他一直想战胜病魔,但病魔打败了他。他不懂得照顾自己,治疗效果又差,他的病变得顽固难医。不过,我盼着他挺过来。"①她一个月后还相当乐观。但是11月初,她写信说夏迈已经不能起床了,到了11月15日甚至不能在信上签名了。纳沙泰尔出版社的董事们写信问候的同时,还指示他们在当地的代理人延缓收取夏迈的一单交换款项。据他妻子说,这一不同寻常的举动"让他泪流满面,感谢你们为他做的一切"②。六个星期后,夏迈告别了人世。

夏迈太太继续着生意。她写的信不仅让人读得懂——她不像那些不会标准法语的寡妇们那样尽量避免使用过去虚拟式,她写的信还显露出精明的生意头脑。她抱怨纳沙泰尔出版社不像它的洛桑竞争者那样迅速提供米拉波的《论逮捕密札》,她还警告说她希望她订购的米拉波的色情作品《个性解放》能快些交货。③她刚一听说兰盖的《巴士底狱回忆录》,便嗅出畅销书的味道:"坊间很多人在议论这是兰盖写的一部巴士底狱史。我从日内瓦得到消息在洛桑可以买到这本书。你们能否为我快速购买几本?这本书一定好卖。如能及时供书,我将十分感谢。"④她还设想这是杜尔戈的《身后作品集》的一种版本,原因是细读之

---

① Mme Charmet 致纳沙泰尔出版社,1782年9月6日。
② 同上,1782年11月15日。
③ 同上,1783年1月9日。
④ 同上,1783年4月13日。

第二章 畅销书

后她相信这本书会吸引客户:"这本书写得有活力,有气魄。"①

夏迈太太订购图书时按丈夫的策略行事:"我丈夫的原则是订购种类多,每类数量少。"②另外,夏迈尽量读过书以后才批量订购。他先和客户安排预售,把订单限制于每种书名最少量册数。他宁可同样作品多续订几次,也不担积压卖不出去的风险。他尽可能贴近需求量,而不是碰运气:"我底子薄,所以战战兢兢。销售量是我的指南针,我不能偏离方向以身犯险。这就是我不想冒险的原因。"③

夏迈的书信清楚显示他从纳沙泰尔出版社购买了大量图书。这些信件也提及其他供应商,尤其是洛桑和日内瓦方面的。但是,书信暗示只要有可能,夏迈和妻子还是偏重纳沙泰尔出版社:"我们宁愿所有生意都和贵社做,感激和尊重的纽带把我们连在了一起。"④例如,在1781年间,他们放弃了从瑞士其他出版社购买四卷本《路易十五的私生活》批发价通常为10里弗机会,而是和纳沙泰尔出版社签订了一份26册的大批量订单。不过,需求量之大让瑞士出版商的交换系统不堪重负。纳沙泰尔出版社曾希望通过和这本书的日内瓦出版商让-亚伯拉罕·努夫交换的方式进书200册。然而,努夫在债务的重压下正勉强度日。为了抓住机会安抚债权人,他扣下了拨给纳沙泰尔出版社的份额,转手把大部分书卖给批发商以换取现金。纳沙泰尔出版社还没等把书投放市场,这些批发商早就给法国的零售商们供货了。所以,夏迈抱怨说他的客户在他的竞争者书店看到这本书几乎两个月之后他的书才到货。尽管这样,他仍然续订了3次,总共卖出104册,对于他这样自称"小零售商"的人

---

① Mme Charmet 致纳沙泰尔出版社,1787年4月24日。
② 同上,1784年8月16日。
③ Charmet 致纳沙泰尔出版社,1777年6月20日。
④ 同上,1782年9月6日。

来说成果是显著的。① 他的畅销书图表上《路易十五的私生活》位列第五，而且该书上市的内情说明它的需求量超出了人们根据畅销书单做出的判断。②

事实上，仔细研读夏迈的通信让畅销书单的主要倾向——强调诽谤性政治文学作品——显得被低估了，而不是被高估了。诚然，畅销书包括少许各类非法文学体裁——色情和反宗教作品与著名哲学家的著作比肩为伍。但是，夏迈认为，到1781年民众已经失去了对抽象专论的兴趣。③ 他的客户反而需要论战性的作品，如米拉波的《论逮捕密札与国家监狱》；④"诽谤作品"，如《路易十五的私生活》；以及"丑闻记事"（时事的闲话议论），如法兰西掌玺大臣《莫普大人在法兰西君主制框架下操纵的革命之历史日志》。夏迈一听到有《历史日志》便说没看到书他先订购25册，如果经检视后他认为"写得不错"就订购100册。⑤ 他也期望销售100册《路易十五回忆录》，但按照较大批量订购之先例，他要

---

① Charmet 致纳沙泰尔出版社，1778年2月20日。
② Nouffer 是否保证以交换方式提供《路易十五的私生活》给纳沙泰尔出版社，不能从档案文件中确定。关于他本人的说法，见他于1781年5月10日、6月6日以及7月6日写给纳沙泰尔出版社的信。至于纳沙泰尔出版社和 Charmet 的说法，见 Charmet 致纳沙泰尔出版社，1781年5月18日、5月30日、7月18日；纳沙泰尔出版社致 Charmet，1781年6月12日及7月22日。
③ Charmet 在1781年6月29日致纳沙泰尔出版社的信中劝告不要再版 Delisle de Sales 的 *Philosophie de la nature*："我认为这部书过时了。总的来讲，哲学书都如此。一年多没有什么预订了。"在此例中，Charmet 使用了传统意义上的 philosophical 一词来标记哲学专论。
④ Charmet 致纳沙泰尔出版社，1782年4月17日。在1782年10月2日信中，Charmet 表示他期望 Mirabeau 对专制政府的抨击会特别吸引那些和贝藏松地方法院有关系的律师及地方行政官员。他在1777年4月18日写道，读者们千方百计争相购买一本同样直言不讳的小册子 *Lettre de M. Linguet à M. le comte de Vergennes*："有些卖4至5路易（96至125里弗的天价）。"
⑤ Charmet 致纳沙泰尔出版社，1774年11月8日。

第二章 畅销书

先读一读这本书:"如果书好,很适合销售,我就订 100 册,但如果和《杜巴利夫人传略》风格雷同,我订 12 册就够了。"①

毋庸置疑,夏迈的书信暗示出市场充斥着此类文学作品。1871 年间,纳沙泰尔出版社向夏迈征求关于批评内克尔大臣的作品汇编再版计划的意见时,他说地方市场已经饱和。不过,他补充道:"新版四卷本《英国间谍》或许仍然好卖。这是本好书,尽管也开始失去吸引力。对我而言,25 册就够了,因为我这里已经卖了 100 册。《英国观察家》《秘密回忆录》《法国间谍》以及另一部书(《英国间谍》)——同类主题的书不少了,公众需求已经充分满足了。"②这阻挡不住他,十个月后,听说另一部丑闻记事没出版,马上抓住机会订购了 50 册《被揭穿的间谍》。③

夏迈的书信揭示了统计数字背后人的因素:他与纳沙泰尔的近距离接触、他与纳沙泰尔出版社董事们的友情、他评估需求和处理订购的谨慎方式。有关他个人档案的一切使他的档案成为理想的资料,用来纠正因单独阅看畅销书单而产生的任何误解。事实上,这份资料暗示了政治作品市场比图表显示的还要强劲,图表上 19 种书名中只有 5 种可以分类为"诽谤作品"或"丑闻编年史"。综合起来,这两类证据指向一群渴望淫秽、诋毁性、煽动性文学作品民众的存在。

---

① Charmet 致纳沙泰尔出版社,1775 年 9 月 30 日。*Precis* 是一本小册子,也曾和类似的"诽谤作品"伦敦 1774 年版《赛西尔报》,或欧洲主要城的色情及风流奇遇,译自英文杜巴利夫人生平,*La Gazette de Cythère, ou aventures galantes et récentes arrivées dans les principales villes de l'Europe, traduite de l'anglais, à la fin de laquelle on a joint le Précis historique de la vie de Mad、la comtesse du Barry* 一起出版。
② 同上,1781 年 10 月 12 日。在此例中,Charmet 似乎把他的间谍们弄混了,因为 *L'Espion anglais* 共有十卷,是四卷本 *L'Observateur anglais, ou correspondance secrète entre Milord All'Eye et Milord All'Ear* 的扩大版,1777 年伦敦最先印刷出版。
③ 同上,1782 年 8 月 28 日。

一座城镇中的交易

但是,贝藏松是法兰西王国文化程度颇高的东北部的一座有高等法院的城市,那里的民众可能很大程度上不同于法国其他地方的人。① 因此,最后的个案研究考察纳沙泰尔出版社在蒙彼利埃的图书交易,该城位于法国边远南方,不在与纳沙泰尔友好互访和私人友情范围之内。

蒙彼利埃人口大约31 000,文化教育机构种类不少。1768年,一位自豪的公民在一部十分详细教条的《蒙彼利埃城概貌》中曾把这些机构分类列出:一座总教堂和4所牧师会大教堂,16所修道院,2所基督教学校教友会主办的大型小学,一些由校长兼职教师的规模较小的学校,一所皇家学校或中学,一所大学(仅其中闻名的医学院教员中就有7名教授,每人薪俸2 000里弗,有权利穿戴"红缎袍和貂皮镶边的帽子"),一所著名的皇家科学研究院,一所音乐学院,一座市立剧院和12处共济会分会。蒙彼利埃尽管没有高等法院,却是司法行政中心——朗格多克省政府机构所在地,一座监督署支院,两所重要的财政法庭(审计法院和间接税法庭),一所初级法院和众多低级别行政司法机关。该城具有大量的纺织工业(毛毯、印花布、长筒袜、手绢、女帽等)以及五花八门的店主和工匠——不仅有细木工和皮匠,还有那些行当名称已经从字典里消失了的手艺人,比如羽毛匠和装点匠。当地上流社会认为这些手艺人的孩子上学的太多,声称:"如我所言,这些学校满是平民渣滓的崽子,这些人

---

① 有关东北地区的高文化程度与南方的低文化程度比较,见 Michel Fleury 与 Pierre Valmary 合写的 "Les Progrès de l'instruction élémentaire de Louis XIV à Napoléon III", *Popuiation*, XII(1957), pp.71—91,以及 François Furet 与 Jacques Ozouf 合著的 *Lire et écrire*: *L'alphabétisation des français de Calvin à Jules Ferry* (Paris, 1977)。

第二章 畅销书

只配学种地和干粗活,没有读书写字的份儿。"①

大量的新教徒和一座兵营醒示着路易十四以来的宗教纠纷。但教派情绪已不复存在,按照《概貌》的说法是:"人们已不再争论加尔文主义、莫林那主义、詹森主义。阅读哲学书取代了所有宗教争论,这已经成了时尚,尤其是在年轻人中,自然神论者比较多。"一批老派资产阶级主导这座城市,还或许也为书店提供了大部分客源。因为蒙彼利埃是不错的图书销售地。据《概貌》解释:"就这样一个城市而言,图书交易相当广泛。自从藏书爱好在居民中普及开来,书商们送来了各类图书。"②

据一部声称包罗了全法兰西书商和出版商的年鉴《作者和书商指南》统计,蒙彼利埃 1777 年有书商九家:③

印刷商兼书商: 奥格-弗兰克·罗夏尔

让·马特尔

书商: 伊萨亚克-皮埃尔·李高

J.B.福尔

阿尔贝·庞斯

图尔内

巴松

塞萨里

冯塔内尔

---

① *Etat et description de la ville de Montpellier*, *fait en 1768* 是一本作者不详的小册子,J.Berthélé 以 *Montpellier en 1768 et en 1836 d'après deux manuscrits inédits* 为书名出版(Montpellier, 1909),引自第 52 和 57 页。
② 同上,第 27 及 55 页。
③ *Manuel de l'auteur et du libraire*(Paris, 1777),第 67 页。关于该省图书交易背景的情况,见 Madeleine Ventre 的 *L'Imprimerie et la librairie en Languedoc an dermier siècle de l'ancien régime*(Paris et La Haye, 1958)。

不过，在更细致的审视下，生意场似乎不很稠密。1778年，纳沙泰尔出版社的一位流动促销员从蒙彼利埃给总部发回下列报告："我造访了该城最好的图书商家李高和庞斯公司。他们持续订购李科波尼夫人的作品；订单下附。我也见了塞萨里，他不如前者殷实，但还算是位正直的绅士；他的订单下附。让·马特尔就是龚提尔寡妇，人相当好，但她不想做买卖。巴松和图尔内不值得打交道，我没去见他们。亚布拉罕·冯塔内尔不太重要，我第一次见他时，他就说要从我们这里订购一些书籍。"①

简言之，李高和庞斯联合公司垄断了当地的图书交易。塞萨里和福尔生意规模较小，属中等商家，而其余三家则勉强维持。除了这些合法书商外，每年秋后多菲内山区的各类流动商贩也来蒙彼利埃，他们私下出售非法文学作品，该城一些下层人也是如此。合法商人们抱怨说："蒙彼利埃有些人未经批准私自大量销售各类图书，有地位的书商们深受其害。""听说这些人里有一位卡普琴公司的代理人马塞兰神父、一位叫图尔内的人（装订工），以及以'学生母亲'闻名的阿尔诺寡妇。"②学生们其实有两位"母亲"。对女学生而言，布兰冈小姐也有"学生母亲"的名头，她偷偷卖禁书给她们。据警察在某位合法书商的怂恿下突击搜查了她家后的报告记载："她把书藏在一楼右侧一间屋内床下。"③

这样的模式几乎到处可见。在大多数外省城市，图书交易类似一组

---

① Jean-François Favarger 致纳沙泰尔出版社，1778年8月29日。1764年，蒙彼利埃有四家书商和两家印刷商，见 Ventre 的 *L'Imprimerie et la librairie en Languedoc an dermier siècle de l'ancien régime*, pp.227—228。Faure 是龚提尔寡妇的合伙人；李高公司和庞斯公司于1770年在 Isaac-Pierre Riguad 指导下合并，尽管他们在1777年 *Manuel de l'auteur et du libraire* 里分别列出，但该指南基本不算可信资料。

② 一份呈交图书交易主任检察官的匿名"请求"，日期不详，大约1754年，见法国国家图书馆，ms. fr.22075，234单页（面）。关于多菲内农民非法书贩卖，见同上，234单页，Axis 的 Emeric David 之"Mémoire remis à M. de Saint Priest"。

③ 警察报告，日期1754年7月24日，同上，355单页。

第二章 畅销书

同心圆：在圆心，一或两家书商凭借充足的存书招揽了大部分生意，外圆上的一些小商家挣扎抵抗大商户的吸引力；具有合法出版授权的商户圆周之外分布着众多的装订工、小贩、小学校长、底层牧师以及文化投机商人，这些人在法律管辖之外从事图书买卖。离圆心越远，非法书投机倾向就越强。因为非法书交易利润和风险成正比，况且在那些一无所有或者濒临破产的人看来，风险似乎并不可怕。但是，非法作品渗透到了这个同心圆体系的各个圆周，包括核心部分：这是从位处圆心的伊萨亚克-皮埃尔·李高档案入手研究蒙彼利埃图书交易横断面要吸取的主要教益。

李高体现了一个书商的最大优点："稳妥"，也就是说，富有与货款支付的绝对可靠两者兼具。他自己出版图书，主要是为大学出版医学论文和专著，并且经营大批零售业务。甚至在1770年和庞斯联手之前，他手里有至少价值45 000里弗的库存图书，远远超过该城任何一位书商的库存。[①] 他的1777年存书目录证明他备有各种图书，尽管他专门经营医学书籍并较小程度上经营一些该地区清教徒用的祈祷书。[②] 他从巴黎、鲁昂、里昂、阿维尼翁以及瑞士大部分主要出版商那里进货。如果可能，他会从一些批发商那里买同一部书，每人6册，以便让他们相互竞争并确保给他优先发货。一旦价格不是最优惠、竞争者没有给他优先发货、印刷用纸低廉，或者运货人不能走最省钱的途径，他便提出强烈抗议。

譬如，1771年政府对进口图书征收重税时，李高就决定取消所有国外订货，而不是花钱冒险走私。他解释说，没收一个货柜会损失相当于

---

① Ventre, *L'Imprimerie et la librairie en Languedoc*, p.227.
② Rigaud 致纳沙泰尔出版社，1777年5月23日。

30个货柜的利润,"我们要知道审时度势,应付不利局面"。① 后来,政府降低关税时,他坚持让纳沙泰尔出版社缴纳三分之二的税。最后,这项关税取消时,他要求纳沙泰尔出版社支付远至里昂的全部运费并把批发价降低10%:"如果这些条件得不到满足,我们将无力从贵方订货,除非我们想进贫民收容所,那是我们竭力避免的去处。"②李高讨价还价不给人留退路,而后如果得不到最快、最便宜、最保险的服务还抱怨。③ 但是,纳沙泰尔出版社从来不怕他的责难和"加斯科涅大话"(他使用让纳沙泰尔出版社的北方客户们呆若木鸡的啰唆语言讨价还价),因为他和大部分出版商不同,他从不欺骗,对于到期从不拖欠交易款项。他强硬,但尽可能地稳妥。

李高的强硬是蒙彼利埃其他书商有目共睹的。纳沙泰尔出版社流动促销员认为属于代表该地图书交易中层"正直绅士"类的塞萨里而言,认为李高是侵掠型生意手段的化身:"我痛苦地得知该城的某位先生贪婪成性,为了减少蒙彼利埃书商人数和不花钱得到我的书,铁了心要毁了我。为了这个目的,他给我的债权人写信,企图劝说他们放弃此项约定。"④

---

① Rigaud 致纳沙泰尔出版社,1771 年 10 月 25 日。
② 同上,1774 年 6 月 29 日。关于关税立法的详细情况,见本人"Reading, Writing, and Publishing in Eighteenth-Century France: A Case Study in the Sociology of Literature", *Daedalus* (Winter, 1971), pp.231—238。
③ 例如,Rigaud 拒绝从日内瓦的 Gabriel Cramer 处订购伏尔泰的原版 *Questions sur l'Encyclopédie*,以便可以从纳沙泰尔出版社购买减价伪造版,但是发现纳沙泰尔出版社的版本纸张质量差且供货极慢。1770 年 11 月 9 日,Rigaud 致信纳沙泰尔出版社称:"日内瓦的 Cramer 昨日来信说,他给我们一个同事发运一批货,很奇怪我们还没有从他那里预订书。他的话让我们厌烦。我们期望更好的价格和更快捷的服务才从贵方直接订货,不过,我们非常遗憾地觉得期望落空了。"1771 年 8 月 28 日,Rigaud 失去耐心,写信告诉纳沙泰尔出版社:"我们之间好像有五六千英里的关山阻隔。"
④ Cézary 致纳沙泰尔出版社,1781 年 6 月 25 日。

第二章　畅销书

塞萨里提到一个证明法国各地特别是南部书商们惯用的狗咬狗型资本主义的事件。1781年前，塞萨里营建起了相当规模的买卖。他的库存图书价值30 000或40 000里弗，他还拥有两处房产。但是，他欠债64 410里弗，而且无力积攒足够的现金以避免年初时无力偿付。[1] 为使自己免于破产，他给所有的债权人写信，乞求允许他边经营边利用收入和资产出售逐步偿还债务——这是收支逆差商家通常采用的策略。纳沙泰尔出版社有意宽限（塞萨里一单合法书货款285里弗，其中大部分为医学书籍）。但是，李高说服了主要债权人——阿维尼翁的盗版出版商——坚持一次清账。在塞萨里未能支付一单交易款之后，阿维尼翁书商之一让-约瑟夫·尼埃勒招来了一群法警，闯入库房没收了价值3 000里弗的最畅销书。塞萨里害怕进债务人监狱，便逃之夭夭。与此同时，为了防止库存进一步减少，他的母亲请求法院封闭了书店。塞萨里在藏身之处焦急地谈判，希望和债权人达成一项临时解决办法，而且城市当局不为难他。不过，当他觉得足以安全返回蒙彼利埃时，却锒铛入狱。

债权人安排了一次会晤，决定让他拍卖资产以偿清债务，然后塞萨里被释放出狱。于是，李高极力争取足够的外地债权人投票代理权，以便掌控会议投票让塞萨里破产，利用廉价拍卖收购他的库存书。塞萨里针锋相对，拼命地写信游说。他谴责"蒙彼利埃主要书商令人发指的手段"[2]，接着便乞求怜悯，同时施展自己的小动作。塞萨里声称一位名叫吕克·比隆的投机商人愿意帮他摆脱困境，这样一来他就可以偿还他所欠的一半债务，如果债权人同意取消另一半的话。纳沙泰尔出版社请当地的一位商人帮助调查此事。他报告说比隆可能是挡箭牌，是塞萨里用

---

[1] 蒙彼利埃一位姓Chiraud的律师在1779年6月5日一封信中为纳沙泰尔出版社分析了Cézary的财务状况。下面的描述是根据Chiraud的信件，当地一位纳沙泰尔出版社的代表人Vialars的信件，以及Cézary本人的信件。

[2] Cézary致纳沙泰尔出版社，1781年6月25日。

来取消一半债务的手段；不过，如果拍卖资产，纳沙泰尔出版社的损失会更大，况且李高确实想挤垮塞萨里的生意。为了减少损失，纳沙泰尔出版社和大多数债权人选择两害取其轻。比隆偿还了142里弗，但没有救活塞萨里，他后来挣扎维持了三年多时间，在1784年最终破产。

与此同时，李高还竭尽全力打垮另一位书商亚布拉罕·冯塔内尔，此人是生意圈外延的书商。冯塔内尔学过绘画和雕刻，后来在芒德干过小本印刷和图书生意。1772年，他购买了"图书交易执照"（brevet de libraire），有意加入蒙彼利埃正式书商行列。不过，他得到第一批货后，发现没办法把散页装订成书，因为装订工们不是给李高干活就是自己秘密买卖图书，想把生意留给自己。冯塔内尔最终设法让他的书不是以散页而是组合装订的形式到货。但是，进货后他发现顾客寥寥无几。于是，他便在博凯尔和波尔多集市上给自己的货找销路，可能也在途上零售一些。他的妻子像许多书商老婆那样留家看店。后来，为了维持蒙彼利埃的生意他做出了最后努力，他用"文学阅览室"或营利性图书馆加强生意。

边缘书商们经常开办这类场所，做法是准备两套库存书，其中一套作为阅览书，订购各类杂志并且在书店后面开辟出一间阅览室。来看书的人们交纳订阅费，有时仅3里弗（相当于熟练工匠一天的报酬）。作为交换，他们可以阅读所有想读的东西。如果书商招揽了足够的读者，订阅费所带来的收入可以关系到书店生存还是破产，况且读者不断进出书店往往会促进销售。①

---

① 人们对18世纪的"文学阅览室"所知不多。关于这一课题的一些初步探索，见Jean-Louis Pailhès的"En marge des bibiothèques: l'apparition des cabinets de lecture"，载于 *Histoire des bibliothèques françaises* (Paris, 1988), pp.415—421; Paul Benhamou 的 "The Reading Trade in Pre-revolutionary France"，载于 *Documentatieblad Werkgroep Achttiende Eeuw*, vol.23(1991), pp.143—150; 以及本人的 *Edition et sédition* 中第80—86页关于两个"阅览室"的概述和"First Steps Toward a History of Reading", *Australian Journal of French Studies*, XXIII(1986), pp.5—30。

第二章 畅销书

冯塔内尔提供给订阅者的文学作品种类,可以由他寄给纳沙泰尔出版社的一张订单总结出来。据称他订购的这些书构成了他"阅览室"的核心藏书。他需要当时走红作家如朵拉、梅西耶、格斯纳以及杨格等人的言情小说、诗歌和文章。启蒙运动作家当中,他喜欢伏尔泰的"短篇小说"(哲学小说)和孟德斯鸠的"私人信札"。他的非小说作品也倾向于轻松幽默——主要是历险记和通俗历史——虽然他也给培尔的《辞典》(节本)和罗兰的《罗马史》留有一席之地。他刚来蒙彼利埃六个月便断定这是个"新作品尤其是(哲学)书相当好卖的城市"。他索购爱尔维修的著作和"此类风格作品,每种2到3册"。① 他要求纳沙泰尔出版社提供一套秘密书目作为他逐步建立"哲学"书——用他自己的话说,"那些最畅销的书"——的库存指南。② 但是,比较了价格之后,他决定从洛桑的弗朗索瓦·格拉塞处购买这些书。冯塔内尔的订单总体上类似于李高的订单。他们买卖的书差别不大,经营立场却大相径庭。但两人受同一动机驱使:照冯塔内尔的话说,即"我做买卖为的是赚钱,不是赔钱"。③

整个18世纪70年代期间,冯塔内尔赚了钱,足以按时付账。他显然在蒙彼利埃知识群体边缘找到了立足点。因为他那用优雅法语写成的信件,提到了他和教授们以及文艺爱好者之间的联系。但是,目睹塞萨里生意的垮塌,他感觉自己的生意还不足够稳固,忧惧自己会成为李高名单上的下一个。特别是当时李高企图阻止他找回由塞萨里被没收的货柜之一装载的纳沙泰尔出版社发送给他的图书。这一企图没有得逞(为了破坏冯塔内尔的下一批订货,李高还从货柜里抽掉了纳沙泰尔

---

① Fontanel致纳沙泰尔出版社,1773年5月11日。
② 同上,1775年3月4日。
③ 同上,1775年1月18日。

出版社的书目),但却进一步证实了冯塔内尔所猜疑的李高"嫉妒成性",会不遗余力地毁掉他。① 他利用开办"绘画雕刻学校"所获的一小笔补偿金支撑财务。② 不过,与此同时,图书交易中层书商人数持续下跌。托内尔回到了装订业;福尔死了,留下了不算好的生意由他女婿继续经营;李高鲸吞了其余各家。冯塔内尔在1781年写道:"我的图书生意正在扩大,因为这里只剩下我和李高先生了。其他人似乎都放弃了。不过,这也让李高更嫉妒,他想把生意全都霸为己有,所以每天看我都不顺眼。"③

　　冯塔内尔没有因为图书交易集中而生意兴旺。1781年1月,他没有偿付纳沙泰尔出版社记在他名下的一张借据;3月里,他抱怨:"时运艰难";④后来不久,他承认没能力支付6笔四开本《百科全书》订金(李高轻而易举付清了143笔定金)。在波尔多的集市上他病倒了,这场大病使得他年终不能平账。1782年8月,他无力偿付一笔300里弗的交易款。虽然他这一年12月清偿了一笔666里弗欠款,但以后两年间他始终不能按时付款给纳沙泰尔出版社和其他书商。再到后来,他负债超过1 000里弗而且没有回复若干封催债信时,纳沙泰尔出版社威胁要起诉他。最后,纳沙泰尔出版社当地经理人"几经威胁利诱",才在1784年11月从冯塔内尔手里讨回了574里弗。⑤ 又分别于1785年5月和1786年9月再施压讨回了300和150里弗。但是,到了1787年,冯塔内尔还欠着纳沙泰尔出版社218里弗,他本人却音信皆无。没人知晓,他是入伍当兵了,乘船去了海外殖民地,还是像许多破产书商那样逃往他

---

① Fontanel 致纳沙泰尔出版社,1781年1月24日。
② 同上,1782年5月24日。
③ 同上,1781年5月18日。
④ 同上,1781年3月6日。
⑤ Vialars 致纳沙泰尔出版社,1784年11月3日。

乡。但是,当地商人由于看透"此人眼高手低",早就不指望他还债了。①

所以,艰苦奋斗和事业心不见得会导致成功。李高是成功的例子。但是,他在地方经济中占据了强有力的中心地位,并且利用这一优势把对手剔除。尽管他和冯塔内尔买卖同类图书,但他从不冒险或者过多赊欠。他和本小利薄的书商不一样,一旦他嗅到危险就退而经营合法图书生意。因此,如表2-4所示,他的畅销书单上秘密图书交易呈最保守状态。

表2-4 李高-庞斯公司在蒙彼利埃的图书交易*

1.《2440年》	梅西耶著	346	(16)
2.《兰盖先生致韦让纳伯爵大人的信》	兰盖著	200	(2)
3.《莫普大人和家人的秘密通信》	麦罗贝著	100	(1)
4.《论百科全书问题》	伏尔泰著	70	(4)
5.《一位神学家的信》Lettre d'un théologien	孔多塞著	70	(3)
6.《杜巴利伯爵夫人轶事》	麦罗贝著	68	(68)
7.《上帝,自然体系之反应》	伏尔泰著	50	(1)
8.《给国王委员会的请求》	兰盖著	48	(3)
9.《自然体系》	霍尔巴赫著	43	(3)
10.《哲学史》	雷纳尔著	35	(4)
11.《莫普大人……历史日志》	麦罗贝与丹格维尔著	25	(1)
12.《短剧集》	伏尔泰著	24	(2)
13.《作品集》	卢梭著	23	(5)
14.《巴黎图景》	梅西耶著	22	(3)
15.《哲学通信》	无名氏著	20	(1)
16.《伏尔泰先生被遗漏戏剧》	无名氏著	20	(1)
17.《自然哲学》	德利索·德·萨尔著	17	(3)
18.《共济会……奥秘探隐》	贝亚格著,科邦译	16	(4)

*李高-庞斯公司自1771年4月至1784年7月共发出64份订单。这些订单包括53种非法作品,其中以上18种需求量最大。

① Vialars致纳沙泰尔出版社,1784年8月3日。

该图表展示出李高自 1771 至 1784 年间分 64 次从纳沙泰尔出版社订购了 53 种畅销书中的 18 种。这和夏迈的书单不完全一致。没人指望两个交易模式分毫不差,书名一一对应。但是,它们十分相似。若干同样的作品——梅西耶的《2440 年》《杜巴利伯爵夫人轶事》、雷纳尔的《哲学史》——在两份表上都排位靠前。同样的作家——梅西耶、兰盖、伏尔泰、皮当萨·德·麦罗贝——占主导地位。政治小册子比重大,特别是"莫普系列"——《莫普大人和家人的秘密通信》与《莫普大人……历史日志》。两者间的不同点在于李高偏好启蒙运动权威著作——《论百科全书问题》《自然体系》,而夏迈侧重订购色情作品《情诗》《流浪妓女》。

李高像夏迈一样随时品评店中什么书最畅销,并且毫不顾忌地建议纳沙泰尔出版社盗版什么样的书。1774 年 3 月,他警告说,雷纳尔的《哲学史》版本太多,市场趋于饱和,所以"可以认为该书已无销售潜力"。① 但是,政府 1781 年在巴黎高等法院大厦前焚毁该书之后,销售量再次回升,李高连续三次续订这本书。他声称某些名著——莫里哀而非其他名作家的作品——始终不缺买主。② 不过,他不偏爱一种。他同时订购《圣经》和无神论《自然体系》;他虽然喜欢后者,但称赞的是它的销售势头,不是内容。他在给纳沙泰尔出版社的一封信中用责备的语气写道:他也许会订购 100 册《自然体系》,不是几十册,但是纳沙泰尔出版社没能在需求最热时重印这本书,"你们错过了一次大有斩获的机会"。③ 出于同样的算计,他怂恿纳沙泰尔出版社再版德利索·德·萨尔鼓吹无神论的《自然哲学》:"我们有理由相信新版十开六卷本《自然哲学》会有销路。我们会买 25 或者 30 册。"④

---

① Rigaud 致纳沙泰尔出版社,1774 年 3 月 23 日。
② Rigaud 致纳沙泰尔出版社,1774 年 4 月 5 日及 1780 年 6 月 2 日。
③ 同上,1771 年 9 月 23 日。
④ 同上,1782 年 2 月 8 日。

第二章 畅销书

当李高初次听到卢梭撰写了《忏悔录》的传言时,他马上认定这是本畅销书。① 但是,他称"让-雅克·卢梭法官"是冒牌货,并且担心这位哲学家1778年去世之后出现的卢梭热会在市场上泛滥:"这位作家著作的各种版本让我们应接不暇,到处都有人向我们推销。"②李高密切关注所有"哲学"著作的需求量,但是丝毫不同情哲学家的事业。他只喜欢能卖钱的书。对李高而言,伏尔泰首先是让书商们头痛的作家,因为他习惯给自己作品的晚期版本修修补补:"真奇怪,伏尔泰先生在其生涯终了之时喜欢戏弄书商。如果所有这些小把戏、诡计、欺骗都归咎于他,还没多大关系。但,不幸的是,受到指责的是出版商。书商更甚。"③雷纳尔也是一位需提防的人,因为有传言说他正在写一本谁先卖谁发财的书——关于南特敕令废除史事的书,这本书雷纳尔其实从来没有完成。④ 梅西耶、兰盖、李科波尼夫人是最吸引李高客户的其他一些作家,所以也吸引李高,因为他似乎不掺杂任何个人好恶直接把需求传送给供应商。无论李高有什么样的文学偏好和哲学观,他的生意通信中都没有表露。作为文化商人,他行事绝对不偏不倚,因为他遵循一个基本原则:获最大利润,担最小风险。

李高订购政论作品时也同样工于算计,小心谨慎。他在1777年写信给纳沙泰尔出版社时说:"如果你们能经里昂把兰盖的《信》平安运送给我,我会买100册。但是,务请别冒险。"⑤他尤其需要主题辛辣的作

---

① Rigaud致纳沙泰尔出版社,1779年11月22日。
② 同上,1782年7月12日。
③ 同上,1771年7月27日。
④ 同上,1783年7月30日。
⑤ 同上,1777年8月15日。Rigaud指的是Linguet的 *Lettre de M. Linguet à M. le C. de Vergennes, ministre des affaires étrangères en France* (London, 1777),大革命前法国最流行、最肆言无忌的小册子之一。

品(nouveautés piquantes)①——时事丑闻杂谈(《英国间谍》《秘密回忆录》)、针对王国大臣们的诽谤性小册子(《萨尔蒂纳大人先生的绿盒子》)以及对国王和宫廷的攻击谩骂(《杜巴利伯爵夫人轶事》《暴富妓女》《路易十五的私生活》)。但是,这些书仅仅代表了他生意的小部分,况且风险小时他才订购这些书。每当政府强化秘密图书控制措施时,李高便撤退到安全地带。1784年,政府最后也是最有效地打击了违禁图书进口之后,他完全停止了订购。② 在他1770至1787年期间写给纳沙泰尔出版社的99封信中,李高从未提到过他和警察之间有什么麻烦或者财务困难。他的"哲学书"订单是次要的小赌注,是在做大批合法生意时的无关痛痒之举。如果把他想象成神情狡诈,身藏禁书,偷偷摸摸地接近蒙彼利埃的律师和商人那就错了。相反,人们应该这样想,他身处宽敞、设施一应俱全的书店店堂,周围书架上整齐码放着医学论著、旅游书籍、历史、言情小说,只不过柜台下面藏着一些谴责专制政府的小册子。

每一笔图书交易后面都隐藏着情节各异、有浓郁人情味的故事。再多十几个个案分析也许会展示出大量的人间喜剧,但不会使我们进一步接近目标,即了解违禁书的需求以及传达和满足需求的方式。③ 尽管品行各异,书商们买卖的书基本一样。所不同的是他们承担风险的胆量。

---

① Rigaud致纳沙泰尔出版社,1783年7月30日。
② 政府镇压煽动性文学作品的关键措施是外交大臣Vergennes伯爵1783年6月12日的训令,命令所有进口图书无论目的地为何方,必须通过书商行会联合会的检查。虽然这一措施由于以皇家谕命形式出现,尚未引起历史学家们注意,但它十分有效。见本人"Reading, Writing, and Publishing in Prerevolutionary France", pp.226—238。
③ 本人由于已进行了若干其他个案研究,所以选择这里不再重复,见 *Edition et sédition* 第3—6章。另见"The World of the Underground Booksellers in the Old Regime"和"Trade in the Taboo: the Life of a Clandestine Book Dealer in Prerevolutionary France",载于Paul J. Korshin, ed., *The Widening Circle: Essays on the Circulation of Literature in Eighteenth-Century Europe* (Philadelphia, 1976), pp.11—83。

在每一城镇图书交易的核心位置上,地位稳固的书商们通常从柜台下面拿出违禁作品出售,恰如流动商贩随身偷偷夹带和"学生母亲"从床下拿书卖。当警察和海关发难时,"殷实"的商人们退身去做安全的合法书生意。小商人不采取这种策略,无论任何情况,他们都是哪里有顾客就在哪儿卖。[1] 总而言之,边缘程度与合法性分不开,但非法图书到处流行。况且,尽管这个体系不同部分的商人们或许彼此不共戴天,但是他们从共同的供应商手里订购同样的书,并且出于同样的动机行事:赚钱。如凡尔赛的安德烈所言:"我不忽视买卖自己从来没看过的书,这是因为一个人必须活在同类人之中,还因为能卖的书对书商来说就是好书。"[2]

无论殷实还是困窘,违禁书交易者都尽量准确地传达需求状况。作为文化掮客,他们在意识形态上保持中立,这不是因为他们没有思想,而是由于自身的利益。不管别人怎样看待他们的商业行为,他们的谋生努力表现了供给如何满足需求。他们供给读者所需要的书籍,所以,如果抽样来源代表了整体上的图书交易的话,他们订单的系统抽样分析显示出大革命前法国境内非法文学作品买卖的特征。不过,这当然是个重大的"如果",大到足以让人踌躇,大到值得分心关注一下有关理解两个世纪前文学市场方面的问题。

代表性问题

所有统计数据来自同一资料:纳沙泰尔出版社档案。这是不可回避的事实,别的地方没有类似资料。我查阅了旧制度时期法语图书交易

---

[1] 以上简述没包括太多的有关非法图书交易最边缘的人物,尤其是流动书贩。有关流动书贩及其生意的个案分析,见 *Edition et sédition*,第 3 章。
[2] André 致纳沙泰尔出版社,1784 年 8 月 22 日。

人现存书信文件,但是其中没有可以用来验证纳沙泰尔资料代表性的任何东西。日内瓦克拉默家的总账簿没有记载单独作品的销售量;布庸出版社书信文件仅有极少量的通信;阿姆斯特丹施特莱克曼的销售登记太少,远不足以和纳沙泰尔出版社档案相互参照。除非有大量档案资料从某个顶楼或者地下室现身,否则在纳沙泰尔某个顶楼内默默沉睡了150年之久的数十册纳沙泰尔出版社账簿和50 000封信件,将是违禁法语图书交易统计唯一充分的原始资料。①

这是份丰富翔实的资料,是历史学家梦寐以求之物;它是法国各城市所有图书交易领域情况的第一手说明。但是,仅凭某一顶楼内的资料,无论其内容何等的丰富,真能复原非法图书交易全貌吗?如果人们从瑞士某城镇单独一位出版商的视点调查全法国的秘密图书生意,不是注定会曲解吗?这些异议十分重要,我不得不承认我自己也为这些问题失眠过。作为回答,我要强调18世纪图书交易的两个方面,正是这两方面使当时和今天图书业根本不同。第一方面涉及出版商售书的方式,第二方面是书商订购图书的方式。

纳沙泰尔出版社1769年开业时,出版尚未与销售和印刷分离,成为独立行业。法语里出版人(éditeur)一词首次出现于1762年版《法兰西学院词典》,十分模糊地定义为"照管和复印他人作品的人"。通过莱比锡的菲利普·埃拉姆斯·莱克、巴黎的夏勒-约瑟夫·庞库克、伦敦的威廉·施特汉以及后来爱丁堡的罗伯特·卡德尔等人开发的新市场营销策略,出版人角色开始明确。新书的生产销售仍然和过时的交易手段,

---

① 关于纳沙泰尔出版社档案历史和该出版社自身历史,见John Jeanprêtre 的"Histoire de la Société typographique de Neuchâtel, 1769—1798", *Musée neuchâtelois*(1949), pp.70—79、115—120、148—153; Jacques Rychner 的"Les Archives de la Société typographique de Neuchâtel", *Musée neuchâtelois*(1969), pp.1—24。

第二章 畅销书

尤其是旧的传播系统,关系密切。① 如前面所解释,书商—印刷商(或者说"出版商",如果允许用不合时代的名词的话)常常用大批量的新版书交换他从有生意关系的出版社选择的各类图书。这类交换往往按页计算,酌情考虑版式差别、排字误差、纸张质量等问题。这样,出版商便可以使一种版本迅速上市,既避免盗版损失,同时又不花本钱使自己库存图书多样化。安排交换是一种艺术,出版商要耗费大量的时间和精力。交换伙伴或许用纸质低劣、污迹斑斑、排字粗疏、字形破损的书页换取纸质优良、排字紧凑、优雅小罗马字形印刷的书页。他会对你说正在出版巴库拉尔·阿尔诺的另一部让人厌烦的小说,而实际上他的印刷机正在印制伏尔泰的一部新的尖刻讽刺作品;他会封锁自己库存畅销书的信息,仅交换那些卖剩下的书(出版商行话称为"毒品"后者"压店品");他也许会同意交换抢手的作品,然后耽误发货以便抢先让自己手中的抢手书上市并且连带出售通过交换获得的书。②

这一行当里诡计迭出,千变万化,而且人人都得玩手段,否则有生意被完全挤垮的风险。出版商们有时在交易伙伴或者竞争者身边安插眼线,收买印刷作坊的工人,让他们偷新印的书页。阴谋活动愈演愈烈,以至瑞士的三家大出版社纳沙泰尔出版社、伯尔尼出版社、洛桑出版社在1778年联起手来保护自己,并用联合经营的方式盗版所有别家的书。他们协商决定再版什么书,然后共同分担成本,分别销售共有库存书,这

---

① 18世纪末在法国出现的出版商尚未得到充分的研究,虽然有些资料分散见于Chartier 与Martin合编的 *Histoire de l'édition française*, vol.2: *Le Livre triomphant* 1660—1830。对这个新社会层面最好的描述仍见于Balzac的 *Illusions perdues*。英国和德国的学术研究较先进:综合论述见Philip Gaskell的 *A New Introduction to Bibliography*(New York and Oxford, 1972), pp.297—311和Reinhard Wittmann的 *Geschichte des deutschen Buchhandels. Ein Überblick*(Munich, 1991), pp.111—142。

② 关于这些及其他策略的商讨,纳沙泰尔出版社书信文件中俯拾皆是。例如,见马斯特里赫特(注:荷兰边境城市)的Dufour、鲁昂的Machuel和里昂的Barret等人的卷宗。

样每一家可以依靠各自的零售商网络。然后,他们按照各自计算的单页销售数量和现金结算欠款的方式,年终结算时分配利润。①

单页是簿记以及销售和印刷的基本单位。出版商这三方面都需要在行,同时备有两套账目:按单页计算的"交换账"和按流通标准金额统计的账目。通过分析纳沙泰尔出版社的簿记,我们得出的结论是:"交换账"和"现金账"的重要性几乎不分伯仲。二者事实上也不可分离,因为交换图书是整个售书过程中的必要组成部分。如前面所述,"哲学书"需要特殊的交换比率,常常是1单页换合法书或者盗版书的2单页。风险大,比率就高,因为出版商们或许在巴黎,或许在日内瓦和洛桑会遭到逮捕关押。

纳沙泰尔出版社这样有声望的大商家极少出版赤裸裸的"哲学"作品。纳沙泰尔出版社早年曾出版过霍尔巴赫的无神论著作《自然体系》。该社的成本和销售记录显示,这本书的利润是243%。不过,除去走私和收账等种种耗费,利润最终仅剩50%。况且,这件事曾在纳沙泰尔引起轩然大波,导致出版社两位董事丧失了在当地上层精英理事会的职位:弗雷德里克-萨缪埃尔·奥斯特瓦勒失去了在民兵总部的职务,让-埃利伯特朗德失去了在神圣牧师荣誉会的位置。②

这次事件之后,纳沙泰尔出版社便通过和非法图书专门出版商交换获取几乎全部的违禁书。这些专门出版商名声不响,干的是要么进监狱要么破产的买卖,任何能卖的东西都生产,尽可能地多赚钱、快赚钱。这样的商人日内瓦有让-萨缪埃尔·凯耶、让-亚伯拉罕·努夫、加布里埃

---

① 交换方式的资料散见于纳沙泰尔出版社书信文件档案。大部分关于出版商联盟的资料集中于 ms. fr.1235。
② 关于这一事件的经济层面,见本人 Gens de lettres, gens du livre, pp.219—244。关于政治层面,见 Charly Guyot 的"Imprimeurs et passeurs neuchâtelois: l'affaire du Système de la nature (1771)", Musée neuchâtelois (1946), pp.74—81, pp.108—116。

尔·格拉塞、比埃尔·加雷、雅克-本杰明·特隆；洛桑有加布里埃尔·德孔巴，纳沙泰尔有萨缪埃尔·弗歇；新维德有路易-弗朗索瓦·梅特拉，列日有克莱芒·普隆托；布鲁塞尔有让-路易·博贝尔。这些人的名字今天无人知晓，但他们出版了绝大部分法语违禁文学作品。他们不是自己出售非法书，而是用它交换地位稳固的出版社印制的危险性较小的作品。他们以这样的方式收集了一批合法库存图书，以便能够在自己家乡顺利出售。而大出版社本身也获得了所需要的非法书，通过他们遍布法国和欧洲的零售商网络来满足读者。

对交换体制的普遍依赖在两个重要方面影响了出版。首先，它意味着主要出版社要起批发商的作用。随着交换收集的书籍日益增多，这些出版社渐渐地专门销售大量不同种类的库存书。其次，交换图书意味着这些出版社的库存图书日趋一致，因为各类图书进货来源大致相同。当然，主要出版商之间复杂的联盟与敌对关系使他们不能用完全相同的书填充库房。这些联盟交织重叠，足以使所有出版商通过交换获取几乎任何当时的图书。一种无形的、流动不定的货品一直存在于从低地国家到瑞士的整个与法国接壤地区，主要的出版批发商都能获取到这些货品；如果法国的某零售商向其中的一两家订货，实际上都可以得到任何他想要的书。

由于法国境外的出版商争先恐后供应境内书商，结盟的出版社有时会竞争同一笔生意。但是，每个出版社都拥有自己的客户网，因此交换体制的内在矛盾不像预期的那样严重。纳沙泰尔出版社给马赛的一位重要客户写信解释道："事实上，我们虽然和几位邻居有矛盾，但无论如何也会同他们合作。由于生意范围大，我们成功销售了他们的书和我们自己的书。"① 纳沙泰尔出版社1785年的书目包含700种书名，1787年

---

① 纳沙泰尔出版社致马赛的Mossy，1773年7月10日。

图书盘存达到 1 500 种书名。早在 1773 年,纳沙泰尔出版社就曾夸口说:"凡是在法国出现的重要书籍,我们都有能力供货。"①

从零售商的角度看,"不允许退书"是当时的图书订购体制与当今的生意行为之间的关键区别。如此一来,书商们趋于小心谨慎。正如马赛的莫西向纳沙泰尔出版社所解释的:

你们提到了一些作品。我本人必须先看了书再订购。干我们这一行,如果不以慎重为先,会很快破产。如果价格合适并有把握预见行情,就可以碰一碰运气。不过,如果我没有全部接受你方推荐的书,还请不要见怪。我喜欢(先少量订购然后)再多订。②

零售商觉得有把握卖给顾客多少书就订购多少,这是规律。事实上,他们预先估算销售量并且随时调整订购数量。一份典型的订单上每种书名仅订 5 或 6 册(尽管书商们为了获得免费的第 13 册有时会订购一打),但各种不同的作品都会包括进来。这样做的打算是获得多种类图书,而不是获得大批量的少数几种书。

这种习惯把风险降至最低,同时最大限度地扩展了零售商库存图书种类。这样做还出于另一实际考虑:节省运输成本。这一点是传统文学史一直忽略的。四轮货运马车载货量大、费用最低,但是赶车人拒绝装载重量 50 磅以下的货物。重量较轻货物的运输不得不依靠收费极其昂贵的客运马车。例如,马蒂欧鉴于此就决定取消运送从西南到巴黎的一单伏尔泰的《论百科全书问题》,"因为 19 册《论百科全书问题》重量

---

① 纳沙泰尔出版社致卢加诺(注:瑞士南部城市)的 Astori,1773 年 4 月 15 日。
② Mossy 致纳沙泰尔出版社,1777 年 8 月 4 日。

不足50磅,所以我不能让四轮货运马车载运。去巴黎的客运马车是唯一的另外一种选择"①。客、货运马车之间的差异是书商们订购策略中的最重要因素之一。这就意味着书商们利用一份订单集中订购各类书名的办法能够节省开销,即使他们从其他地方可以低价订购其中的几种。因此,零售商一般会从少数供应商手中订购各类图书,而不是从众多供应商那里小批量分散订购。

当然,书商们一旦风闻有不寻常的买卖或者赚大钱的机会,他们会从任何一个能够供货的商家那里订购。但是,他们倾向于和几户批发商建立稳定的关系。因此,他们和一位主要供应商之间若干年来订单的汇总可以展示出普遍生意模式。反过来说,一位主要供应商和各零售商之间的生意往来,尽管不十全十美但可以作为一个窗口,用以观察整体上的非法图书交易结构。

总之,图书交易活动——出版商演化为批发商、批发商逐步建立货存及零售商订购的方式——有助于了解,为什么纳沙泰尔出版社档案能够用来对法国各地图书供销活动作出相当准确的说明。此外,书商之间的往来通信提供了丰富的连续性市场评估,这些定性证据进一步证实了从订单中汇集的统计数据。加之读了成千上万封书商信件后,人们逐渐感觉到什么书最畅销,也许能够避免主观臆断。但是,由于过去25年(我生命的一半时间)我利用每个暑假和周期学术假埋头钻研纳沙泰尔出版社档案和法国国内相关档案,我已经逐步相信我的嗅觉,也就是法国人说的"粗略估计"。我的结论是:纳沙泰尔出版社书信文件无疑代表了非法图书交易的普遍性质。

不过,我想要这些资料具有代表性。耗时25年查阅50 000封信件后,渴望重大结论的心情压倒一切,但这十分危险。因为一位历史学家

---

① Matthieu 致纳沙泰尔出版社,1771年4月23日。

一旦期盼某种结果，他或她便很可能找到。因此，为了对照我本人在纳沙泰尔研究中产生的偏见，我对其他档案作了三项研究。称这些研究为"对照"研究会让人误解，因为任何评估200年前文学作品需求量的尝试都不可能科学严谨地进行。然而，任何资料都不完美，研究资料的方法也绝非完全可靠，可以和纳沙泰尔出版社进行比较的其他出版商资料也不存在。不过，依据海关没收书籍记录、警察突袭书店存货登记清单和瑞士其他出版商"哲学书"书目等三类文献中采集的统计数据，我们有可能找到某个参照点。有关所有这些辅助研究的详细说明可见于本书的姐妹篇。纳沙泰尔出版社文献中书商订单的系统抽样产生了一张457种非法图书书单，该书单能够同由其他三项资料汇集的书目进行比较。

三类书目中第一种最丰富。法国当局每次在海关没收一本书都注明没收的理由——或盗版，或危险度较轻但"不许可"，或确实非法。现存于法国国家图书馆的一大批登记簿，记录了1771至1789年的全部没收图书。我汇集了所有非法书条目，编制出了一张280种书名表，并计算出哪些图书最常被没收。

第二种书目出自警察突袭书店的报告。警察抓获商人及其大量的库存非法书时，没收全部图书并在清单中逐一登记。巴士底狱档案存有9部这样的清单，来自1771至1789年间巴黎、斯特拉斯堡、卡昂、里昂、凡尔赛等地警察的突袭搜缴。这些书单还包括送往巴士底狱纸浆房销毁的所有被没收图书的记录。该资料产生出了一份300种书名表，也显示出了那些两次或多次被没收的作品。

第三种书目出自日内瓦、洛桑、伯尔尼书商1772至1780年期间拟定的6部"哲学书"书目。这些书目用来推销非法图书，在书商中间秘密流传。书目的规模虽然各异，却清楚地显示出类似于纳沙泰尔等六家出版社的库存的非法书。这些书目又总共提供了261种书名，包括几种不止在一部书目中出现的书名。

所有非法书书目提供的信息可以总结如下：

纳沙泰尔出版社书目：457种书名。

海关没收：280种书名，纳沙泰尔出版社书目有其中的166(59%)种。

警察突袭：300种书名，纳沙泰尔出版社书目有其中的179(60%)种。

秘密书目：261种书名，纳沙泰尔出版社书目有其中的174(67%)种。

所有汇集和比较证明了纳沙泰尔出版社书目事实上大体代表了非法图书交易这一结论，虽然并不是每一部非法流通图书都包括在内。通过考察所有4种书目（重叠最大的）居首的书名，能够断定纳沙泰尔档案具有代表性。这样，通过比较出现的频率，清楚显示出从纳沙泰尔出版社最大量、最频繁订购的图书也是巴黎海关最常没收的图书，是警察突袭最常收缴的图书，也是其他出版社秘密书目中最常列入的图书。

最后，通过综合全部4种资料，可以编制出一份相当完备的大革命前法国非法文学作品交易书目，总共有720种书名。另外，通过详细分析发给纳沙泰尔出版社的订单，可以评估个别作品、作者和流派的相对重要性。

一般模式

为了顾及差异和构建出尽可能广泛的统计基础，分析研究可以向不同方向扩展。基础信息来自纳沙泰尔出版社的12家固定客户——图2-1上的"主要经营者"——的每份订单内非法书的汇集。首轮抽样产生出来的统计数字可以大致表现出12家如夏迈和李高这样书商的交易情况（细节见姐妹篇）。我利用三个特别区域——巴黎、里昂、洛林——的非法图书市场调查辅助这些个案研究，我能够在这三个区域汇集出许多不同交易活动的统计数据。然后，第二轮抽样时，我汇总了来自其他地区的17家"次要经营者"（见图2-2）以及四家流动商贩（colporteurs）的

61

（地图，标注城市：卡昂、巴黎、南锡、雷恩、特鲁瓦、奥尔良、卢丹、贝藏松、拉罗歇尔、布雷斯地区布尔格、里昂、波尔多、尼姆、蒙彼利埃、马赛）

主要经营者，包括有复合统计数据的三个地区：洛林（南锡方向）、里昂、巴黎

贝热莱，波尔多	奥格，吕内维尔	**里昂：**
布鲁埃，雷恩	巴班，南锡	杜巴利特尔
布歇，尼姆	伯格，蒂翁维尔	巴利特尔
夏迈，贝藏松	贝尔纳，吕内维尔	瑟利尔
勒图米，奥尔良	贝尔特朗，蒂翁维尔	弗兰丁
马勒布，卢丹	邦托，南锡	亚克诺德
莫夫兰，特鲁瓦	卡莱，土伦	
马努里，卡昂	切努，吕内维尔	
莫西，马赛	肖班，巴勒迪克	**巴黎：**
帕维，拉罗歇尔	达朗库尔，南锡	巴雷
李高、庞斯，蒙彼利埃	盖伊，吕内维尔	巴卢瓦
罗贝尔与高希尔，	热拉什，梅兹	库格尼
布雷斯地区布尔格	亨利，南锡	德索热
	昂特莱蒂安，吕内维尔	勒凯伊，莫兰
	马蒂欧，南锡	普雷沃
洛林：	欧波林，蒂翁维尔	韦德雷纳
奥戴阿尔，吕内维尔	桑德雷，吕内维尔	

图2-1 非法图书主要的经营者

第二章 畅销书

[地图：法国地图，标注城市：博韦、苏瓦松、兰斯、蒂翁维尔、土伦、梅兹、马恩河畔沙隆、巴勒迪克、南锡、默伦、奥布河畔巴尔、吕内维尔、南特、欧赛尔、科尔马、图尔、布卢瓦、普瓦提埃、罗阿讷、图卢兹、马赛]

次要经营者：

布瓦瑟朗,罗阿讷
比耀,图尔
邦纳尔,欧赛尔
卡尔德赛哥,马赛
卡赞,兰斯
谢乌里埃,普瓦提埃
丰丹,科尔马
阿贝尔,奥布河畔巴尔

亚福,默伦
莱尔,布卢瓦
莱斯尼,博韦
马拉西,南特
伯第,兰斯
莱普朗迪,图卢兹
桑斯,图卢兹
松贝尔,马恩河畔沙隆

瓦洛基埃,苏瓦松

流动小贩：
布莱索
吉尔
普兰凯
特鲁瓦谢姆

图 2-2 非法图书次要的经营者

资料来源：图 2-1 和 2-2 出自纳沙泰尔出版社书信档案。

订单。如马蒂欧和伯第的个案,这些书商发送给纳沙泰尔出版社的订单不足以让我们对他们的个体交易作出肯定的结论;但是,他们的订单整体上呈现出一种有意义的模式。事实上,这一模式和主要交易人订单所显现的模式几乎相差无几。所以,全部统计数据可以结合于一份概况调查之中,这个调查包括了 28 212 部书和 3 266 份订单,按 18 世纪的标准也属十分详尽。我相信它和当今大多数畅销书目一样有效。

表 2-5 展示了 1769 至 1789 年间法国非法图书交易中的 35 种畅销书。这份图表不应该按字面解读,因为每一本书的名次不可能绝对准确地确定。另外,这份图表过于表现纳沙泰尔出版社图书的重要性,该社的书用"＊"号标出。它低估了这一时期未出版的一些书籍,这时纳沙泰尔出版社已经缩减了在法国的生意。① 但是,这份图表提供的信息足以让人估计一些差异,并探询各类证据之间的汇聚点。

---

① 如上面所解释,纳沙泰尔出版社没有出版许多核心的违禁书,但它贮备并通过和专门出版商交换的方式代客户采办。因此,这些统计数据源于该社的批发活动而非出版活动。如果出于特殊的原因,纳沙泰尔出版社出版自己版本的"哲学书"时,这本书在库存和销售中就具有不同寻常的重要地位。和纳沙泰尔出版社提供的其他作品相比,书商们更多地订购这本书。不过,纳沙泰尔出版社不经谨慎的市场试探(虽然时代不同,其实可以称之为"市场调研")不会再版这类书:见本人"Sounding the Literary Market in Prerevolutionary France", *Eighteenth-Century Studies*, XVII(1984), pp.477—492。所以,纳沙泰尔出版社出版的诸如 d'Holbach 的 *Système de la nature* 和 Raynal 的 *Histoire philosophiques* 实际上是畅销书,尽管它们不值得在畅销书目上排位显著。

纳沙泰尔出版社 18 世纪 80 年代一直在法国销售违禁书,但自 1783 年 6 月法国政府严格限制图书进口之后,便减少了生意:见本人"Reading, Writing, and Publishing", pp.226—238。因此,像 Mirabeau 的 *Des Lettres de cachet et des prisons d'Etat*(1782)和 Linguet 的 *Mémoire sur la Bastille*(1783)这样的作品可能卖得比纳沙泰尔出版社销售统计数据所显示的要好。最后,纳沙泰尔出版社销售模式中可能存在地域偏见:相对于低地国家出版的书,统计数据可能偏向于瑞士出版的书。尽管纳沙泰尔出版社和海牙的 Gosse、马斯特里赫特的 Dufour、列日的 Plomteux 以及诺维埃出版社的商家交易广泛,它和瑞士出版商交换图书最积极。纳沙泰尔出版社的伏尔泰作品的巨大销售量或许证明了它供给方面偏重于瑞士。不过,纳沙泰尔出版社的 d'Holbach 作品销量同样大,而且这些作品大都在荷兰出版,纳沙泰尔出版社版本的 d'Holbach 的 *Système de la nature* 是例外。本人虽然发现了荷兰人和瑞士人之间的竞争,但尚未从他们出版的违禁书中发现重要的证据。

表2-5 畅销书：全部订单（主要及次要经营者）

书名(作者)	册数	订单数	版式	来源+
1.《2440年》(梅西耶)	1 394	(124)	25	ABCD
2.《杜巴利伯爵夫人轶事》(皮当萨·德·麦罗贝)	1 071	(52)		ACD
3. *《自然体系》(霍尔巴赫)	768	(96)	13	ABCD
4. *《巴黎图景》(梅西耶)	689	(40)		AD
5. *《哲学史》(雷纳尔)	620	(89)		ABCD
6.《莫普大人……历史日志》(麦罗贝与丹格维尔)	561	(46)		ACD
7.《阿雷丹》(迪·劳伦斯)	512	(29)	14	ABCD
8.《哲学通讯》(无名氏)	496	(38)	9	ABCD
9.《泰雷神父回忆录》(考克卢)	477	(24)		AC
10.《奥尔良少女》(伏尔泰)	436	(39)	36	ABCD
11. *《论百科全书问题》(伏尔泰)	426	(63)	5	ABCD
12.《路易十五回忆录》(无名氏)	419	(14)		AD
13. *《英国观察家》(皮当萨·德·麦罗贝)	404	(41)		ABCD
14.《快乐的少女》(兰伯或者弗热埃·德·芒布隆译？)	372	(30)	16	ABCD
15.《哲人泰莱丝》(蒙蒂尼？或是阿尔让？)	365	(28)	16	ABCD
16.《情歌……及……喜剧集》(无名氏)	347	(27)		ABCD
17. *《君主政体的哲学随笔》(兰盖)	335	(19)		A
18.《基督批评史》(霍尔巴赫)	327	(36)	3	ABCD
19.《共济会……奥秘探隐》(贝亚格著,科班译)	321	(36)		A
20. *《给国王委员会的请求》(兰盖)	318	(17)		AD
21.《流浪妓女》(阿日提诺或弗朗柯·尼克洛)	261	(27)	10	ABCD
22.《被揭穿的基督教》(霍尔巴赫)	259	(31)	12	ABCD
23.《作品集》(卢梭)	240	(58)	21	ABCD
24.《邪恶的农夫》(雷蒂夫·德·拉·布雷东)	239	(19)	10	AD
25.《少女学堂》(米洛)	223	(16)	3	ABCD
26.《美感》(霍尔巴赫)	220	(16)	11	ABCD
27.《兰盖先生致韦让纳伯爵的信》(兰盖)	216	(4)		A
28.《论人》(爱尔维修)	215	(21)		ABCD
29.《社会体系》(霍尔巴赫)	212	(32)	4	ABCD
30.《称职君主》(朗久奈)	210	(18)		ACD

续 表

书名(作者)	册数	订单数	版式	来源[+]
31.《袖珍哲学辞典》(伏尔泰)	204	(27)		ACD
32.《路易十五的私生活》(姆弗尔·丹格维尔)	198	(17)		AD
33.《情诗》(无名氏)	197	(14)		ABCD
34.《教士的桂冠》(罗歇特·莫里哀)	191	(22)	13	ABC
35.《夏特勒的守门人……艳史》(热万斯·德·拉图什？或努里？)	190	(20)	20	ABCD

*纳沙泰尔出版社版本
+A=纳沙泰尔出版社；B=书目；C=警察没收；D=海关没收。

该图表上是否有出人意料之处呢？人们应该会期望看到名作家颇有名声的作品居首要地位。没有人会惊异于雷纳尔的《哲学史》、伏尔泰的《奥尔良少女》或者像《流浪妓女》这样的色情名篇位列畅销书。不过，还有《2440年》《杜巴利伯爵夫人轶事》《阿雷丹》《哲人泰莱丝》《被揭穿的基督教》《路易十五的私生活》《夏特勒的守门人……艳史》等作品呢？这些书在海关和警察没收书籍清单上也居首要位置。[①] 全部证据指向同一结论：18世纪法国文学作品市场满眼多是今天鲜为人知的畅销书。

表 2-6 作者列表(依据订购数量排列)

1. 伏尔泰, 弗朗索瓦-马利·阿鲁埃·德	3 545
2. 霍尔巴赫男爵, 保罗-昂利-狄·蒂里(以及合作者)	2 903
3. 皮当萨·德·麦罗贝, 马蒂欧-弗朗索瓦(以及合作者)	2 425
4. 梅西耶, 路易-塞巴斯蒂安	2 199
5. 泰夫诺·德·莫朗德, 夏勒	1 360
6. 兰盖, 西蒙-尼古拉-昂利	1 038

---

① 除了 Vie privée de Louis XV 之外，所有这些作品也在违禁书目上位置显著。

(续表)

7. 迪·劳伦斯,昂利-约瑟夫	866
8. 雷纳尔,纪尧姆-托马斯-弗朗索瓦[a]	620
9. 卢梭,让-雅克	505
10. 爱尔维修,克劳德-阿德里安	486
11. 考克卢,让-巴普蒂斯特-路易[b]	477
12. 阿尔让,让·巴普蒂斯特·德·布瓦耶,侯爵[c]	457
13. 弗热埃·德·芒布隆,查尔斯-路易[d]	409
14. 雷斯蒂夫·德·布雷东,尼古拉-艾德迈	371
15. 贝拉热/科朋,卡尔-弗雷德里希[e]	321
16. 米拉波,奥诺雷-加布里埃尔·里凯提,伯爵	312
17. 阿莱提诺,皮埃卓·巴兹[f]	261
18. 波乌,科尼利厄斯·德	235
19. 米洛(米利洛)[g]	223
20. 古达,安格	214
21. 朗久奈,约瑟夫[h]	210
22. 姆弗尔·丹格维尔,巴塞勒米-弗朗索瓦-约瑟夫[i]	198
23. 罗歇特·德·拉莫里哀,夏勒-雅克-路易-奥古斯特	197

a. 一种书名:*Histoire philosophique … deux Indes*。
b. 一种书名:*Mémoires de l'abbé Terrai*。
c. 包括也列于 d'Arles de Montigny 名下的《哲人泰莱丝》(365 册,28 份订单)。不过,d'Argens 有其他 6 种书列在他的名下,因此他在表上排名靠前也属恰当。
d. 包括 La Fille de joie、John Cleland 的 *Mémoirs of a Woman of Pleasure*(Fanny Hill)译本。该译本也列于某位 Lambert 名下。
e. 一种书名:*Les Plus Secrets Mystère des hauts grades de la maçonnerie dévoilés, ou le vrai Rose-Croix; traduit de l'anglais, suivi du Noachite traduit de l'allemand*。按习惯,译者名引为"Bérage"(例如 Barbier 与 Caillet)。在未引证任何英语或者德语原文的情况下,Fesch 以 Koeppen 为编者。
f. 一种书名:*La Putain errante*。
g. 一种书名:*L'Ecole des filles*。
h. 一种书名:*Le Monarque accompli*。
i. 一种书名:*La Vie privée de Louis XV*,列于 Moufle d'Angerville 和 Arnoux Laffrey 两人名下(198 册,17 份订单)。

表 2-6 列出了作品最畅销的作家。几乎所有非法图书都匿名出版，但大部分作者可以验明。一些作者，比如雷纳尔，以单一作品占领市场；而另外一些作者，如伏尔泰和梅西耶，则写出了若干部畅销书。伏尔泰的作品数量确实惊人：纳沙泰尔出版社书目中有 68 种之多，涵盖了几乎全部非法文学作品体裁。纳沙泰尔出版社通过结识这位大人物和他的秘书们走进了他在菲尔尼的炼狱制造厂。由于这个原因，人们会猜疑销售偏向伏尔泰。但是，巴黎海关和警察突袭收缴图书时，伏尔泰的作品列最常被没收的图书中也位置显要。所有这些迹象表明，这些作品当时风靡法国。

霍尔巴赫男爵及其合作者的强势表现更令人惊异。他们的系统唯物主义今天似乎毫无生气，但是，18 世纪读者好像十分渴望有机会看到公开鼓吹无神论的出版物。这类出版物大部分来自荷兰，而伏尔泰的启蒙运动作品出自瑞士的出版社。① 不过，纳沙泰尔出版社销售的图书中有大量的霍尔巴赫作品，这证明纳沙泰尔登记在册的需求量极少有地域偏见。全部无神论作品在 18 世纪六七十年代期间第一次有了较低廉的版本，法国民众踊跃抢购。

卢梭属前 10 位最畅销作家，地位介乎于雷纳尔和爱尔维修之间，但不在那些在书商通信中知名度很高的顶尖畅销作家之列，比如梅西耶和兰盖。② 诚然，表 2-6 没列入卢梭的顶级畅销书《新爱洛伊丝》，原因是这并不是非法书。但是，他在 18 世纪 60 年代既违禁又有名气的《爱弥

---

① 关于霍尔巴赫男爵及圈子作品的出版和作者及出版社归属问题：见 Jeroom Vercruysse 的 *Bibliographie descriptive des écrits du baron d'Holbach*（Paris, 1971）。
② 书商们通常的议论暗示出哪些作家是公众眼中的杰出作家。例如，布鲁塞尔的 Delahaye 曾大量买卖 Mercier 的 *Tableau de Paris*。他在 1783 年 3 月 30 日给纳沙泰尔出版社的信中说他有意进 200 册该作家的一部新书，"因为你方保证这本书出自著名的梅西耶先生之手，而且确实吸引人"，虽然他还没有看过这本书。书商通信中最常提及的作家有 Voltaire、Rousseau、Raynal、Mercier 以及 Linguet。书目上居首位的其他作家从来不著名，原因是他们隐匿姓名。

儿》,纳沙泰尔出版社仅卖了6册。1770年以前,纳沙泰尔出版社开始大量交易哲学书时,这本书显然已经市场饱和。①

不过,市场饱和度很难检测。书商自己偶然注意到某种作品因卖得好卖得多而失去了市场潜力。例如,里昂最机敏的出版商—书商之一,让-马里·巴莱曾承认减价出售过库存培尔的《历史批判辞典》,因为"这部书在法国已没人买;在国外才可以卖出手"②。一些启蒙运动的重要作家在18世纪五六十年代拟定的畅销书目上或许占有更显要的位置,当时对他们作品的需求刚出现。这些书在18世纪七八十年代销售欠佳并不证明法国人不再读这些书,因为这些书可能属于私人收藏,书店不卖。至1776年,虽然各种版本的狄德罗作品集仍然出售,但巴黎书商们几乎不再卖他的单独作品。③ 不过,即便考虑到市场饱和的可能

---

① Daniel Mornet 的早期研究成果"Le Texte de *La Nouvelle Héloïse* et les éditions du XVIIIe siècle", *Annales de la société J.-J. Rousseau*, V(1909), pp.1—117,最先阐述了 *La Nouvelle Héloïse* 的巨大成功。Jo-Anne McEachern 领导的设于牛津的伏尔泰基金会目前正在出版新的 *Bibliography of the Writings of Jean-Jacques Rousseau to 1800*,我们将会更准确地了解卢梭作品的所有版本。McEachern 博士已经识别出1762至1770年间出版的 *Emile* 的19种版本。1770至1790年期间的她仅找到8种版本,其中6种由同一出版商出品。所以,由于市场饱和,这本书的需求量可能下跌了。这一假设被纳沙泰尔出版社该书的极少订购册数——一共仅仅6册——所证明。6部秘密书目之中,*Emile* 仅在一部出现。还有,10份警察搜缴清单中,它仅出现于两份。但是,这本书在巴黎海关曾被没收过12次,仅1771年就有7次。本人感谢 McEachern 博士在其研究尚未以 *Bibliography: Emile, ou de l'éducation* 第2卷(Oxford, 1989)出版之前,便让我先睹为快。
② Barret 致纳沙泰尔出版社,1779年8月13日。
③ Pyre 是位给纳沙泰尔出版社提供信息和盗版版本的巴黎书商,他在1776年3月28日报告说:"我以后将不给你们寄单本的狄德罗先生的作品了。这些著作很难找到。另外,它们比全集还贵,而你们在里昂可以用更低的价格买到全集。"当然,一些狄德罗的最重要作品,如 *Le Neveu de Rameau*,18世纪时尚未出版。纳沙泰尔出版社订单(9份订单订购33套)显示他的作品集相当好卖,但赶不上其他许多作家的作品集,例如今天不太有名的 Grécourt(12份订单订购56套)。

性，事实上有些书从18世纪中叶至法国大革命一直卖得好。其中最有名的是爱尔维修的《论精神》，这本书的需求自1758年首次出版持续到18世纪80年代，超过了当时《爱弥儿》的需求量。

那么，如果注意到这些复杂情况就有可能最终解决卢梭《社会契约论》的扩散问题吗？纳沙泰尔出版社仅仅收到过一份这本书的订单，一个名叫普兰凯的书商订购了4册。所以，《社会契约论》不在从纳沙泰尔出版社订购的400种图书之列。尽管该社哲学书目举荐了这本书，但其他出版商的秘密书目里也没有这本书，虽然巴黎海关曾4次没收过这本书，警察突击搜查部也曾查获过。总之，莫内断言卢梭专著在大革命前的法国没有广泛流行或许是对的，但是他有夸大之嫌。因为卢梭专著的众多版本中包括了《社会契约论》，况且这些版本在畅销书目上名列前茅，虽然这些版本包括尽可能多的38卷本，而且通常卖24里弗或更高（日内瓦出版社印制的普通较廉价的12开31卷本在1785年价格25里弗）。

全集的销售量也可以帮助观察对哲学作品的需求，虽然每套的版式和价格差别很大。

卢梭作品集：240套，58份订单①

爱尔维修作品集：110套，24份订单

拉美特利作品集：90套，20份订单

伏尔泰作品集：59套，29份订单

格雷库尔作品集：56套，12份订单

皮隆作品集：50套，10份订单

---

① 这一统计数字不包括卢梭的11卷本 *Oeuvres posthumes* 的销售量，这部书作为卢梭全集的更早期版本的增补投入市场：根据16份订单出售107套。

第二章 畅销书

克里比隆兄弟作品集：40套，12份订单
弗雷莱作品集：37套，11份订单
狄德罗作品集：33套，9份订单

一些著名作家的影响力毋庸置疑，但他们没有主导违禁书市场。畅销书作者名录上位置靠前的一些伟大名字的后面，有一连串除研究18世纪文学的少数专家外现在没人知道的别的作家：皮当萨·德·麦罗贝、泰夫诺·德·默朗德、迪·劳伦斯、考克卢、阿尔让、弗格莱·德·芒布隆、波乌、古达、姆弗尔·丹格维尔……这些人撰写了大革命前法国的大部分畅销书，但他们自己的名字在文学史上已渺无踪迹。

如果有人把文学史本身视为一个代代相传和改动的人为构成物，这些人物的消失好像很正常。"小"作家和"主要"畅销书在混乱中必然失传。我们不会期望从现在起200年后还有人读我们今天的畅销书。不过，我们难道不认为文学史应该记载在大多数民众当中普及的文学作品吗？文学史家不应该研究普通各种莫内的"被体验的文学作品"（la littérature vécue）：即我们不太严格地通过诸如"民众"中的"兴趣"和"需求"等表达方式所指的那种东西吗？①

表2-7通过展示哪类非法文学作品最流行，为上述问题提供了初步答案。诚然，图表上的范畴，像任何分类系统中的"范畴"那样是人为的产物。这些范畴基本上是一种信息分类方式，很可能不完备；而且分类本身会有大量的主观臆断：一部作品是反教会的还是煽动性的，或是色情的，或者三者兼备呢？无论如何，图表上的标题比较合理，分类工作

---

① 虽然我以这样的方式提出问题，但我无意暗示文学史家应该放弃重要作品的研究，尽管重要性本身属于和文化有关联的范畴。我也不赞成恢复实证主义。我认为用经验研究方式发现文学需求的模式才是重要的。但我还以为，注意书怎样读、兴趣如何形成、文学作品如何与文化社会中其他因素发生关系等问题也实属重要。

证明易于把握。其结果，无论全面与否，提供了违禁文学作品整体上的数量比例概况。①

表 2-7 需求的普遍模式

类别和次类别	书　名 数量	%	订购册数 数量	%
宗教				
A. 专论	45	9.8	2 810	10.0
B. 讽刺、辩论	81	17.7	3 212	11.4
C. 反教会、色情作品	18	3.9	2 260	8.0
小计	144	31.5*	8 282	29.4
哲学				
A. 专论	31	6.8	723	2.6
B. 全集、汇编	28	6.1	1 583	5.6
C. 讽刺、辩论	9	2.0	242	0.9
D. 普通社会、文化批评	33	7.2	4 515	16.0
小计	101	22.1	7 063	25.1*
政治、时事				
A. 专论	20	4.4	986	3.5
B. 专题作品	50	10.9	2 213	7.8

① 该分类表上的两个小类特别成问题。首先，"反教会、色情作品"可以归于基本宗教作品的标题之下或者主要涉及性的作品的总标题之下。分类个别图书时，我在有关反宗教内容和色情内容的相对比重方面做出武断的决定，对立意既下流又反教权的作品而言，这样处置不算公正。为了最大限度地降低扭曲作品性质的危险，我把一些书，例如 *L'Arrétin* 和 *La Pucelle d'Orléans*，甚至还有 *Histoire de dom B ...*，归于"反教会、色情作品"的综合分类，并且把这一次类置于"宗教"总标题下。它置于"性"总标题下也未尝不可。读者通过调换次类本身顾及这种倾向，这样会使作品整体上更显淫秽下流。第二个有问题的次类"普通社会、文化批评"包括了如 Voltaire 的 *Lettres philosophiques*、Raynal 的 *Histoire philosophique* 和 Mercier 的 *Tableau de Paris* 这样的作品。这些作品从许多不同方面攻击正统价值，也阐述了18世纪广义上理解的"哲学"。因此，这些作品被置于"哲学"总标题下的混合次类。由武断的分类而产生的歪曲可以通过研究附卷中的"需求的统计数据"得到纠正，它内含按体裁排列的畅销书方面的情况。歪曲也可以通过研读附卷中"基本核对清单"上每种书名后面的详细说明得到纠正。

续　表

类别和次类别	书　名		订购册数	
	数量	%	数量	%
C. 诽谤、宫廷讽刺	45	9.8	4 085	14.5
D.《丑闻编年史》	17	3.7	1 051	3.7
小计	132	28.9*	8 335	29.5
性	64	14.0	3 654	12.9
其他				
A. 神秘主义	2	0.4	111	0.4
B. 共济会	6	1.3	639	2.3
小计	8	1.7	750	2.7
无类别	8	1.8	128	0.5
总计	457	100.0	28 212	100.0

* 四舍五入造成百分比小计方面的差异。

"哲学"作品中,哲学处于什么地位呢？无处不在,又无处可寻。就是说,作为一种批评精神它无处不在,但作为专论中体现的系统思想它又依稀无形。一些专题论文散见于非法文学作品领域中,甚至在遥远的神秘主义领域中。在那里大宗师阿尔贝的"自然"且神秘的法术在一些版本中被装扮得像有体系的哲学。但是,法国读者不需要许多严密论证的巨著。

喜好轻松不拘文学作品的趋势遭遇一股逆流。这股逆流所采取的形式是对反基督教专论的强烈持续的需求。一些专题论著,如霍尔巴赫的《基督批评史》和《被揭穿的基督教》集中火力攻击天主教教义中那些最暴露的方面。另一些专题论著,如爱尔维修的《论人》或者德利索·德·萨尔的《自然哲学》创立了替代哲学（关于各类及次类下的畅销书名,见姐妹篇）。这些作品合起来构成了激进启蒙运动的重武器,会对受过教育的读者的信仰体系造成相当大的破坏。

尽管我们手里有关读者反应的证据仅仅是轶事性的,但是霍尔巴赫式的巨型炸弹看来有可能以书的影响力为传播媒介震撼了正统舆论。在这里异端邪说作为一系列理性的观点系统地展现出来,在这里白纸黑字揭露了基督教是矛盾的组合。所有这一切都以印刷文字形式出版问世——不是像偷偷会面交换可耻的秘密那样口头传播,而是以黑体字和庄重的书卷形式公开宣示。这些书的版式特征强化了意旨,现代读者看惯了市场上销售的包装过的异端邪说,因而对此会疏于察觉。旧制度的最后30年间,普通读者首次接触到以图书形式出现的无神论。这类图书具有全部体面标志:封面、书名页、前言、附录、注释,等等。这些小型的无神论著作可以装在衣袋里私下偷偷阅读,不像那些有时候还和干燥的阅览室里的书架锁连在一起的不便携带的四开本、正统神学著作。版式设计赋予这类无神论著作合法的外观(受欢迎的一种类型称之为"哲学"),而它们的体积使这类作品看起来专为呼唤理性而设计,让赞同与反对在静静的良知世界中得到理智的思考。

流行的"哲学"汇编和全集都有这些特点。有些版本优雅,如博马舍出版的伏尔泰全集。但是,大多数避免"奢华印刷"。这些书朴实无华:普通纸张的廉价再版,纸板面装订或者一卷按每单页20或30苏出售。以下是18世纪70年代出版商兼批发商给出的若干典型价位:①

马斯特里赫特的J.-E.迪福:

拉美特利作品集,两卷	4里弗
谢夫里埃作品集,三卷	4里弗10苏

洛桑的加布里埃尔·德孔巴:

---

① 这些书目可以在纳沙泰尔出版社文献资料出版商名录内找到。书目涉及不同的版本,一些带插图,有的无插图。大部分价格为批发"图书价"。

| 拉美特利作品集,四卷 | 4里弗10苏 |
| 狄德罗作品集,五卷 | 12里弗 |

日内瓦的J.-L.夏皮伊与J.-E.狄迪耶:

| 迪·劳朗作品集,八卷 | 8里弗 |
| 爱尔维修作品集,五卷 | 5里弗 |

纳沙泰尔出版社:

爱尔维修作品集,五卷	4里弗7苏
伏尔泰作品集,48卷	72里弗
(单卷每册30苏)	

唯物主义、无神论以及自然神论的袖珍藏书能用合理的价格获得,这在某种程度上似乎体现了理性本身。自由思想不免费,但是1770年以前它没有超出中产阶级和工匠、小业主上层的购买力。

在专论著作向正统教条发动全线正面进攻的同时,更小的不太严肃的作品放冷枪狙击教会和国家看重的任何东西。这好像是反基督教各类力量之间的分工:霍尔巴赫派试图摧毁"无耻之事"的理论基础,而伏尔泰派则极尽冷嘲热讽之能事。当然,伏尔泰在《论百科全书问题》一书中也嘲讽了霍尔巴赫的《自然体系》。这些畅销书又相互拆台,而非表现某个党派路线或者统一战线。而且伏尔泰主义渐渐演变为今天人们认为的色情文学。

伏尔泰本身不会把好笑的事都留在自己的一隅之地。有一些应属于中世纪以来便在酒肆中不绝于耳的让人捧腹的各种笑话。同样的典型笑料人物几乎出现于各类非法文学作品中：淫僧、色尼、身染花柳病且阳痿的主教、患"子宫病"的同性恋修女，等等。卡图西昂修道院的守门人布格兄弟（《夏特勒的守门人……艳史》）和他那给圣衣会看门的品行不端的妹妹（《加尔默罗会游方士风流史》）就源于薄伽丘和拉伯雷笔下的人物。所有这些人物，甚至于《奥尔良少女》里的圣女贞德和《阿拉斯的蜡烛》里的不贞修女，都属于一种下流式反教权主义的传统，可以归于反宗教或者色情作品类。由于这些作品执着地大肆诽谤教士，我把这些混合型作品大部分（占总体的8%）放入攻讦宗教类。但是如果把它们归类为性图书，色情类图书就会从总体的12.9%上升到20.9%——一个让人印象深刻的数字，但不是人们从雷蒂夫·德·拉·布雷东和萨德侯爵那个世纪期望得到的。

"纯色情文学"一语可能既修饰矛盾又与时代不合。但是在许多书中修士和修女容易干提供性乐趣的行当。为性快乐写作和阅读自阿日提诺时代起就有，更不要说欧维德及其古代先行者的时代了。大革命前法国最流行的性图书包括一些名著如《流浪妓女》《太太学堂》《修道院里的维纳斯》，和人人都读的《芬妮·希尔》。法国读者对下流诗歌兴趣盎然，如《情诗》这样的色情诗歌集就销路广。因此粗俗笑话的传统灵性渗透了大部分色情文学作品。但是，如果这类作品整体上有什么突出倾向，那就是观淫癖。人物从钥匙孔、布幔后、树丛后窥视，这样的情形在淫猥下流的故事里比比皆是，而读者则从人物的身后看着。书中插图让效果圆满。事实上，插图往往表现男女性交，故事叙述者从旁偷偷地注目凝视，或许自己也在手淫，好像在招呼读者参与其中。插图通常画中有画，画中诱人的裸体像或者错愕的正经人俯视着性交场面。插图和文字相互照应增强了戏中戏的效果，赋予整个过程戏剧性的气氛。"哲学书"中的性描写粗俗，但也经常具有哲理性，我们在下一章将会看到。

哲学作为独特的类别包括理论专著和一般著作，它们批评各种弊端，不见得完全是宗教、政治或色情性质的。专著仅占整体的2.6%，尽管如果把"哲学"作品集也计算在内它们会显得更重要。如我们所看到的，卢梭、爱尔维修、拉美特利、伏尔泰等人的作品集有活跃的市场。但是，一般哲学书在全部哲学类中是占比例最大(16%)的次类。这方面的"哲学"不瞄准单一目标，而是分散火力于广泛系列的问题上。梅西耶的《2440年》、雷纳尔的《西印度哲学史》、伏尔泰的《论百科全书问题》等顶级畅销书便既有冒犯几乎所有旧制度的当权者的内容，又有吸引最广大读者的内容。启蒙运动思想通过这类哲学著作传达给阅读者公众群体。

这些普通的哲学著作快捷地一个个专题展开论述，揭露实际弊端，谴责具体的专制制度，而不是抽象说教。这些著作以理性作为标准衡量一切，但是当这些著作用合理的自然秩序对比社会弊病时，它们听起来更情绪化，而不是理性化。甚至连伏尔泰也呼唤理性和情感至少并举，他的辛辣的"小肉饼"（即反宗教的小册子）在讽刺论战类的众多作品中比比皆是。在畅销书目上地位显赫的伏尔泰是晚期的伏尔泰、卡拉斯事件时期的伏尔泰、讨伐暴政的伏尔泰、献身人道主义事业的伏尔泰——撰写出《哲学辞典》的无礼、刻薄、不朽的伏尔泰。这位伏尔泰加上雷纳尔、卢梭、梅西耶、兰盖的讨伐狂热，让人们能够感受到"哲学"在旧制度统治的最后几年中的爆发力。

最后一类——政治——恰恰是数量最大的一类。它的界限和分类也和其他类别的界限和分类一样模糊，甚至还有过之，这是因为旧制度时代政治本身就含糊：可以指政治理论、时事、外交、国王的阴谋诡计，或者普通民众共同关心的问题。因此，政治被看成一类文学作品时，不具备任何今天所定义政治著作的那些不言自明的特性。一些专题论著如霍尔巴赫的《社会体系》和马布利的《论立法》很畅销，确实要比《社契约论》卖得好。米拉波的《论专制主义》让理论更加贴近时事,克劳德·梅伊的《法兰西公权的行为准则》表现了詹森主义对波旁王朝专制仍具生命力的挑战。但是,绝大部分政治作品涉及当时的事件,这部分作品占违禁书总体的 26%。

这些作品分为三个次类,尽管分类界线不十分清楚使得这些作品可能被看成普通新闻的各种变体。第一次类内的书是关于闻名事件和人物的专题作品,因此有伏尔泰谴责法国驻印度指挥官的《关于印度与拉里将军之文摘》,描写卡罗琳·麦西尔德王后的遭遇和 1772 至 1773 年丹麦危机的《一位不幸王后的回忆》,以及讲述前陆军大臣生平的《圣-日耳曼伯爵回忆录》。

这些作品中最成功的出自西蒙-尼古拉-昂利·兰盖和米拉波伯爵奥诺雷-加布里埃尔·里柯提的笔下,他们是 18 世纪 80 年代比任何人都更能鼓动公众舆论反政府的两位作家。兰盖的《巴士底狱回忆录》和米拉波的《逮捕密札与国家监狱》都以第一人称讲述了作者未经审判被强权政府投入监狱的经历。每位作家都把自己的故事写成愤怒无辜的人民与专制政府之间的广泛冲突。每位作家都把自己的个人叙述变成野蛮恐怖的故事,手法是引导读者进入阴森的地牢和展示全部罪恶:难以下咽的食物、残忍的看守、蛀满害虫的垫子,以及让无辜犯人绝望、与世隔绝、无法求助于任何法律程序的地下牢房。这样的写法虽然有些地方读起来像《奥特兰多的城堡》,却显得真实可信,因为现实生活中的确发生过这样的事情。兰盖和米拉波以亲身经历的权威态度描述自己所谓的遭遇,这样做保证有让人战栗的效果,加强了让人动容的控诉。他们亲手揭开面具,拉开帷幕,暴露出"国王的秘密"。所以,他们也采用观淫效应,不过他们的观淫效应具有政治意义。他们揭示了警察国家的内部机制,如此一来,他们推广了一个由地牢、镣铐、判决书所统治的法国的神话。①

同样的主题也在政治诽谤或"诽谤性小册子"（法语"诽谤"一词表达了政治而非私人毁谤的概念）次类中显现。但是，诽谤性小册子作家用另一种方式进行表达。他们讲述高级牧师和权力掮客的生活内情，而不是戏剧性地描写专制制度的受害者。他们处理丑闻而非情感，他们按照声名出新闻的潜规则讲述故事。因此这些作家的火力集中于王国最有名的人物，上至国王本人，下至部长大臣和宫廷情妇，乃至普通大臣和女戏子。

诽谤小册子取材于街谈巷议，但是作者们将这些装扮成历史。他们真切地描写权力门面之后隐藏的真实情况。为了证明真实性，他们印刷各类节录，比如大臣们的通信、男仆的密报，或者以他们无孔不入的本事在合适的时间、合适的地点、从帘幕后面、窗户外边耳闻目睹；或干脆假托看不见的第三人称叙述者编造对话。因此，诽谤作品也利用观淫效应。诽谤文本引领读者进入凡尔赛的秘密角落，国王的床上或甚至国王的脑袋里。为了维持这种幻觉，诽谤作家写出煞有介事的前言，把自己打扮成"历史学家"或者权威性不容置疑的回忆录"编辑"。有时，他们还声称要发表一批失落或失窃的信件，但担保其绝对真实。无论采取何种姿态，他们都承诺遵守严格的取证规矩，尽管他们也适时地使眼色暗示不会让读者扫兴。

这样就产生了一种伪装成当时历史和传记的新闻作品。这些作品

---

① Linguet 的 *Mémoires sur la Bastille* 紧随着当时也热卖的两种小册子型对公众舆论的鼓动：Requête all conseil du roi 和 Lettre de M.Linguet à M.le comte de。Mirabeau 的 Des Lettres de cachet et des prisons d'Etat 可能卖得比它在畅销书图表上的位置所显示的还要好，因为该书出版于 1782 年晚些时候，当时纳沙泰尔出版社正要但还没有缩减在法国的生意。虽然 Mirabeau 的文风像 Linguet 一样言过其实、夸夸其谈，但在某种程度上个人色彩较少。Mirabeau 假托要撰写一部关于国王滥用权力的客观论著，并且把关于个人经历的大部分议论限于序言和书的后半部分。尽管这本书匿名问世，而且还是"身后"发表，Mirabeau 为原作者是公开的秘密。

的需求就像书商通信所说的那样,从没疲软过。这类作品还包括全部图书中的若干顶级畅销书:《杜巴利伯爵夫人轶事》《莫普大人在法兰西君主制框架下操纵的革命之历史日志》《泰雷神父回忆录》《路易十五回忆录》及《路易十五的私生活》。这些作品不讨论抽象原则或复杂的政策问题,它们把政治简化成"私生活",特别是国王的私生活。由此,他们创造出一个无限专横权力的想象世界,并在其中放入样板人物:邪恶的部长、诡计多端的廷臣、热衷鸡奸的上层教士、堕落的情妇、无聊又无能的波旁王族。

按照"诽谤作家"的历史观,这类人物熙攘于路易十五的宫廷,尤其是所谓莫普、泰雷、艾吉永三驾马车主政时期。在1770至1774年间,这三位大臣挑起了那个世纪(1715至1787年简短的18世纪)最严重的危机:他们通过重建司法制度摧毁地方法院的政治力量,并且放手让政府增税。此举的灵魂人物莫普遭到"诽谤作家"异常猛烈的抨击,以致他的名字也成了一流派的招牌:"莫普系列",由1771年以来最畅销的"诽谤作品"《莫普先生的秘密通信》推广流行的各种各样的抹黑作品。①

诽谤没有随着三驾马车的倒台和1774年路易十六登基而销声匿迹。相反,"私生活"、伪回忆录和莫普系列作品在18世纪80年代最热销,当时的人们偷偷地把这类作品作为未来警示和真实历史来阅读。这些作品的历史层面赋予它们的重要性不是今天的人能够感觉到的,当今书店满眼都是关于不远的过去的书籍。当代史作为一个流派在18世纪几乎不存在:这种历史太敏感不会通过图书检查。所以,它转入地下,采取中伤性传记和诽谤式政论的形态。老练的读者会识别出"诽谤作

---

① 反莫普宣传将由 Shanti Singham 即将出版的著作详加分析。该危机整体上的最新调查见 Durand Echeverria, *The Maupeou Revolution, a Study in the History of Libertarianism: France, 1770—1774* (Baton Rouge, 1985)。

品";但对头脑单纯的读者来说,这些作品全面而且近乎权威地阐述了现代是如何从过去产生的。《路易十五的私生活》篇幅长达三卷,它讲述的1715至1774年的政治史比几乎任何一部当代作品都更详细、更引人入胜。

阅读关于路易十五的私生活时,法国人赏阅的是眼前详尽展现的路易十六的私人世界。众所周知,这位新国王在手术矫正性器官畸形(包皮过大)前一直不能生育王位继承人。他肥胖、笨拙、无能,活脱一副戴绿帽子的嘴脸。1785年,罗昂红衣主教被牵连进了在巴黎地方法院前面上演的一部巴洛克戏剧中,因为剧中有一串著名的钻石项链。人们猜疑他拿这串项链在凡尔赛花园树丛中勾引王后。虽然这个故事最终证明是一些好事之徒的拙劣骗局,却好像体现了宫廷的堕落和奢侈。主教给国王戴了绿帽子!诽谤作家还从来没有抖落过这般猛料。旧制度的最后几年,诽谤作品层出不穷。但是,大部分以手抄报纸、秘密刊物、小册子的形式出现,这些可以在法国境内迅速出产。法国境外的出版商一般局限于图书生产。但是,在旧制度的最后几年,法国当局十分有效地打击了进口图书,无论合法或非法,这使得包括纳沙泰尔出版社在内的许多出版社在1785年前削减了生意。因此,钻石项链事件没有出现于纳沙泰尔出版社的统计资料。法国人是通过其他渠道得知这一事件的。这样做的同时,他们继续阅读着涉及路易十五王朝丑闻的书。

不过,反路易十五的诽谤作品在路易十六统治时期具有新的意义,远非与其无关。由于表现了路易十四以来王权是如何堕落的,这些作品给读者大众提供了一个观察钻石项链事件的方式。它们给当代史提供了一种权威的叙述,而且恰恰赶在统治集团的最后几届政府为了挽救濒于倒台的王权,孤注一掷争取民众支持之前,它们大量出现。由夏勒-亚历山大·德·卡隆和罗梅尼·德·布里安纳提出的1787至1788年"改革"纲领好像从莫普、泰雷、艾吉永声名狼藉的改革措施中窃取了素材。因此,1787至1788年间的小册子作者便从1771至1774年间的反政府宣传中盗用素材，甚至一字不差地再版了一些素材。一类新"卡罗纳系列"文学作品便不断强调16年前"莫普系列"开辟的题材。于是，图书、小册子、手抄新闻传单交相发力，法兰西淹没在政治诽谤洪荒之中，它席卷着18世纪早前历次危机的残渣，一路冲向终极危机，亦即在1787—1788年毁灭了波旁王朝的"前革命"当中。路易十五也许没有预言过"我死后哪怕洪水滔天"，不过此话没错。①

诽谤和作为第三次类的政论——"丑闻编年史"——相互重叠，因为两者都回应了读者大众对新闻的渴望。但是，旧制度统治下的新闻也像政治一样成问题。不过，新闻并不正式存在，至少不作为公众事业存在。民众无权参与国家政务，也就没有知情权。现代性质"报纸"——在英国、荷兰、德国部分地区已经出现的那类报纸——法国一直严厉禁止。一些特许刊物像《法兰西公报》刊载宫廷礼仪和外交往来的官方报道。许多外国刊物，如《莱德报》也允许在法国发行，条件是不能对国王与高等法院之争这类敏感话题发表挑衅性言论。然而，如果一位法国人想知道谁在凡尔赛谋划安插大臣或者殷勤招待法国女戏子，他得找新闻贩子打探。②

---

① 当然，书和小册子的意义依赖于解读方式，这是第四章提出但未解决的问题，我希望未来的论著会更全面论述这个问题。但目前，我可以请读者参考本人的博士论文"Trends in Radical Propaganda on the Eve of the French Revolution（1782—1788）"（Oxford, 1964）中对当时人理解大革命前危机的初步探讨。

② 关于18世纪出版界情况的全面（全方位）观察，见Jean Sgard 编 *Dictionnaire des journaux 1600—1789*（Oxford, 1991），2 vols；Claude Bellanger 与他人合编的年代较久的综合概述 *Histoire générale de la presse française*（Pairs, 1969），vol. I；以及年代更久但仍然很有价值的 Eugene Hartin 的8卷本 *Histoire politique et littéraire de la presse en France*（Pairs, 1859—1861）。*Gazette de Leyde* 没有刊载任何关于 Maupeou 手段的报道，但却大量报道了钻石项链事件，有关该报的报道情况见 Jeremy D. Popkin 著 *News and Politics in the Age of Revolution, Jean Luzae's Gazette de Leyde*（Ithaca, 1989）。有关"新闻贩子"的情况，见 Frantz Funck-Brentano 著 *Les Nouvellistes*（Paris, 1905）。

第二章 畅销书

新闻贩子分两类：口头新闻贩子在巴黎王宫和杜伊勒里花园等公共场合口头交换新闻，笔头新闻贩子把新闻压缩成手写传单秘密传播。国外的出版商收集这些新闻材料并出版成书，就这样丑闻编年史便产生了。新闻经口头传播、书面传播，最后付梓出版成书。这种变化的每一阶段都超出法律允许的范围。所以，丑闻编年史不在乎败坏他人名声。而且，它一旦以图书形式问世，便加入了"哲学"作品的行列。

但是，和其他类的哲学作品相对照，丑闻编年史没有系统叙述或者始终如一的语气。像诽谤作品那样，丑闻编年史的焦点在大人物的私生活。它也如报纸杂志那样大量地兼收并蓄：戏剧评论、战地报道、街谈巷议、格言警句、不雅诗词等无所不有。丑闻编年史或许把所有这些素材编成一部书，如丑闻编年史体裁因其而得名的纪尧姆·安贝尔·德·伯尔多所写的《丑闻编年史或当代人风尚史回忆》或者，它可能无限期地系列性扩展，如《法兰西文学共和国史秘密回忆录》就是一版又一版地不断增加，最终达36卷之多，在1762至1787年间提供了吸引巴黎公众——特别是经常光顾杜布莱·德·伯桑夫人沙龙的诽谤作家——的连续性杂述。无论形式篇幅，丑闻编年史内容零散，作者也无意把素材整合成单一故事系列。

的确，丑闻编年史其实没有作者。这类作品是民众议论公共事务所产生的各种信息的无名的组合体。它们就是民众物议。它们表达了"人们说"或街谈巷议，使用第三人称"某人"，或者"某人说……""某人刚听说……""人们简直不能相信……"等方式进行表达。法语用法里，非人称代词(on)可以包括读者和叙述者。事实上，非人称代词能够延展到代表一般民众，因此丑闻编年史看起来似乎表达了公众舆论并且在传播新闻的同时显示出对新闻的反应。为了增强尖刻程度，新闻往往通过一位"间谍"——或土耳其人，或英国人，或在英国的法国人，或丢失了文件包的密探——之口讲述。新闻报道也如诽谤作品那样伪装成回忆录或者通信，由某位匿名"编辑"截获并在绝对保证真实的前提下发表。新闻的标题极力做到吸引读者，并把读者引入内容。例如，《英国观察家，或顺风耳大人和千里眼大人的秘密通信》这部丑闻记事1777年出版了四卷，到1784年又以《英国间谍》之名增至10卷。

许多间谍也以"有人"口吻讲话和"人们说"的方式记录他们从某位部长的通信录中窃取的信件和藏身在床下或壁橱里所听到的秘密。其结果是无所不知的内部人士目睹幕后实际上正在发生的事情和更强的观淫效果。所以，丑闻编年史完善了诽谤作品的观淫性，还充实了米拉波和兰盖提供的神秘虚构的时事观察。所有这类文学作品共同提出对政府的强烈控诉。历史、传记、新闻报道、丑闻传播成为一体，全都瞄准同一个靶子：波旁王朝和维护该王朝的一切。

然而，"哲学书籍"的煽动性政治信息不应被看作是企图推翻旧制度的证据，甚至阴谋推翻政府的证据。违禁书攻击旧制度的合法性可能会削弱这个政权，但这样做不是为了推翻它。大部分违禁书仅仅为了满足文学市场上对非法书的需求——对信息和笑料的需求、对当代历史及私生活的好奇心、对新闻和抽象思想禁果的渴望。政府把这些题目置于法律允许范围之外的同时，也像别人对待政府那样拒绝自我约束。由于迫使哲学沦入和色情文学一样的境地，旧统治集团招致了对自己毫无忌惮的攻击。因此，从形而上学到政治，政府在各方面都受到谴责。

但是，回首1789年期间，不太容易唤起革命情绪和想象被印刷文字的力量击毁的君主制。某人未必可能读了违禁书便去攻打巴士底狱。我们需要调查文学体验和革命行为之间的不一致性，而非设想它们之间的一致性。概括观察了全部"哲学"作品领域之后，我们现在可以开始更进一步考察一些主要文本。

第二部分

主要文本

第三章　富于哲理的色情文学

对图书如此详尽地甄别、分类、统计之后,就该阅读了。不过,怎么读呢?哎呀!可不是蹬掉鞋子,舒身在椅子里,埋头阅读文本。违禁畅销书不难搜寻,大多数研究型图书馆都可以找到。易读不易读也不是问题,它们比今天畅销榜上的大多数书更下流、更有趣、更大胆或更离奇。问题在于阅读本身。我们对眼前发生的事都疏于了解,更何况读者身处一个不同的精神世界的 200 年前发生的事了。如果设想当时的读者像我们一样解读印刷符号,那是大错特错。可是,他们没有留下有关阅读技艺的任何记载。我们虽然了解一些 18 世纪阅读行为的外部环境,但却仅能够猜测其对读者心态情绪的影响。精神转让——作者和出版商以及书商和读者联系交流过程中的最高阶段——或许超出了研究范围。

不过,研究文本发生作用的方式时,或许有可能避免时代错置。像所有其他文本一样,"哲学书籍"的文本遵循那个时代特有的体裁修辞习惯。文本用含蓄的方式引起读者反应。因此,即使当时的实际反应无从捕捉,我们通过研究文本和上下文脉络仍然能够获得足够信息,就这类书籍对旧制度时期读者的影响做出一些有根据的推断。

我将集中解读最畅销且代表了所有畅销书中的各个不同种类并且位居顶级的三部书,而不是把畅销书目上的所有作品全部读一遍。

第一部书《哲人泰莱丝》1748 年出版,作者可能是阿尔让侯爵。这本书似乎最接近"纯"色情文学。但是,什么是色情文学呢?或者确切地说,什么是 18 世纪法国的色情文学呢?当时几乎没有这个词。尽管雷蒂夫·德·拉·布雷东在他 1769 年出版的一本著作中杜撰出"色情"

一词，但其意义毫无色情成分，指的是政府管理的合法娼妓制度。① 当然，色情作品古已有之，而且16世纪早期阿日提诺在性交描写和色情语言方面超过了奥维德。他的《色情十四行诗》和《性交术》展示了16种主要性交"姿势"；采用挑逗性淫秽语言，图文交错；通过女叙述人和人物对话，突出妓院和修道院的观淫过程；延续放浪行为构成叙述主线。他为色情文学定出了标准，奠定了主题。所有这些让他享有"色情文学之父"的称号。18世纪产生了自己的"阿日提诺"，由于一本畅销书名而扬名且得到许多其他文本推崇的《现代阿雷丹》。像两个世纪前的阿日提诺那样，此人把诽谤和诲淫结合在一起。同时，他也具有"现代"意识，并且最先怀疑教会的说教。②

其间，色情文学作品在17世纪有了大的飞跃。早期小说歌颂爱情，有像《克莱芙王妃》那样含蓄文雅的，也有如《风流法兰西》那样粗俗赤裸的。回顾起来，对色情文学史产生重要影响的作品也属于作为一类文学作品范畴兴起的小说：如《少女学堂》(1655)、《太太学堂》(1660年左右最初以拉丁文出版，法文版出现于1680年)、《修道院里的维纳斯》(大约1682年)。因此色情小说的叙事特征早在《哲人泰莱丝》出版之

---

① Nicolas-Edmé Restif de la Bretonne, *Le Pornographe ou ldées d'un honnête homme sur un projet de règlement pour les prostituées* (London, 1769; reprinted in *L'Enfer de la Bibliothèque Nationale* (Paris, 1985), vol.II).

② 关于色情概念固有时空错误的一种夸大说法，见 Peter Wagner, *Eros Revived: Erotica of the Enlightenment in England and America* (London, 1988)。Carolin Fischer, *Die Erotik der Aufklärung. Pietro Aretinos Ragionamenti als Hypotext des Libertinen Romans in Frankreich* (费赖大学博士论文，Berlin, 1993)详细探讨了 Aretino 在18世纪法国的影响。关于早期现代色情文学作品的初级研究，见 Jean-Pierre Dubost, *Eros und Vernunft. Literatur und Libertinage* (Frankfurt-am-Main, 1988); François Moureau and Alain-Marc Rieu, eds., *Eros philosophe. Discours libertins des Lumières* (Genève and Paris, 1984); Lynn Hunt, ed., *The Invention of Pornography. Obscenity and the Origins of Modernity, 1500—1800* (New York, 1933).

前就已经形成了,而这部小说出版于第二次"色情"文学创作高潮时期。

这个新时期始于1741年,当时有三部书问世:L.-C.弗热埃·德·蒙布伦写的《炉边的彩色长沙发》,弗朗索瓦·巴库拉·达尔诺写的《骗术》,尤其是《夏特勒的守门人……艳史》,该书可能为热尔韦·德·拉图什所著,是淫秽和反教会的力作,和《哲人泰莱丝》一起在畅销书目上居首要位置,直到旧制度覆灭。18世纪中期色情小说不断大量出版。色情小说包括著名作家的作品:狄德罗的《八卦珠宝》(1748)、克里比隆兄弟写的《索珐》(1742)、伏尔泰的《奥尔良少女》(1755年首次出版,后来经其他人润色并以更淫秽的文本再版);也有更形象生动下流的畅销书:罗切特-莫里哀的《教士的桂冠》(1748)、弗热埃·德·蒙布伦的《告密者马戈》(1750)、迪·劳朗的《阿拉斯的蜡烛》(1765)、默斯尼耶·德·凯尔隆的《加尔默罗会游方士风流史》(1743)。在18世纪六七十年代原版书生产走衰时,所有这些书都有再版。80年代,随着米拉波的《圣经的谬误》(1782)、《我的皈依,或个性释放》(1783)、《拉起的帘幕或劳尔的培养》(1785)等色情作品的出现,色情小说再度兴盛。而且,这一世纪结束于萨德侯爵。对萨德著作专家而言,上述所有的作品或许像这位天才侯爵名著系列的前奏曲。但是,这种作品本身有资格被视为法国旧制度时期尤其是18世纪中叶特有的文学作品兴盛。

这些作品可以被视为色情文学吗?如果根据现在的词典定义和法庭判决的话,当然可以。这些定义与判决通常强调这类文学作品的淫秽性质、性行为的详尽描述及其明显的唤起读者性激情的目的。但是,18世纪法国人在正常情况下不从这些方面思考问题,他们也不把"纯"色情文学与色情小说、反教会小册子以及其他各种"哲学书"加以区别。色情文学的概念,如同这个词本身,产生于19世纪,当时的图书馆管理人员整理分类他们认为下流的图书,并把它们锁入像法国国家图书馆地下书库和大不列颠博物馆秘密书柜那样的严禁人接近的地方。严格说来,色情文学是在维多利亚时代早期删改、剔除的东西。18世纪没有这样的文学。①

不过,人们不应该认为色情文学概念也不存在。旧制度关于图书交易的立法始终坚持把违禁书分为三种类型:反教会、反政府、反道德。当然,最后一类除色情文学之外还包括大量其他作品。但实际上警察只没收他们认为明确无误的淫秽作品;他们还创造出了一整套描绘这类文学作品特征的词汇,如"淫秽的""淫荡的"或"荒淫的"等,不单单是"放荡的""无拘无束的"或"风流的"等字眼。② 1750至1763年间负责管理图书业的皇家官员拉穆瓦尼翁·德·马尔泽尔布在他的《出版业陈情书》中,在警察始终应该没收的"淫秽的"和应该有意忽视的"小有出格的"书籍之间划出了界线。他警告说,没有这样的方针,警察就会发现自己无意识地收缴了拉伯雷的作品、拉·封丹的《短篇小说》,以及已经成为有知识人士标准阅读物的许多其他图书。③ 这样的辨别标准不仅当局心中有数,日常生活中也存在。如狄德罗在描述自己年轻时和一位书店女店员之间一段短暂打情骂俏时曾说道:

她那时在奥古斯丁码头一家小书店上班,长得像洋娃娃,水仙般的白皙端庄,脸庞红润如玫瑰。那时我帅气,狂热大胆。我就这样走进书店,对她说:"小姐,请给我拿拉·封丹的《短

---

① 见 Walter Kendrick, *The Secret Museum: Pornography in Modern Culture* (New York, 1987); Jeanne Veyrin-Forrer, "L'Enfer vu d'ici", *Revue de la Bibliothèque Nationale*, 14(1984), pp.22—41; Annie Stora-Lamarre, *L'Enfer de la IIIe République. Censures et pornographes (1881—1914)* (Paris, 1990)。

② 这些术语在巴黎海关没收图书登记簿中随处可见:法国国家图书馆,ms.fr.21931—21934。但是,"风流"(gallant)一词有时暗指淫秽。

③ Malesherbes, *Mémoire sur la librairie et sur la liberté de la presse* (Geneva, 1969 reprint), pp.89—90。

篇小说》,一本《彼特龙》(即可接受的色情文学作品)。""先生,您的书。您还要别的书吗?""哦,对不起,小姐,不过……""没关系,说吧……""《穿睡衣的修女》(或者《修道院里的维纳斯》,一部公认的"淫"书)""哎呀,先生!有人买、有人看这样的坏东西吗?""嗯,嗯,小姐,这些东西是坏,是不是?我真的不知道……"后来,一天我又路过书店,她笑了,我也笑了。①

色情和淫秽作品之间的界线甚至可以从书自身寻找。"坏"书鼓励作为性愉悦刺激的阅读行为,它有时还举荐这类刺激性作品。《古尔丹夫人的钱包》(1783)描绘了巴黎最好的三星级妓院里的藏书,囊括了从《女子学校》到《夏特勒的守门人……艳史》等后世定义为典型色情文学的全部早期杰作。"风流藏书"也出现在《哲人泰莱丝》的高潮一章,在这一章里读书为泰莱丝被培养成性欲狂过程最后阶段铺通了道路。另外,在前面的一个章节里,作为她的榜样,一位豁达的寡妇就把《艳史》当作性辅助工具。在它影响下,虽然她害怕怀孕,但还是主动把自己给了男友 T 神甫。她说:"你的《夏特勒的守门人……艳史》真了不起,读了它我太激动了。人物描写生动极了!形态逼真让人抵挡不了。如果不是太下流的话,它也许是这类书中独一无二的。"②

萨德在《朱丽叶的故事》一书中回顾这类文学作品时,描述了其他"风流藏书"的内容:《太太学堂》《艳史》《劳尔的培养》,无所不有。但

---

① Diderot, " Salon de 1765 ", 转引自 Jacques Rustin 在 *Oeuvres érotiques du XVIIe siècle. L'Enfer de la Bibliothèque Nationale* (Paris, 1988) VII, 第 307 页上的 *Vénus dans le cloître* 重印"序言"。

② *Thérèse philosophe, ou Mémoires pour servir à l'histoire du Père Dirrag et de Mademoiselle Eradice*, reprint in *L'Enfer de la Bibliothèque Nationale* (Paris, 1986), V, p.102.

是,除《哲人泰莱丝》一本书以外,其余都够不上他的标准。"阿尔让侯爵的极好一部作品,唯一展现了目的性——尽管没有完全达到——的作品,仅有的一本把对神的不敬和奢侈放纵可以让人接受地联系起来的书,唯一一部按照作者原设想公众一旦读后会终于明白不朽作品概念的著作。"①18世纪末,在尚未被贴上色情标签但是性描写已经大大超出旧制度通常认可的适宜界限的一类文学作品之中,《哲人泰莱丝》最重要、最出色。

在同时代人眼中,泰莱丝还代表着其他东西:启蒙运动。她是"哲学家"。她的头衔仿效了早期启蒙运动的一部主要著作《哲学家》,一本出现于1743年,被收入《百科全书》,后来由伏尔泰重新出版的匿名小册子。这部书定义了世故、机智的自由思想者的理想形态,他用理性的批判眼光审视一切,尤其蔑视天主教教义。《哲人泰莱丝》出版于1748年,恰恰是在此时,第一波猛烈攻击的启蒙运动著作出版爆发:

　　1748:孟德斯鸠《论法的精神》
　　　　　狄德罗《八卦珠宝》
　　　　　杜桑《习俗》
　　1749:布封《自然史》卷1至卷3
　　　　　狄德罗《盲人书简》
　　1750:《百科全书》,简介
　　　　　卢梭《论科学和艺术》
　　1751:《百科全书》卷1
　　　　　伏尔泰《路易十四的世纪》
　　　　　杜克洛《关于风俗的思考》

---

① Sade, Histoire de Juliette, in *Oeuvres complètes* (Paris, 1967), VIII, p.443。

第三章　富于哲理的色情文学

这是个非常阶段。18世纪中期仅仅几年时间里,法国思想形态就变了样。《哲人泰莱丝》属于这个转变,恰恰也属于同时迅猛出现的色情文学。事实上,这样的双重爆发有共同的燃料来源:放荡——挑战宗教教义及性道德习俗的自由思想、自由生活的结合体。自由思想在两条战线上拼斗,狄德罗即是如此。因此,旧制度的警察1749年把狄德罗作为"危险分子"列入档案,并以写作色情的《八卦珠宝》及反宗教的《盲人书简》为理由把他关进万塞纳监狱时,目的是明确的。① 某些狄德罗的同时代人相信他还写了《哲人泰莱丝》,② 一些现代学者也这样认为。③ 这样的附会证据不足,但是,狄德罗和泰莱丝属于同一个社会——早期启蒙运动那个充斥着下流、无耻、淫荡的社会,那里一切都受到怀疑,没有神圣不可侵犯的东西。

无论符合其时代情境与否,《哲人泰莱丝》中性与哲学的结合必定要让现代读者惊诧。它的叙事,像众多传统色情文学名著一样,由一系列的放浪行为构成;但是,这些行为由形而上学式的对话串联起来,对话发生在性伙伴云雨一度,喘口气,恢复体力准备下一轮肉体享乐之时。性交与形而上学——没有什么比这更远离现代人的智力,或者说,更接近18世纪的自由思想观念。要理解这些主题怎样相互补充,最好从书的开头部分着

---

① 关于警察报告的内容以及1794年形势的探讨,见本人 *Gens de lettres*, *gens du livre* 中的"Les Encyclopédistes et la police"一章。
② J.-F. Barbier, *Journal historique et anecdotique du règne de Louis XV* (Paris, 1851) 卷3第89—90页1749年7月条目记载:"他们还逮捕了狄德罗先生,一位作家和睿智的人,他被怀疑是以 *Thérèse philosophe* 为书名出现的一本小册子的作者……这本书写得吸引人,包含了关于自然宗教的谈话,有说服力但十分危险。"
③ 见 Jacques Duprilot 的"*Nachwort*",载于 *Thérèse philosophe*, *Erotische Küpferstiche aus fünf berühmten Büchern* (Dortmund, 1982),见第228—232页。尽管这篇文章全面描述了 *Thérèse philosophe* 的出版情况,但它没有令人信服地说明狄德罗不是原作者。关于文本背景方面的更多资料,见 Pascal Pia (Paris, 1979)、Jacques Duprilot (Geneva, 1980) 及 Philippe Roger (Paris, 1986) 介绍的该书的各种版本。

手。书的开头合成了泰莱丝少女时代的虚构描述和以副标题"关于狄拉格神父和爱拉蒂丝小姐私通事件"宣示的一段实事的叙述。

"狄拉格事件"属于轰动性事件或曰戏剧性法庭事件的一环,它们贯穿18世纪,使公众舆论透明化和激进化,直至革命爆发。从"狄拉格""爱拉蒂丝"这些变移词后面,18世纪读者会识别出土伦一位虔诚的妙龄美人凯瑟琳·卡迪埃尔和她的忏悔神父——土伦皇家海军神学耶稣会教区长让-巴普蒂斯特·吉拉尔的名字。卡迪埃尔小姐控告吉拉尔神父利用其心灵导师身份之便诱惑她。几经犹豫和秘密表决之后,艾克斯议会于1731年10月宣判他无罪。但是,案子引发了若干波危言耸听的小报传单浪潮。它具有投合反教会心态的一切:性与狂热、忏悔时的出格行为和耶稣会教义的真面目——詹森主义者中耶稣会的敌人热衷谈论的一个话题。利用这些主题,《哲人泰莱丝》似乎在讲述一个真实的故事。它把叙述置于一个人们知道的地点,并且除"狄拉格"和"爱拉蒂丝"外,还利用土伦(Toulon)的变移词"沃尔诺"(Volnot)和普罗旺斯(Provence)的变移词"旺斯罗"(Vencerop)来捉弄读者,让他们把书中发生的行为视为真实"丑闻编年史"的一部分。该书还使用姓名的开头字母"C小姐"与"T神甫"来展示书中的某些虚拟人物,好像是在保护他(她)们的真实身份。这本书看起来像一部根据真人真事写的小说,或者伪装成小说的事实。虽然事实上它是虚构小说,但其伪装产生相反的作用——以当时事件获取的丑闻这样的诱人伪装打扮了离奇幻想。

事实到虚构的潜移发生在泰莱丝叙述狄拉格事件的过程之中。泰莱丝把这一事件描绘成她本人形而上学性教育的发展——即小说的主题——中的一件大事。她是用第一人称写的,因此,像众多色情小说一样,这个故事使用女性口吻的第一人称叙述形式。讲述的对象是她的情人,她仅称之为"我亲爱的伯爵"。在前言中,她解释道:她是在他的请求下,而且为有益于人类才写的。由于她是爱拉蒂丝小姐曾经的密友,

第三章　富于哲理的色情文学

也同是狄拉格神父的狂热信徒,她可以揭露他们不正当关系的内情。当然,她从爱拉蒂丝房中一个藏身之处目睹了这件事。

她揭发狄拉格利用爱拉蒂丝比同伴更圣洁的企望,勾引了她。他建议使用以惩罚肉体解放灵魂的原则为基础的精神训练法。鞭挞是他最喜欢的方法。他用此法来清除身体内的杂质,把灵魂升华到欢愉的境界,甚至可以进入圣徒之列。爱拉蒂丝把一切告诉了泰莱丝,同时还邀请她做秘密证人,见证她的本事。不久,泰莱丝就在壁橱里神魂颠倒地偷看起来。

这里没有读者会忽略亵渎圣灵和性混为一体,但是,18世纪的读者可能会在这样的描述里看到别的东西。尽管生动形象并且全部文本包含了大量的解剖式的细节,这样的描述传达了一种形而上学的信息。精神与物质之间的区别超过了传统的基督教灵魂身体对立观和新亚里士多德的形式与质料的概念。它表现了笛卡尔的二元论,思想精神世界和运动着的物质世界之间的根本区别。为了勾引爱拉蒂丝,狄拉格神父劝说她用二元论的一方面代替另一方面——即把感受性亢奋作为精神上的神灵显示。他把教士权术发挥到极致,达到了目的。由于伪装成基督教教义的唯物主义哲学推理,这在18世纪读者老练的反教会目光下显得更有趣味。为了培养爱拉蒂丝成为圣者——也就是奸污她——狄拉格给她上了笛卡尔主义的基础一课。首先,他演示了二元论:"上帝要求人类的仅仅是心灵。只有忘掉肉体,我们才能和上帝成为一体,迈向圣者之境,完成奇迹。"然后,他描绘物质行为,就好像物质行为会导致精神的升华:

> 亲爱的小姐,机械行为最可靠。我们感觉着,并且我们……仅通过我们的感官……接收到肉体的善与恶及道德的善与恶的思想。当我们接触或听到或见到某个物体时,思想的

小粒子就流入我们神经的空白处，并且继续流动，直至让灵魂警觉起来。如果，凭着你对上帝之爱深刻思考的力量，你有足够的精力把体内所有的思想小粒子集中起来，并且以深刻思考为目标去运用它们，就不会剩下一个粒子来警告你的灵魂你的肉体即将受到的击打。你将不会有任何感觉。①

95　　有见识的读者会认识到狄拉格的哲学与拉美特利的哲学没什么区别。这位耶稣会教士暗地里是一个唯物主义者。他掌握着整个小说从头至尾逐渐揭露出来的秘密：著名二元论的精神一面并不存在，一切都是运动着的物质。所以，狄拉格是根据最时新的哲学原理操纵自己信徒的身体。他甚至发明了自己的技巧，唯物主义版本的精神锻炼形式，包括一个产生假污点的化学变化、一个伪装成生物的性器官、为了产生性兴奋以肉体惩罚面目出现的鞭挞，以及性交本身。狄拉格把性交说成宗教迷醉，即阿维拉的圣泰莱丝所经历的那类精神迷醉以及"哲人"泰莱丝后来所了解的那类物质迷醉。总之，狄拉格事件展示了诱惑是基督教教义的倒置形式；并且引导读者逆向思考这一说法：基督教是一种诱惑方式。

　　性与形而上学因此成为一体。泰莱丝对这一点毫不隐讳。在小说的前言里，她对自己的匿名情人伯爵清楚地说道："你会喜欢这个故事，因为里面那些我对你描述过的情景，或那些我们曾置身其中的场景，应该保留了它们的全部色情味道，而且那些形而上学式的争论应该也原汁原味地保存了其效力。"这些相互缠绕的主题贯穿小说，即泰莱丝自身经历的故事分为四部分：(1) 她的年轻时代和狄拉格事件，(2) C 小姐和 T 神甫伴随下她初次接触哲学，(3) 泰莱丝从与巴黎退休妓女布瓦-劳

---

① *Thérèse philosophe*, pp.58—59.

丽儿太太对话中获得的多形态性行为教育,(4)作为伯爵的情妇,她的性欲与哲学的全面成熟。

在第一部分,她目睹狄拉格神父所作所为从而发现了性和模糊的唯物主义。但是,她的概念混乱;而且身体也垮了,因为母亲把她送进了修道院,在那儿由于性压抑,她的"神圣液体"①滞涩枯竭。在第二部分,由于好心的C小姐和有见识的T神甫的规劝,她的身体恢复了活力。她刚从修道院出来,这两位好朋友就伸出援手对她加以庇护。他们解释液体是"快乐的源泉",②它必须要自然地流淌,否则她的整个"机器"(即身体)就会出毛病。不过,神父警告说,泰莱丝绝不能把手指插入阴户释放液体,因为一旦她损坏了童贞,就会失去找丈夫的机会。社会习俗也许差强人意,但必须尊重,无论出于自身利益还是关心他人。出于同一原因,她绝不能允许任何男人进入身体。进入会导致怀孕,这绝不应该在"神圣的婚姻"之前发生。③ 所以,只有一个解决办法:那就是手淫。

第二部分变成了对手淫的辩护。泰莱丝完善了自己的技巧,并通过从钥匙孔、树丛及窗帘后面偷窥C小姐和T神甫学到了其他手法。她还仔细地偷听他们的谈话,因为他们在一起一边谈论哲学道理一边津津有味地手淫,如此一页接一页,出现在小说的最实质的部分。他们一致认为快乐是最高的善。那么,他们为什么不沉溺于性交呢?神父解释说:"女人仅担心三件事,怕魔鬼,惜名声,怕怀孕。"④怀孕的危险特别困扰C小姐,因为她生小孩时曾几乎丧命。后来孩子死了,丈夫也死了,留下她按照与神父共同遵守的原则,自由地追求欢乐、避免痛苦。她和神父仅在一点上有分歧。由于自身的经历,爱拉蒂丝学会了正视生孩子带

---

① *Thérèse philosophe*, p.54.
② Ibid., p.87.
③ Ibid., p.86.
④ Ibid., p.95.

来的可怕后果,她拒绝接受他的"间断性交"建议,尽管他的建议说辞合理有说服力。

与此同时,神父在与泰莱丝的交谈中提出了另外一套观点。由于是代替狄拉格做她的忏悔神父,他继续狄拉格的推理方式,但是转向积极的方向——为了促进幸福而非利用无知轻信。他这样做似乎捍卫了传统的价值信念——不单童贞与婚姻,还有几乎可以混同为基督教教义的某种理性的宗教观:"我们坚信自然法则是上帝创造的。既然如此,我们为什么要害怕依靠上帝提供给我们——上帝创造物——的方法来解决自身需求会冒犯上帝呢? 特别是这些方法绝非扰乱社会秩序时?"① 这样的观念符合启蒙运动思想中的温和倾向。它承认上帝及规范的自然法则秩序,不挑战社会等级结构。但是,当这位神父退身去和他的开明情妇手淫时,他彻底削弱了这种观念。然后,他阐发了一些不宜入耳的想法。无论如何,泰莱丝暗中监视这对情人时听到了:自然不过是宗教创立者们为了把上帝和痛苦之源分别开而发明的一个概念。不,上帝不会隐藏在自然后面。他无处不在——但是,如果无处不在,也就哪儿都没有。因为一切事物都可以归并为运动着的物质,如此一来,"上帝"便成了一个空洞的词语,道德便成了以快乐和痛苦为基础的一种功利考量。

泰莱丝不能完全理解这些真理,因为,如她以后所意识到的那样,就在那个时候,"或许生平第一次,我开始思考"②。与此同时,她的性教育快速进展到第三部分,这里她受到布瓦-劳丽儿太太的影响。实际上,这一部分仅汇总了布瓦-劳丽儿太太在她的妓女生涯中见识到的稀奇古怪的性行为,因此和书的其余部分不十分和谐。该部分回归了《太太学堂》《少女学堂》以及阿日提诺的《性交术》等标准的色情著作中出现的

---

① *Thérèse philosophe*, p.85.
② Ibid., p.101.

第三章　富于哲理的色情文学

女人性生活对话形式,而非色情哲理讨论。泰莱丝发现自己在巴黎孤身一人,仅有母亲死后留给她继续生活的一小笔遗产。在一个提供膳食寄宿的地方,她遇到一位妇人。结果,这个女人是淫秽作品的典型人物:热心肠的婊子。布瓦-劳丽儿太太叙事中的叙事带着读者巡游了一遍巴黎妓院,但对小说的故事发展增色不多,直到介绍了一位新人物伯爵,以资过渡到第四部分。

泰莱丝陪布瓦-劳丽儿看歌剧时,遇见了一位她发自内心同情的男人。伯爵以情相报,虽然两人都清楚他们之间没有婚嫁可能。不仅财产悬殊阻碍他们的结合——泰莱丝是"小资产者"①的贫穷女儿,而伯爵是一位拥有一座城堡和每年12000里弗可观收入的贵族——况且伯爵本人厌恶婚姻。因此他提议泰莱丝和他一起到他的乡村庄园同居。泰莱丝作为他的情妇,享受2000里弗年金,但泰莱丝不需要屈从于他的对性交的欲望,因为他理解她惧怕怀孕。像C小姐那样,泰莱丝的母亲也几乎在生产时死掉。然而,正像泰莱丝采取C小姐的立场那样,伯爵采用了T神甫的方式:他有足够的自制力,相信自己可以及时抽出体外射精。不过,他没有坚持,因为他严守"好男人"②行为准则——T神甫宣扬的一种贵族式的享乐主义方法。他能够在使泰莱丝快乐的过程中自己感觉快乐,所以,他将满足于相互手淫。

泰莱丝接受了这个合约。两人幸福地生活了多月,完全像C小姐和T神甫那般手淫并理性地交流心得。不过,伯爵最终屈服于自己对更高形式快乐的欲望。他提议打赌:泰莱丝得花两周时间阅读他的"风流藏书"③和研究他的色情画。如果她把持住从始至终不手淫,收藏归她;否则,

---

① *Thérèse philosophe*, p.41.
② Ibid., pp.170, 175.
③ Ibid., p.180.

她就是他的。不过,她可以相信他摘花时不会把他的种子撒入她的子宫。

不久,泰莱丝就全神贯注地钻研传统色情文学的经典文本,包括法国大革命前那些年仍然在纳沙泰尔出版社的畅销书中出现的若干作品:《夏特勒的守门人……艳史》《加尔默罗会游方士风流史》《教士的桂冠》以及《太太学堂》。与此同时,她自己也沉醉于性幻想之中。在两幅色情画——《男性生殖神的盛宴》和《维纳斯和玛尔斯的爱情》——下面的5天阅读产生了作用。泰莱丝把手指伸进大腿间,大声呼唤伯爵。当然,伯爵一直在秘密观察着她。像画中的玛尔斯那样,他大步走进房间,把她拥进怀里;而且在关键时刻,凭着极强的意志力,把自己抽出,在她的体外安全地射精。"间断性交"战胜了手淫。两人从此幸福地生活在一起,频繁性交,"没问题,没烦恼,没孩子"。①

高潮过后10年,泰莱丝讲述她的故事时,已经变成了一位成熟的哲人。她的学徒期结束于伯爵给她上的最后一课。T神甫纠正了可怕的狄拉格所鼓吹的不完全的真理,伯爵又完善了T神甫的说教。作为自己经历的叙述者,泰莱丝用她自己的声音讲话,并且宣示自己创造的真理。最后一章以享乐主义—唯物主义信条的形式总结了这些真理,并以标题页插画中的文字形式把它们总结成了警句:

  情欲与哲学创造了理性男人的幸福。
  他凭兴趣拥抱情欲,他凭理性热爱哲学。

泰莱丝的性故事原来是"性启蒙",一种教育故事,而且由于它是快乐方面的教育,探讨哲理和追求快乐在叙述过程中齐头并进直到最终汇合成为哲理性的享乐主义。经仔细研究,这种哲学显示出多种元素,衍

---

① *Thérèse philosophe.*, p.186.

《哲人泰莱丝》之寓示,载于卷首插画之中

生于众多根源——笛卡儿、马尔布朗什、斯宾诺莎、霍布斯,以及18世纪前50年以手稿形式流传的全部自由放荡文学作品。① 最强有力的影响大概追溯到了卢库里修斯,因为泰莱丝和她的老师们持续不断地把现实归纳成微小的物质粒子,通过对感官起作用,物质粒子决定意志。那么,最终,他们把人描绘成一架由人无法控制的享乐原理驱动的机器:"理性仅使人知晓他具有干或不干某事或其他事欲望的力量,关系到他将从中获得快乐或者不快乐……我们身体的器官分布、我们的纤维质、液体的某种运行,都决定着我们的情感类型,从而在我们进行最大乃至最小行动时指引我们的理性和意志。"②

但是,区分各种根源并重新将其归纳进一个统一体系不具备什么意义,因为《哲人泰莱丝》没自命为一部系统哲学之作。它是小说。它强调意向,仿佛意向是不言自明的真理并展开故事,而不是通过一系列的逻辑步骤,阐述详尽的论点。什么是流通全身的"小思想粒子"?③ "神圣液体"如何决定性欲?④ 泰莱丝没解释。她对技术性难题或者逻辑联系不屑一顾。反之,她依靠修辞和叙述使她的观点成立。但是,这些方法假定某类具有共同习俗、期望,及语言用法的公众的存在。

就一部性作品而言,《哲人泰莱丝》的语言异乎寻常得正经。除了在布瓦-劳丽儿——街头混子兼妓女——的叙述里,它从不使用粗俗的语言表达性器官和性行为。依其殷实资产者的出身背景,泰莱丝坚持使用像"器官"和"孔洞"这样的词语,并非她缺少明确表达的能力。语言

---

① 关于这一大课题最重要的评述仍然是 Ira O. Wade, *The Clandestine Organization and Diffusion of Philosophical Ideas in France from 1700 to 1800* (New York, 1967)。最新的学术研究之例证,见 Olivier Bloch, ed., *Le Matérialisme du XVIIIe siècle et la littérature clandestine* (Paris, 1982)。
② *Thérèse philosophe*, pp.51, 53.
③ Ibid., p.59.
④ Ibid., p.87.

第三章 富于哲理的色情文学

的故作天真提供了辛辣味,细节的具体化则进一步证明:身体就像机器,而所发生的行为乃性之本质。所以,泰莱丝紧接着品评:"好技术!"而且,描述修道院里性压抑的影响时,她注意到她的体液回流走错了管道,造成了"我整个机器的紊乱"。① 机器,这个从 17 世纪机械哲学理论那里继承下来的比喻说法,给后来的自由思想者了解世界提供了一个适宜的方式。② 泰莱丝和狄德罗、霍尔巴赫及拉美特利讲同样的语言。她的故事与拉美特利的《机器人》同一年出现,并且提出了同样的观点:性行为犹如万有引力,一切都可以归属于同一本原——运动着的物质。

当然,《哲人泰莱丝》书中的劝导方法截然不同于拉美特利的《机器人》一书的冰冷单调的文体。它用伯爵勾引泰莱丝的方法——凭借阅读本身的召唤力——来引诱读者。泰莱丝是通读了全部色情小说藏书之后才愿意性交的。读《艳史》让 C 小姐兴奋异常,以至尽管惧怕怀孕,她还是把自己给了 T 神甫。18 世纪的读者明白这类书的目的就是让人阅读时手淫,用卢梭的话说,"用手"阅读。③《我的皈依》一书前言中,米拉波赤裸裸地表达了这个普遍心态:"愿阅读(这本书)使全宇宙精疲力尽!"④ T 神甫向 C 小姐灌输的对手淫的辩解,针对的是那些或许仍然心怀悔恨的读者,对象不是他的情妇,她已经被改变了。在 18 世纪,手淫、"自虐"被广泛认为是从憔悴到失明等各种病的起因。⑤《哲人泰莱丝》

---

① *Thérèse philosophe*, p.54.
② 见 Otto Mayr, *Authority, Liberty, and Automatic Machinery in Early Modern Europe* (Baltimore, 1986)。
③ 见 Jean-Marie Goulemot, *Ces livres qu'on ne lit qu'une main. Lecture et lecteurs de livres pornographiques aux XVIIIe siècle* (Paris, 1991), p.48。
④ Mirabeau, *Ma Conversation ou le libertin de qualité* (London, 1783), reprint in *L'Enfer de la Bibliothèque Nationale*, III, p.38.
⑤ 见 Simon Henri Tissot, *L'Onanisme, dissertation sur les maladies produites par la masturbation* (Lausanne, 1760) 及 Goulemot, *Ces livres qu'on ne lit qu'une main*, pp.43—55。

可能会被看成一种致命威胁,不管对肉体还是心魂。因此,它的说辞以务使读者(他或她,但更可能是他)安心为前提展开。他的防卫如同泰莱丝的防卫那样必须要打破。他一定要变成局中人。

　　第一人称叙述是这种方法的基本战略,观淫为基本策略。通过对伯爵讲述她的故事——一种笨拙的手段,因为他们正在同居,伯爵不需要一部自传来不断提醒——泰莱丝在引导读者。伯爵不需要觉得身陷故事中,因为他可以从旁观者角度阅读故事。他可以窥视到人物最亲密的动作行为,而不会让人物发觉。而且,足够认真地观察后,他学会用泰莱丝的眼睛观看。她总是从暗处窥探正在性交或者手淫的情人们。因此,读者就在她的身后观看:"我被置于一个连最微小细节都不会错过的地方。我正在观察的那个房间窗户正对着我藏身的壁橱的门。爱拉蒂丝跪在地板上,她的手臂交叉放在祈祷台上面,头放在手臂上。她的衬裙小心地掀到腰部,我从侧面看到她美妙的阴部和臀部。"①

　　这类情景通篇可见,并且经常相互反射,如同镜中镜,产生故事中的故事。例如,布瓦-劳丽儿太太对泰莱丝详细讲述自身经历,在叙述的过程中她讲述了一连串的故事。这些故事经常包含让其他人物出现的对话,读者因此幻觉自己目睹景中景。所有这些的后面是一个看不见的无名作者安排各部分以便最大限度地增强折射效果,这样,无论读者转向哪里,似乎都会看到让人心跳悸动的性行为。插图使这种增值效果扩大了两三倍。这些插图简繁不一,版本各异,但是它们经常表现某人正在墙上的图画或者花园中雕塑凝视下观察另外一人。② 观淫者时常手淫,含蓄地邀请读者干同样的事。因为一系列的观淫者最终会归结于读者自己——唯一不现身的观察人。因为只有他不会让人看见,所以他不必

---

① *Thérèse philosophe*, p.62.
② *Thérèse philosophe*, Erotische Kupferstiche 中重印了许多这样的插图。

转移目光。他也不必担心被亵渎,因为全部情景通过泰莱丝的眼睛透视过来。尽管性欲强,她保持了纯洁性,如同她的语言那般纯洁。

避免肮脏和粗俗是文本的策略,因为这本书面向的是"绅士"读者。该策略含阶级因素,因为"绅士阶层"不包括无知的民众。但是,绅士一词失去了其在17世纪时的意义,不再散发出彻头彻尾的贵族味儿。伯爵尽管是一位纯血统的贵族,却表现出普通品格:"他的一切表明他是位有头脑的人,一位绅士,一位有理性、情趣、无偏见的绅士。"①他代表了"自己做主"的理想、"明智的人、理性的人"的理想——简言之,启蒙运动的理想。② 泰莱丝,一位出身资产阶级的女子"哲学家",也代表了这些理想。这是哪一类启蒙运动呢?它给予社会的影响有多深刻呢?

泰莱丝在阐释自己宿命唯物主义见解时,举出一个生动例子说明她认为公众与她共享的那种经历。她诘问道:"我吃晚餐时难道不是自由选喝香槟还是红葡萄酒吗?"她的答案暗示了那类会认为她的真理不言自明的读者:如果我叫了牡蛎,就不会喝红葡萄酒。"这道菜要配香槟。"③一个反意志自由的出色论点!

《哲人泰莱丝》是写给香槟配牡蛎的读者的——大部分早期启蒙运动作品也如此。孟德斯鸠把《论法的精神》剪裁成嵌加警句的小章节,如此它们就会适合沙龙社会。伏尔泰以同样的方式使他的"小肉饼"(反教权主义的文章)有人食用。1748年前被视为哲学的大量作品采用了短篇小册子而非正规文论形式。这些作品,绝大部分局限于沙龙、王侯府第,并且它们通常以手稿形式流传。其中最重要的著作《哲学家》坚持认为哲学属于"该阶层",与学者和识字的劳工世界对立的上流社会

---

① *Thérèse philosophe*, p.170.
② Ibid., pp.186, 189.
③ Ibid., p.51.

阶层。哲学应该富于智慧,文字漂亮,没有偏见,且风雅得体。①《哲人泰莱丝》完全符合这个程式。《波斯人信札》《天真汉》及《修女》等作品寓哲学于故事,章节短,易读,并附带容易适应"那个阶层"人娇嫩胃口的佐料。

这一点需要强调,因为它影响了《哲人泰莱丝》一书中哲学的社会含义的具有。真理,如 T 神甫所明确指出的那样,不是公开炫耀的那类东西;真理只应该在餐聚时,打发走仆人们后,十分随意地谈起。

> 让我们小心点儿,不要对傻子们表露真理,他们不会欣赏或许还会滥用……10 万人里也就有寥寥 20 个习惯于思考的人;并且最后你会发现,这 20 人里,有独立思想的不超过 4 人。②

那么,要给这占人口 99.996% 的无思想的人准备什么呢? 宗教。有史以来,宗教一直起让民众安守本分的作用,并且当今只有宗教会使他们尊重社会秩序。③

在该书最粗俗的章节"自然宗教考察"之中,T 神甫在 C 小姐私密闺房里对她进行了一次世俗布道。当时泰莱丝秘密偷听。他先用手淫给学生醒脑,然后才揭露全部。宗教不过是教士权术。身为教士,他本人知道教士权术的所有把戏,也了解天主教信条特殊的荒谬性。在一系列简短段落中,他一项项加以说明,他的话读来就像自由思想文论手稿中流传了半个世纪的反宗教观点汇编。事实上,许多观点直接来自最重要的文论之一《探讨虔诚宗教信仰起源的宗教考察》,1745 年首次出版。但是,《考察》在攻击基督教方面缺乏唯物主义,它维护某种自然神论的上帝概念,像伏尔

---

① Herbert Dieckmann, *Le Philosophe. Text and Interpretation* (St. Louis, 1948).
② Ibid., p.115.
③ *Thérèse philosophe*, pp.112—113.

泰和英国自由思想者推崇的那种(假冒"从吉尔伯特·伯内特英文翻过来的")概念。《哲人泰莱丝》的作者不屑和这种中庸做法有任何牵扯。因此，从《考察》剽窃资料时，他修正了给非基督教上帝留出太多空间的那些段落。

例如：

《宗教考察》：

> 总之，我知道，上帝无处不在，而且《圣经》为了适应我(在想象上帝方面)的缺点，告诉我上帝在天堂寻找亚当。他喊道："亚当，亚当，你在哪？(ubi es?)"上帝到处寻找，上帝和魔鬼谈论约伯。我的理性告诉我上帝是一种纯精神。

《哲人泰莱丝》：

> 上帝无处不在。不过《圣经》说上帝在天堂寻找亚当："亚当，你在哪？"上帝到处寻找，上帝和魔鬼谈论约伯。①

---

① *Examen de la religion dont on cherche l'éclaircissement de bonne foi. Attribué à M. de St. Evremond. Traduit de l'anglais de Gilbert Burnet* (London, 1761), p.24; *Thérèse philosophe*, p.108. *Thérèse philosophe* 的作者声称"上帝无处不在"时，实则意指上帝不存在，因为该书在其他段落将传播泛神论观点转化成了普通的(包罗万象的)唯物主义(因为无法找到 1745 年版本，本人引用 *Examen* 的 1961 年版本)。在 *Les Supercheries littéraires dévoilées* (Paris, 1847) 一书中一篇评论 *Examen* 的文章里，J.-M. Quérard 把它归属于一位姓 La Serre 的军官名下，并声称它在 1745 年出版之后便被巴黎地方法院判决焚毁。在 *The Clandestine Organization and Diffusion of Philosophic Ideas in France from 1700 to 1750* 一书第 141—163 页，Ira Wade 更全面地评论了 *Examen* 并将其归于 César Cheneau du Marsais 名下。纳沙泰尔出版社 18 世纪 70 至 80 年代仍在销售该书。比较这些版本时，我发现了一个一贯模式。*Thérèse philosophe* 从 *Examen* 的许多部分截取段落，而且时常修改词句使之更精辟，更敌视宗教，所以其总体效果十分不同。例如，*Examen*，p.141 和 *Thérèse philosophe*，p.112；*Examen*，pp.24—27 及 *Thérèse philosophe*，pp.108—110。当然，也有可能是两部作品从当时以哲学手稿形式流传的第三种文本或一系列文本中借用资料。

但是,提及宗教社会功能的段落没动或甚至强化了:

《宗教考察》:

> 人不是被创造出来无所事事的,他必须从事某事并且永远以社会为目的。上帝不但追求某些人的幸福,而且关切所有人的普遍福祉。因此,人们必须自然而然地相互服务,无论他们之间存在什么差别。

《哲人泰莱丝》:

> 人不是被创造出来无所事事的,他必须从事以其个人利益与普遍的善相和谐为目标的某种事。上帝不仅让一些人幸福,还想让所有的人都幸福。因此,我们自己应该力所能及地互相服务,假如这些服务不破坏现存社会的任何部分的话。①

总之,《哲人泰莱丝》依据自由思想观点的普通素材,把基督教当作一种哲学来抨击,并当作一种社会政策来维护。像伏尔泰那样,T 神甫坚持认为反基督教的真理必须限制于少数精英。因为如果普通大众风闻到,他们就会冲动行事。在人们普遍急切满足欲望之时,个人财产或人身不会安全。所以,所有宗教都虚伪,但又都必需。②

然而,这些主张包裹在悖论里出现。在保证不泄密的情况下,T 神甫向 C 小姐吐露了这些看法。不过,通过人人都能买到的一本书的形式,这些看法又传达给读者。那么,读者应该有什么反应呢?他如果接

---

① *Examen de la religion*, p.141; *Thérèse philosophe*, p.112.
② *Thérèse philosophe*, pp.112—113,116.

受神父的观点,就奉承自己属于敢于独立思考的少数精英。他会享受看见秘密被揭露的震颤,所以他的自负感会随着性欲膨胀。暴露教士权术和暴露性行为属同一策略:怂恿理性的观淫。但是,这种暴露发生在书中,而非闺房之内。况且,书总会落入不适当的人手中。

《哲人泰莱丝》的作者很可能瞄向沙龙深谙世故人士的小群体。当然,他不能预知他的书出版 25 年后会成为畅销书,并会使泰莱丝的哲学脱离启蒙运动的轨道。但是,出轨失控的可能性原本蕴含在其文本中。如果说文学批评论证出近代任何倾向性的话,那就是文本的自我削弱并且突破自我约束的倾向,《哲人泰莱丝》正是如此。它鼓吹尊重所有现行制度,却又责难太多。T 神甫教训泰莱丝要懂得维护"家庭安宁"的必要性、"神圣的婚姻纽带",以及"教导我们像爱自己那样爱世人的自然法则"。① 他告诫 C 小姐,人有必要把自己限制于"那些不会扰乱现存社会内部秩序的享乐行为"。② 伯爵重复了同样的主题。③ 况且,在这本书的最后一句话里,泰莱丝宣称:"最后,国王、王子、行政官们,按其地位为国家需要服务,应该受到热爱和尊重,因为他们每一个人都以自己的行动对全体人的利益做出贡献。"④这番话的意旨再清楚不过了,但是它暗含一股将这个观点带入危险水域的潜流。

简单说,对在社会底层掂量快乐与痛苦的人来说,享乐主义考量的作用可能会迥然不同。如果证明现存秩序正当的唯一理由是最大限度的幸福,而他或她却生活痛苦,农民、工人,甚至工匠和小店主为什么要遵守现存秩序呢? 通过把享乐主义引向上流读者,把宗教留给其他人,

---

① *Thérèse philosophe*, pp.85—86.
② Ibid., p.94.
③ Ibid., p.175:"人们为在这个世界里幸福生活而应该信奉的第一个原则是做绅士并顺应社会法则,这些准则像纽带一样把我们的相互需要连在了一起。"
④ Ibid., p.190.

《哲人泰莱丝》敏捷地处理了这个难题。但是,到1770年,这其他人的行列已经壮大了。其中很多人能阅读。① 况且,那些听觉灵敏的人会偶然听到1776年《美国独立宣言》对全世界发出的妙语:"追求幸福。"泰莱丝和托马斯-杰弗逊——一对奇特的伙伴,但同样是革命者,各具风格特点而已。

泰莱丝的风格通过卧室表现。它涉及两性之间的战争,而非其他类冲突。而且,对于旧制度的读者而言,它的性尺度可能是其所传达意旨的最令人不安的方面。我一直在说"读者,他"这个词,不仅为了行文方便,还因为现代早期欧洲各地性书籍似乎可能都是男人为男人写的。② 无论《哲人泰莱丝》是否真的出自阿尔让侯爵之手,它大概针对雄性动物。通过让泰莱丝扮演叙述人的角色和从被认为是女性的角度表现性行为——一种同阿日提诺一样古老的手段——这本书仅仅增强了色情刺激。泰莱丝的性描述因此就应该被斥为不过是男人利用女人的另一个文学版本吗?就像热衷于女权主义的评论家们会申明的那样?③ 我认为不应该。

当然,在一部女权主义尚未出现时写出的小说中读出女权主义是错

---

① 关于重新思考文化程度问题以及向上调整对旧的上层文化程度的估计——至少对法国城市而言——的重要性,见 Daniel Roche, *Le Peuple de Paris. Essai sur la culture populaire au XVIIIe siècle* (Paris, 1981), chap. 7 以及 Roger Chartier, "Du Livre au lire", in Chartier, ed., *Pratiques de la lecture* (Paris, 1985)。

② 我们对18世纪法国色情书的读者所知甚少。纳沙泰尔出版社通信显示,这类书吸引驻军城市的军官们,仅此而已。图像证据暗示女人为了刺激性欲也读这类书。但是,图像是否与实际情况相符,或者本身就是男性幻想的结果呢?见 Eric Schön. *Der Verlust der Sinnlichkeit oder die Verwandlungen des Lesers. Mentalitätswandel um 1800* (Stuttgart, 1987), pp. 91—93; Goulemot, *Ces Livres qu'on ne lit que d'une main*, pp. 43—47。

③ 见 Catharine A. Mackinnon, *Feminism Unmodified. Discourses on Life and Law* (Cambridge, Mass., 1987), part III。

误地混淆时代。况且，必须承认，假使《哲人泰莱丝》是为女人权利争辩，大部分争辩行动是男人完成的。泰莱丝在书的结尾发出自己的声音，但是在书中大部分她被降低到旁听者的角色。她被动地坐在那儿，接受T神甫和伯爵的训导。在现代人听来，这两人都惹人厌烦：他们喋喋不休地谈论液体和纤维，就像是无所不通的男老师。但是，18世纪的耳朵可能会听出不同信息。

我们来思考一下爱情问题。除了作为一个意义与爱情毫不搭界的复合名词(amour-propre，意为自我中心)的一部分之外，爱情一词在《哲人泰莱丝》书中几乎从未出现过。情节中驱动人物的唯一爱是自身利益，甚至——尤其是——他们拥抱在一起时。男女像机器一样交合。爱对他们而言是表皮层兴奋、液体奔涌、小粒子急速通过纤维体，再无其他。甚至当泰莱丝凝视伯爵的眼睛时，她仅仅感觉到"器官"的吸引。[①] 无休止的男女关系的机械性描述把他们简约成运动的物质。而且，在这样一个世界，所有的躯体极度平等，无论贵族或者平民，男人或者女人。

浪漫爱情在那个世界里是不可想象的。这种爱尚未被卢梭发明。当然，《新爱洛伊丝》(1762)没出版前，男女也感受到相互爱慕之情。他们情感生活中的主要问题与人口统计而不是文学作品有关系。四分之一的新生婴儿活不到1岁生日；许多妇女生产时丧命，使得寿命平均仅15年，而且是在绝无离婚可能性的情况下。[②] 对18世纪的女人而言，怀孕代表一种致命危险。C小姐和泰莱丝十分恐惧怀孕，乃至放弃了性交。她们坚决认为冒这样的风险不值得——这是一个合理的考虑，根据人口统计数字。布瓦-劳丽儿太太从漫长的娼妓生涯中活了下来，仅仅

[①] "这就是同情心的作用：好像一个人用另一人的器官进行思考。"*Thérèse philosophe*, p.169。

[②] 这些数字仅仅提供了一个复杂人口统计模式的粗略概念。见Jacques Dupâquier与他人合著的 *Histoire de la population française* (Paris, 1988)，II，特别是第8至10章。

因为她阴道内的膜状赘生物防止了她受孕(还有允许她不断把自己当作处女推销的附加好处)。受孕的危险支持了这本书对手淫的强调,是从手淫到"间断性交"情节发展的基础。伯爵在叙述的最高潮点成功地退出泰莱丝身体时,他依据 T 神甫给 C 小姐布讲的关于"间断性交"基本福音知识行事。《哲人泰莱丝》不仅仅是一本性书和一部哲学小册子,它还是一篇关于避孕的专论。它甚至可能对法国人口统计数字的特殊格局有某种影响。①

诚然,"间断性交"使女人受于男人的自我约束和支配。在《哲人泰莱丝》书中,伯爵成功地施行"间断性交"时,他被描绘成一位征服英雄。虽属情愿,泰莱丝自己主动接受摆布和诱惑。她也许会被当作这本书无处不在观淫行为的终极目标——即性行为对象。但是,她最后成为故事的真正主人公。她与爱拉蒂丝不同。爱拉蒂丝接受狄拉格神父要她被动地服从指令——"忘记你自己,让自己尽情尽兴"。② 泰莱丝却掌控自己的生活并且按照自己的想法活着,自主行事。

应该承认,条件是由伯爵定的。在情节的关键转折点,他建议泰莱丝和他一起住进城堡——仅仅作为他出资包养的情妇。尽管如此,他提建议的方式不是暗示他要买断她,而是表明他正在阐释享乐考量的利弊,这表述了这本书的主要观点。文学史上,从来没有一位情人如此毫无感情地表明心迹。没有玫瑰,没有情诗,没有跪在女士的脚下。伯爵甚至没有亲吻一下。反而,他"十分简洁地"提出了合同条件后,就转身

---

① 人口统计学者如果偶遇此观点或许会一笑置之。然而,他们还在探索,试图解释为什么法国大规模地早实行计划生育,以避免人口进入"过渡"(死亡率低和生育率高)的时期,并防止像大多数欧洲国家那样进入人口猛增阶段。这一时期的其他法语色情书也描写"间断性交",有些读起来像指导手册。例如见 Le Triomphe des religieuses ou les nones babillardes(1748),reprint in L'Enfer de la Bibliothèque Nationale, V, pp.223—226。

② Thérèse philosophe, p.58.与之对照,泰莱斯竭力摆脱了一位企图强奸她的有钱企业家,见第 125 页。

第三章 富于哲理的色情文学

离去。不过,离开前,他发表了一番实用主义说教:

> 为了获得幸福,一个人应该抓住自己特有的欢乐,适合个人独具的情感的那种欢乐。这样做时,一个人必须预测欢乐享受所产生的有利及不利结果,注意考虑利弊,不仅从自身出发还要联系公共利益。①

这位罗密欧绝非利他主义者。他解释说,通过让泰莱丝快乐,他自己将会得到快乐;况且他还以2 000里弗划出界线,没有婚姻。泰莱丝自己打算时,也表现出精明实际的现实社会意识:

> 每当我想象能对像你这样思考的男人的快乐出点儿力,我就感到一种不可名状的欢乐。……但是我们的分歧太大了,太难消除!一个被包养女人的社会地位,我一直认为带有某种耻辱,让我十分害怕。我也怕怀孩子:我母亲和C小姐生孩子时几乎丧命。②

她接受了城堡和2 000里弗,但加上了她自己的补充条件:相互手淫可以,性交不行。伯爵书房里让人耳目一新的性课程之后,尽管她改变了主意,但仍是她自己做出决定。她把自己的独立性坚持到最后。即便她是男人幻想的产物,泰莱丝仍然要求得到女人追求自身快乐及支配自己身体的权利。

因此,无论作者是谁,《哲人泰莱丝》可以读作是对旧制度公认价值

---

① Thérèse philosophe, p.175.
② Ibid., p.176.

的一个挑战——某些方面而言,一种更激进的挑战,超过了19世纪大部分法国女权主义运动;该运动没能给妇女争取到选举权(她们直到1944年才获得选举权),或者使她们摆脱丈夫对她们财产及人身的控制。① 诚然,泰莱丝的妇女问题解决办法不很真实。没有或极少有无依无靠的姑娘会面临有权选择一座城堡。但是,泰莱丝的选择也有某种让人不安的东西,因为她拒绝做妻子和母亲。书中其他被正面描写的女人——C小姐和布瓦-劳丽儿太太——也是这样。她们构成一个可怕的三人组合:三位自由并且思想自由的淫逸女人。这种独立好色的女性对18世纪法国的社会秩序产生巨大的威胁。这类女人现实中存在,她们是沙龙母狮子,如唐森夫人和德·莱斯皮纳思小姐,到处去卖弄风骚,并且像狄德罗的《达朗贝尔之梦》那样挑起放肆的思想实验。《哲人泰莱丝》也是一种思想实验,它以一种想象的天平权衡婚姻和母亲身份的习俗,让它们服从享乐主义考量,并且发现它们没什么价值。

历史学家推测过去制度的影响力时,极少允许幻想。然而,18世纪法国人经常摆弄难以回答的问题。他们问:一个无神论者的社会能长久存在吗?一个自由女人的社会又会怎样呢?《哲人泰莱丝》给他们提供了一个机会来想象两种危险合成的单一幻想:一位自由爱恋、自由思想的"哲人"。该书是文学想象的非凡功绩,它引领读者走出法律范围进入一个易变的地带,在那里摆弄一个不同社会秩序的各种定义。在《波斯人信札》和《社会契约论》中,孟德斯鸠和卢梭做了同样的事。的确,所有的"哲学"书都具有这样的无限机械实验空间,尤其是《2440年》。这部书我们现在马上要讨论。但是,《哲人泰莱丝》是旧制度时期自由思想方面最无顾忌的幻想,自由挥洒主题超过了任何一本"哲学"书。

---

① 见 Steven Hause and Anne Kenney, *Women's Suffrage and Social Politics in the French Third Republic* (Princeton, 1984)。

第四章　乌托邦幻想

路易-塞巴斯蒂安·梅西耶《2440年》的主要特征是思想实验。不过,这本书与《哲人泰莱丝》有天壤之别。《哲人泰莱丝》轻浮放肆,《2440年》却沉重且夸张;前者惊世骇俗,后者教化道德。梅西耶不是嘲讽读者的幻想,而是用辞辩浪潮主导它。他始终尽力追求情感效应,从不显露丝毫幽默感。这和现代欣赏口味格格不入,但大革命前法国的读者却喜欢。《2440年》是纳沙泰尔出版社书目上的顶级畅销书,至少发行了25版。如果想了解什么作品吸引如此不同于我们自己的读者群,这是一部关键著作。

《哲人泰莱丝》第一次出版23年后的1771年,《2440年》首版问世。这些年当中发生了很多事,包括一次重大国际冲突,即1763年以法国耻辱地失败而告终的七年战争;以及一次重大政治危机,即舒瓦瑟尔内阁垮台,进而导致高等法院在1771年遭到摧毁。这正是启蒙运动的最重要作品出现的时期,还是卢梭使启蒙运动超出了在前半个世纪它附属的世故人圈子。

梅西耶为沉浸于卢梭主义的人们而著述。当然,1771年之后,法国文学作品中也继续流行其他思潮。许多思潮出现于梅西耶本人的著作,这些作品频繁谈到狄德罗的剧作艺术和伏尔泰的抗议司法不公运动。但是,卢梭提供了主要参照点。不仅是因为他释放出可以称之为"前浪漫主义"的情感浪潮,更因为他营造出了作者与读者之间的新关系和读者至文本的新导向。他抛弃了像《哲人泰莱丝》这样的作品用来吸引读者的那些有效手法:狡猾的隐喻、暗藏的含义、滑稽的模仿、双关语,即

路易-塞巴斯蒂安·梅西耶,1779年版《2440年》卷首插画

伏尔泰加以完善的各种手法。卢梭用自己的声音替代机智语言和文字游戏,直接对读者讲话,就好像印刷文字会将只可意会的情感在心灵之间传播。卢梭之前,尽管其他作者也曾呼吁过从意识到心灵,但是,从未有人如此令人惊叹地成功创造出这样的关联感觉并保持了直接面对情感充沛心灵的幻觉。卢梭好像消除了文学,创造了生命。他的许多读者把《新爱洛伊丝》里的人物看成现实活生生的人,这些人按照该书的训导生活,或者尝试生活。当然,卢梭实际上在读者成熟接受宗教复兴的时候,吸收宗教语言,用一种文体替代另一种文体。但是,这样做的过程中,他将文学变成民主力量,并且打开了一条通往民主政治文化的道路。①

坚持卢梭的独创性而不是其情感性,这一点很重要,因为太多当时的情感今天听起来不真实。甜蜜的眼泪和激情是18世纪晚期和19世纪小说司空见惯的特征,现代读者通常不能接受。不过,1771年,梅西耶采用卢梭倡导的文体风格时,这些特征仍然新鲜。梅西耶属于不断扩大的"卢梭派支系"群体,即多愁善感的雇佣作家或"贫贱的卢梭"。诚然,他没像他的朋友尼古拉-艾德梅·雷蒂夫·德·拉·布雷东那样生活困窘,"贫贱的卢梭"(Rousseau du ruisseau)一语就是为布雷东杜撰的。尽管梅西耶出身寒门——他的父亲是打磨佩剑和金属武器的技工——他受过良好的教育并且靠大量撰写剧本、书、小册子过着体面的

---

① 该解释基于1762年 La Nouvelle Héloïse 发表后卢梭收到的史无前例潮水般的大量读者来信:见本人 The Great Cat Massacre and Other Episodes in French Cultural History (New York, 1984),第6章以及 Claude Labrosse, Lire au XVIIIe siècle. La Nouvelle Héloïse et ses lecteurs (Lyon, 1985)。这观点还依据对卢梭论文化作品的解读,特别是 Lettre à d'Alembert sur les spectacles。至于更全面的阐述,见 Ernest Cassirer、Jean Starobinski、Robert Darnton, Drei Vorschläge Rousseau zu Lesen (Frankfurt-am-Main),第3章以及 Darnton, "The Literary Revolution of 1789", Studies in Eighteenth-Century Culture, vol.21(1991), pp.3—26。

生活。他把一本书的章节加工成另一本书,把文章拉长变成多卷本的小册子,因此著述颇丰。他的主要作品《2440年》《巴黎图景》以及《我的睡帽》也因此具有无定型的特点。这些作品由广泛涉及各类题材的短章节构成,梅西耶将这些章节胡乱拼凑到一起,毫不顾及叙述的连贯性。一本书一旦流行,他就将它扩展,删减添补;另外他一版接一版发表时,还要竭力避免剽窃盗版之嫌。这样的成果尽管从来格调不高,却往往有吸引读者之处。因为梅西耶懂得如何观察周围世界,怎样使其在轶事文章中生动逼真。假如有想要了解法国大革命前夜的巴黎看起来怎样、听起来如何、味道怎样、感觉怎样,没有比梅西耶更好的作家可供咨询了。①

显然,《2440年》描绘了一个完全不同的世界——一个梅西耶放置于遥远将来的幻想。情节本身简单。开始,叙述者和一位具有哲人风度的朋友进行了异常热烈的讨论,这位朋友抨击了1771年巴黎的种种不公平现象。随后,叙述者(无名姓,但显然是梅西耶自己的化身)睡着了,醒来后发现自己在未来的巴黎。长长的胡子和衰弱的身体让他感觉自己已经上了年纪。他脚步蹒跚地在街上走,发现了一张标有日期——2440年——的广告画,此时他才悟出自己的年纪多大了:整整700岁。一群好奇但友善的人围住了他,十分惊奇他那陌生的外表。后来,一位彬彬有礼的古董商改变了局面,还主动给这位陌生人在城里领路。该书的其余部分是叙述者描绘他们的游历。叙述一地方一地方地进行,不按照任何特殊的行程计划,这样做使梅西耶可以插入新章节,以后的版本

---

① 有关 Mercier 大革命前生涯的最全面论述仍属 Léon Béclard, *Mercier, sa vie, son oeuvre, son temps d'après des documents inédits. Avant la Révolution* (1740—1789) (Paris, 1903)。关于 *L'An 2440* 的出版历史,见 Everett C. Wilkie, Jr.的杰出研究文章 "Mercier's *L'An* 2440: Its Publishing History During the Author's Lifetime", *Harvard Library Bulletin*, vol.32(1984), pp.5—31, 348—400。

第四章 乌托邦幻想

《2440 年》讲述者发现自己年龄 700 岁

还可以无限度地扩展。游历结束时,叙述者再次醒来,这一次他回到现在,该书随之终止。①

早已习惯于未来主义幻想和利波·万·文克尔效应的当今读者会觉得整个故事处理得太过笨拙。但是,18 世纪的读者却觉得这个故事有不可抗拒的吸引力。他们从没见过科幻小说,更没想象过未来的乌托邦。依据某些难以想象的旅行经历或者奢华的失事沉船,柏拉图、托马斯·摩尔、弗朗西斯·培根以及所有其他乌托邦设计师们曾想象过坐落于遥远的空间与地球隔绝的社会形态。② 那些世界遥不可及,但梅西耶却让他的世界看起来必然存在。因为他把这个世界描绘成一个已经进行的历史进程的结果,并且地点是巴黎。因此,尽管具有自我标榜的幻想特征——其副标题称:"一个梦想,假使梦想不虚。"——《2440 年》需要作为一部严肃的未来旅行指南来阅读。它提出了一个让人惊讶的新视点:视未来为既成事实,视当前为遥远的过去。谁能抵御参与这样的思想实验的诱惑呢?一旦置身其中,又有谁会看不到这本书暴露在他面前的社会——18 世纪巴黎——腐败呢?

为了强化这种效果,梅西耶采用了三种基本技法:具体描述,让他的未来幻想读起来像报告文学;详尽脚注,创造两种声音之间的对话,正文中叙述者从未来角度发言,注释中评论者从现时立场讲话;卢梭式文

---

① 如 Wilkie 在 "Mercier's *L'An 2440*" 所论证的那样,该文本梅西耶出版了 4 种主要版本:1771 年一卷本第一版,1774 年轻微修订版,1786 年三卷本的扩展版,1799 年(原七年版)三卷本附长篇序言版。本人研究比较了 1771、1775(1774 年修订本再版)、1786 和 1799(原七年)版本。为方便起见,本人将引用 1786 年版,该版存有 Slatkine 的重印本,附 Raymond Trousson 的有益的序言:*L'An deux mille quatre cent quarante suivi de L'Homme de fer* (Geneva, 1979),此后引为 *L'An 2440*。不过,我仅仅引用出自 1771 年版的没有更改过的段落,它们是大多数读者接触的基本文体。

② 大量最有启发性的论乌托邦主义文学作品中有两部详细讨论了《2440 年》:Bronislaw Baczko, *Lumières de l'utopie* (Paris, 1978) 和 Frank E.and Fritzie P. Manuel, *Utopian Thought in the Western World* (Cambridge, Mass., 1979)。

体风格,给作者和读者分派角色,创造出一个对抗旧制度的共同阵线。

第一种技法最有效,因为它使梅西耶的新闻写作才能发挥得淋漓尽致。他记录了吸引 700 岁叙述者目光的每件事,并配上睿智向导的不断评论。首先,他们驻足一家男士服装用品店,以便给叙述者换上 2440 年风格的行头,这样他看上去不很离奇并感觉更舒服些。未来的巴黎人衣着宽松实用,不限制身体行动:扎绑腿,内穿轻便贴身汗衫,外罩宽袍,腰系饰带,脚穿实用鞋子行走便捷,头戴折叠沿儿便帽遮阳挡雨。当然,他们不系佩剑,那是"旧哥特骑士偏见"的标志;[1]他们的头发在脑后结成简单的辫子,而不是在头上堆起,以不自然的 18 世纪城里人样式粘紧。叙述者承认,他处的那个时代,服装抑制身体:领巾让人窒息,马甲"禁锢"胸部,吊带袜子阻滞腿部血液循环。

描述以这种风格进行,利用日常生活的简单细节构成对旧制度统治下生活的总控诉。巴黎干净整齐,叙述者几乎都不认识了。四轮运货马车沿道路右手一侧缓慢行驶并且礼貌地停车给行人让路,因为行人一贯享有先行权。几乎每个人,甚至国王,都步行。尽管有些四轮客乘马车,但与 18 世纪时那些在百姓群众中横冲直撞、草菅人命的镀金马车毫无共通之处。这些客乘马车专门留给从事某些特殊慈善服务的上年纪公民使用。这些受崇拜的人物和一些由同行提名、国王认可的优秀工匠组成了仅有的真正国家贵族。国王给他们颁发锦缎装饰的帽子,这种帽子赋予他们在任何地方的免费入场权和直接进入皇室议会的权利。锦缎装饰的帽子是仅有的级别标志,因为每个人穿着同式样的罩衫,住同一类房屋——结构朴素,高度相同,室内家具简单,而且屋顶都有花园。花园满目葱翠,以至从天空俯瞰,巴黎就像一座森林。巴黎人通过完善城市生活回归自然。

---

[1] *L'An 2440*, I, p.17.

巴黎人首先整顿了公共空间。他们在一个宽阔的广场庆祝公民节日,广场四周耸立着一系列标志性建筑:一座为艺术家们建造的新宫殿加入了卢浮宫和杜伊勒里宫的行列,新的司法圣殿取代了旧高等法院,还有一座经过改造的市政厅,塞纳河下游方向岸边一座仁爱祠屹立于巴士底狱原址,而一座疫苗接种医院取代了邪恶有害的王宫医院。由于预防医学发展,极少有人生病。如果有人生病,20所配备敬业医生的公共医院提供个人病房和良好医疗服务。极度贫穷已经消除。因此总医院(贫民院)不复存在。所有的监狱也消失了,因为犯罪已不再是严重的问题。如果某公民过失伤害别人性命,他要被强制认罪并且向因为社会契约受到损害而哭泣的同胞忏悔,然后上议院议长指挥下的行刑队对他执行枪决。

巴黎大学神学院仍然坐落在拉丁区,但已经变成预防医学研究的解剖示范馆。在整个教育体制中,应用科学和公民学取代了形而上学和神学。由于根据卢梭《爱弥儿》的原则,很小的时候就受到训练,孩子们学习进步相当快,所以小学时就把《百科全书》作为初级识字课本。他们还吸收了卢梭式上帝崇拜。因为天主教的垮台,教堂和修道院不再搅扰城市风景。因此,巴黎现在是虔诚的。叙述者参观了一座新圣殿,很赞赏其朴素无华。墙壁上除了以多种语言刻写的"上帝"字样之外,没有其他装饰,装玻璃的穹顶提醒教众未知世界中有造物主。教皇地位等同于罗马市级主教,他最近刚发表了《人类理性问答》一文。神父由具有哲学思想的牧师和世俗"圣者"取代,这些人以公民品德的崇高功绩——例如,清扫厕所和火灾中救人——启发对祖国的热爱。剧院也成为"道德教育学校"。当叙述人在该城的主要广场上政府建设的四座剧院之一度过夜晚时,他碰见领着一群孩子的牧师。为了提高公民觉悟,他们来观看双场剧:一场关于卡拉斯事件(一个震惊了伏尔泰的对新教徒的司法谋杀)的悲剧和一场歌颂亨利四世(战胜天主教联盟后,这位

第四章 乌托邦幻想

人民的国王享受盛宴并亲自收拾桌子)的喜剧。①

现代读者很可能对许多这样的描写感到惊奇。我们想象未来时,让它充满了技术奇迹。但梅西耶的想象里丝毫没有——无激光枪、无太空机器、无带时间校正功能的电视、无任何一类星系间的机关。他的乌托邦范畴是道德精神。他的文体风格意图激发道德义愤。不过,他没有太多使用那些企图在读者心中煽动起强烈情感的小说家所青睐的手段。《2440年》仅仅带领读者观光未来的巴黎,因此它没有可以引起读者感情共鸣的情节和读者可以认同为自己的人物。于是,小说采用了一种今天似乎不可理解的路数:通过奇异的描写抓住读者的注意力后,利用脚注进行道德说教。

《2440年》注释量相当大,经常超过正文,书中有些页正文仅一两行。读者要在每页上部的正文和下部的注释之间往来穿梭。如此一来,读者便要转换时间状态,因为正文以2440年为背景,而注释的背景是18世纪。同一叙述声音——一个明显代表匿名作者的身份不明的"我"——两方面发挥作用(该书被认定属危险作品,因此梅西耶直到1791年版时才在前言署名)。但是,声音随地点转换而高低变化。正文中,叙述者面对未来的奇迹既茫然又谦卑。他全神贯注地聆听向导给他演讲2440年法国社会的优越性。注释中,"我"对读者倾泻哀怨,谴责读者所处世界的种种弊病,蔑视旧制度的各种权威。

例如,第8章中,向导告诉叙述者巴黎不再有监狱或贫民院,他还对这些18世纪的弊端提出了一种卢梭式追溯性解释:"奢侈,像一种腐蚀酸,让你们国家所有最健康的部分产生坏疽,因此,你们的政治机体遍布痈疽。"然后,在这段的一个脚注中,引语的作者用几乎占两页篇幅的雄辩演说向读者大发议论。在某一点上,他直接抨击法国法院的现职法

---

① 按出现顺序,引文出自 *L'An 2440*, III, p.97; I, p.133; I, p.273。

官:"哦,残酷的法官们!铁石心肠的人们,不配拥有人这个名称的人们,你们对人类的伤害超过了他们(被监禁的罪犯)本身!你们比强盗还残暴。"①

脚注显示出梅西耶幻想未来的主要倾向:消极否定。他描绘的社会没有修士,没有神父,没有娼妓,没有乞丐,没有舞蹈教师,没有面点厨师,没有常备军(所有国家接受一种永久和平安排),没有奴隶,没有任意拘捕,不纳税,无赊欠(人人现金付账),没有行会,无外贸(每个国家基本是农业国并且自给自足),无咖啡、茶或者烟草(根据叙述者的说法,鼻烟会损害记忆力)。否定词的积聚构成对旧制度的大规模控诉,但它没构成一种新社会的蓝图。实际上,梅西耶仅仅幻想消除了弊病的他那个时代的法国。《2440年》和1781年首次出版的梅西耶的另一部畅销书《巴黎图景》基本上没区别。前者浏览未来的巴黎,后者观赏现在的巴黎。两部作品相辅相成,提供了同一主题正反两方面的生动描写。但是,否定程度之强,以至两本书事实上表现了事物的同一面。

例如,《2440年》中的《王子身份的小旅店老板》一章第一眼看上去好像描绘了一个完全新型的平等社会。王子不过奢侈豪华的生活,却经营对游人和穷人开放的旅店。不过,他还住在大门之上刻着他的盾形纹章的宫殿里——而且穷人依然存在。尽管梅西耶消除了贫富极端,但是他不能想象一个没有上层贵族和底层贫民的社会。

他也不能想象经济和人口发展。700年时间,法国的人口仅增长了50%,然而,增长仅代表了巴黎和外省之间人口比例的调整:首都人口不变,而乡村人口增长。梅西耶的乡村繁荣幻想符合当时视农业作为所有财富之源的普遍观念,但是这个幻想本身缺乏理论元素。梅西耶不接受重农主义者的自由贸易农业经济,相反,他警告说在经济学中应该相信

---

① *L'An 2440*, I, p.51.

内心感觉而不是头脑:"这是一个让幸福服从理性的不幸世纪。"①他考虑利用国家粮仓保护穷人不受因灾害歉收的损害,但是他不要自由商业,不要广泛的制造业,甚至不要银行或者信用机构。至于他重新设计安排的社会关系,他最重要的创新今天看来似乎进步性最差。像卢梭一样,他让妇女脱离工作场所,回归家庭,把她们严格限制于母亲和家庭主妇的角色;她们不能参与政治或任何形式的公众生活;礼拜上帝时,她们甚至不能和男人坐在一起。

就其全部卢梭主义性质而言,梅西耶的乌托邦始终根植于旧制度治下的社会。因此,他的梦想频频陷入矛盾。在某一页上,他取消了贫穷和贵族;而在另一页上,他又描写关心穷人的有钱贵族。在某一段落里,宫廷消失了;在另一段中,大臣们又环侍在国王左右。书的开始,国王仅行使象征性的权利;书结尾时,国王又似乎为全社会制定法律。梅西耶随着幻想走,不担心自相矛盾。这正是他幻想的有趣之处:自相矛盾展示了1789年前幻想究竟能夸张到何等程度。当然,较严肃的思想家——摩莱里、马布利、霍尔巴赫以及卢梭——喜欢大量的大胆推测。他们思想中的乌托邦色彩有时渐变成社会主义——但仅仅是抽象意义上的。梅西耶的乌托邦读起来好像梦想成真。他引导读者走进未来社会。一俟开动,在服装、房屋以及道路交通构成的日常生活中,叙述便不停碰到那个能够想象的世界的外边界,这样一来,叙述也展现了旧制度统治下社会想象的局限性。

不过,梅西耶后来宣称曾预言法国大革命的到来:"我敢说,从未有一项预言这样接近实际,也从未有人更详细地描述过一系列惊人变革。因此,我是法国大革命的真正预言家。"②在《2440年》一个戏剧性章节

---

① *L'An 2440*, I, p.190. Mercier对重农主义者的讥讽出现在第192—194页的庞大脚注。
② Mercier, *L'An 2440*,1799年版(原七年版)序言,第ii页。

里,梅西耶好像的确闪过某种革命动乱的念头。回顾18世纪政治史时,向导对叙述者解释说君主制必然堕落成专制,但是:

> 只要有人大声一呼就能从沉睡中唤醒民众。如果压迫雷霆般让你吓破了胆,你只能怪你自己软弱。自由和幸福属于知道怎样获得的那些人。这个世界上革命就是一切:所有革命中最伟大的一次成熟了,我们正在收获它的果实。

在这段的脚注里,梅西耶清楚地说明他在谈论一次暴力动荡:

> ……对有些国家而言,存在着一个不可避免的阶段——一个血腥恐怖的阶段,尽管该阶段宣称自由即将来临。我指的是内战……这是一种恐怖的疗法!但是,对长期沉睡的国家及其居民,这是必要的。①

不过,两页之后,血腥和雷霆消失了,并且叙述者解释说革命实际上由甜蜜和光明构成:"你相信不相信?依靠伟人的英雄行为,革命相当容易发生。"②一位"哲人-国王"主动向王国年高德劭的社会阶层交出权力,并同意今后作为名义首脑统治。他还摧毁了巴士底狱,并摧毁了通过逮捕密札进行的所有逮捕行为。③ 就天主教而言,"它的权力来自公众舆论,舆论变了,整个教会也随之灰飞烟灭"④。旧制度的整个权力结构由于其自身重负而垮台,国王和舆论压力仅仅起了轻微的助推作用,

---

① *L'An 2440*, II, pp.110—112.
② Ibid., II, p.115.
③ Ibid., I, p.43.
④ Ibid., I, p.129.

第四章 乌托邦幻想

而这两者受历史上最强大的动力——利用文字出版发挥作用的文人——驱动。

尽管措辞激进,梅西耶的文本实际上激荡着君主主义者感情——当然,不是路易十四那一类,而是在很大程度上受亨利四世神话启发的民粹平等君主主义。2440 年的巴黎到处颂扬亨利四世既是人民的一员又是人民的父亲。新大桥重新命名为亨利四世大桥,舞台上的亨利四世受到鼓掌欢迎,而且现时的国王作为"亨利四世第二"受到崇拜:

> 他具有同样伟大的灵魂,(内心)同样刚毅果敢,作风同样高尚朴素。但他更幸运。他在公共场合路径留下的足迹是神圣的,受到所有的人敬仰。没人敢在那儿争吵,出点小乱子都会让人脸红。人们说:"假如国王从这儿走过。"我想,单单这样警告就会制止一场内战。①

对照这样的正面形象,梅西耶暴露出其反面:国王作为暴君,或路易十四。受阿谀之徒的包围,沉溺于奢侈,路易十四成为君主制苛政的缩影,代表了法国历史上的最低点。他不接触臣民,让臣民倾家荡产养活自己。② 从 2440 年的角度看,君主制堕落成为专制过程的最重要象征非凡尔赛莫属。在最后一章,叙述者进行了一次巴黎至凡尔赛之旅。但是,他没发现历史遗迹,却看到了一个破壁残垣的荒凉景象。宫殿废墟野草丛生,蛇虫出没,已经被人们遗忘了,只有一位老人坐在一根倒塌的柱子上感伤落泪。他原来是路易十四转世化身,被判罚到他的罪恶之地

---

① *L'An 2440*, I, pp.29—30.
② Mercier 将对路易十四的批评分散于原文各处,并在 1786 年版中集中为一个新章节《路易十四》。*L'An 2440*, I, pp.254—259.

赎罪。不过，还没等叙述者问明白宫殿倾废的原因，他就遭到蛇咬，从梦中醒来。

尽管读起来好像模仿爱德华·杨格的《夜思》，①这个场景给梅西耶提供了一个以戏剧性口吻结束该书的方式，并且给予他最鄙视的旧制度政治最后一击。然而，他从未这样挑战过君主制的合法性。正相反，他追随孟德斯鸠，对照没落成为无政府的民主制以及产生奴隶制的专制主义，颂扬有限君主制是最佳政体形。② 不过，君主制堕落成为专制，"犹如江河入海"。③ 而且，孟德斯鸠还指出，专制主义是长时期建立起来的权力体制，不是暴君统治的短暂阶段。因此，梅西耶修辞言语的最终目标是专制制度本身，不是路易十四或者其他任何个人。

根据正文，2440年公民不纳税，自愿捐献，而且王国官员队伍精干，生活像爱国修士，没有任何薪水或者财产。脚注明确指出，与此相比，18世纪法国的部长们为了彰显他们堕落的奢侈享乐趣味，榨干了人民的血汗。④ 所在，在1771年危害君主制的真正病患，按照当时法国人的说法是"内阁专制主义"——那就即以国王的名义剥削人民的那些高官滥用权力。在其最激愤的脚注之中，梅西耶痛斥这种专制主义并且想象

---

① Mercier 经常表达对 Young 的推崇，他还在 *L'An 2440* 第29和30章之间加上"Eclipse de la lune"一文，尽管该文和叙述毫无关系。这篇文章描写了 Young 兴趣爱好中的那一番感伤情怀, *L'An 2440* I, p.229.

② Ibid., II, pp.94—95. 这章 "Throne Room" 的文体所有版本相同，但 Mercier 在以后的版本里增添了两个长注，清楚地表现了孟德斯鸠对他的影响作用。对照1771年版，本人大致认为1786年版表现出了对孟德斯鸠的更全面理解；而且由于包含了大量新资料，该版本在某种程度上弱化了第一版的激进主题。然而，该书所有版本的寓意启示基本相同。

③ Ibid., II, p.105. 除一些微小且重要的改动之外，关键一章"政府结构"所有版本相同。Mercier 在1771年版本中写道，"王权不复存在"。但是，卢梭式的公共意志和过往的基本象征性权力所有版本相同。后来的版本包括了一些新注释，但这些注释未增加梅西耶攻讦专制主义的力度，这种力度清晰地凸显于第一版文本和脚注中。

④ Ibid., II, pp.193—194.

第四章 乌托邦幻想

出解决对策。一位大胆的"哲学家"在国王政务会议进行时大步闯入,对国王大声呼吁说:

> 不要相信这些被人误导的顾问们。你被你家族的敌人包围着。你的安全和崇高地位的根基不是你的专制权力而是人民的爱。如果人民遭受苦难,他们会强烈地盼望革命,而且他们会推翻你的王位或者你的孩子们的王权。人民不朽,而你将消失。王权尊严所依赖的是父亲般的爱,并非无限的权利。①

梅西耶没指名道姓,但是幻想的沃尔特·米蒂暗示他想象自己发挥祖国拯救者的作用,而且他所痛斥的政府就在他面前——莫普内阁,其政敌认为当时该内阁通过取消司法独立正在把君主制变为专制。当然,梅西耶对高等法院(王国各个司法区最高法庭)也有一些严厉的抨击。② 但是,如果把他的乌托邦幻想说成反政府宣传而弃之不理,那就错了。该书大部分写于莫普取消最高法院之前的1768至1770年。但是,梅西耶也许在1770年末或者1771年初就加上了他的最愤怒的脚注,当时莫普"革命"已经进行。梅西耶后来写道"在莫普首席大臣统治期间"他出了第一版,③该统治随着1774年5月10日路易十五的死亡而结束。到了1775年,《2440年》上升至畅销书榜首时,它给予读者对路易十五时期法国的回顾性的看法,不是对法国大革命的预示,更不必说25世纪了。

人们应该因此断定梅西耶的文本缺乏革命性,不管他后来的声明

---

① *L'An 2440*, II, p.107.该注释出现在所有版本。
② Ibid., II, p.120.
③ Ibid., 1799年版序言,第1页。关于Mercier原文写作日期问题,见Wilkie, "Mercier's *L'An 2440*", pp.8—10。

吗？1789年后的两个世纪的今天，人们容易相信法国人应该在大革命前20年就看到它的到来。但事实上没有人想象类似1789年大爆发的任何事。没有人能够想象到，因为在人们未经历革命之前，现代革命概念并不存在。所以，梅西耶的想象从未突破旧制度思想意识的束缚。这种思想意识能够包容地方法院反抗和内战等概念，但政府自身变革不在其中。无论如何，梅西耶对社会政治秩序的某些基本原则提出了质疑，尤其是在宗教和政府这两个敏感领域。

  他不仅仅攻击天主教会最显明的机构制度，如修道院、农产品十一税、高级主教制、教皇制。他还挑战天主教的精神的合法性。2440年的自然神论牧师呼唤超越自然神论本身的宗教情感，或者至少超越伏尔泰无感情色彩的自然神论的宗教情感。他们从玻璃覆盖的教堂祈祷上帝时，以卢梭的萨伏依主教风格激起敬神的喜悦感。他们的上帝洞察最邪恶的灵魂并且参与维护道德秩序，而不是推动宇宙，让其按照牛顿定律运动。叙述者的向导向他保证"明察秋毫的上帝之眼会追寻"所有恶人，[①]而且坏人会转世变成蛇和癞蛤蟆，好人的灵魂升华进入行星恒星之列直到与造物主会合。

  这个观点在一种被称为"两个无限之交汇"的入教仪式上向青少年男孩（显然女孩子被认为不易产生深刻的宗教情感）揭示。如果一位男青年被人发现长吁短叹举目望天，他的家长就会打发他去天文台，在那里透过望远镜感觉上帝的崇高；然后通过显微镜观察另一个无限；最后，一篇令人欢欣的布道圆满结束这项工作。这位青年痛哭流涕，决意崇拜上帝并在有生之年为人类奉献爱心。无人能够抵挡这样的基本形而上学演示。如果偶然一位无神论者出现在他们当中，巴黎人会利用"实验

[①] *L'An 2440*, I, p.157.

第四章　乌托邦幻想

物理课程孜孜不倦地"教育转变他。① 如果不奏效,他们就流放此人。

梅西耶认为——卢梭亦同——政治与宗教不可分离,因此公民节日强化公民对上帝和国家的忠诚;母亲们通过注重家庭,母乳哺育新生儿,实行卢梭式教育法,来保证她们的儿子像爱弥儿那样成长;学校和教堂完善对少年男子的教育,因此,他们成年时,其个人愿望与公共意志保持一致。梅西耶不折不扣地遵循卢梭的推理:法律是"公共意志的表述"②及主权在民。但是,由于公共意志基本上是一种对整体社会福祉的道德认同,因此政府的实际形式相对次要。向导解释说政府"既不是君主制,也不是民主制,更非贵族统治:它合理并且适应人类"。③ 似乎这样说还不够模糊,他接着描述了一种听来不能相信的旧制度体制的混合体。"等级"(类似三级会议)两年一次会议通过立法,"参议院"(显然是巴黎议会的改良形式)执法,而国王(仅仅"保持国王名分之人")监督执法。④

梅西耶没有停顿下来清理这些观点,因为他对支撑这些观点的思想感情——平等和普遍的公民品德精神——更感兴趣。因此,他用有关政府的大部分章节专门描述烘托王权的共和气氛以及对王子的斯巴达式的培养。王储穿着像农民,由平民养父母抚育成长,等到被认为可以登基时才知道自己的王室血统;作为平等观念的最后一课,他与一位工人摔跤并被按倒在地;然后,为了让他时时最先想到穷人的命运,他在位时期每隔三年要禁食三天,穿破衣服睡觉。王子与贫儿的幻想代表了梅西耶处理思想观念的方式。他寓思想观念于奇谈轶事之中,通过动人的故事情节传达他的观点。

---

① *L'An 2440*, I, p.169.
② Ibid., I, p.113.
③ Ibid., II, p.105.
④ Ibid., II, p.118.

御座宫室:《2440年》

但是,如何使人接受呢?尽管没有可能找到当时读者提供的原始证据,但是人们能够研究梅西耶的修辞风格促进和引领读者回应的方式。事实上,他为作者和读者规定了角色,然后再使写作和阅读成为支撑其乌托邦幻想的关键因素。

梅西耶从一开始就利用奇特的献辞和序言指引读者。他没有按习惯对某位赞助人表示敬意,却把书献给了"2440年":

> 既庄严又可敬的年份……你将评判死去的国王们以及匍匐在他们的权力之下生活的作家们。人性的保护者和朋友的名字将受到尊重,他们的荣誉将闪烁纯洁璀璨的光芒。但是那些摧残人类的卑鄙国王们将会被忘却……

一方面暴君,另一方面作家,他们是这出历史大戏里的对手。这样的对立让梅西耶自己扮演英雄的角色,尽管他仅用文本内匿名的"我"讲话。没关系,从那时起到700年后仍然可以听到他的声音,而大人物的荣耀将会被人遗忘:

> 专制主义的霹雳一闪而逝,而作家的笔穿越时间,宽恕和惩处宇宙的主宰们。我运用了这种自己与生俱来的力量。我的理性法庭审判我本人默默无闻生存的这个国家的法律、习俗以及种种弊端。①

读者看到序言,便知晓"我"是一位预言家,他像《旧约》英雄人物那

---

① *L'An 2440*, pp.xxix—xxxi.

样在荒野中大声呼号,而警察却千方百计要把他投入巴士底狱。① 但这位现代耶利米是"哲人",②他对当代公众说:

> 对我而言,我像柏拉图那样梦想。我亲爱的公民同胞们!我看到了长期遭受各种各样的弊政折磨的你们,何时我们才能看到我们伟大的计划、我们的梦想变成事实?那么让我们幻想吧!这是我们唯一的安慰。③

角色的分配把读者和作者一起置于由共同的梦想联合在一起并团结起来反对共同的敌人的公民社会。阅读这本书即是分享梦想,想象作者和读者的联合阵线未来如何克服专制、发展社会。

读者和作者同暴君对立——这是一个关于未来的简单脚本,但具有扣人心弦的特征,因为它使阅读这本书似乎变成了它揭示出结果的历史进程的一部分。书页上的铅字宣告了印刷言语是最重要的历史力量。梅西耶不仅仅宣示这个真理,它是当时进步理论的平凡表述;④而且他指出了如何实现这个真理,或者确切地说,他强调真理的存在是 2440 年的既成事实,这样一来读者幻想未来事业时,也能看到当前变成过去之后的情形。

---

① 在塑造这个形象时,梅西耶其实利用了一个逮捕作家送入巴士底狱而臭名昭著的警监 Receveur 之名:"我想象着 Receveur 抓捕在大街上高呼'哀哉,耶路撒冷'的耶利米。" Ibid., p.xl。
② Ibid., p.xxxvii。
③ Ibid., p.xxxviii。
④ 作为梅西耶涉及该主题的许多论述之一例,见他本人有关永久和平的言论:"正是出版社通过启蒙人类发动了这场伟大的革命。" Ibid., I, p.283。John B. Bury, *The Idea of Progress: An Inquiry into Its Origin and Growth* (London, 1932)仍然是众多进步思想研究中最出色的。

这种叙述策略在皇家图书馆一章显示得最清楚。叙述者预料会见到藏书成山，因此当他看到仅仅四个书柜，各装一类世界重要文学作品时，他感到惊异。他问道，那些堆满18世纪皇家图书馆各个角落的大量印刷品哪儿去了？图书管理员回答说：我们烧了。

800 000部法学著作、50 000部辞典、100 000本诗集、1 600 000册旅游书籍和1 000 000 000部小说在无言的大火中化为灰烬。那么，2440年的政府是不是敌视印刷文字语言呢？完全不是。印刷文字已经证明是最重要的历史力量，而且法国人通过维护出版完全自由来保护自己的自由。他们烧书不是由于鄙视，确切地讲是因为他们惧怕书籍的影响力。大多数以过去的文学作品谄媚大人物且迎合腐败的趣味，通过政府散布毒素。因此，一个由正直学者组成的委员会，从过去几个世纪的出版物中过滤出所有健康成分并取其精华，恰好合成一部小型的12开本图书。他们允许留下一些神学著作，但仅仅是作为秘密武器妥善收藏。假如法国遭到入侵，则把它们作为一种细菌武器以打击敌人。

出于同样原因，法国人禁止儿童接触历史书，因为历史提供了不少富人、有权人如何剥削穷人的有害例证。当然，2440年时，启蒙运动已经获胜，所以文学及哲学作品有四类少量收藏，这些藏书证明着理性的进步历程。最少的一类包含法国人认为的自己的文学中值得保留的作品。叙述者从中寻找他熟悉的18世纪经典作品，但是他发现了一个颠倒的世界：没有16世纪前的作品，有少许的笛卡尔和蒙田的作品，没有帕斯卡尔或波舒哀的书，有大量的"哲学家"写的著作——首先是卢梭的作品——可供选择。伏尔泰的著作有一半被烧掉了，不过伏尔泰的每一句话仍然受到尊崇。叙述者还为自己的同时代人缺乏了解当时最伟大的天才人物的能力遭到图书管理员的训斥。

因此，梅西耶的未来幻想发挥了一种向后的进步理论作用，维护了那些曾经对人类贡献最大并且受专制力量迫害最深的作家。公共广场耸立着这些作家的塑像,脚下雕刻了迫害者的头颅。高乃依脚踏黎塞留,伏尔泰和卢梭踩着叙述者拒绝点名的主教和部长们的脑袋前行。① 确实,2440年的巴黎塑像、肖像、铭文到处可见。曾经为民众服务的政治家的塑像排列在新大桥——现在的亨利四世大桥——两侧。这座桥成为一部"道德教科书",教育着过桥的行人。② 事实上,整个城市的功能就像一部书,公民们边走边读,每走一步都汲取公民知识。

梅西耶如此强调阅读和写作的社会功能,以至自己都失去了回旋余地。如果作家们的权力影响如此之大,怎样才能够防止他们滥用权力呢?出版是自由的。真的,任何对这种自由的威胁都以"损害人类罪"处理。③ 因此,巴黎人不实行审查制度,他们强迫任何出版不道德或者不利于公民书籍的人戴上面具,每天两次接受两位正直公民的审问。他们讲大道理迫使其认识错误后,此人才被允许除掉面具,重新回到公民行列。共和国的生存有赖于这种道德警察约束,因为文学是一种政治形式,并且每位作家都是塑造公民精神的"公众人物"。④ 最伟大的作家实际上左右着历史的进程,"像恒星那样启动并指引思想的运行。他们是原动力。由于他们博大的胸怀燃烧着对人性的爱,所有人都心向他们,心向他们战胜专制和迷信的辉煌胜利"。⑤

每位公民也是自己的作家。一位男子(女人不允许参与公共活动)达到一定年龄时,要提炼生平所学之精华写成书。这本书会在他的葬礼上朗读。事实上,这是他的"灵魂",⑥和他祖先的书一起供他的后

---

① *L'An 2440*, I, p.67.后来的版本未提及高乃依和黎塞留。
② Ibid., I, p.37.
③ Ibid., I, p.60.
④ Ibid.
⑤ Ibid., I, p.66.
⑥ Ibid., I, p.65.

代学习。法国人也因此成为"作家人民"及读书民族。① 阅读和写作维系着全部的公民生活,公民生活围绕着书的概念构建——灵魂的书、城市的书、利用望远镜和显微镜阅读自然之书。梅西耶想象自然法则"以不可磨灭的字迹铭刻在每人心头",②并且他把星体描绘成"神圣的字母",它们拼写出神性。③ 上帝阅读人的心灵,正如人阅读古腾堡璀璨星系中的上帝。因为上帝是"洞察万物的万能之眼",是"轻易地洞悉我们心灵最秘密角落……的眼睛"。④

作家们具有这种非凡的特质,这是他们对专制主义进行斗争的主要武器。因此梅西耶想象出的18世纪法庭的一幕场景是:

> 一位卑鄙无耻的廷臣兼司法部长谈论"哲人"作家时,对他的男仆说:"我的朋友,那些人恶毒可怕。丝毫不公正的行为也休想逃过他们的眼睛。最敏锐的眼睛会看到我们隐藏在精巧面具后边的真面目。从你身边经过时,他们似乎对你说:'我认识你。'哲学家大人们,我会教训你们知道,认识像我这样的人是危险的:我不想让人认识。"⑤

由于印刷术的发明,"哲人们"的卓识传遍了全社会,"一切都不能隐藏",专制主义注定消亡。⑥ 到了25世纪,专制主义绝无存在的可能,因为凡事都暴露在光天化日之下。向导对叙述者解释说:"我们的目光

---

① *L'An* 2440, I, p.65.
② Ibid., I, p.175.
③ Ibid., I, p.167.
④ Ibid., I, p.157、164.同样的言论见 I, p.147.
⑤ Ibid., I, p.61.
⑥ Ibid., p.283.

不停留在事物的表面。"①观察、揭露、洞穿表象已经成为公民的首要职责。公民们不断地互相阅读观察,同时至高无上的读者上帝在他们背后看着,观察他们的灵魂。他们若是踌躇畏缩,秘密"侦探"就深入各处,道德"检察员"毫不放松警惕性。② 总之,乌托邦处于完全透明的状态。

对现代读者而言,这听起来好像有极权主义之嫌。不过,梅西耶想象25世纪时不会预见到20世纪的恐怖,他也不能知晓乌托邦的想象会从2440年行至1984年。对他那个时代的读者而言,他的乌托邦允诺了自由解放。它给读者提供了一个幻象世界,在那里作家和读者让卢梭的梦想成真,生活最终是一部打开的书。

---

① *L'An 2440*, I, p.31.
② Ibid., II, p.192,以及I, pp.203—204。

第五章　政治诽谤

畅销书书目上位居《2440年》之后的《杜巴利伯爵夫人轶事》（1775），把读者抛入一个完全不同的世界——一个妓院与深闺的秘密世界，在那里读者能够目睹王国最著名的人物游戏人生，玩弄法国的命运。简言之，这是一部"诽谤"体裁的经典作品。但是，由于这种体裁现已绝迹，这本书也就被遗忘了。甚至没人能够确切弄清其作者的姓名身世，尽管没有理由怀疑标准书目所列的归属：巴黎一位默默无闻的小册子作者，马修-弗朗索瓦·皮当萨·德·麦罗贝。当然，书的文本类似麦罗贝及其圈子成员——聚集于杜布莱·德·珀桑夫人和路易·伯蒂·德·巴肖蒙沙龙的"新闻贩子"——名下的其他作品。[1]

这个圈子的人不遗余力地在巴黎搜寻消息，因此他们可以被视为现代花边小报城市编辑部门的远祖。这个圈子出产一种地下手写报纸，日后印刷以《法兰西文学共和国史秘密回忆录》的名义出版了36卷；这份

---

[1] Bachaumont 于1771年去世，还不清楚他是否参与撰写 *Mémoires secrets pour servir à l'histoire de la république des lettres en France* (London, 1779—1789), 36 vols.；但是，有关他和他的群体的奠基性研究仍属 Robert S. Tate, Jr., "Petit de Bachaumont: His Circle and the *Mémoires Secrets*", *Studies on Voltaire and the Eighteenth Century*(1968), vol.65. 又见 Jean Sgard ed., *Dictionnaire des journalistes* (1600—1789), pp.250—253。关于新闻和新闻贩子这个大课题，"美好时代"以来的学术研究仍最有用。主要见于 Eugène Hatin, *Histoire politique et littéraire de la presse en France* (Paris, 1859—1861), 8 vols.；以及 Paul Estrée and Franz Funck-Brentano, *Les Nouvellistes* (Paris, 1906)。最新的综合研究为 Claude Bellanger, et al., *Histoire générale de la presse française* (Paris, 1969), vol.I。

报纸一字不差地刊载了某些出现于《杜巴利伯爵夫人轶事》的章节。不过,这些章节也出现在其他"诽谤作品"及"丑闻编年史"之中。这些诽谤者肆无忌惮地相互截取素材,所以不可能知道其源自何处和作者是谁。这些家伙把手写"新闻"藏在身上,带到咖啡馆交换,抄写制成刊物,然后加工成书,剽窃一词的现代定义根本不足以描绘这些人的手段。讨论某种固定文本或甚至某位作者也同样不合时代,因为诽谤属于集体事业,而且"诽谤作品"属于在早期现代巴黎满街纷飞的谣言、闲话、笑话、歌谣、漫画以及传单之中流传的印刷品。这些话语与形象仅有少部分成书出版,而且这些书中仅有少量由图书馆收藏。但是,这些书包括许多地下图书交易中最广泛流通的作品。那沙泰尔出版社畅销书目前100部书中有15部是"诽谤作品"或"丑闻编年史":

《杜巴利伯爵夫人轶事》(书目第2位)

《莫普大人在法兰西君主制框架下操纵的革命之历史日志》(第6位)

《泰雷神父回忆录》(第9位)

《路易十五回忆录》(第12位)

《英国观察家(或千里眼老爷和顺风耳老爷的秘密通信)》(第13位)

《路易十五的私生活》(第32位)

《莫普先生的秘密通信》(第37位)

《路易十五的奢侈生活》(第39位)

《法兰西文学共和国史秘密回忆录》(第49位)

《铁甲报》(第53位)

《被揭穿的间谍》(第68位)

《杜巴利伯爵夫人真实回忆录》(第70位)

《爱神报,(和)杜巴利伯爵夫人生活写真》(第77位)

《蓬帕杜尔侯爵夫人回忆录》(第98位)

《丑闻编年史》(第100位)①

作为法国大革命前这段时期最畅销书之一,《杜巴利伯爵夫人轶事》高居上述作品之首。为什么这本书让读者如此青睐呢?

首先,这本书过去和现在都好读。该书既诙谐又刻毒,既有趣又信息丰富;而且该书有生动叙述线索,讲述了女主人公从出身贫寒到国王的宫廷的一路发展。它读起来像下流的灰姑娘的故事或靠色相发达的故事,因为杜巴利从妓院一路睡进王宫。但是,性不过给情节的主要魅力添加趣味,给无知的读者一个了解凡尔赛生活内情的机会。宫廷管事眼中的政治:这种程式仍然新颖,而且它满足对有趣的忌讳性政治传记和当代历史这类新作品体裁的需求。②

序言给全书定下了基调,宣称准备给从平头百姓到哲人等"各类读者"提供乐趣:轻浮的细节和严肃的思考兼有。从未走进过凡尔赛的读者将了解到宫廷的内部活动。但是他们要相信这一切绝对真实,因为作者——匿名,但对大人物行为了如指掌——出版的不是诽谤作品。不,他写出的是历史。他将引证资料,剔除所有无根据之处,防止任何恶毒流言伤害女主人公。当然,读者能够看到某些刺激性的轶事,但全部是真人真事。作为"历史学家",叙述者保证读者得到双重乐趣:对上流社

---

① 此表粗略显示了1769至1789年间哪类诽谤作品集最热销,但是解读不应该拘泥于字面意义。一些书的需求,如 *Mémoires de Mme la marquise de Pompadour*(1766),在纳沙泰尔出版社开张之前已经达到高峰;而另一些书的需求,如 *La Chronique scandaleuse*(1783)和 *Vie privée, ou apologie du très sérénissime prince Mgr. le duc de Chartres*(1784),在纳沙泰尔出版社压缩在法国的生意之后可能还在继续增长。

② 当然,存在着这类作品的更早期的例证,尤其是1648至1649年巴黎地方法院叛乱时期的例证。关于诽谤作品写作方面的发展和变化问题的讨论,见下一章。

会生活的准确描述和读起来像小说的故事情节。

　　故事一开始,他对杜巴利的身世进行了彻底调查。他承认其出身背景不详,但是,他愤怒否定了她是流浪修士和厨娘私生女的传说。他追踪找到她的教父财政部高官比拉尔·杜芒库,据此发现杜巴利不是来自社会底层。一次独家专访时(此举是我们的历史学家的重大收获,因为政府随后就封锁了此类信息来源),杜芒库解释说,他曾经旅行经过香槟,一时兴之所至,答应尽些高尚义务。一位"地鼠"(农民痛恨的税务监察官)的妻子在乌库勒村刚刚分娩,孩子需要一位教父。杜芒库同意抱她接受洗礼,并且出钱办一次乡村式的庆祝,完全是糖果点心招待。随后他继续旅行,如读者会很快知晓的那样,直到杜巴利后来在故事的某一关键时刻出现,他才记起自己的善举。读者还会了解到孩子母亲身边经常有一位名叫昂热的修士伴随左右,冒充她的姻亲兄弟。另外,孩子出生后不久,她的丈夫就去世了,她随后找到了一份厨娘差事。不过没关系,国王未来的情妇作为"地鼠"的女儿载入了教区记事录,让热衷于血统家谱问题的公众可以确信她不是私生子。

　　这种介绍女主人公登场的方式确立了叙述人的声音。这声音可信、温和、客观。另外,它提高了叙述格调——对此低俗主题可能价值不大,但却使其更辛辣。更重要的是,它表现出作者公正处理该主题的决心:谣言传说与作者无关。当然,他会详细地报道谣言传说,但目的是进行驳斥。反驳尽管有时略显软弱,但绝对不能用来讥难作者无意澄清事实。他详尽研究了所有证据,访问了所有证人。有时为了反驳最下流的诽谤,他不得不拿出让不太下流的中伤看来真实的资料。但是,两害取其轻得当吗?而且,有意让他的女主人公偶尔显得下流,不损害作者为她辩护,尤其是维护真理的坚定立场吗?不,读者可以凭对叙述人的完全信赖追踪故事,而且可以静下心来探讨像谁破了女主人公处子之身这样的问题。

叙述人拒绝表态。他发现似是而非的消息太多,相互矛盾的证据太多,难以做出负责任的判断。他对杜巴利的教父的采访暗示了杜巴利少年时去的修道院里可能发生过龌龊之事。但另一次对马西耶元帅的独家采访,却暗示了她曾在她母亲做厨娘的乡间庄园和兵士及仆人有过早熟的接触。唯一可以确凿认定的是,在果丹夫人妓院她曾经六次被当作处子推销。

这是我们的历史学家从无懈可击的信息来源——老鸨本人——那里获得的。果丹夫人在另一采访中解释说她在巴黎一家服装店发现了杜巴利。这位年轻美人在修道院过分展现"气质"(即野性和欲望)之后做了女店员并起了新名字。这个名字是她进入"上流"直到攀上国王期间所使用的一系列名字——曼浓、朗松小姐、沃伯涅埃小姐、昂热小姐、杜巴利夫人——中的第一个。通过在服装店摆弄花边裙裾,未来的杜巴利发现她一生中最向往的不是金钱,不是权力,甚至不是性爱,而是打扮。她头脑简单,从来没有主意,当然从未想过要统治一个王国。因此,果丹夫人发现很容易引诱她入行。

几个小把戏之后,"朗松"成了职业妓女。用点收缩剂,她就变成了处女。果丹夫人被职业自豪感冲昏了头脑,暴露了一些她的生意秘密。她修复了朗松小姐不太完美的处女膜后,把它卖给一位来巴黎寻欢和出席牧师大会的主教。这笔生意获利 2 400 里弗(相当于一位半熟练技工七年的工资)。然后,她再造再卖,面向社会上层各色人等:"教会、贵族、官员、高级财经人士尝鲜后,我进账超过 1 000 路易(24,000 里弗)。"[①]

但是,在没等杜巴利跻身上层资产阶层,果丹夫人把她这位宝贝推销给最好的客户之一比拉尔·杜芒库,16 年前同意做杜巴利教父的那个人。从那时起,他经常见杜巴利,因此没等破处女膜便认出了她。当杜巴利用天真的说辞为自己辩护:"不过,教父,我来一个你经常光顾的

---

① *Anecdotes sur Mme La comtesse du Barry* (London, 1776), p.19.

地方有什么不妥吗?"他更是大发雷霆。场面骇人：教父怒气冲冲,他的妓女昏倒在地,两人之间的老鸨拼命地企图捍卫她的职业声誉,同时也暴露了秘密。果丹夫人以特殊的独白方式讲述了全部细节,听起来就像法国饶舌妇,或者博马舍写的某一情节中的下等社会小人物。我们的作者,这时是位好打探的记者,解释说他确切记录了全部内容,不过删除了某些不堪入耳的语言。

这一事件结束了杜巴利的正式妓女生涯。回顾这一事件,叙述人认为它显示出女主人公的(相对)单纯。正如她既非(确实)私生也不是(完全)贫民出身,她(严格讲)没做过妓女(或者说她后来街头卖淫和赌场女招待的经历不计算在内的话)。她即便从事过皮肉生涯,也是出于对这个职业的热爱,不是为了钱财。就"气质"而言,她是荡妇,但不是敛财之人。实际上,她身无分文地离开了果丹夫人的妓院。而且,这是个高级场所,是巴黎最好的妓院。事实上,她在那里有机会认识了她后来在凡尔赛姘居的大人们中的某几位。最重要的是,这个地方教育了她。作为果丹夫人的徒弟,她学到了能使上年纪的路易十五萎衰的性功能重振雄风的技巧。这让她在宫廷的竞争者迷惑不解,也最终为她赢得了"御前首席情妇",或者说国王的正式情妇的地位。总之,卖淫是她成功的秘诀。当国王惊奇自己情妇身上体验到的前所未有的快乐时,诺阿耶公爵解释得妙。公爵说:"陛下,那是因为您从来没有逛过妓院。"①

从妓院到宫廷之路崎岖艰难,因此杜巴利传记的前半部读起来像传奇小说。杜巴利同果丹夫人分手后,又回到了服装店,并且和海军部的一位职员往来甚密。但是,这个职员勾搭上一位人老珠黄的伯爵夫人后抛弃杜巴利,杜巴利因而和一位理发师同居了。她这时享受了几个月的幸福快乐:不断变换发型、添置服装。可是,这位不幸的人为了她陷入

---

① *Anecdotes sur Mme La comtesse du Barry*, p.24.

破产。他逃跑去了英国,她则投奔了当时沦落到白天做清洁工、夜间拉客卖淫的母亲。朗松小姐此时恢复了本来的姓氏沃伯涅埃,同母亲一起在杜伊勒里花园一带施展媚力。很不幸,一位便衣侦探把这对母女双人组合当场拿获。正当他要把二人送进监狱之时,母亲的旧情人戈玛尔神父,化名昂热,鬼使神差般地出现了,花钱救了母女二人。他后来把女儿安置在一位富有的包税商遗孀家中。他在那儿受雇做弥撒,并且和这位寡妇同床共枕。

该妇人很快便喜欢和年轻的沃伯涅埃上床;与此同时,她的两个儿子,或许还有几位男仆,也勾搭上了后者,尽管叙述人假装否认这样的谣言中伤。无论如何,沃伯涅埃的行为引起了女仆们的妒忌。在她们的反对声中,这个情人三角(母亲—儿子—兄弟)解体了。沃伯涅埃小姐又回到了此时已是巴黎一位职员妻子的母亲身边,而后还在赌场找了份工作。她在赌场邂逅了杜巴利伯爵,此人其实根本不是伯爵,是拉皮条的。他专门为高层人士和当权者提供应召女郎。凭着搞阴谋诡计和控制女人的特殊才能,他诱惑女人,尽情玩弄女人,虐待女人,出租女人,他干得异常成功,尽管长得不太英俊。打扮入时且取了新姓氏昂热的沃伯涅埃小姐不爱此人。事实上,她害怕这个男人。不过,她也逃脱不了他的诱惑。这个男人圆满地完成了对她的性爱术教育。而且,当她完全成熟——惊人的美丽、华贵的穿着、与大人物姘居所需的足够修养,尽管她原本粗俗——以后,他便把她介绍给了勒贝尔先生。

勒贝尔是路易十五的首席侍从。他的主要职责是:从法国女性中淘选"野味",给雄鹿园——路易的凡尔赛艳窟——里的主人端上"御用美味"。① 勒贝尔让人把这些女子收拾(清洗)干净,打扮整齐,几度良宵

---

① 狩猎吃喝类隐喻主导着我们的史学家对这个制度的描写。见 *Anecdotes sur Mme La comtesse du Barry*, pp.48,57。

145

MADÁME LA COMTESSE DU BARRY.

《杜巴利伯爵夫人轶事》卷首插画

　　《杜巴利伯爵夫人轶事》书名页引语如下：无头脑，少才智，臭名昭彰中，她被送到国王面前。她从来不使诡计，谋算敌方小集团。罔顾野心的威胁，她阴谋家的玩偶一个，她独靠媚工熙指横行。

之后再给她们每人200 000里弗嫁妆嫁人。按平均每星期一人计，一年开支达1 000万里弗。根据作者计算，除非至1768年时路易的性欲耗尽，否则这样的开销足以使财政枯竭。杜巴利"伯爵"正是在此时看到了机会，进行一生中最大的赌博。他把一切都押在昂热小姐身上。如果他能够让她成为国王的情妇，她会让他成为王国的主人。

所以，当勒贝尔登门造访寻找"真正的美味进贡国王"时，①杜巴利推荐了昂热小姐，但是附加一个决定性条件：直接去凡尔赛，不是雄鹿园。她将作为杜巴利弟弟的妻子"杜巴利伯爵夫人"呈献给国王，以后的事他们就全靠她的气质和受过的训练了。不久，她便令人难以置信地恢复了路易的衰老色欲。他以前的那些情妇不是性技术一窍不通的上流女士，就是胆战心惊不敢使用性技巧的普通民女。杜巴利夫人为这位年老的淫棍开辟了一片新乐土，而且，从此他没有她便不行。

这时，大约为1768年中期，杜巴利夫人的故事同法国历史结合到了一起，"轶事"变成了凡尔赛政治的幕后报道。由于注意力集中到了杜巴利身上，这种从传记到当代历史或者从"诽谤"到"诽谤性历史"的转变几乎让人难以察觉。作者用她作陪衬揭露她周围政治制度的本质。因此，要把"轶事"作为一种政治历史的变体来理解，似乎最好从对杜巴利本人的刻画开始。

作者注重中性描写，而不是像大多数"诽谤"作品那样抹黑杜巴利的人格，他甚至对她表现出同情，虽然他为她辩护的立场明显不真诚。毫无疑问，她品行不端。但是，即使对待她的敌人，她既无野心、嫉妒心，也没有坏心。她"随意"率性，尽可能多添置行头，单纯地临时变换方式生活下去。无论她让自己被出卖多少次，她基本上单纯、被动而非主动地堕落。但是，她具有标准的故事版本——罪恶都市里的天真外省

---

① *Anecdotes sur Mme La comtesse du Barry*, p.57.

人——特别辛辣有趣的另一品质：粗俗。无论香粉、香水如何掩饰，她总是说一两句脏话或不知不觉地露出女店员做派。作者强调她的俗气甚于放荡，而且，这或许对读者更具冲击性。诚然，其他国王也养情妇。但是，她们是贵妇，给宫廷增添光彩。杜巴利本人除了淫欲别无所长，而且她是卖身，不是被国王的倜傥风流所征服。

不过，对比上流社会普遍的萎靡不振，粗俗的肉欲会显得极其重要。一旦杜巴利的地位上升到店员、仆人的阶层之上，便发现她的情人中伴随的奇特的倒置关系：地位越高，性能力越差。在床上（无所不知的作者让我们一览无余），富有、出身高贵者证明不是性无能就是性变态。公爵们不能勃起，主教们需要鞭打，伯爵夫人们青睐同性恋。杜巴利需要满足自己时，得委身于仆人。

仆从做种马这一次级主题在色情文学作品中屡见不鲜，但在《轶事》中，它使用了几乎平民的口气，似乎暗示了普通人的天生优势。它表达了杜巴利本人的人生宗旨，如果她有宗旨的话。事业开始时，她爱上了一位像她那样企图通过诱惑向上爬的职员。他吸引了一位年老伯爵夫人的眼球，但是杜巴利（那时称朗松小姐）告诫他会从像她这样的女人身上获得更多的欢乐。在一张作者修正过粗糙法语（他承认女主人公从来没有真正学习过写字）之后详细引用的便条里，她解释道，他只要每月付100里弗加食宿就可包养她。她的价值远远高过伯爵夫人"那样的旧船"或任何一位年过40的女人，甚至有王家血统的公主。社会地位在性事中无足轻重。他难道不知许多贵妇喜欢仆人，不喜欢丈夫吗？还有别的原因让伯爵夫人对他这类人感兴趣吗？他应该考虑到女人分为两类：美和丑。如果选错了，算他倒霉！她和理发师同居，不管怎样，他脸蛋更好看。①

---

① *Anecdotes sur Mme La comtesse du Barry*, p.31.

第五章 政治诽谤

这种原始的性平等绝不等同为男人的权力致歉，更不等同女权。杜巴利夫人从未像泰莱丝那样进行过哲学探讨。但是，凭着不屈不挠的天真性格，不让人产生敌意的粗俗，以及对华丽服饰和性的单纯欲望，她极好地衬托了她周围的一切。她扮演灰姑娘的方式暴露出宫廷所有其他角色的虚伪堕落。她表演了一个故事，同时也表现了一个寓意——那就是，她的故事以民间传说风格产生影响，给质朴的读者提供了一个理解凡尔赛复杂政治的方法。不过，我们尝试解析故事之前，应该快速浏览一下历史学家们所了解的路易十五统治的最后时光。因为，不比较故事描绘的事件和作为历史流传的版本之间的差异，便不可能欣赏《杜巴利伯爵夫人轶事》的意义。

历史学家回顾18世纪法国政治史时，通常认为1769至1774年是1787年法国大革命开始萌动之前最大的政治危机时期。他们尽管对危机提出了不同的解释，但是对危机的成分意见一致。最初由舒瓦瑟尔公爵控制的政府，在三重重压下挣扎。外交方面，法国在七年战争（1756—1763）中遭受的耻辱损害了法国在力量均势体系中的地位。在英国扩展海外帝国之时，法国却被与奥地利和西班牙无效果的联盟捆住了手脚。舒瓦瑟尔所谓的外交妙招"家族契约"，承诺法国保护西班牙对福克兰群岛的所有权以对抗英国，但是法国打不起另一场世界范围的战争。它无力保护东方的盟友波兰对抗其他东欧列强。不久，这些列强进行第一轮分裂活动（1772）肢解了波兰。

法国政府的第二个主要问题是无力解决财政拮据，结果导致了外交方面的软弱。薄弱的税收基础——源于种种免税及不平等——和陈旧的财政制度让国家不可能摆脱庞大赤字。由于高等法院（法庭，非英国议会式选举产生的机构）通过拒绝执行皇家敕令来全力抵制新税，政府不能增加财政收入。高等法院的煽动构成了第三个不安定因素。在布列坦尼，高等法院参与了同艾吉永公爵的司法斗争，后者作为皇家总督体现着国王的威望。一个最初的法庭案件演变成惊人的大"事件",该事件在巴黎高等法院的操纵下,发展为一场反对国家集权、捍卫外省自主权的运动。在凡尔赛,艾吉永受莫普大法官以及所谓虔诚派的支持,在宫廷权力整合中对抗"舒瓦瑟尔派"。舒瓦瑟尔及其同党普遍支持高等法院,曾支持外省高等法院的驱逐耶稣会运动(1764)。最后,莫普及其支持者说服路易十五镇压反艾吉永活动,否决了外省高等法院的反新税主张,并且在福克兰群岛问题上对英国让步。这样的政策调整意味着否定舒瓦瑟尔以及几乎过去12年来政府所支持的一切。

1770年12月24日,舒瓦瑟尔下台流放,这一自18世纪20年代以来法国政治中最具戏剧性的事变在全欧洲回响震荡。但是,比较1770至1771年间莫普发起的"革命"(法国人用"革命"一语描绘莫普的政策,指突然的、大幅度的政策变化,不是暴力推翻政府的现代概念),这一事件似乎还温和。为了消除高等法院抵制皇家敕令的能力,大法官摧毁并重建了整个司法制度。巴黎高等法院的行政官被流放,律师罢工,但是直到1774年5月10日路易十五去世前,新政府一直立场坚定。这是一个积极革新的政府,致力重建王国税收及司法制度,虽然放弃了在外交上的强硬立场。高等法院的宿敌、外交部的艾吉永公爵和强硬赤字改革派财政部的泰雷神父站在莫普一边。尽管有些内部争斗,他们三人共同执政。他们铁腕统治,不惜牺牲传统的自由权和既得利益以加强国家集权。因此,一些历史学家认为莫普政府是开明专制主义的法国版,虽然对当时许多法国人来说就是简单纯粹的专制主义。①

当然,我们并非真正了解法国人当时怎样看待1769至1774年大危机,这正是今天阅读《杜巴利伯爵夫人轶事》的魅力所在,因为该书提供

---

① 英语中这一概括解释的范例,见 Alfred Cobban, *History of Modern France* (London, 1961), vol.I;法语方面,Michel Antoine, *Louis XV* (Paris, 1991)则更具体详细。

第五章 政治诽谤

了事件的同期描述和连续点评。叙述人向我们保证,正如他"根据一位诚实、公正、敏锐历史学家的职责"搜索有关杜巴利夫人(她)早期生活的每一点证据那样,[①]他也详细调查了有关杜巴利宫廷生活的每一种能存在的资料。他截获信件、偷听谈话,并且收集了大量在巴黎、在凡尔赛之间传播的所有政治流言。通过筛选这些素材和拼凑"轶事",他构建出一部路易十五统治最后几年的通史。

故事叙述如下:杜巴利夫人最初现身凡尔赛时,遵照她以前的老鸨和当前的姻兄"伯爵"让·巴利从巴黎发出遥控她每个行动的指令,结交舒瓦瑟尔派(她同"伯爵"纪尧姆·巴利"方便婚姻"后,她丈夫被立即送往外省,在那里渐渐被人忘掉了)。但是,舒瓦瑟尔的姐姐,堕落的格拉蒙公爵夫人拒绝任何友好表示,因为她自己想填补蓬帕杜尔夫人死后空缺的"御前首席情妇"位置。她偷偷地上了国王的床,实际上是设法强奸了国王。但是,她太老太丑,一旦杜巴利出场,便保不住地盘。因此,一场大战爆发了。一方是舒瓦瑟尔和其姐利用警察总监提供的有关杜巴利过去的材料中伤她的名誉。另一方面,在伯爵让的提示指导下,杜巴利利用"密室"亲昵加强对国王的掌控。

大臣们关注宫廷日常生活中的每一步行动,寻找权力格局变化的征兆。所以,舒瓦瑟尔之弟被任命为斯特拉斯堡总督一事表明,舒瓦瑟尔1796年初仍然处上风。但是,他比以往更早前往乡村庄园复活节休假;而且启程前的晚宴上,国王没有靠近他落座。更糟糕的是,宴会后,皇家荣宠的风向标黎塞留元帅是同杜巴利夫人而不是同舒瓦瑟尔一起玩21点。

到1769年4月,似乎没有什么能阻挡杜巴利夫人的宫廷引荐,此举相当于承认她是"御前首席情妇",并且会让她在大使和公使谈判中起强

---

① *Anecdotes sur Mme La comtesse du Barry*, p.34.

有力的作用。诚然,从来没有一位出身如此低贱的人在凡尔赛跃升至如此高位,不过舒瓦瑟尔派仍然在设法挽救局势。他们网罗贵妇、国王顽固的女儿以及"虔诚"派领导人,发动一场旨在宫廷贵妇组成统一战线以对付这位冒牌伯爵夫人的战役。但是,伯爵让出示了来自英国的档案文件,证实杜巴利家是英国贵族杜巴利莫尔家族的后裔,据此避开一击。他还说服邋里邋遢的宫廷侍女贝亚恩伯爵夫人在引荐仪式上出面充当杜巴利夫人的"教母"。国王还在犹豫,像往常一样没有主见,并对来自"虔诚"派的压力十分敏感,这一派不愿在宫廷上见到从前的妓女。不过,经过伯爵让的几次演练之后,杜巴利最终匍匐在路易的脚下演出了催人泪下的一幕,改变了国王的立场。这一重大事件发生在 1769 年 4 月 22 日。消息很快传遍法国。马车蜂拥驶向凡尔赛,大使们匆匆书面通报欧洲各宫廷。然后,每个人都平心静气地等待下一个历史事变:舒瓦瑟尔的垮台。

由于宫廷女士们及其管理人的恶感,这似乎必然发生。格拉蒙公爵夫人颜面尽扫地躲进了乡间庄园。有人看见杜巴利把两个橘子扔到空中,嘴里还唱着"跳呀,舒瓦瑟尔!蹦呀,普拉斯林!"意为她会让公爵和他的堂兄王家财政会国务秘书普拉斯林一起摔下台。但是,国王搪塞犹豫,并且宫廷女士们对是否同他的情妇团结起来迟疑不决,担心万一她一步走错会失宠。因为粗俗,杜巴利容易受到攻击。例如,一天晚餐后赌博,杜巴利输了点钱就大叫:"我遭大难了。"一位大臣一边装钱一边尖刻地挖苦道:"夫人,你应该知道自己正在说什么!"这种言语羞辱,人们听出是指她出身厨娘之女。① 不过,国王却觉得她举止直率让人耳目一新。杜巴利搬进蓬帕杜尔夫人先前住的房间后,地位开始稳固起来。无奈之下,舒瓦瑟尔试图正面出击。他把一位迷人的克里奥尔女侯爵 marquise 直接放到国王的必经之路上。不过,路易看都没看。从那时

---

① *Anecdotes sur Mme La comtesse du Barry*, p.96.

起,大臣们纷纷倒向杜巴利阵营,此时,舒瓦瑟尔的敌人们秘密地着手给自己分配各部权力和肥缺。

权力转换花了几乎两年时间才完成,因为国王三心二意,很难以国事为重。杜巴利家同莫普合作,后者又以对高等法院的共同憎恨为基础同艾吉永公爵结盟。大法官和公爵并非原则上反对高等法院。正相反,所有阵营里的人,包括高等法院本身,都对原则问题不感兴趣。但是,艾吉永一案由巴黎高等法院审理给莫普提供了清除国王对舒瓦瑟尔最后一丝好感的机会。大法官告诉路易,舒瓦瑟尔与高等法院谋划消灭艾吉永,即使削弱国王的权威也在所不惜。唯一的解决办法是撤销对艾吉永的起诉,驱逐舒瓦瑟尔,以及压服高等法院。

政策变化如此之大,国王难以接受:这正是要杜巴利起作用之处。与国王在"密室"寻欢作乐时,她把国王灌醉拉上床,此时让他签什么字都行。伯爵让安排场景,莫普出台词。云雨之欢时,国王一次次地签发了致命的"逮捕密札"流放舒瓦瑟尔。但是,第二天早晨清醒后,他又一次次地反悔。不过,他的抵抗力最后还是垮了,1770年12月24日他把舒瓦瑟尔逐出了宫廷。

扳倒了舒瓦瑟尔,他的政敌就控制了政府,着手分配肥缺。艾吉永没有马上掌控外交部。由于他的审判被可耻地压制了下来,他在确信杜巴利对他的支持足以无视公众不满之前,不得不在幕侧等待。一辆美轮美奂的金色马车——据叙述人估计,其价值抵外省穷人几个月口粮——作为礼物,目的就达到了。当泰雷在财政部搜刮纳税人、莫普在掌玺大臣任上完成了对高等议会的破坏之时,杜巴利让艾吉永当上了外交部部长。

所有这些阴谋都需要在国王床上施展大量的技巧。杜巴利出人意料地成功恢复了国王的性欲,但御医警告说她正在要国王的命。于是,伯爵让抓紧时间不遗余力地榨取国库。他以泰雷神父的名义写便条支款,好像财政部是他的私人银行:168 000 里弗付一次赌桌上拉下的亏空,300 000 里弗付一夜嫖妓的开销,等等。到1773年中期,他已使国库亏空500万里弗。泰雷向艾吉永求助,试图阻止这样的大出血。一段时间内,他们的联手抵制似乎会使伯爵让收敛就范。但是,他威胁说他既然能把他们拉进来,就能毫不留情地把他们赶下台。他牢牢地抓住权力,依靠派遣信使到凡尔赛从赌场和妓院里控制王国;杜巴利则在凡尔赛等待他的命令,一贯按他的变态意志行事。

争夺战利品导致三执政相互摩擦。莫普察觉到艾吉永挤掉了自己在杜巴利面前的有利地位,于是他就秘密拉拢艾吉永在虔诚派内的政敌,这些人聚集在王太子(未来的路易十六)麾下。由于杜巴利曾嘲笑他的性无能和太子妃的长相,太子憎恶这位御用情妇。艾吉永与莫普的政敌谋划企图恢复外省高等法院,以此进行反击。更重要的是,他通过自己勾引杜巴利获取接近权力的极点,这实际上给国王戴绿帽子。与此同时,泰雷觉得自己受到两位同事的威胁,因此,他控制了皇家房屋建筑管理局,利用赠送城堡以讨好杜巴利家族。杜巴利夫人只不过得到朴素的吕西安城堡,不过,她收取了大量的首饰(例如,价值80 000里弗的一对耳环以及价值300 000里弗的一只钻石发卡),她就这样落下了法国历史上价码最高情妇的名声。到1773年底,她已经从国库搜刮了1 800万里弗,王国像国王一样被耗空了。

正当所有阴谋活动达到高潮、国库濒临破产之时,路易之死扭转了局面。他怎么会丢了性命呢?叙述人暴露了可怕的秘密。在最后的日子里,杜巴利夫人逐渐丧失了让国王勃起的能力,为了不失宠,她拉皮条,偷偷弄些新鲜的年轻女子和国王在床上交欢。一位姑娘是木匠的女儿,特别勉强地献身,可是她身患天花隐疾。国王受到传染,一命呜呼,全法国都松了一口气。

这个故事寓意清楚:一帮无赖接管了国家,榨干了国库,把君主制

第五章　政治诽谤

变成了集权专制。不管历史学家们如何见仁见智,他们后来编撰的政治史也没提出什么新东西。《轶事》几乎没有提到外交。除了责难耗费国库几百万购买镀金马车、赌博之外,它没涉及赤字问题。该书经常提及高等法院的毁灭,但没有提供关于莫普改革或围绕改革进行的意识形态辩论方面的任何细节。其政治论述中既不包括政策,也没谈原则问题。政治仅仅是争权夺利和各类人物冲突,这些人的人格一个比一个差。舒瓦瑟尔派和三执政之间相差无几。高等法院甚至也没得到认可:其作用仅仅是政府专制的唯一障碍,其消亡没一点壮烈意味。故事在某一场合称赞一位无名"爱国"作家维护了人民的事业,[①]但却没有提供爱国党或反对党运动方面的任何信息。尽管人民大众本身形象积极,但是他们处于远远的背景地位:缺少面包,负担过分的赋税。因此,这个故事中没有英雄。它把灰姑娘描绘成荡妇,魅力王子描绘成老色鬼。但是,它传达出一个信息:法国君主制已经堕落成最邪恶的一类政府专制。

诚然,故事说法有误,我们如今知道国家破产是由于税收基础薄弱和管理不善,而不是因为伯爵让的坏账。[②] 但是,我们完全不了解当时的人如何看待国家。我相信,不论如何扭曲,他们的政治观像收缴二十分之一税那样是政治现实的重要组成部分。因此,把政治作为民间传说来了解意义重大。

当然,《杜巴利伯爵夫人轶事》文本仅仅是文本,不是当时舆论的影像,我们甚至不知道人们当时怎样阅读文本。但是,我们却知道文本对读者讲话的口气和修辞文体的作用。在序言中,作者以"历史学家"的口吻宣称他为"由于出身微贱被剥夺了接近宫廷和荣誉、渴望出人头地

---

① *Anecdotes sur Mme La comtesse du Barry*, p.269.
② 见 J. F. Bosher, *French Finances,1770—1795. From Business to Bureaucracy* (Cambridge, Engl., 1970)。

的低微公民"而写作。这一标准的道义姿态——暴露上层生活的邪恶虚荣——不应该妨碍我们看到一个不太为人熟知的职能：新闻撰稿人职能。当今大人物生活中每时每刻都被播送到几乎每位公民的起居室，我们简直不能想象大人物们在一个普通人甚至依靠报纸也接触不到的天地里耗尽时光的世界。在18世纪，既无宫廷报纸也没有非官方刊物登载太多关于凡尔赛内部运作的消息。① 但是，凡尔赛——国王的私生活，宫廷内的权力交易——强烈地吸引着读者，而且，时至1770年，读者已经构成了一个公众群体。尽管我们对这个读者群体是怎样发展起来的知之甚少，但是我们有充足理由断言它是一个新群体现象，有别于一个世纪前宫廷从巴黎左迁至凡尔赛时存在的公众群体。在路易十五统治的最后几年，对印刷文字的需求已经蔓延到了王国的边远地区，并且各地读者都需要新闻。

我们的作者用写作履行这一职责。他经常使用像"公众"和"新闻"这样的字眼，却不明确解释。就公众而言，他含蓄地区别两类读者："遍布王国各地的低微公民构成的普通读者公众，和由巴黎人构成的较高级的群体。"他的书主要面向对"那个世界"（巴黎上层社会）里的对生活知之甚少的前者；他担当翻译，为他们翻译、解释给城镇街谈巷议添加味道的双关语、玩笑、隐喻。② 他谈及巴黎公众时，他实际上指那些通常成群聚集在公园咖啡馆中议论当日新闻、高谈阔论的人。这些人属于与"宫

---

① 报刊的大量增生发生在18世纪，而且许多法国之外的出版社空前详细地报道法国的事件。但是，这些报刊不易抵挡新闻检查或那些切断其国内发行系统的措施，甚至，其中最好的报刊 *La Gazette de Leyde* 也没有登载多少有关1771至1774年间 Maupeou 与外省高等法院之间冲突的消息。
② 例如，他极端重视 Choiseul 政府垮台之前风行巴黎的一首歌谣。在外省人看来，这首歌谣除了简单的陈词滥调之外一无是处。但是，如叙述人评注所指出的那样，其实它提供了具有强烈的反 Choiseliste 色彩的关于时事的评论，"其尖刻只有知情者方可体会。" *Anecdotes sur Mme La comtesse du Barry*, pp.129—130。

廷"形成对照的"市井"。"宫廷"与"市井"各自产生出独立的信息范围。[①] 但是,这两个系统相互交叉,一起产生出在王国传播的全部新闻。

一个典型的新闻故事涉及国王在"密室"里自己煮咖啡自娱的习惯。一天,他一没留神,咖啡沸了出来。当时,杜巴利大声喊叫:"喂,法兰西! 当心了! 你的咖啡长腿逃跑了。"故事描述了杜巴利的粗俗以及她私下对待国王的亲昵方式。最初,故事是凡尔赛大臣们散布的流言;后来,一位巴黎新闻贩子在他的手写报纸上刊载;最后,我们的作者把它处理为"从中能够推知当时公众对她(杜巴利)掌控国王的普遍看法……一件轶事"。[②] 该文本不注重社会描写或理性阐述,但是,像其他这类文本一样,它出发点是假设一个公众群体确实存在,并且它的意见对政治产生重大影响,尽管政治发生在一个被猜想成专制君主国的宫廷。

新闻产生的形式多样。然而,我们的作者偏爱最富刺激性的"丑闻编年史"形式,这种形式把轶事一件件从头至尾串联起来,变成违法乱纪以及不良行为的连续性报道。轶事根据明星制造新闻的原则起作用,这一原则仍然流行于大众新闻报刊,因此轶事集中到了王国最著名的人物身上。轶事作者——被称为"新闻贩子""报人""轶事收集人"——的行为像当今好打探的记者的前辈。他们在高级场所嗅探丑闻。但是,人们不应该过分夸大其类似现代新闻工作之处,因为现代早期新闻记者不属

[①] 在18世纪,"宫廷与城市"(la cour et la ville)是描绘独特却相互联系的社会环境的标准说法。作者以下列言语设想独立的信息网络:"当这个密谋(1772年为搜罗国王新情妇的企图)让宫廷里的人们忙得团团转之时,城里发生的一件事(指杜巴利一位堂兄弟鸡奸之事)在民众中引发了大量的流言和嘲笑。"*Anecdotes sur Mme La comtesse du Barry*, pp.244—245, pp.108,200页上也可见类似议论。

[②] *Anecdotes sur Mme La comtesse du Barry*, p.215.关于"公众"(le public)一词的更多使用,见 pp.72、152、331。

于一种职业，他们中间许多人收集轶事是出于兴趣。他们把轶事草草地写在纸片上，相互交换并积累成集，在咖啡馆、沙龙中和朋友们分享。"新闻贩子"将其轶事汇合成公告，创造出了手写刊物；通过印刷出版轶事，出版商制造出了"丑闻编年史"。

如书名所示，《杜巴利伯爵夫人轶事》受这些地下刊物的帮助极大。它不断地引用这些刊物。实际上，除了描述杜巴利跻身凡尔赛个人经历的前70页，该书其余部分和这些刊物相差无几。它没有任何章节，不像《哲人泰莱丝》和《2440年》那样分成短章节叙述。这本书全部由轶事组成，在364页的涓涓溪流中，它们持续不断地在读者眼前流过。[①] 就这方面而言，《轶事》读来像最著名的手写报纸——也归于皮当萨·麦罗贝名下的《关于法兰西共和文学史的秘密回忆录》。麦罗贝或他的合作者可能从他们的刊物或者轶事汇编中汲取了涉及杜巴利的少量珍闻，附加于新文体写成的段落，出版成书；其中一半是传记，一半是"丑闻编年史"。无论过程如何，其结果有时看起来像剪报集锦册。它包含了太多的不同资料，有时会让人丢失故事的主线。但是，它的合成性质特别有意思，因为它展示了如何利用当时流传的全部零碎消息来构成对事件的生动描绘。事实上，《轶事》描述了这个过程：它不仅提供了信息，而且提供了信息的信息，使读者进入它启动的信息交流系统的心脏。

首先，让我们仔细思考轶事的性质。《杜巴利伯爵夫人轶事》一书中，如同《秘密回忆录》一样，轶事以简报或新闻"速报"形式出现。国王自己煮咖啡，咖啡煮沸时杜巴利发表粗俗议论；教皇使节和拉罗什-艾蒙红衣主教去国王寝室处理公事，当杜巴利一丝不挂咯咯笑着从国王的床上溜下来时，他们给她拿拖鞋；为了让杜巴利高兴，莫普给她的黑人仆从

---

① 本人没有比较各版本。本人研究的文本书名页上印有1771"chez John Adamsohn"讲话字样，该文本在第198页处分为两部分，尽管页码相连且无任何理由在此处分截。

扎莫尔送馅饼;扎莫尔切饼时,一群跳甲虫飞了出来,落到了掌玺大臣的假发里;为了追逮虫子,扎莫尔摘掉了假发,露出了"国王司法最高长官"的秃顶,引得宫廷侍女一齐放声狂笑。① 每一事件以小故事的形式出现,并且每个故事传达出共同的意义:上层的一切——教会、司法、王权——由于宫廷的普遍堕落而变得低劣不堪。

故事本身比抽象评论更能说明问题。但是,评论也以"名言"、笑话、歌谣形式出现;而且,评论本身也构成新闻。例如,太子据说拒绝了同杜巴利共进晚餐的邀请,回话说:"夫人,太子不适合同妓女一起就餐。"②还有,德·沙布里朗侯爵听到杜巴利的宫廷引荐消息时,用欢快地宣称他的性病相回应:"我幸运的'尿热病'(花柳病)呀……是她把病传给我,她一定得赔偿我。"③大部分歌谣以不同的方式表现了同样的主题:

> 当年她拉客街上走,
> 我们男仆人人曾占有,
> 20苏钱币先付出手,
> 马上她就跟你走。④

所有的报道、事件、评论阐明了通过杜巴利本人体现的主题:君主制的堕落。

因此,轶事新闻简报小规模地发挥与该书的整体叙述相同的作用。简报把旧制度复杂的政治简约为无论离行为的中心远近的读者都能抓

---

① *Anecdotes sur Mme La comtesse du Barry*, p.147.其他轶事可见 p.215,223。
② Ibid., p.284.
③ Ibid., p.185.
④ Ibid., p.167.

住的故事主线。另外,讲故事时,叙述人反映故事讲述过程本身。他展示出信息如何通过首都的各种媒介不断地传出,以及记者——历史学家为了完成两项任务如何细心地选择信息:了解发生了什么和当时人们对所发生事情的想法。因此,描写公众舆论形成的第二个故事透过第一个故事显露出来。第一个故事针对头脑简单的读者,第二个故事面向世故老练的读者。既复杂又简单,既深刻反省又简单归纳,《杜巴利伯爵夫人轶事》展示出了两个世纪前异常丰富的新闻及其传播过程。

该书的丰富性可以通过调查作者报道舒瓦瑟尔派在杜巴利成为路易十五情妇的最初几个月对她的攻讦来体会。作者以引用一首民歌《波旁女人》开始。民歌词句是配上熟知的曲调进行演唱的,含有对杜巴利身现宫廷的公开的最初讽喻:

> 生为农家女,
> 当今作贵妇。
> ……
> 人们说,老天哪,
> 她还把国王勾引住。①

这段新闻应该如何解释呢?我们的作者关注它如何传播与接收,不太关心其内容。其粗糙的诗体不会从巴黎行家那里得到高分,却风靡了外省。至少,这是他搜集的手写报纸之一所表达的看法,他引用如下:"它虽然语言很枯燥,而且曲调无聊至极,但却传播到了法国最边远的角落,甚至在乡村传唱。人们走到哪儿都能听到。"

该报纸还提供了歌谣在巴黎流传的情况:"轶事搜集人很快就开始

---

① Anecdotes sur Mme La comtesse du Barry, pp.71—77.

把它收集入册,并且加上必要的评论使其有意义,让后人觉得宝贵。"一首平庸的歌谣创作为什么会这么引人注意呢?了解内情的人知道它宣告了一个重大事件:一位王室新情妇的来临。不过,我们的作者还知道更多。

他从假设流行歌谣是权力斗争的武器出发,因为权利包含声誉,而且歌谣是"最可靠、最厉害、最轻松的败坏名誉的方式"①。然后,他注意到《波旁女人》最早经安托瓦内-加布里埃尔·德·萨尔蒂纳警察总监的批准,出现在一张日期注明 1768 年 6 月 16 日的大幅印刷传单上。他显然是引自这份资料,他注意到歌谣的第八节,即最直接地说杜巴利的那一节,从未出现于任何的印刷版本。显然,他密切注意到该文本出现的每种方式——如街头传唱、传单印刷、咖啡馆议论、地下刊物报道。如此一来,他注意到部分地下刊物已经警察局过滤的事实。警察当局试图通过允许经检查的版本流行来控制手写报纸,而不是徒劳地想铲除所有这类刊物。因此,手写报纸上关于"波旁女人"的报道起到了像歌谣原文本身那样的揭露作用:"人们想象如果简报制造者没有得到一位强有力的保护人从旁秘密指点,这样的简报难以在巴黎流行。"结论是:歌谣以及有关轶事同属于杜巴利在宫廷最明显的敌人舒瓦瑟尔公爵策划的诽谤活动。

舒瓦瑟尔派的渲染造势没有使新闻变假,它让新闻更有意思。看来,我们的作家小心地观察了"经常引导我们组合我们历史事实的手写报纸"中的报道方式。② 虽然他引用了许多资料,但是最常提及的是"手抄日报""我们的手抄报"以及"珍贵的手抄报",似乎他依靠一个主要的

---

① *Anecdotes sur Mme La comtesse du Barry*, p.87.
② Ibid., p.215.

《手抄报》来拼凑他的叙述。① 这些参考资料中有一些,但不是全部,与《秘密回忆录》所记载的一致。② 所以,《轶事》和《秘密回忆录》发掘使用了同一地下新闻资料。但是,我们的作家用同样的资料来限定事实的报道色彩,而不是确定事实本身。

于是,他在引用了1768年10月至11月《手抄报》中有关通过歌谣抹黑杜巴利活动的报道之后,又根据12月各期仿造了3篇文章,涉及了有关她宫廷引见的谣传。第一篇他解释为正面攻击,"机敏且极端恶毒",受舒瓦瑟尔派的启发。③ 第二篇策略口气有变化,它赞扬杜巴利,但方式上却是想对舒瓦瑟尔阵营发出警告信号:新情妇太美,对国王抓得太紧,所有舒瓦瑟尔的追随者如果不团结起来保卫他们的领袖,他们会很快遭到清洗。第三篇文章真诚地称赞杜巴利,显然因为报人和警察现在逐渐接受虽仍不明显但已不可逆转的权力转移。④

与此同时,叙述人自己充当报人角色,继续报道杜巴利开始作为公众人物出现后,随之而来的损坏其名声的各种咖啡馆流言蜚语。他创作了他个人版本的另一首《波旁女人》,其恶毒远远超过第一首。它把同一曲调变成对杜巴利性技巧的虚假颂扬。由于精通阿日提诺的16种古典姿势以及在巴黎最好妓院里学到的其他技巧,她毫不费力地让王位上

---

① *Anecdotes sur Mme La comtesse du Barry*, p.203, 221, 300.
② *Anecdotes sur Mme La comtesse du Barry* 里两处最早涉及 "手抄报" 的地方与《秘密回忆录》上的记载恰好完全一致,而后来的一处仅在词语搭配方面稍有变化。见 *Anecdotes sur Mme La comtesse du Barry*, pp.71, 72, 203;以及《秘密回忆录》,1768年10月15日、11月30日和1771年12月26日之记载(由于版本变化,《秘密回忆录》内的段落按日期比按页数更容易寻找)。但是,其他7处在《秘密回忆录》里无相对应之处。这几处分别出现在 *Anecdotes sur Mme La comtesse du Barry*, pp.81, 82, 83, 131, 215, 221, 300。所以,两部作品可能依据同样的资料来源,虽然不可能确定什么资料出自地下新闻传播渠道内的什么地方。
③ *Anecdotes sur Mme La comtesse du Barry*, p.82.
④ Ibid., pp.81—84.

第五章　政治诽谤

的"老淫棍"雄风再呈。① 一首类似歌谣也嘲笑国王日渐退化的性机能。在以亲舒瓦瑟尔方式描述御前会议的某次会议时,歌谣让路易对莫普说道:

> 从波罗的海到爱琴海,
> 舒瓦瑟尔让我的王冠光芒闪烁;
> 我有项任务给他做:
> 我那……(窑子)你负责。

莫普答道:

> 但愿在你的床侧
> 我能让你那……(根儿)挺起!②

"哀怨、愤懑、抗议"的洪流在"讽刺诗、歌谣、讽刺杂文"还有版画中倾泻。③ 我们的作者无法复制,但形容了它们的特征。一幅画指的是巴黎高等法院行政官发布的宣言,声明他们为了维护君主制而对抗君主,为了这一高尚的事业,他们不惜奉献财富、自由,甚至头颅。版画显示法院第一任院长给国王和大臣们奉上牺牲品:钱袋献给特瑞,脑袋献给莫普,阴茎献给杜巴利。④ 不满情绪主要采取笑话形式表现。像大多数丑闻编年史作者那样,我们的作者以"某人说"(on dits)的形式报道笑话,

---

① *Anecdotes sur Mme La comtesse du Barry*, pp.75—76.
② Ibid., p.160.
③ Ibid., p.159.
④ Ibid., p.160.

把笑话归于代表普通公众讲话的无所不在的"某人"名下。比如,基于杜巴利姓名的许多下流双关语之一:"有人说国王现在能塞进那个疤里(音同杜巴利)。"①如果这样描写,便不难想象"某人"在酒馆里同酒徒们讲笑话:

问:为什么杜巴利伯爵夫人是巴黎最上等的婊子?
答:因为她从新桥一跃就上了王座。②

这里的"某人"是一位巴黎人,外省读者需要些解释才会明白这个笑话。因此,我们的作者解释道:"新桥是巴黎妓女成堆的地方;王座是不远处的一座大门,在圣安托万郊区离宫入口处。"③

总之,叙述人同时发表新闻与评论;然后他对评论加以点评,逐步构建既传播新闻又说明新闻如何传播的文体。新闻传播涉及当时的所有媒介:形象(版画、招贴画、涂鸦漫画)、口头(笑话、谣言、歌谣)及文字(手写报纸和印刷传单)。因此,新闻在《轶事》中出现时,它不仅可以解读成影响公众舆论的企图,还可以解读为对公众舆论如何产生的描写。

当然,描述具有倾向性。因为撰写《轶事》,作者加入了他描绘的那个过程,所以他的描写不可以看成是客观的、准确的。事实上,在一些地方,他清楚地表露了自己的观点。他从惯常言语修辞后面走出来,用道德义愤的口吻直接对读者讲话。他开始详细叙述国王的死亡时,曾大声呼唤:"结束所有堕落的时刻到了。"④他嘲讽宫廷所有党派和社会生活

---

① *Anecdotes sur Mme La comtesse du Barry*, p.76.
② Ibid.,本人在此处改原文为问答式。
③ Ibid., p.76.
④ *Anecdotes sur Mme La comtesse du Barry*, p.325.有关公开的党派言论的其他范例,见pp.151,164。

中的每一个人,包括大臣、情妇、国王。像他所表述的那样,基本问题超越了个人影响。它是系统性的,是君主制的核心方面的腐败问题,是君主制本身的问题。

诚然,谴责腐败可以看成是另一修辞形式。道德说教者从《旧约》先知时代起就哀诉君主,巴黎人在交换讽刺路易十五政府的短文之前已经骂了大臣们几个世纪。《杜巴利伯爵夫人轶事》中所有这些放肆言论和说教确实在控诉统治集团吗?这个问题引出了许多问题,留待下一章讨论。我要冒昧地用一句话来总结本章:我相信《轶事》不仅是奇闻掌故,而且具有革命性。

但是,就"革命性"而言,我不是指轶事预示或者推动了如法国大革命这样的任何事物。我的意思是,轶事从根本上抨击了波旁王朝的合法性。讲述国王的性生活本身不具有煽动性。弗朗索瓦一世、亨利四世以及路易十四的情妇们(德·曼特农夫人除外)被誉为被征服者,如同战争的胜利者。这些人证明了君王的阳刚之气,她们还提供了贵族消遣,因为她们自己就是贵族,是自从有行吟诗人以来就受到赞颂的那类贵妇人。而杜巴利是妓女。如"诽谤作品"认定的那样,她没到凡尔赛之前,任何人花几便士就能占有她,很多人都和她有一腿,包括最低等的仆人。在"诽谤作品"中,她明显象征着国王的虚弱、国王的堕落,而不是证明国王的威力。因为,她仅是个工具,在堕落宫廷的肮脏政治生活中用来复活老色鬼逐渐萎缩的性机能。

故事的象征性不仅清楚地表现在叙述人为其"历史"选择的细节方面,也明确出现在他报道的街谈巷议、污言秽语之中。例如,《波旁女人》在描绘杜巴利使用妓院手段掌控国王时,强调了一些君主制的象征:

......

在寻欢作乐之所,

> 果丹妓院，
> 布里森妓院，
> 她接受教导；
> 性技巧她全部通晓。
> ……
> 国王高声感叹：
> 天使，你好手段！
> ……
> 到我的宝座上来吧，
> 我要把王冠为你戴上，
> 我要把王冠给你戴上，
> 到我的宝座上来吧：
> 拿起我那……（根儿）
> 像举起国王权杖那般。
> 它活着，还能动弹！①

国王阳物萎缩提供了街头歌手喜爱的花边新闻：

> 百合花上你将看见
> 快乐的老小孩；
> 一位巴黎新人（另一位巴黎女士）
> 攥着他那根……像拉着绳子。
> 你会看到万王之王，
> 屈膝伯爵夫人面前

---

① Anecdotes sur Mme La comtesse du Barry, p.76.

不久前一埃居
她会做你的姘头。
两人荒唐无稽翻云覆雨时
他与她一起尝试百戏,
为的是启动
他那老掉牙的机器。
不过,在高级女祭司身上
他无能为力;
好事进行之中
他便软弱不举。
人们说,国王如此无能
让她暗自怒气满胸;
不过,艾吉永的一点儿小忙
立时给了她补偿。
第一次受到传染(即性病)
我们的好陛下祈祷上天,
要送她蛰居
萨尔佩特里埃尔院(专设妓女羁押收容所)。

作为评论,叙述人补充道:"在凡尔赛,人们普遍相信那位得宠之人和艾吉永公爵睡觉:部长们给他戴绿帽子,路易十五命该如此。"①

宝座、王冠、百合花全都作为十分荒唐可笑的道具出现。权杖像国王的阴茎那样软弱无力,国王变成了黄段子里的典型人物:他是性无能的老色鬼,还戴着绿帽子。通过身体纠缠,杜巴利吸尽了他的魅力,使君

---

① *Anecdotes sur Mme La comtesse du Barry*, p.259.

权的象征性器官尽失效力。

如果人们忘记了国王身体对很多18世纪法国人来说仍然庄严神圣的话,这样的解释似乎显得过分,他们中许多人相信接触国王的身体可以治疗瘰病。因此,巴黎人街头传唱路易十五阳痿时,就挑战了他合法性的宗教根基。他们散布的观点是"低能暴君",而非神圣君王:

> 你不过是个低能暴君,
> 杜巴利的奴隶,
> 邪恶、愚蠢的玩具人。
> 从恒河到泰晤士河,
> 诅咒羞辱你者何其多。①

矮化国王在一部模仿《我们的父亲》的滑稽作品中表现得极为生动:

> 我的父亲,您身在凡尔赛。您的名字让人憎恶。您的王国摇摇欲坠。地下或天上您的意愿再不作数。您从我们口中夺走了每日的面包,今天还给我们吧。饶恕维护您的利益的高等法院吧,就像您宽恕出卖它们的大臣们那般。杜巴利的诱惑不要陷入。让我们远离魔鬼般的大法官。阿门!②

在法国人眼里国王不再是父亲,更不是神,他失去了最后一点儿合法性。至少,这是大革命前流传最广泛的书籍之一搜集的巴黎公众议论

---

① *Anecdotes sur Mme La comtesse du Barry*, p.211.
② Ibid., p.153.

所传达出的消息。听者、读者是不是仅仅闻之一笑毫不在意呢？我们不得而知。我们仅有的证据是另一本随后流行的《杜巴利伯爵夫人轶事评论》。该书也引用了《我们的父亲》，然后以评论的方式把《轶事》描绘成：

> 反政府、败坏名誉的诽谤作品，其讽刺彻底，锋芒直指王权并且直接攻击国王本人……在英国，国王仅仅是共和国的首席公民，因此，这样的反君主制讽刺作用不大。但是，在集权君主制国家，由于君主权威是至高无上之国法，这样的讽刺本身会打倒一切，因为它抨击了政体本身。①

《评论》可以照字义理解吗？当然不。这些评论仅仅提供了解释的解释，并且在另一个"诽谤作品"中出现。所以，我们现在必须放下我们在大量文本中找到的杜巴利的故事，去考虑该问题更大的方面。

---

① *Requarques sur les Anecdotes de Madame la comtesse du Barry*, par Madame Sara G. ...(London,1777), pp.106—107.

第三部分

书籍引发革命？

第六章　传播 vs. 话语

　　读者阅览了如此纷繁的文体、统计数字和那时的证言陈述之后,或许感觉退一步,缓口气,问一问如此详细研讨有何重大意义。我们一开始就提到的莫内问题关系到某些地地道道的现代史大问题:两个世纪前思想意识如何在社会中渗入?启蒙运动与法国大革命之间有什么联系?法国大革命的思想根源是什么?诚然,这些问题很复杂,又频繁受到研究,它们可能从未有过明确的答案。我们当然不能简单地靠指出一系列违禁书的存在,通过统计畅销书单上的数据,回答这些问题。正相反,我认为我们应该抑制对终极答案的渴望。重大历史问题包含的人类经验范围太广,不能归纳成普遍性特征。艰难探索这些问题时,历史学家像诊断学家那样寻找典型症状,不是像自然科学家那样把确凿数据变成严格结论。

　　不过,某些诊断相比之下更准确些。我们即使不能原原本本再现大革命前法国的文学界,仍可以识别出法律之外实际上在非法流传的书籍。况且,全面调查违禁书会使我们更进一步了解旧制度的垮台。我们甚至还可能梳理出一些思想史上普遍出现的混乱之处。我准备尝试做初步梳理,然后提出可以把违禁书的研究和有关法国大革命起源的经典问题联系起来的方法。

　　回想起来,在20世纪60年代后期思想史方面似乎明显出现了方法的分离。一方面,受社会史影响的学者开始寻找如思想传播、大众文化以及集体意识等课题;另一方面,重视哲学的学者们侧重研究文本、文本互联性和构成思想流派的语言学体系。这种分支和分派产生出了各种专业化的领域，但突出两个主要倾向：各占主要分界线的一侧。第一个倾向可以定义为"传播研究"。它尤其包括了书籍和印刷文字作为一种历史力量的研究，以巴黎为基地，昂利-让·马丹、罗杰·夏蒂埃、丹尼尔·罗什、弗雷德里克·巴比耶及其他人在那里把"书籍史"建成一个有特色的学科。第二个倾向被称为"话语分析"。它涉及政治思想史，兴起于英国剑桥，在那里约翰·波考克（新西兰人，后来移民美国）、昆廷·斯金纳、约翰·邓恩、理查德·塔克改变了英语世界对政治文化的认识。

每一倾向都具有特殊的长处和缺点。传播派挑战在文学史上占主导的名著名人的文学史观。先前的学者注重古典名著，而他们则试图从整体上重建文人文化。他们追踪图书出版整体上所发生的变化，研究像小故事书和年鉴等通俗体裁，考察出版商、书商的作用及作者的作用，并开始研究接受与阅读。在构想研究专题的方法上，他们吸收了社会学家的研究成果，尤其是皮埃尔·布尔迪厄、诺贝尔·埃里亚斯和于尔根·哈贝马斯。在研究方式上，他们偏重定量分析和年鉴学派提出的社会史方法。他们的目的和他们在年鉴学派内同路人的目标一致，是创造书籍的"总体史"，同时涉及社会、经济、思想、政治。在许多方面，他们实际上达到了目的。如果他们研究所产生的影响能用来衡量他们的成就的话，自1965年弗朗索瓦·孚雷主编的《书籍与社会》首卷出版至1986年昂利-让·马丹和罗杰·夏蒂埃编辑的《法国出版史》末卷问世，他们成功地建立了整个西方竞相效仿的标准。但是，巴黎图书史学家也遇到了问题，其中一些问题他们是从丹尼尔·莫内在20世纪初创立的传播研究中继承下来的。莫内模式的作用如同一台法国咖啡过滤器：它假设思想从知识精英缓慢扩散到普通民众，而且一旦被国民吸收，思想便激发出革命精神。就是说，思想是法国大革命的一个必要的——即便是不充足的——起因。

在莫内手中，思想史的渗透观引导出旧制度统治下文化生活的一个十分丰富的画卷。他的《法国大革命的思想起源》(1933)涉及外省学派、教育、共济会、知识分子、新闻、图书馆、反基督教运动、公众舆论,以及出版及图书交易,为二次大战后年鉴学派历史学家进行的大部分研究提供了蓝图。但是,莫内把所有素材都塞进一个狭窄的框架,一切都属于同一模式,表现出一条从启蒙运动到法国大革命的直线发展轨迹。因此,莫内的论点最终变得累赘重复。它根据效果设想原因,从1789年的反向推论到伏尔泰和18世纪初其他自由思想家头脑中的起点。莫内版本的思想史,尽管侧重文化媒介和社会制度,但最后归纳为旨在抨击的俗套。说到底,伟人的名著推动了启蒙运动,启蒙运动又引发法国大革命:法国大革命始终是"错在伏尔泰,责任在卢梭"。

为了摆脱莫内模式的束缚,当时与年鉴学派有关系的历史学家从思想史转向了社会文化史。丹尼尔·罗什、罗杰·夏蒂埃、雅克·雷维尔、阿尔莱特·法尔热、多米尼克·朱丽亚、米切尔·伏维尔(即使不是年鉴学派的成员,也属同路人)把文化活动作为社会现象研究,而不是把它们归纳为启蒙运动思想的影响。他们的研究成果显著,自成体系,但应对不了始终存在的莫内原始问题的挑战:如果启蒙运动不能认作是法国大革命的思想根源,那么什么是法国大革命的思想根源呢?

在最近一次应对这个挑战的尝试中,罗杰·夏蒂埃提出根源不是思想的,是文化的。他最先引用了私人生活领域的扩张,然后引用了一系列其他变化:宗教世俗化、下层社会诉讼增加、国王出席公开典礼仪式次数减少,尤其是文学作品对于于尔根·哈贝马斯称为"资产阶级公共领域"发展的影响。但是,无论夏蒂埃把这些论点植入还是植出对旧制度集团精彩丰富的综合研究,他从来没把这些论点同法国大革命的爆发联系起来。[1]

---

[1] Chartier, *Les Origines culturelles de la Révolution française*,尤其是 pp.25—35。

"资产阶级公共领域"不能作为一种关系。当它从德语的 bürgerliche Öffentlichkeit 翻译成法语时,它变成了"espace public"(公共空间),即具体化了,好像一种历史上发生作用的真实现象。哈贝马斯从来没有这样定义过。他把"公共的"(英语"public""publicity"或"publicness")作为隐喻使用,描绘了现代社会公众舆论和交流方式之间的相互影响。他所谓的"资产阶级"意义较为实在:指马克思主义社会史中的上升阶级。但是,自哈贝马斯1962年最早发表论文以来,历史学家已经普遍放弃了用上升资产阶级概念去解释法国大革命。为什么他们要采用"资产阶级公共领域"作为代替呢?①

社会文化史的其他因素更具实质意义,但是似乎也同 1787 至 1789 年发生的事件没有关联。对待家庭、私生活、来世、文学、行会头领,乃至皇家礼仪的态度方面或许产生了一些变化,但这些变化没有促使法国人推翻旧制度。这些变化在西欧到处发生,尤其是在那些像英国、德国那样没有爆发革命的国家。这些改变可能属于西方各处长时期以来出现的世界观的普遍转变——近似于马克斯·韦伯的"世界的幻想破灭"。为什么用它们替代启蒙运动、詹森主义、高等法院宪政来说明法国大革命的起源呢?毕竟,革命者把他们的思想原则追溯到了孟德斯鸠、伏尔泰和卢梭。他们不会把旧制度的垮台与私人生活的扩展这样模糊不清的事情联系起来;他们一旦夺取了政权,就竭力使私人领

---

① "Bürgerlich"也属翻译难题,因为 Bürger 在德语中既有"公民"也有"资产者"的意义。但是,纵观全书,哈贝马斯明显得益于这一过时的马克思主义社会史。尽管他的阐述从概括区分社会与国家开始,其实却涉及三个"领域":私有领域、公共权威领域和两者之间的"权威性'公共'领域"。见 Jürgen Habermas, *The Structural Transformation of the Public Sphere. An Inquiry into a Category of Bourgeois Society* (Cambridge, Mass., 1989), trans. Thomas Burger, p.30; 以及 Habermas, *Struckurwandel der Öffentlichkeit. Untersuchungen zu einer Kategorie der bürgerlichen Gesellschaft* (Darmstadt, 1984, Ist edn., 1962), p.45。

域服从绝对的国家需要。

当然,"根源"总是被回顾式地解释,而且,大部分根源没有被同时期的人觉悟。或许,如夏蒂埃断言的那样,革命者借助启蒙运动给他们的统治提供一个受尊重的思想体系,使其合法化。① 但是,即便如此,也不能证明法国大革命的思想根源里没有"哲学"思想的成分。18世纪50年代末启蒙运动已经牢固地根植于当时的觉悟。求助文化史的超凡解释力根本不可能否定启蒙运动的影响。如果文化史确实必须阐明法国大革命的根源,就必须确立态度和行为模式与革命行动两方面之间的关系。否则,它只是把在莫内的思想传播描写中发现的烦人的难题转移到了另一层面,即广义的文化层面。

话语的分析同传播研究一样,始于对传统思想史的不满情绪。它挑战那种视概念为思想单元或意义的独立载体的观点。该观点是《观念史杂志》及其创始人——也许是20世纪美国最具影响的思想史学家——亚瑟·拉夫乔伊创立的史学的核心。拉夫乔伊把"思想单元"分离出来作为研究目标,并且跟踪其几百年来在哲学家之间的传承情况。他的批评者认为这个过程避开了意义理解过程中的关键点。如自维特根斯坦以来的语言哲学家所证明的那样,意义并非原本存在于思想之中。意义由言语传播并被参与谈话的人理解,它使言语的传统模式活跃起来了;并且意义在上下文中发挥作用,因此同一词语在不同时间和不同文体中会传达出不同的意义。

事实上,拉夫乔伊在其名著《存在之伟链》(1936)中对哲学产生的环境表现出强烈的敏感。这部著作追溯了两千年以来本体论体系的概念。但是,对其批评者而言,该书似乎被根本误解了,恰如《法国大革命的思想起源》对于莫内的继承者而言显得不充足。新一代的思想史学家

---

① Chartier, *Origines culturelles*, pp.110—111.

不是隔离开主要的思想,而是试图重新构建言论:就是说,他们视主要的政治理论著作为正在进行的政治辩论——由某一时代某一社会特有的一种习语或意义体系表达的大辩论——的一部分。因此,他们检验传统政治思想史时便发现其充满时代错误。他们认为霍布斯、哈林顿、洛克没有直接表明现代政治信仰,而是向后看,注意文艺复兴时期宫廷政治以及源于古人的市民人本主义传统。17 世纪的伟大思想家用 17 世纪的语言论述 17 世纪的问题。理解他们的关键是语言本身,它溢出当时的论文并且运行于同时期关于皇权的家长制本质、常备军的合法性、皇权排斥天主教徒,以及目前已经从政治中消失的其他问题的辩论。[1]

由于英吉利海峡的另一边认为语言哲学不可思议地"盎格鲁萨克逊化"了,英国人改写政治思想史的方式在法国行不通。法国人用自己的方式结合历史与哲学:一种由乔治·康吉勒姆在科学史方面开启并在米切尔·福柯的著作中扩展从而包括了大范围的言论实践的方式。不过,"论述"在剑桥表达一种意义,在巴黎表达另一种意义。对福柯及其追随者而言,论述意味着强制力——根植于认识并且体现于制度的社会约束力。[2] 因此,实际上产生了两种关于论述的说法,自 20 世纪 60 年代初起各自独立发展。不过,最近它们好像在一个战略地点巴黎雷蒙-阿隆中心走到了一起。这里,在年鉴学派的庇荫下,各流派传统发生了引人注目的融合。哲学家与历史学家、法国人与英美人,联手冲击自莫内以降的学者们始终感到难于理解的 18 世纪研究中的一个领域,即:法国大革命

---

[1] 作为这类广博文学作品之范例,见 James Tully, ed., *Meaning and Context. Quentin Skinner and His Critics* (Princeton, 1988); J. G. A. Pocock, *Politics, Language, and Time. Essays on Political Thought and History* (Chicago, 1960); John Dunn, *The Political Thought of John Locke* (Cambridge, Engl., 1969);以及 Richard Tuck, *Natural Rights Theories: The Origins and Development* (Cambridge, Engl., 1979)。

[2] 尤其见 Michel Foucault, *L'Ordre du discours. Leçon inaugurale au Collège de France prononcée le 2 décembre 1970* (Paris, 1971)。

与启蒙运动的交叉点;或者,换言之,政治与哲学之间的聚合点。

对这个问题的攻坚由弗朗索瓦·孚雷领军,开始他作为社会史学家企图使莫内现代化,后来又皈依具有哲学性质的政治历史。孚雷毫不犹豫地把法国大革命的思想根源归于启蒙运动,①但他没有重拾传统思想史的旧套。他和他的追随者——著名的有马塞尔·戈谢和凯斯·贝克尔——彻底地把法国大革命解释为卢梭哲学理论在政治方面的作用。但是,他们没有假设一个革命者运用《社会契约论》箴言的简单进程。他们看到了自1789年至恐怖时期和五人内阁执政期间某种卢梭式的论述在扫荡着一切。

这一论点最强有力的阐释以及受剑桥哲学史学家影响最深的说法出现于凯斯·贝克尔的《发明法国大革命》(1990)。贝克尔把旧制度的政治思想归纳成三种话语"语言":意志话语,等同于卢梭;理性话语,杜尔戈所阐述;司法话语,在高等法院辩护者路易-阿德里安·勒佩日那得到了最有效的申述。按照贝克尔的理解,法国大革命的最初几个月是这些论述之间大规模的争霸斗争时期,而且,决定性时刻的到来,不是7月14日或8月4日或10月5日,而是9月11日。这一天国民议会投票废除国王的否决权,并非对国王最终否决权投票表决。贝克尔认为,在这一时刻国民议会决心服从一种卢梭式的人民主权观——即意志话语占了上风,并且从那时起,没有什么能够阻挡法国大革命滑入恐怖时期。②

马塞尔·戈谢提出了相同的论点。他发现在《公民权与人权宣言》

---

① François Furet and Mona Ozouf, eds., *Dictionnaire critique de la Révolution française* (Paris, 1988), p.8.
② Keith Baker, *Inventing the French Revolution. Essays on French Political Culture in the Eighteenth Century* (Cambridge, Engl., 1990),特别见 pp.301—315。在1991年10月26日 *The New York Review of Books* 第33—36页"一场启蒙革命"一文中,本人较深入地讨论了贝克的论点。

的辩论中"卢梭范畴"压倒一切。按照卢梭的公共意志概念,这是"一种妨碍自由实现的构想自由的方式"。在革命进程中占据核心地位,它便限定了从 1789 年延展到 1795 年的"思想空间",并且使恐怖时期从开始就为法国大革命的内在必然。① 弗朗索瓦·孚雷也把恐怖时期追溯到了 1789 年发生的言论实践,而且他也采用了权利的语言学概念,他通过利用空间隐喻表达了这一概念。他认为,通过主张以卢梭方式表达人民的意志,革命者把主权论述置于独裁君主制腾出的"空间"。取代专制主义之后,"话语"一词变成了绝对。为公共意志代言即是运用公共意志。因此,描述权力即是权利,政治变成语言,"符号学系统"成了至高无上的主宰。尽管孚雷的符号学观点一直默默无闻,但他的论点含义明确:自法国大革命最初几个月起,言论支配事件发展,而且革命者的理论探讨直接导致了恐怖时期。②

经过马克思主义者和修正主义者之间几十年的争吵,法国大革命研究陷于停顿,而孚雷及其追随者为其注入了思想活力。他们的研究提供了对众多论文和辩论的睿智的重新解读,并具有正视思想与事件如何混杂在一起这个问题的优点。但是,他们的研究也受到了话语分析的一些缺点的损害。我准备讨论三点:

第一,由于把话语模式强加于事件发展,他们的研究没有讨论偶然性、突发事件以及革命进程本身的余地。政治史,如果不从基佐和梯也尔时期即从奥拉尔时期起,展示了法国大革命怎样逐渐激进起来,响应 1789 年后发生的事件:宗教分化、战争、反抗革命的起义、来自巴黎各界

---

① Marcel Gauchet, "Droits de l'homme", in Furet and Ozouf, eds., *Dictionnaire critique*, 引文出自 pp.685,689,694。在创立"卢梭范畴"和"功能机会的卢梭主义"概念的过程中,高奇轻视《社会契约论》的传播,见 p.690。有关这个论点更全面的阐述,见 Gauchet, *La Révolution des droits de l'homme* (Paris, 1988)。
② François Furet, *Penser la Révolution française* (Paris, 1978), pp.41,72—73,109。

的压力,以及经济灾难。孚雷的发掘虽然恢复了大量的19世纪史学,但他却贬低这种传统叙述方式,把它和奥拉尔有名的"环境论"联系在一起,即认为恐怖时期从开始就不是内在必然,而是在意外事故压力下临时形成的。在他自己的叙事历史中,孚雷实际上接近认可了奥拉尔的论点。他把恐怖时期看成是意外时期,当时大革命脱离了进程——大革命1789年为自身确立并在1794年后回归的进程。①

我认为,"环境论"(thesis of circumstance)尽管已经过时,但可圈点之处不少。当然,"环境论"解释不了一切,另外人们必须考虑到,众多革命者的定罪理由中存在着意识形态、伪宗教成分,尤其是在1794年夏悲惨的"大恐怖"期间。尽管罗伯斯庇尔倒台前一个月,法国1794年6月26日在弗勒吕斯取胜,消除了军事入侵的威胁,但断头台的处决仍然继续。可是,恐怖时期的势头和罗伯斯庇尔派的势力不会一夜之间消失。代表们自己吓得战战兢兢,他们无论持何种哲学原则,都渴望结束恐怖时期,如果他们不冒掉脑袋的危险便可以办到的话。甚至公安委员会的成员也是一群费力地应付非常事件的怕死凡人。要了解他们差强人意且日复一日的所作所为,人们只需要通读奥拉尔的28卷《公安委员会文件汇编》;或者,如果对文件不感兴趣的话,可走捷径浏览罗伯特·帕尔默的《12位统治者》。② 奥拉尔和帕尔默的传统叙事历史解释恐怖时期的可信性远远超过任何1789年的哲理论述的评注,甚至空间隐喻润色的各种语言学解释。对我而言,我承认自己不能理解什么是"思想空间"。

第二,法国大革命的哲学解释离语义史尚远。这些解释把自身局限

---

① François Furet and Denis Richet, *La Révolution: des Etats Généraux au 9 thermidor* (Paris, 1965).

② Isser Woloch, "On the Latent Illiberalism of the French Revolution", *The American Historical Review*, vol.95 (December 1990), p.1467.

于若干论文和议会辩论记录。但是,革命者对自己处境的理解受各种现象的影响,其中大部分现象发生在辩论大厅之外。他们在1789年8月4日夜间宣布废除封建主义之时,便真切地想象出燃烧着的城堡和尖桩上的头颅。甚至当他们在各议会问题上表明立场时,这些人也不单纯参考政治理论,他们通过观察各派别间的交易,以具体的方式调整自己。例如:在部长由国民议会遴选并对国民议会负责的议会政府理解方面,便不存在固有的激进或保守之分。但是,米拉波在1789年11月维护这一主张时,示意代表们该主张属于右派纲领;而且,罗伯斯庇尔反对这一主张时,指出它同左派水火不容——尽管他在1793年支持设立一个具有权威的议会执行委员会。

总之,意义不是预先包装在革命前的论述之中出现:它产生于革命过程本身。它涉及人物性格、派别、政治策略洞察力、不断转变的左派与右派范畴,以及周围社会施加给代表的各种压力。话语分析应该重视这些因素,还要重视与规范思想关系更疏远的其他因素:情感、想象、偏见、含蓄的假设、共同的表象、认知范畴,一整系列曾属于"思想"史研究范围的思想和感觉。由于背离了这类历史,话语分析家采取的立场与传统思想史的立场几乎不能区别。他们的困境不是因为采用符号学立场观察政治斗争,而是因为没有使符号学充分发挥作用——深入到谷仓和街头,那里普通人改变着自己的世界观。①

第三,话语分析承认研究从思想到行为过渡的必要性,但是没有抓住研究的难点。这个问题一直隐存于剑桥,那里的哲学历史学家把自己的研究局限于政治理论。但是,在巴黎它受到了高度重视,那里的哲学

---

① 作为这类不涉及言论或者符号学思想状态史之范例,见 Georges Lefebvre, *La Grande Peur de 1789* (Paris, 1932); Richard Cobb, "The Revolutionary Mentality in France", in Cobb, *A Second Identity. Essays on France and French History* (Oxford, 1969), pp.122—141。

第六章 传播 vs.话语

历史学家开始解释事件,而且首先解释早期现代史中的最重要事件:法国大革命。同莫内一样,他们假设法国大革命和启蒙运动之间有某种内在联系。但是,弗朗索瓦·孚雷提出了法国大革命与启蒙运动的关系这一"老大难问题"之后,把它置于一边,并且他像马塞尔·戈谢那样,强调存在于从1789年延续至1800年并以某种不可解释的方式从旧制度的哲学理论中衍生的某种短暂框架中的"思想空间"。①

凯斯·贝克尔对这个问题做出了比较令人满意的阐述,因为他把革命辩论与1789年前早就出现的哲学观点联系起来。但是,他对言论的认识似乎牵强。为什么旧制度时期的全部政治写作要分为三类独特的"语言"呢?为什么是意志、理性和司法话语,而不是其他议论和行使国王权威的方式,例如家长式的、宗教式的、礼仪性的及戏剧性的方式?注重传播研究或许会在这方面有所帮助,因为如果一个人能够辨别出最为广泛流传的政治小册子,他便会从18世纪法国人的角度而非20世纪教授感兴趣的立场出发寻找文体的相互关联性。②

不过,即使这样,问题仍然存在,尤其是了解书籍传播如何影响公众舆论,公众舆论又如何改变政治行为方面的问题。凯斯·贝克尔和莫娜·奥佐夫都写出了阐释"哲学"作品中表现的公众舆论理念的好文章,但是他们似乎认为研究事物的概念而不是事物本身就足够了。③ 诚然,历史学家不比哲学家更接近事物自身。事件包含在意义中出现,因此我们不能分离行为与解释或者把历史简化成单纯事件。但是,这不意

---

① Furet and Ozouf, eds., *Dictionnaire critique*, pp.8—9、12.
② 见 Keith Baker, *Inventing the French Revolution. Essays on French Political Culture in the Eighteenth Century* (Cambridge, Engl., 1990), Part II,以及第 24—27 页 Baker 的论点总结。
③ Keith Baker, "Public Opinion as Political Invention", in *Inventing the French Revolution*, pp.167—199; and Mona Ozouf, "L'Opinion publique", in Keith Baker, ed., *The Political Culture of the Old Regime* (Oxford, 1987), pp.419—434.

味着完全通过哲学论述理解事件,或者说,普通人依赖哲学家来找到自己人生中的意义。意义的形成发生于街头,也出现在书中。公众舆论形成于集市、酒肆,也形成于"思想会社"。要了解公众如何理解事件,探索范围必须超出哲学家的著作,扩展到日常生活交流系统。

但是,公众舆论课题把我们带入了争论的后面一部分要考虑的问题。目前,最好停顿一下讨论是否有可能以某种方式结合这两个思想史流派,最大限度地发挥其长处而回避其短处,似乎更好。

第七章　传播网络

"是书籍制造了革命?"①这样生硬地提出问题,会步入那个暗中设置的法国式陷阱:"错误提出的问题"——就是说,因为过分简单化,歪曲了问题。肯定的回答似乎呈现一次性因果概念,好像人们可以从书的销售推导至阅读、读者的信念、公众舆论的调动、公众参与革命行为。显然这不可能。这种直接的因果性传播模式忽视了独立因素,不仅没有注意到非文学的公众舆论来源,也没有视阅读为文体主动转让,非被动接受。是不是书的扩散研究因而便与了解法国大革命的起源没有关联呢?我愿意提出一个更具综合性的模式,而不是匆忙下这个结论。

书籍史作为一种传播研究的长处是,人们准确地了解传播了什么:不是话语,不是公众舆论,是书。当然,书具有多种身份——制造品、艺术品、商业交换品、思想媒介物。因此,书的研究延伸到了许多领域,例如劳工史、艺术史和商业史。由于书的研究提供了一种极大限度地减少时代错误的方法,它在思想史方面价值特殊。历史学家可以确定什么书在18世纪实际上流传最广,而不是先提出"启蒙运动思想传播如何广泛"的问题。然后,他(或她)可以开始研究自己设定的种类,以便估量文学市场的具体部门。掌握了足够的信息和实在有效的一套标准之后,他甚至能够计算出启蒙运动思想的需求量——即,确定"哲学"作品在文人文化一般模式中

---

① 这是 Roger Chartier 在 *Les Origines culturelles de la Révolution française* 第86页提出的问题。我加以引用,并非有意暗示他的意识形态概念简单;正相反,我效仿他,利用这个问题挑战简单的意识形态生成论。

的位置;也就是说,不用找寻启蒙运动,便发现了启蒙运动。

这个过程不会产生简单明了的结果,而且对启蒙运动与法国大革命关系问题也没有直接影响。但是,它会帮助传播研究者应对话语分析家的批评。后者恰恰反对把思想看成是可以在国家政体上追踪的"单位",如同血液中受到监测的放射性微粒。但是,这种异议不适用于图书。书是经贸易渠道流通的实物,它的生产、销售以及(某种程度上)消费可以系统地研究。人们可以把这个系统视为一种传播线路,从作者到读者——最终返回作者,一位作者对读者、评论者以及周围社会的其他信息和灵感源做出反应。如图7-1所示,这种传播线路可以用图示呈现,如图7-1所示:①

与非线性的传播观念相比较,该模式具有两个优点。首先,它否定了向下渗透的概念,支持一种有机的观点,这个观点认定社会由动脉、静脉和毛细血管构成的传播网络所贯穿,并且重视生产流通过程中的各个阶段。应用于其他历史阶段、其他文化和诸如报纸、传单、招贴等其他印刷文字媒介时,该模式或许有不同的设计。但是,原理不变:以某种公正评价其系统本质和各部分联系的方式表现传播过程。

其次,该模式考虑到各个阶段的外部影响,而不是假设一个自给自足的、机械的运行方式。作者、出版商、印刷商、书商、图书馆员、读者不断地修正自己的行为以回应来自国家、教会、经济及各类社会团体的压力。直到目前,大部分研究一直侧重于作者。作者的文本经常带有赞助保护、审查、敌意、竞争和收入需要的痕迹。但是,付梓出版时,文本被排字、制版和操纵印刷机的工匠们塑造。出版商也通过集中商量决定市场策略、版式、插图、字形以及书的装帧设计,影响文本的意义。另外,书商

---

① 本人在 *The Kiss of Lamourette. Reflections in Cultural History* (New York, 1990) pp.107—135,"What Is the History of Books"一文中对这一模式进行了较全面的讨论。

图 7-1 书——传播网络

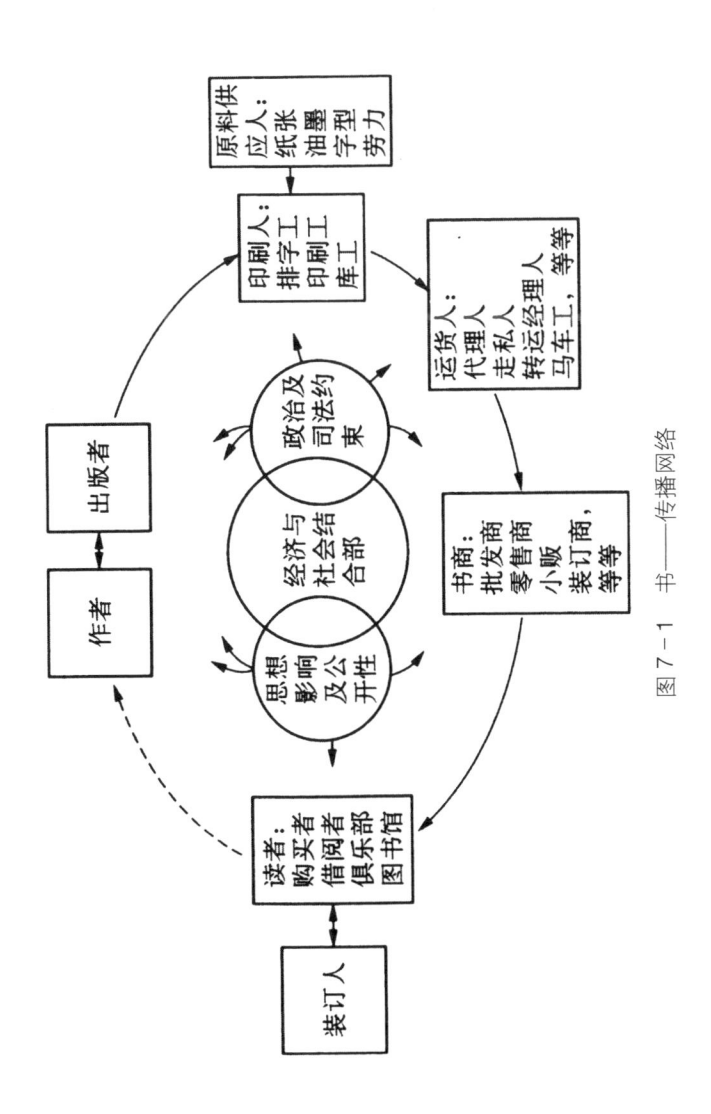

作为文化经纪人的重要地位怎样评价都不过分。在书商的店铺——或摊位,或马车,或背囊——那里,供给真正满足需求,书真正到了读者手中。

阅读是这个有待了解的循环周期中最难的阶段。我们对读者怎样解读文本,是独自还是集体,是朗读还是默读,是在图书馆里还是在茂密的栗树下,还仅仅是肤浅的了解。但是,我们不应该因为缺少接收方面的信息就放弃理解当时的文学体验的信念。因为,文学不局限于作者与读者或者读者与文本,它通过整个传播体系形成。而且,我们能够研究进入文学形态的所有成分,因为传播系统在每个环节上都容易受到外来影响的渗透。我们对生产与流通的了解在一定程度上可以补偿我们对接收方面理解的局限性。

无论如何,接受对于更全面地了解文学体验至关重要。我们如何采取策略来躲避我们对于读者反应的认识不足呢?除非模式有助于摆正研究方向,否则摆弄它不会有什么收益。就法国违禁书研究而言,使用模式实际上证明是相当有益的,因为定性证据补充了定量证据。如第一章所示,出版商书商讨论和处理"哲学书"的方式揭示了大量读者对禁忌的兴趣,而且图书销售统计数字清楚地显示了文学需求状况。① 但是,为了使论证超过这个水平,我们需要从扩散问题转移到意义问题——即进入话语分析的领域。

首先可以将畅销书目作为 18 世纪读者选择偏好的恰当索引,然后仔细阅读书目。这种策略听起来难以置信地简单,但内含不少东西可以讨论。它展现了不依靠具有时代错误的文人文化概念去寻找文体相互关联模式的可能性。如果我们可以确认出非法流通的全部文学作品,我

---

① 本人在 *Edition et sédition*,第 2—6 章和 *Gens de lettres, gens du livre*,第 10—11 章中更详尽地阐发了这个观点。

们就应该能够合理地推断出当时人们视为威胁统治集团的东西。但是,我们仍然必须直面一个令人不安的问题:我们如何肯定我们对这些文学作品的解读近似于生活在 200 年前的法国人的解读呢?此时,我们需要更进一步考察视阅读为主动占用的观点。

罗杰·夏蒂埃运用这一观点来抵消那种认为违禁书产生出一个统一的读者反应模式从而对公众舆论发挥影响的说法。如果读者以自己的方式占用文本,执意把各种各样的个人看法加到书上,而不是被动地接收印刷在书里的信息,他们的体验会变化无穷。他们可能各取所需地领会文学作品。由于不可能了解他们如何读书,所以发现他们读什么书便意义不大。①

夏蒂埃利用米歇尔·德·塞尔托和理查德·霍加特的研究成果简述了主动占用的理论。在历史例证方面,他引用卡洛·金兹伯格(Carlo Ginzburg)和我本人的研究。德塞托强调阅读行为中内在的"意义的无限复数"。② 他本人弘扬自由精神,反对那种把普通人看作是蜡像一样被媒介摆弄的傻瓜。但是,他没有把这种异议发展成一种经得起推敲的民众实际阅读实践的理论,而且他的见识也没有完全被霍加特理论证实。③ 尽管霍加特也强调劳动阶层文化的主动独立性质,但他没有进一步论证普通读者按自己所需理解书的意义;恰恰相反,他强调普通读者体验的文化决定因素。他们的文化所起的作用就像客厅,气氛舒适、安全、温暖、包容:把外来因素吸收进本身的结构。它非但不助长个性或

---

① Chartier, *Les Origines culturelles de la Révolution française*, chap.4;"Intellectual History and the History of *Mentalités*:A Dual Re-evaluation", in Chartier, *Cultural History. Between Practices and Representations* (Cambridge, Engl., 1988), pp.40—42;"Du livre au lire", in Chartier ed., *Practiques de la lecture*, pp.62—88.

② Chartier,"Intellectual History", p.42;and Michel de Certeau, *L'Invention du quotidien* (Paris, 1980), p.286.

③ de Certeau, *L'Invention du quotidien*, pp.279—296.

者特质,还给进入其范围内的一切打上它的性质烙印。①

卡洛·金兹伯格对一位下层读者——一位姓曼诺乔的16世纪磨坊主——的调查甚至进一步深化了同一论点。金兹伯格不单证明了曼诺乔阅读如饥似渴,把文艺复兴的文本转化成他自己的词语,而且认为曼诺乔的词语产生于一种唯物主义宇宙观,这种宇宙观自古以来就暗含于通俗文化内。在我自己对一位来自18世纪拉罗歇尔的读者的研究中,我试图说明个人怎样热切地回应卢梭作品,但也因此遵奉卢梭主义本身为一种寻找生命意义的文化框架。其他关于读者反应的研究进一步证实了这个倾向。研究不是论证一方面普遍的被动性或者另一方面普遍的不确定性,而是表明读者通过使自己适合某一现存的文化框架从文本中寻找意义。②

我们通常怎样弄懂事物的意义呢?我认为,不是通过从我们灵魂深处汲取真知灼见并且将其放映到我们的周围事物,而是通过让感觉适应

---

① Richard Hoggart, *The Use of Literacy* (London, 1960, Ist edn. 1957),尤其见第二及第四章。Hoggart强调在现代媒体面前早期工人阶级文化的密集度和"全面渗透"的性质(p.19),而Certeau则强调个人在随意解读媒介产物过程中作为"偷猎者"的创造性(de Certeau, *L'Invention du quotidien*, p.292)。但是,Certeau也认为吸收并不意味着成为类似被一个人吸收的东西,而是把吸收的东西变成自己的,也就是说占有。这个占用观有几分近似于Hoggart坚持认为的:劳动人民把民谣和文学作品以自己的方式结合进自身的文化之中,而不是简单地允许自己受媒体的控制。

② Carlo Ginzburg, *The Cheese and the Worms. The Cosmos of a Sixteenth-Century Miller* (Baltimore, 1980), and Robert Darnton, "Readers Respond to Rousseau: the Fabrication of Romantic Sensibility", in *The Great Cat Massacre*, chap.6; Claude Labrosse, *Lire au XVIIIe siècle. La Nouvelle Heloïse et ses lectures* (Lyon, 1985); Cathy Davison, *Revolution and the Word. The Rise of the Novel in America* (New York and Oxford, 1986); Eric Schön, *Der Verlust der Sinnlichkeit oder die Verwandlungen des lesers. Mentalitätswandel um 1800* (Stuttgart, 1987); Brigitte Schieben-Lange ed., *Lesen-historisch* in *Lili: Zeitschrift für Literaturwis-senschaft und Linguistik*, vol.15, no.57/58(1985).

框架。框架取自于我们的文化,因为我们所体验的现实是社会构建。我们的世界有机化地出现——划分为范畴、受传统影响,并具有共同情感。当我们发现有意义的东西时,我们使之符合我们从自己文化继承下来的认知结构,并且通常把它变成言语。因此,意义像语言那样是社会性的,无论我们给予它们什么样的考虑。发现意义的过程中,我们从事重大社会活动,尤其是当我们阅读时。为了理解一本书,我们必须寻找路径穿过大密度的符号场,因为书的各方面——不仅书面语言,还有印刷技术、版面、开本、装订,甚至销售广告——都带有文化传统的标记。每一方面都指引着读者,指导着他或她的反应。读者也赋予文本很多东西,如期望、态度、价值、意见,而且这些也具有文化限定因素。因此,阅读被双重因素所限定,一方面是书作为交流媒介的属性,另一方面是读者内在化的并且交流必须在其中发生的一般符号代码。①

为了避免误解,我应该加上两点说明:第一,在强调文化框架的重要性方面,我不同意文化整体论的观点。我认为各种缝隙和断层遍布文化系统,所以意义的产生同样包含一致性。冲突调动相互竞争的框架,或者借用剑桥学派的词语:竞争性的话语实践。读者通过使政治文论适合习惯政治语言传统来进行意义理解。因此,话语分析可能最适合阅读史。

第二,在强调阅读的文化约束方面,我无意于暗示读者必须自同一本书中发现相同的信息,几乎任何文化系统都有足够的空间可容纳对于文本的新颖和矛盾的回应。我不是宣扬超决定性论,而是反对那种低估阅读接收过程中文化决定因素的观点——即把阅读置于文化历史领域

---

① 有关一些这类观点的较全面论述,见 Nelson Goodman, *Ways of Worldmaking* (Indianapolis, 1978); Erving Goffman, *Frame Analysis. An Essay on the Organization of Experience* (Boston, 1986); and D. F. McKenzie, *Bibliography and the Sociology of Texts* (London, 1986)。

之外的概念。在我看来,占用是有价值的概念,前提是它不把阅读史从最适合它的另一学术传统——在法国被称为"心态"(mentalités)史的态度、价值及世界观研究——中排除出去。

话虽如此,概念的澄清不足以补偿经验性研究的缺乏,而且阅读史方面的研究通常由于缺少充分的证据而搁浅。尽管我们一定程度上了解法国人在18世纪对书的反应,但没有办法回避我们的了解还不足以得出关于读者反应的全面结论这一事实。难道不是这样吗?我准备提出一个处理这个问题的策略,然后搁置方法问题,以便着手处理法国违禁书研究中提出的一些具体问题。

为了绕开传播网络中接收一方的难题,我们可以直攻公众舆论问题。这是个重要问题,却还缺乏理解重视。我们对公众由什么人构成以及他们的舆论在18世纪的法国怎样形成认识尚肤浅。原则上,政治是国王的事,国事只局限于凡尔赛;而且,在那个小世界里,狭小权力的殿堂缩小成甚至更狭窄的空间——内阁阴谋核心集团,谙熟"国王的秘密"。路易十四巩固了专制集权后,普通民众处于非政治状态,不参与政治进程。然而,实际上,许多权力冲突发生在宫廷范围以外;而且,作为参与的观察者,公众逐渐政治化。这类政治采取对立形式——请愿、抗议、漫画涂鸦、歌谣、印刷品以及谈话,其中大量的好话(bons mots)、坏话(mauvais propos)和煽动性言论(bruits publics——"公众喧嚣"或谣言)导致集体暴力(émotions populaires——"民众情绪"或者说动乱)。①

---

① 关于权力行使及国王的秘密,见 Michel Antoine, *Le Conseil du roi sous le règne de Louis XV* (Geneva, 1970),特别是 pp.618—620。凡尔赛之外的政治和公众舆论,较老的一派历史学家全面地研究过,他们著作似乎被忽视了,尤其是被 Jules Flammermont、Marcel Marion、Félix Rocquain、Eugène Hatin、Frantz Funck-Brentano 等人忽视。关于较新颖学术研究之范例,见 Dale Van Kley, *The Damiens Affair and the Unraveling of the Ancien Regime, 1750—1770* (Princeton, 1984) 和 Arlette Farge, *Dire et mal dire. L'opinion publique au XVIIIe siècle* (Paris, 1992)。

这些言谈大部分都蒸发消失了。但是有些被警察密探记录下来,因为当局严肃对待并极力跟踪这些东西。警察的报告装满了数以百计的卷宗,有些报告内容生动得使人几乎是亲耳监听到酒馆、咖啡馆、公园里进行的谈话。当然,密探报告不能照字面理解,因为密探或许会误解他们听到的东西或者错误表述以便符合警察当局给他们制定的日程要求。但是,他们的报告可以同秘密新闻传单、日记、书信中的相近资料进行比较。巴黎收藏的大量传单、歌谣及印刷品能够提供更多的文献证明。由于多年浸淫于这些资料,我已经把18世纪的巴黎看成一个巨大的传播网络,联结着每个社区,每时每刻都匆匆播送着当时巴黎人所称的"公众噪声",或当今所称的政治话语。

如图7-2所示,这个过程可以根据第二个模式简明地表现如下:

无论这个模式是否精确地符合大革命前巴黎的信息流动,我认为它形象地说明了信息经各种媒介和环境传送的方式。通过想象这样的传播体系,应该有可能草拟出一部初级公众舆论史。尽管存在困难——档案参差不齐、公众构成的易变性、公众概念本身固有的不确定性——这项工作是可行的。我们已经能足够深入地研究资料,确定非法文学作品的传播和公众舆论的激化两方面之间存在的某种联系。但是,这种联系的性质如何呢?不单纯是因果关系。如第一个扩散模式所示,违禁书生产流通在每一环节上都会有印刷文字网络以外的影响渗透。政治言论自由地流向阁楼里奋笔疾书的作者,渗入出版商筹划版本的深思熟虑,刺激书商订购。书本身,尤其是像"丑闻编年史"类,带有"坏话"的印记。而且,书还帮助散布不满言论。它们不仅不使其消失,还以印刷形式传播到王国的最偏远地区。因此,人们应该想象相互强化、反馈、放大,而不是设想因果。

如第二种模式所描绘的那样,这个反馈过程溢入了其他媒介,在一个总信息体系之中相互交织。同样的主题经常出现在咖啡馆内进行

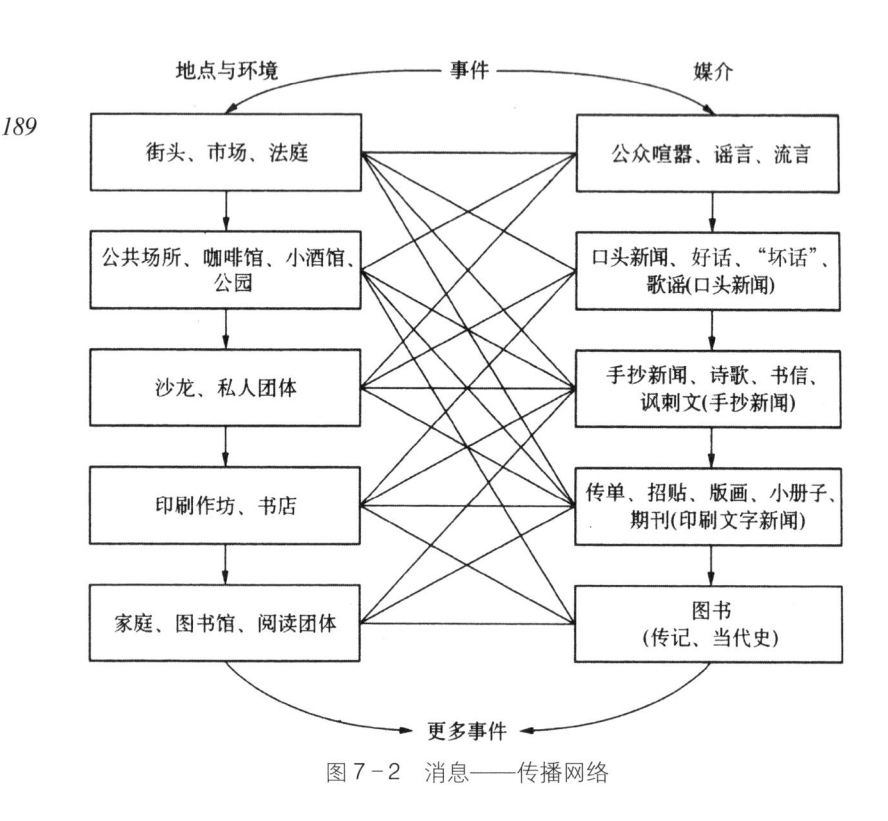

```
                        地点与环境          事件           媒介
                    ┌──────────────────┐        ┌──────────────────┐
                    │ 街头、市场、法庭  │        │ 公众喧嚣、谣言、流言 │
                    └──────────────────┘        └──────────────────┘
                            ↓                            
                    ┌──────────────────┐        ┌──────────────────┐
                    │ 公共场所、咖啡馆、│        │ 口头新闻、好话、"坏话"、│
                    │ 小酒馆、公园     │        │ 歌谣(口头新闻)     │
                    └──────────────────┘        └──────────────────┘
                            ↓                            
                    ┌──────────────────┐        ┌──────────────────┐
                    │ 沙龙、私人团体   │        │ 手抄新闻、诗歌、书信、│
                    │                  │        │ 讽刺文(手抄新闻)   │
                    └──────────────────┘        └──────────────────┘
                            ↓                            
                    ┌──────────────────┐        ┌──────────────────┐
                    │ 印刷作坊、书店   │        │ 传单、招贴、版画、小册子、│
                    │                  │        │ 期刊(印刷文字新闻) │
                    └──────────────────┘        └──────────────────┘
                            ↓                            
                    ┌──────────────────┐        ┌──────────────────┐
                    │ 家庭、图书馆、   │        │ 图书             │
                    │ 阅读团体         │        │ (传记、当代史)   │
                    └──────────────────┘        └──────────────────┘
                                       → 更多事件 ←
```

图 7-2　消息——传播网络

的谈话、沙龙里临时拼凑的诗歌、街头唱的民谣、墙上贴的印刷品、暗地里流传的手抄报纸、偷偷出售的传单以及书中，与其他主题交织构成复杂的叙述。没有必要问某一特殊主题是先出现于流言蜚语还是印刷品，因为主题源自不同地方并通过若干媒体和环境朝不同方向传播。关键问题不是信息的来源，而是信息的扩充和吸收——信息如何在社会上引起反响，对公众产生意义。违禁书对这个过程起怎样的作用呢？

好话与歌谣容易消失和被遗忘。但是，书以印刷文字确定主题，保存、扩散、增加其影响。更重要的是，书把主题与故事结合起来，说服力强。轶事或者闲谈在咖啡馆是一回事,在印刷出版的书里是另一回事。转变为印刷文字实际上改变了意义,因为书把看起来琐碎的成分混入大篇幅的叙述,这通常使观点展开成为哲学和历史。当然,一些叙述相比较而言影响更强烈。《铁甲报》充其量不过是一部庸俗流言选编,但是《杜巴利伯爵夫人轶事》用同样的素材合成一部具有生动故事线索的传记;另外,《路易十五的私生活》读起来像一部详细的当时法国历史。正如我们所看到的,这些作品的文体增强了它们作为历史的说服力,即便向读者使眼色和暗示读者注意时也如此。毋庸置疑,很多读者从书中抽取素材,通过餐桌咖啡馆闲谈散布出去。他们还很可能使用读物的观点去理解从别人谈话中听到的新鲜事。他们通过读违禁书参与激化公众舆论。

这里,我们显然是大胆推测,因为我们没有掌握人们如何从书里选择信息以及书如何从其他原始资料吸收合成素材方面的准确数据。不过,似乎有理由设想这个过程兼备两方面的作用,并且印刷文字媒介通过保存、扩充街头话语在这个过程中起关键作用。实际上,印刷文字媒介的作用还不止于此。通过印刷文字的形式固定,书使主题适合记叙并赋予主题广泛意义。事物的印刷版本把信息——轶事、"公众喧嚣"、新闻——组合成有说服力的生动描述,并沿故事线索将其串联起来,规定情境,拟定其情节走向。作为异类文学作品,秘密畅销书以其特有的方式——为梳理现实提供框架——加强了形成意义的普遍方式。

这些框架怎样发挥作用是一个经验主义的问题。由于缺少阅读的精神体验方面的文献,这个问题不能被直接回答。但是,它也许产生了某种间接的、近似的答案,因为如果有关公众舆论的信息与非法文学作品方面的证据吻合的话,我们或许能够发现有意义的文化模式。不是书的主旨决定"公众喧嚣"的主题,反之亦然,而是两个传播形式一起发挥作用,解释、传送、扩充那些削弱政权合法性的信息。

要了解去合法化实际上如何发生,必须要详细研究18世纪80年代以来的大量素材。但是,目前,坚持大命题似乎足够了。违禁书影响公众舆论的方式有二:以印刷文字方式记录不满情绪(保存和散布信息),并使其适合记叙(把闲谈转化成有条理的话语)。

异　议

前面进行的勾画两种传播模式的尝试应该会防止一些人提出异议,这些人设想"传播"的含义是思想传导给被动的民众,或是线性的因果发展,或是从高文化层次向低文化层次渗透影响,或是与政策和公众舆论没有任何关系的一种纯文学过程。但是,大量的异议继续存在。其中最重要的可以构成三个论点反对我的重要命题:即"哲学书籍"的扩散削弱了旧制度的合法性。第一个反对论点认为最受非法文学吸引的人也是一旦旧制度垮台损失最大的人。既然这样,为什么把非法文学作品同激进或革命起因联系起来呢?第二,庸俗下流的政治文学作品可能存在了几百年,为什么路易十六统治时期的作品如此受重视呢?第三,即使"诽谤小册子"(libelles)在18世纪七八十年代特别直言不讳,为什么设想这些作品对读者影响极大呢?他们有可能被贬低为流言蜚语或者无聊琐事,公众舆论激进化可能产生于完全不同的起因。

第一种异议无疑具有说服力。卢梭的最热心读者包括了1789年以前的很大一部分贵族和后来的流亡贵族。当然,《新爱洛伊丝》所表现的感情比《社会契约论》表述的政治更符合他们的情趣,但是,特权阶层总体上给启蒙运动作品提供了很大一块市场。路易十六被推翻后在监狱等待审判时,甚至也有可能读些伏尔泰的作品,但不能因此就认为他赞同伏尔泰。他读的也许不是伏尔泰文集里的反宗教文章而是戏剧。

第七章 传播网络

路易曾让人偷偷给他带进一部《巴黎弥撒》，皇室家族成员被监禁期间一般喜欢读虔诚性作品。但是，这些人的文学食粮中对宗教的强调与法国大革命中其他重要人物的阅读习惯形成鲜明的对照。恐怖时期从各派领导人那里没收的 26 个图书馆的图书清单看起来惊人地相似。图书馆无论是属于像德·布勒特伊男爵那样的反革命分子，像拉法耶特那样的君主立宪派，像罗兰那样的吉伦特派，像丹东那样的温和雅各宾派，或者像罗伯斯庇尔那样的极端雅各宾派，都包括相对少量的宗教书籍、大量的历史时事方面的书以及大批"哲人"著作，尤其是伏尔泰、卢梭、马布里和雷纳尔的著作。①

如果一些贵族图书馆喜欢收藏"诽谤作品"与"丑闻编年史"，这不会令人奇怪，因为大臣们靠关于宫廷的下流传言发达。他们肆无忌惮地制造和消费流言，甚至当他们自己成为其目标之时也如此。路易十五和路易十六治下饱受中伤的大臣 J.-F.佩利波，德·莫莱帕斯伯爵，就喜爱那些损害他的"好话"，而且他收藏的讽刺诗歌的数量在法国首屈一指。② 在评估读者反应方面，有必要考虑到"政治阶层"的有品位阅读，

---

① Daniel Roche, "Les Primitifs du rousseauisme. Une analyse sociologique et quantitative de la correspondance de J.-J. Rousseau", *Annales*, *Economies*, *sociétés*, *civilisations* (1971), pp.151—172; Claude Labrosse, *Lire au XVIIIe siècle*; Darnton, "Readers Respond to Rousseau"; Agnes Marcetteau-Paul and Dominique Varry, "Les Bibliothèques de quelques acteurs de la Révolution", in Frédéric Barbier、Claude Jolly, and Sabine Juratic eds., *Mélanges de la Bibliothèque de la Sorbonne*, vol.9(1989), pp.189—207.在他们的藏书目录清单研究中，Marcetteau-Paul 与 Varry 谨慎地避免概括性结论，因为他们可能仅仅辨别出大部分藏书中的少量书籍，并且他们没有把书的所有权与阅读等同起来。另外，他们发现仅有 5 人的藏书清单属于反革命类图书。这些清单和立宪会议温和派的书目清单显示出宗教作品有较强的百分比——每例 12%。与之相对比的国民议会代表书目清单中仅有 2%涉及宗教。如果详细研究，这些藏书比根据诸如历史和文学的大标题比较时显得更多种多样。因此，正如人们所期望的，拉法耶特的藏书包含大量有关美国的书籍，但也有特别多(17%)的宗教作品。
② "Chansonnier Maurepas"手稿长达 44 卷：法国国家图书馆,ms. fr.12616—12659。

这个阶层晓得怎样嘲笑自己或至少本阶层中走红的人。① 毫无疑问,其他局内人,其中包括一些"诽谤者",也以这种方式自娱,同时保持着阅读与信仰之间的必要距离。

但是,考察了贵族中间不带偏见的阅读习惯之后,人们还应该重视一个更重要的现象:许多贵族确实为了信仰而阅读伏尔泰、卢梭与皮当萨·麦罗贝。当然,他们对违禁书的反应比社会等级位在其下面的读者更热烈。虽然难用资料说明,但他们的文学经验并不证明"哲学书"没有威胁到政府。恰恰相反,如果一种政治制度最受益的精英们不再相信其合法性,这种政治制度可能就濒临灭绝了。

贵族的异化不可能准确衡量,但贵族的"陈情书"(等级大会会议拟定的不满请愿书)与第三等级请愿同样强烈地突出反对暴政,而且前者的启蒙运动思想色彩更浓。在1787年和1788年间,贵族领头反对政府,而且贵族中的自由派人士在1789至1792年的事件中名声显赫。但这并不意味着法国大革命,甚至法国大革命前时期,应该称为"贵族的"而不是"资产阶级的"。相反,这意味着一个混合的精英阶层控制了这两个阶级。这个精英阶层在19世纪强化成为统治阶级,这时旧贵族家庭、富有的土地所有者以及职业资产阶级融合形成参政议政的"知名人士",其根源出现于旧制度时期,尤其产生于路易十五统治下的文化生活。正如丹尼尔·罗什所论证的,贵族人物与专业人士、皇家行政官员与资产阶级(地租或利息)获利者,一起出现于外省学会、共济会分会及文学会社中。他们订阅同样的杂志,给同样的征文比赛写文章,读同样的书——特别是《百科全书》;书的作者和读者处于同一混杂的社会环境。旧精英融合成为新知名人士阶层的过程中加入了很多成分,而且这

---

① 关于"政治阶层"的概念,见 Pierre Goubert, *L'Ancien Régime*, vol. II: *Les Pouvoirs* (Paris, 1973), pp.49—55。

个过程需要时间,但是它的关键成分是 18 世纪中普通文化的详尽阐述。①

托克维尔注意到了这个现象:

> 资产阶级成员像贵族那样有知识,他的启蒙思想来源也相同。两者都受到文学、哲学方面的熏陶,因为巴黎几乎是全法国人唯一的知识源泉,以同一方式塑造了所有人的思想意识并赋予他们同样的资质……基本上所有地位高于普通民众的人具有不少共同点。他们具有同样的思想、同样的习惯、同样的兴趣、同样的娱乐活动,读同样的书,谈吐也一样。②

像往常一样,托克维尔好像把话说尽了,只是没问自己那是些什么书?

那些书并非如他所想的仅仅是"哲学"著作,也不单纯是疏于认识政治现实的抽象论文。如同我们了解的那样,传播最广泛的非法文学作品包括揭露丑闻的新闻、社会评论、政治辩论、下流的反教权言论、乌托邦幻想、理论推断、低级色情——这一切杂乱地共居于"哲学书"这同一标签之下。其主题如此这般汇合起来,相互重叠,以便从各方面挑战旧

---

① Daniel Roche, *Le Siècle de Lumières en province. Académies et académiciens provinciaux, 1680—1789* (Paris and Hague, 1978), 2 vols., 以及 Roche, *Les Républicains de lettres. Gens de culture et Lumières au XVIIIe siècle*,尤其是第 3 章"Les Lectures de la noblesse dans la France du XVIIIe siècle"; Guy Chaussinand-Nogaret, *La Noblesse au XVIIIe siècle, de la féodalité aux Lumières* (Paris, 1976); Darnton, *The Business of Enlightenment*, chap. 6; Darnton, "The Literary Revolution of 1789", *Studies in Eighteenth-Century Culture*, pp.3—26。

② Alexis de Tocqueville, *The Old Regime and the French Revolution* (Garden City, N. Y., 1955), pp.80—81.

制度的正统性。这种挑战由于发生在法律允许范围以外，所以毫无节制。另外，它既借助于感情又诉诸理性，利用可以自由支配的各种修辞手段影响一系列反应——义愤、恼怒、蔑视、嘲笑、憎恶。

　　作为读者，贵族们直面违禁书中所有各种主题，而且他们的反应似乎也可能多种多样。累积起来的效果也许完全超出了对启蒙运动的同情。许多人大概对统治集团普遍感到失望，包括不再相信他们自己特权的合法性。当然，这些都是推测，必须用"也许""大概"这样的词语加以限制。但是，特权阶层是逐渐失去了信仰，而不是1789年8月4日夜间突然改变信仰、放弃特权，这样的推断合情合理。① 贵族们在旧制度垮台之前便对它失去了信任，垮台以后他们发现自己要失去的更多。但是，他们普遍地参与了对旧秩序的破坏，而不是团结在旧秩序的周围。诚然，某些人加入了反革命行列，但大多数具有右翼同情心的人只是退而过上了平民生活或退过了莱茵河。1789年贵族表现最引人注目的地方，一方面是他们对革命抱有热情，另一方面是他们对革命反抗无力。无论哪种情况，他们对旧制度的感情已遭破坏，并且至少某些破坏可以归咎于"哲学书籍"。

　　把诸如信念丧失和意志崩溃这样的复杂现象归纳为阅读效果，似乎有些过分。但是，印刷文字的效力容易被低估，尤其是现今书已经失去了它曾经在社会交流系统中枢占有的地位。要想认识18世纪违禁书——不仅仅是若干部分，而是全部非法文学作品——的影响力，人们应该从18世纪的视角，或者更早些，从17世纪出现的集权专制主义的角度来品味这些书。这种考虑适用于各种反对"哲学书"重要性的论

---

① 8月5日至11日该项立法的起草的过程中，革命派好像收回了他们曾在8月4日狂热的会议上做出的让步，但本人不支持那些否认1789年8月"废除封建"具有实质意义的人。见 J. M. Roberts, ed., *French Revolution Documents*（Oxford, 1966）第135—155页之文献。

第七章 传播网络

点,所以我此时先提出,然后再尝试回应其他异议。

旧制度的价值观是在路易十四统治时期强化成为权威文化体系的。路易十四的法国代表了一个世纪后出版的违禁书中极端憎恶的一切:宗教方面强烈对抗宗教改良运动,社会制度方面森严等级,政体方面毫不妥协地推行集权专制。受政府资助、惩戒和操纵,17世纪最著名的作家在新宫廷文化的中枢效力。他们把文学作品变成了专制集权的工具。18世纪的作家也寻求资助,但是他们通常不给政府效力,而是利用文学作品反对政府。他们中的某些人为此成为文化英雄人物,尽管同情路易十四和担当了皇家史官的角色,"伏尔泰国王"仍然成为英雄式异端人物的缩影。伏尔泰体现了一个全新的信仰体系,远远超过他青年时代的诱惑教士与放荡自由。在卡拉事件以及随之而来的其他事件中,他将自己的事业——启蒙运动——转变成博爱事业,使其充满激情和道德义愤。

其他地方的作家也鼓动反政府情绪。因为启蒙运动不是18世纪法国独一无二的事业,也不是全部违禁书表现的唯一意识形态。"哲学书"涉及问题广泛,它们的某些内容既冒犯当权者,也挑战自路易十四时代传承下来的价值体系。及至1770年时,路易十四时代的文化已经显得过时和令人难以忍受。文学作品——某类文学作品,即产生于法律允许范围之外并在旧制度最后20年间充斥市场的那一类——代表了其对立面。如托克维尔所观察的那样,文学作品揭露社会差别,在各个有文化的阶层中动员公众舆论。人人读同样的书,包括同样的"哲学书籍"。这些书的作者用尽办法使文学作品脱离其政府的附庸地位。他们使文化脱离了权力,或者更确切说,指导新文化力量反对旧文化的正统性。于是,由于区分以专制主义为基础的正统价值体系和扎根于文学作品中与之竞争的时代精神,一个矛盾便展现了出来。这个矛盾确定了读者的状况,无论读者(他或她)有何等的社会地位。它向所有人证明时代变了，文化生活不再与政权同步。路易十四时代的合成体解体了。文学作品在 17 世纪虽曾为集权专制的合法化出力不小，现在却变成去合法化的主要动力。

第八章　政治诽谤史

去合法化问题引出了第二个异议,它涉及被称为"诽谤小册子"——对总称为"大人物"的公众人物的诽谤式攻讦——的违禁书的亚类。有人会问:为什么如此重视这些作品呢?丑闻性的文学作品从文艺复兴时期以来就集中围绕着国王和廷臣,阿日提诺在文艺复兴时期使抹黑行为变成一种职业,但是没有人认为抹黑会威胁到国家政权;或许,18世纪七八十年代的"诽谤小册子"是一类古已有之的中伤行为,应该留在它该待的地方——阴沟里。

这个异议让我们直面一个问题:倒腾贩卖丑闻一向被视为无耻浅薄,因此从来没人广泛地探寻其过去。我们需要一部政治诽谤史。这类历史写出来之前,我们只能作尝试性的结论,我也仅能提出一些初步的论点倡导重视抹黑行为。这些论点可以总结如下:第一,虽然某人能够挖掘出16、17世纪大量的污蔑大人物的言论,但是,他不能找到任何类似于18世纪的畅销的、书本篇幅"诽谤小册子"作品的东西。第二,尽管"诽谤小册子"作品在大革命前的200年间便在法国广泛流行,它们在亨利三世和路易十三时期具有的感染力不能证明它们在路易十五和路易十六时期缺乏感染力。正相反,诽谤性作品可能通过对日益扩大的读者群的累积影响增加了力量。第三,比较早期和后起的"诽谤小册子"显示出来的不是一个不停重复的模式,而是从败坏个人名誉到污蔑整个统治集团的转化。

这个用来甄别这类文学作品的术语涵盖面宽广。在中世纪后期,"诽谤小册子"(源自拉丁语 libellus, liber 的指小词,意为"书")作一本小书解释。尽管它继续适用于各类小册子,但是它主要指对杰出人物的猛烈的诽谤攻讦。时至1762年,法兰西学院出版的标准词典将"诽谤小册子"简单定义为"冒犯性作品"。冒犯也许涉及个人,亦如现代诽谤概念;但是它更常牵扯到政事,因为"诽谤小册子"可能具有煽动性。这在两个世纪前就显而易见了,1560年的一道皇家敕令宣布"所有立意挑动民众、煽惑动乱……墙报招贴和败坏名誉的'诽谤作品'的制造者"将作为"社会安定的敌人和'损害国王尊严'的罪犯"遭受审判。①

这种诬蔑与煽动的特殊结合似乎成为16至18世纪政治"诽谤小册子"史的特性。每当国家陷入危机,"诽谤作品"就要雪上加霜。1589年,天主教同盟在巴黎的暴动正处于巅峰之时,皮埃尔·德·埃斯托瓦尔惊奇揭露丑闻传单的大量传播:"微不足道的印刷商日复一日地设法让他的印刷机生产一些无聊的、新的败坏名誉的'诽谤'攻击国王陛下。"②1615年反玛丽·德·美第奇的王公叛乱期间,一本言辞激烈的小册子《关于诽谤告全法兰西书》警告说"败坏名誉的诽谤"是那些试图煽动民众骚乱的人使用的主要武器。③ 1649年,当投石党运动④使王国几乎陷于无政府状态时,巴黎人被"数量可怕的诽谤作品"吓破了胆。⑤ 那

---

① 引文载于 Claude Bellanger、Jacques Godechot、Pierre Guiral、Fernand Terrou, eds., *Histoire générale de la presse française* (Paris, 1969), I, p.65. 关于"诽谤"的词源,见 Emi Littré, *Dictionnaire de la langue française* (Paris, 1957)和 *Le Grand Robert de la langue française* (Paris, 1986)。

② *Mémoires-Journaux de Pierre de l'Estoile* (Paris, 1888), III, p.279. 转引自 Denis Pallier, *Recherches sur l'imprimerie à Paris pendant la Ligue* (1585—1594) (Geneva, 1975), p.56。

③ 引文载于 Jeffrey K. Sawyer, *Printed Poison. Pamphlet Propaganda, Faction Politics, and the Public Sphere in Early Seventeenth-Century France* (Berkeley, 1990), p.16。

④ 投石党运动:1648—1653年间发生的一系列巴黎地方法院和贵族成员的造反行动,以反对路易十四少数人政府时期马扎林领导的王党。——译者注

⑤ 引文载于 Hubert Carrier, *La Presse de la Fronde* (1648—1653): *Les Mazarinades. La Conquête de l'opinion* (Geneva, 1989), I, p.56。

第八章 政治诽谤史

时候,"诽谤作品"之害让各方面都哀叹,甚至"诽谤作家"也哀叹,他们通过指责对手的诽谤行为来诽谤对手。一本小册子声称:"没有什么比诽谤更贻害国家了。"而另一本小册子把镇压诽谤当作一项由其传单标题《全面查禁诽谤中伤作品》宣称的计划的中心问题。①

说不好这类声明代表了真正的担忧还是作态夸张,但是当局无疑严肃地看待诽谤行为。1649 年 5 月 28 日,巴黎高等法院试图通过威胁把制造"诽谤作品"的人处以绞刑来恢复首都的秩序。在 6 月份,该法院差点儿绞死一位律师伯纳尔·德·鲍特鲁,罪名是利用诽谤性小册子破坏安定。另外,在 7 月份,该法院判决了一位印刷匠克劳德·莫洛,此人被抓的原因是印刷《王后床第守护人》的单页,开头是涉及马扎然和太后奥地利的安妮的一句声明,其粗鲁不亚于 18 世纪 70 年代出品的任何东西:"市民们,别再怀疑了。他真的把她玩了。"一场及时的印刷工骚乱救了莫洛的命,这些人把他从刽子手手中抢了出来。但是,要害已经说明:"诽谤作品"导致暴乱,而且投石党运动的第一阶段以镇压新闻出版收场。② 在投石党运动的以后几个阶段,对立各派相互搏杀,既靠"诽谤"又靠刀剑。因此,当路易十五在 1661 年重建王权时,他采取了严厉的措施控制新闻出版,让文化生活的各方面都臣服于他的权威。图书交易、新闻检查制度以及警察的重组都有助于新品种的专制主义,它将"诽谤作家"赶入地下或赶到国外。其中的不少人逃到荷兰,在那里他们加入了 1685 年废除南特敕令以来的新教难民的行列。宗教冲突和国外战争加深了 17 世纪 90 年代流亡者创作的政治诽谤的激烈程度。但是,较传统的各种诽谤作品继续不时地在王国出现。1694 年 11 月,当路易在

---

① 引文载于 Hubert Carrier, *La Presse de la Fronde* (1648—1653): *Les Mazarinades. La Conquête de l'opinion* (Geneva, 1989), pp.456—457。

② Marie-Noële Grande-Mesnil, *Mazarin, la Fronde et la presse 1647—1649* (Paris, 1967), pp.239—252。

凡尔赛大搞王权崇拜之时,一位印刷商兼书商在巴黎被绞死,罪名是出版描写皇家性生活的大不敬故事。① 这样,18世纪开始时,一种体裁定型了,它被政府冠以煽动性恶名。同时,路也为大革命前时期的秘密畅销书开通了。

不过,如果有人能够根据少数分散专著重建这部历史,它是不是证实了从基督教改革运动延续至法国大革命的浩瀚诽谤文学作品中的基本一致性呢?这类体裁本身有不少变体。"诽谤作品"可以是招贴、传单、歌谣、印刷品、小册子或者书。皮埃尔·埃斯托瓦尔在他1589年汇编的文集中每类形式都包括一些:共有300多项,装订成对开本四卷。② 不过,虽然形式各异,它们有一个共同点:猛烈的个人攻击。在这方面,它们很大程度上得益于文艺复兴的政治风格。文艺复兴时期的宫廷政治是人治政治、保护人和受保护人的政治、在朝者与在野派的政治、阴谋诡计的政治。要玩这个游戏,一个人得知道怎样保护个人的名誉。因为名声是一种权力形式,尤其是在王公阶层。马基雅维利曾解释说:

> 如已经宣称的那样,王公必须躲避让自己遭忌恨或受鄙视的事。无论何时,只要他成功地做到这一点,他便尽了自己的职责,干了别的恶事也没多大关系……如果他在别人的印象里是善变、轻浮、柔弱、胆怯、优柔寡断,就会让人不齿。一位王公必须警惕这些,如同避免触礁丧命,还要想方设法让自己的行为表现出伟大、气概、庄重、刚毅……为自己造出这种舆论的王公闻名退迩,有这样伟大德望的王公很难遭人算计;而且只要

---

① Henri-Jean Martin, *Livre, pouvoirs et société à Paris au XVIIe siècle（1598—1701）*（Geneva, 1969）, II, pp.678—772, 884—900; Bellanger, et al., *Histoire générale de la presse française*, I, pp.118—119.

② *Mémoires-journaux de Pierre de l'Estoile*, III, p.279.

第八章 政治诽谤史

外界认为他既有能力又受臣民崇敬,他便不容易受人攻击。①

维护名誉成为文艺复兴时代统治术的基本策略,不但在马基雅维利的托斯坎纳而且在路易十三的法兰西都如此。黎塞留视维护名誉为其政权概念的核心:"王公应该利用名誉强大起来……名誉十分必要,得益于好的口碑的王公单靠名声就能比那些拥有军队但得不到尊重的王公们发挥更大的作用。"②

在近代早期欧洲,权力一般不是出自枪杆子里面。军队往往充其量不过是若干连雇佣兵,警察力量不过是少量保安队。为了使人民深刻认识他们的权威,君主们通过加冕、葬礼、王家入城式、行进队列、节日、焰火、公开行刑、触摸病人(也就是医治癫痫或"国王之疾")来显示权力。但是,舞台演出式的权力易受损害。一次有目的公开冲撞会败坏名声而且破坏整个表演。一个人要在文艺复兴时代的宫廷立足,就不得不学会利用言语攻击、拼杀、防卫。这种政治尽管局限于王公显贵,但是它是在人民面前演完的。因此,戏剧坍台时,演员们仍能吸引观众,平民可以介入,街头坊间名头最响的人可能会出人头地。③

---

① Niccolò Machiavelli, *The Prince* (Mentor Classic, New York, 1952), chap.19, p.95.又见第 15 章第 95 页上关于名誉的论述。当然,马基雅维利的 *The Prince* 是写给王公诸侯的,尤其是 Lorenzo de' Medici 与 Cesare Borgia。但是,他在共和政体分析中也使用了名誉概念——"名誉与声望""民众声音与名望""好名声"。见 Machiavelli, *The Discourses* (Modern Library College Edition, New York, 1950), book III, chap. 34, pp.509—510。
② Richelieu, *Testament politique*,引自 Sawyer, *Political Poison*, p.16。
③ Machiavelli, *The Prince*, chap.19, pp.96—97.虽然马基雅维利没有定义"人民"的概念,但这个概念含有庶民因素。不过,他本人谈论"民众"时口气轻蔑。同上,第 97 页。诉诸公众舆论也具有国际层面,见 J. H. Elliott, *Richelieu and Olivares* (Cambridge, Engl., 1984), pp.128—129;以及 Peter Burke, *The Fabrication of Louis XIV* (New Haven, 1992), pp.152—153。文艺复兴时代政治的舞台演出式观察的例子,见 Steven Mullaney, *The Place of the Stage. License, Play, and Power in Renaissance England* (Chicago, 1988)。

在巴黎,如同在佛罗伦萨那样,政治经常沦为街头战斗,但是大部分暴力是言语的暴力。1588 年 5 月 12 日和 1648 年 8 月 26 至 28 日"街垒日"期间释放出了潮水般的"诽谤小册子"——事实上,其数量之多以至这些诽谤小册子不可能完全指向廷臣的小圈子。这些小册子吸引了聚集在新桥、正义宫、罗亚尔宫、奥古斯丁码头和文字口头传播系统其他中枢的各色人等。"诽谤小册子"的平民性隐含于风格之中。它们粗俗、下流、野蛮、简单。它们吸收像滑稽对话、黄段子、传单歌谣、漫骂演讲,以及梦、鬼怪和怪异"社会新闻"的风格化叙述这样的通俗体裁。一些"诽谤小册子"采用街谈巷议(公众喧嚣、不满的声音)的腔调。有些使用程式化的辱骂和通俗讽刺诗(像在罗马帕斯基诺雕像这样的公共场所张贴的诽谤性诗歌)修辞风格。许多用蓝色封皮纸装帧起来,好似"精华图书"(通俗文学作品)式的历书和小故事书。许多读起来像传单——"号外""谣传小报""活页传单",这些东西在 1631 年前的一个世纪为各类读者提供消息,那时法国的第一份报纸《法兰西公报》开始出版发行,而且两个世纪以来一直给最底层读者传递或误传消息。这些印刷品的不同寻常的大量出现证明政治不仅发生在宫廷,而且出现在坊间、平民中。①

然而,这不是说人们能够清楚地区分开党派文化和平民文化。某些这样的界限存在,但一贯模糊。最粗俗的小册子有时误讲拉丁语,而且不少这样的丑闻贩卖是某种文学的访贫猎奇,专为娱乐上层人士。学者

---

① 涉及这些主题的众多著作中,本人主要依据 Jean-Pierre Seguin, *Nouvelles à sensation. Canards du XIXe siècle* (Paris, 1959); Robert Mandrou, *De la Culture populaire aux 17e et 18e siècles. La Bibliothèque bleue de Troyes* (Paris, 1964); Geneviève Bollème, *La Bibliothèque bleue. Littérature populaire en France du XVIIe au XIXe siècle* (Paris, 1971); Alain Monsestier, *Le Fait divers* (Paris, 1982),国家艺术民俗博物馆展出书目; Roger Chartier, *Lectures et Lecteurs dans la France d'Ancien Régime*.

们研究像"精华图书"之类的"通俗"题材越多,对"通俗文化"这一概念越没把握。谁比16世纪文学的巅峰天才拉伯雷更能代表通俗文化和精英文化的融合呢?下流且深奥,粗俗又"文雅",拉伯雷从小故事中择取了他的主人公卡冈都亚并以街头集市上的小贩的语言加以介绍。诽谤文学作品搏动着拉伯雷式的活力,但是它不可以归于一个特殊的民众。它属于权力斗争冲破宫廷禁锢涌入街头一路席卷所有人的那个世界。①

诽谤小册子爆发产生的冲击力衍生于马基雅维利鲜有考虑的最后一个成分:宗教。从1559年亨利二世去世至1661年投石党运动失败和路易十四个人统治开始的一个世纪内,法兰西经历了受新教徒和天主教徒之间争斗刺激的断断续续的内战时期。虽然新教徒没有参与投石党运动,但路易在17世纪80年代把他们赶出了法国。所以,在他的统治终结时,对他攻击最猛烈的"诽谤小册子"来自荷兰,那里的难民和英国的反专制主义者——也就是说像约翰·洛克这样的人——搅在一起。詹森主义者和耶稣会士之间的争吵为意识形态冲突增加了又一个方面。每个冲突在国际范围上卷入王朝和国家的竞争——瓦卢瓦王朝、波旁王朝、哈布斯堡王朝、都铎王朝、斯图亚特王朝、奥林奇派、霍亨索伦王朝以及汉诺威王朝,他们统帅的军队会造成极度破坏,甚至在使弩弓穿甲胄时代也不逊色。

在这长时期的多方面争夺中,言语暴力处于什么地位呢?我们无法衡量"抗议声"和民众喧嚣的影响程度,但是我们能够识别出16世纪晚期至18世纪早期"诽谤小册子"的最猛烈的爆发。突出的有四个时期:

---

① 见 Mikhail Bakhtin, *Rabelais and His World* (Cambridge, Mass, 1968); Marc Soriano, *Les Contes de Perrault: Culture savante et traditions populaires* (Paris, 1968); Peter Burke, *Popular Culture in Early Modern Europe* (London and New York, 1978); Natalie Davis, *Society and Culture in Early Modern France* (Stanford, 1975);以及 Roger Chartier ed., *Les Usages de l'imprimé* (Paris, 1987)。

1588—1594、1614—1617、1648—1652、1688—1697。①

　　第一次爆发发生于混乱的宗教战争时期,当时事件发生密集且迅速,新闻出版速度几乎跟不上这些事件。1589 年全年,"号外"在巴黎一日一部地接连涌现——对比 1585 年和 1598 年的年产十数部,这是不寻常的出品量。危机供应了不少好模本:暗杀、政变、英雄、坏蛋。况且,巴黎当局放任写小册子的人,条件是他们要集中火力打击一个敌人:瓦卢瓦的亨利(亨利三世)和他以前的盟友纳瓦尔的亨利(未来的亨利四世)。

　　国王当然是好靶子。他的名望各方面都名不符实。套用马基雅维利的话就是:"善变、轻浮、柔弱、胆怯、优柔寡断。""诽谤作家们"把弹药库里的坏话都倾泻到他身上,称他是胆小鬼、伪君子、说谎者、暴君,最坏的是称他新教徒。他们不太重视那类吸引了不少为国王写传记的人的行为——传闻的他和男性"宠臣"的放荡狂欢——因为诽谤作家主要关

---

① 几乎没有可能精确考察这一整个时期小册子文学作品的影响力。小册子概念本身明显模糊不清,它在一个极端和诽谤书的概念相差无几,而在另一极端又混同于连续性的攻讦诽谤。许多小册子没有任何的人身造谣中伤,所以在短暂存在的文学作品整体中"诽谤作品"的比例不能确定。人们只能依靠从现存于研究型图书馆的小册子收集到的统计数字粗略估计这类文学作品。如其名称所暗示的那样,"号外""活页传单""短篇"等无意存留后世,而且正由于此,那些存留下来的可能是极少有人读过的。因此,下面的讨论称不上严密,它是以特定时期研究专著为依据的:主要是 Denis Pallier, *Recherches sur l'imprimerie à Paris pendant la Ligue* (1585—1594) (Paris, 1975); Jeffrey K. Sawyer, *Printed Poison. Pamphlet Propaganda, Faction Politics, and the Public Sphere in Early Seventeenth-Century France*; Hubert Carrier, *La Presse de la Fronde* (1648—1653): *Les Mazarinades* (Geneva, 1989—1991), 2 vols.; P. J. W. Van Malssen, *Louis XIV d'après les pamphlets répandus en Hollande* (Amsterdam, 1936); Joseph Klaits, *Printed Propaganda Under Louis XIV. Absolute Monarchy and Public Opinion* (Princeton, 1976). 有关 17 世纪小册子出版的最全面估计可见于 Hélène Duccini, "Regard sur la littérature pamphlétaire en France au XVIIe siècle", *Revue historique*, CCLIX (1978), pp.313—340。

注宗教问题。① 在16世纪80年代，宗教提供了基本的政治语言，所以，诽谤亨利三世时，"诽谤作家"把他说成秘密胡格诺分子、男巫、邪恶之魁首。从街垒的另一边，新教徒们以其人之道还治其人之身，谴责神圣同盟把法国出卖给了反天主教改革的撒旦势力西班牙和教皇。敌对双方用天象地表的耸人细节渲染观点。他们以同样危言耸听的手法报道事件，恰如"谣传小报"近100年来所为。这些往往是一单张或半单张（八开8页或16页，属于最普通版式）的招贴传单或小册子。与18世纪的畅销书相比，在形式、风格、内容上，它们和旧式"号外"之间具有更多的共同之处。

"诽谤小册子"的下一次大潮在1614—1617年王公反叛期间席卷了法兰西王国，其性质类似前次。"大人物"、大贵族和王家宠臣间的权力争夺再一次不能被遏制于宫廷内，对手们向民众寻求支持，双方都拿起武器并以书面形式相互抹黑。可是，这一次宗教主题相对淡化，而且无人挑战国王的权威——部分因他没有什么权威，危机爆发时路易十三才12岁。冲突各派不攻击国王而是试图通过控制国王枢密会议并以国王名义施行统治来夺取政权。王太后玛丽·德·美第奇作为摄政并通过安柯利元帅孔奇诺·孔奇尼这样的心腹掌控着枢密会议。她的主要敌手孔代亲王试图取代她，为此目的他最初控制1614年的等级会议，后来使用阴谋诡计，最后发动公开的叛乱。1617年，危机白热化时，小册子的产量也达到顶峰，这时孔奇尼遭暗杀身亡，玛丽·德·美第奇被迫流亡。时有发生的反叛和形形色色的阴谋持续了20多年，但到1630年，黎塞留恢复了秩序。在他和他的接班人马扎然枢机主教的铁腕之下，政权得到巩固，在一定程度上为路易十四的专制奠定了基础。但是，路易十四1643年登基时只是个4岁的孩子。因此，法国经历了又一次摄政

---

① 例如 Gilbert Robin, *L'Engime sexuelle d'Henri III* (Paris, 1964)。至于更全面的论述，见 Philippe Erlanger, *Henri III* (Paris, 1948), pp.188—189。

和又一波叛乱,即投石党运动;随后专制才作为一种专为遏制100年来撕裂法兰西王国的种种势力而设计的统治形式出现。

由于1614—1617年危机主要是"在朝派"与"在野派"之争,所以它产生的小册子目的是在贵族、王家官员、市府主要官员、行会这样的"政治上重要的民众"①中间争取支持。这些小册子不如16世纪80年代的激烈。它们在普通民众中的反响可能也不甚强烈。但是,它们也利用提供行动的语言修辞锁定事件并影响事件。它们用传播、解释、歪曲、谴责进行战略突击和防守,这些切入行动在发展中、团结支持者,并在各关键时刻揭露敌人。虽然这些小册子偶尔提及宗教和制度问题,但它们始终异常尊重国王专制权力原则。还有,它们集中火力攻击个人。孔代是卖国贼、莽夫、狂妄的阴谋家,孔奇尼是无行浪子、恶棍、无耻的篡位者,玛丽·德·美第奇是暴君、播弄是非之人、腐败的外来投机家的保护伞。诽谤行动一如既往地采取偏见性攻击的形式,但没有太超出积怨的发泄范畴。

投石党运动期间,1648至1653年出版的5 000部小册子的绝大多数重复了同一类个人谩骂。形势也相似:少年国王,王太后奥地利的安妮试图通过亲信马扎然控制政权,以及大贵族在另一位孔代(路易二世,波旁亨利二世之子,玛丽·德·美第奇的政敌)带领下争取分享权力。但是,这次危机更深刻。反叛者在1649年1月把马扎然、王太后和年幼的路易十四轰出了巴黎之后,占领了整个城市,至3月底他们一直面对封锁不退让。这期间允许实际上的新闻自由,即诋毁马扎然及其所有同伙的自由。1649年头3个月,小册子以每天10部的速度大量涌现。如神圣同盟的招贴传单一样,这些小册子触动民众的心弦并紧跟事件发展,毫无顾忌地议论、讥讽。

---

① Sawyer, *Printed Poison*, p.40.

国王8月返回巴黎标志着投石党运动或者说高等法院投石党运动的结束,随之,小册子的口吻开始改变。1653年以前,阴谋与政变为激烈言论提供了大量的素材。不过,小册子篇幅更长且更深思熟虑。它们都表现"大人物"会议上制定的计划纲领,而不是街头的反应。然而,小册子中有不少仍继续抹黑个人,其气势和猛烈使全部"福隆德"小册子作品得名于保罗·斯卡隆写于1651年的集中体现这类体裁的《马扎然派》。

这个普通名词隐蔽了多种多样的体裁。同16世纪八九十年代的论战性文学作品一样,"马扎然派"囊括了从歌谣招贴到冗长的政治小册子等各种作品。有些仅仅为了娱乐,没有任何政治信息;有些甚至得到马扎然和投石党运动的共同支持。把他们和更早的"号外"区别开的主要新颖之处是,因斯卡隆而流行的讽刺行文风格。这个风格吸收了仪式性辱骂传统和讽刺文格调,而且它让人防不胜防。因而,根据《马扎然派》,马扎然被定义为:

> 行鸡奸者,受鸡奸者,
> 鸡奸深入极致;
> 长毛的鸡奸者,带羽毛的鸡奸者,
> 鸡奸大小有度;
> 鸡奸淫乱一国者,
> 不折不扣杂交之邪兽……①

投石党运动的所有参加者都收到了自己的那一份诽谤,但是绝大多数诽谤——史无前例、排山倒海般的辱骂——倾泻到马扎然身上。"诽

---

① Paul Scarron, *La Mazarinade*, in Scarron, *Oeuvres* (Geneva, 1970, reprint of 1786 edn.), I, p.295.

谤作家们"奚落大主教，想当然认为他的出身低贱（他其实出身于意大利小贵族阶层，在罗马科罗纳王朝势力范围内长大。但有些人谎说他是牧师和女佣的私生子，同样出身120年后用于杜巴利夫人）。他们谴责他让法国的财富流入意大利的口袋或西班牙和越山教会的金库。他们嘲笑他爱奢侈、美食、戏剧以及宠溺子侄，这些人的私生活也被翻腾了出来。他们狠抓他的性生活问题，尤其是他和奥地利的安妮的关系。他们的结论是，此人应该被罢官，像禽兽那样被猎杀、射死、分尸或碾碎。这些攻击比早些时候文本播撒的辱骂更厉害：这些作品使诽谤成为一种微型传记体裁，尽管同对路易十四的攻讦和路易十五时期扩散的详尽"私生活"相比，它们似乎尚欠火候。

如此规模的诽谤是不是构成了对旧制度的革命性威胁呢？专家们莫衷一是。对"马扎然派"最新最全面研究的作者于贝尔·卡里埃在文本中发现了各种各样的激进信息——不仅有对税收和暴政的抗议，还有对王权本身的攻击。他在一些较晚的文本中探查出更换政府，甚至以大起义方式建立"人民民主"的"真正革命要求"。① 但是，另一位权威克里斯蒂安·若奥认为不能从字面上理解激烈的言辞。对写"马扎然派"作品的人和读这些作品的公众而言，其意义本来就蕴涵于内战最后阶段复杂的争权夺利中。小册子没有试图煽动民众反叛国王，它们只不过祭起这个幽灵，以便证明一种可供选择的策略——加斯东·奥尔良领导的看守政府——的可取性。奥尔良派希望利用组建"第三党派"使本派契入

---

① Hubert Carrier, ed., *La Fronde. Contestation démocratique et misère paysanne: 52 mazarinades* (Paris, 1982), I, pp.11—12.另外，见卡里埃有深刻影响的综合研究。这项研究较温和地评判了"马扎然派"的极端性，但是称其中两部具有"严格意义上的真正革命性"：*La Presse de la Fronde*. I, p.265。Marie-Noëlle Grand-Mesnil 更早但不甚全面的著作 *Mazarin, la Fronde et la presse 1647—1649* (Paris, 1967) 称"马扎然派"为"大人物"权力斗争中的成分，不是革命宣言，但是该书没有包括1652年间较为激烈的小册子。

王公和宫廷之间并获得"老"高等法院投石党的支持。小册子的法制性言辞——学者式的拉丁文引文、自然法则的援引、对宪法史的重视——意图提高这种号召力。他们竭力要掌握王权,而不是试图推翻王权。他们言辞最激进的小册子《自由之路指南》无血性地总结说:"我们热爱王权,鄙视暴政。"这一主张不会冒犯任何人,至少不会得罪正义宫里的行政官和律师们。①

在诸如这些点上,各对立的解释汇聚于同样的文本,话语分析就是在这些点上最有发言权。其研究的僵化且不论,卡里埃让一个不合时代的因素渗入他对 1652 年以来"马扎然派"作品的解读。他认为其语言不言自明:带有革命乃至民主味道的攻讦国王的言谈。若奥视文本为战略争夺中的手段,它们属于伴随着棋局式"王公投石党运动"中所有进攻与反攻的不间断修辞交叉火力。自发性 1652 年前就从造反行动中消失了,继之以专业人士——"大人物",如奥尔良、孔代、雷兹枢机主教以及马扎然本人。他们同样的自负并在同一体制里竞争,力争掌控而不是摧毁这个体制。在关键时刻,他们号召民众支持,甚至期望民众参与,例如在街垒对抗的时期。但是,这些是内部人士游戏中的战术行动——纯粹马基雅维利式的契机,是"组合"性契机,而非古典共和主义的契机。②

1685 年小册子诽谤再次爆发之时,斗争情势显得大不一样了。路

---

① *Le Guide au chemin de la liberté*, p. 23, reprint in Carrier, *La Fronde*, I, pamphlet no. 27. Christian Jouhaud 的说法,本人认为似乎可信,见其 *Mazarinades: La Fronde des mots* (Paris, 1985)。

② 本人不同意卡里尔关于晚期"马扎然派"的激进主义说法,并在这方面和若奥进行争论。但是本人无意贬低卡里埃的出色研究,他的研究公正地评判了小册子写作的复杂政治环境。在他即将出版的论"马扎然派"政治主张一卷中,卡里埃将证明存在着一个更深更合理的对王权的详述,超过他在前两卷中所能证明的评述。至于史学研究中最新趋势的例子,见 Roger Duchêne and Pierre Ronzeaud eds., *La Fronde en questions. Actes du dix-huitième colloque du centre méridional de rencontres sur le XVIIème siècle* (Aix-en-Provence, 1989)。

易十四已经驯化了贵族,威吓了高等法院,控制了新闻出版。新闻出版自身开始具有报纸的现代形式。当然,任何丑化统治集团的东西都逃不过新闻检查,也没有类似我们今天所称的政治新闻出现于当时最重要的期刊《法兰西公报》《信使报》《博学者杂志》。但是,一个生机勃勃的法语新闻出版业在低地国家和莱茵兰地区发展起来了。而且"新闻贩子"通过口头传播和手抄报纸在巴黎兜售流言蜚语。尽管经G.-N.德·拉雷涅铁腕重组的巴黎警察采取了严厉措施,地下新闻出版还是不断生产出小册子文学作品,同时传统的"号外"和"小报"继续娱乐着各类读者。读者群体本身扩大了,尤其是在城市。虽然宫廷退居凡尔赛,但是巴黎熙攘着普通人、手艺人、小业主乃至殷实的资产阶层,这些人都想了解政治,虽然他们也知道政治是国王管的事。国王的确是自己的事自己管,但是他清楚,他需要满足民众并操纵民众。皇家入城式、节日、戏剧、艺术、建筑,甚至皇家学院里研究的科学,在公众面前维护着国王个人崇拜。黎塞留不过是开始政府对文化的控制,路易使政府的文化控制成为极端专制主义的主干。①

在这样的气候中"诽谤小册子"不会繁荣。在1661至1715年路易个人专制时期,小册子产出的总量大约有1 500种书名,少于1649一年间出现的"马扎然派"作品数量。它们的影响范围不易估量,但是,根据荷兰和瑞士的收藏判断,它们以每年20至40部的速度刊行,并且在该

---

① 至于大量路易十四文化政策研究文献的优质综述,见 Peter Burke, *The Fabrication of Louis XIV* (New Haven, 1992)。法国新闻史最全面的综述仍然是 Bellanger et al., *Histoire générale de la presse française*;但是, Jean Sgard、Pierre Rétat、François Moureau、Jeremy Popkin、Jack Censery 以及其他学者正在改造这一研究课题。主要见 Jean Sgard ed., *Dictionnaire des journaux 1600—1789* (Paris and Oxford, 1991), 2 vols.。由于旧制度资料明显不可靠,文化程度评估正在向上修正,至少法国城市方面是这样。见 Furet and Ozouf, *Reading and Writing, Literacy in France from Calvin to Jules Ferry* 及 Roche, *Le Peuple de Paris*, chap.7。

第八章 政治诽谤史

世纪关键的最后几年 1688 至 1697 年增长尤为迅速。[①]"诽谤小册子"在小册子文学作品中的比例不能估计：统计数字方面不确定性太大，况且小册子和"诽谤作品"两个概念太过含混。但是，和马扎然、奥地利的安妮、玛丽·德·美第奇、孔奇尼、亨利三世所受的污蔑相比，路易十四及其大臣们遭到的诽谤显得微不足道。在巴黎海关 1678 至 1701 年没收的所有非法图书之中，仅 2%涉及国王的私生活。[②]

"诽谤"路易十四作品的相对贫乏，某种程度上是法国政府对文字出版控制的结果。先前爆发的诽谤发生在各内战时期，那时有事实上的新闻出版自由。18 世纪晚期，大部分诽谤作品来自国外，特别是荷兰，这个国家自 1672 年以来陷入和法国的生死斗争，甚至在 1865 年南特敕令废除之前就开始收容胡格诺难民。"诽谤小册子"自然强调外交事务及宗教主题。这些作品也包含纷繁的理论观点，这些观点部分源自英国动荡时期产生的政治性文学作品，有些衍生于例如弗朗索瓦·奥特曼的《法兰西—加利亚》(1573)和《暴君惩戒》这样的较陈旧的加尔文主义文学作品。但是，这些作品大体上依赖旧式的污蔑中伤，其传送形式则是单页丑闻消息和短篇小册子，包括与像帕斯干和莫弗利奥等典型人物对话的讽刺文章。

使这类文学作品与"马扎然派"和先前小册子区别开来的新成分产生于一个让人意想不到的来源：凡尔赛和一位放荡的凡尔赛大臣布西伯爵罗杰·德·拉布丹的机智才能。他把宫廷流言改造成了中篇小说，以手抄本的形式讲述王国最显赫的女士们的性奇遇——但往往用最纯洁的法语撰写，无任何污言秽语、政治评论或者和宫廷以外世界的任何

[①] 除了前面引用的 Van Malssen、Klaits、Duccini 等人的著作之外，见 C. Ringhoffer, *La Littérature de libelles au début de la Guerre de succession d'Espagne* (Paris, 1881)。

[②] Anne Sauvy, *Livres saisis à Paris entre 1678 et 1701* (The Hague, 1972), pp.11—13.

实质关联。布西-拉布丹运气不好,他在非小说类爱情传奇方面的成功鼓励了模仿者从国王性生活中攫取素材。布西-拉布丹的敌人把这些续篇归于他的名下。然后,在荷兰出版的续篇的续篇把性趣闻转化为路易十四专制主义政治及道德性质的控诉。丑闻贩卖从流言到手抄本、手抄本到印刷本、从性到政治,一路发展变化成一个全新的文学分支。

最终,布西-拉布丹去了巴士底狱,后来被流放;而他薄薄的一小本《高卢人情史》则扩展成了煌煌五卷本的政治-性事史诗《风流法兰西》。其中最淫秽下流的中篇小说本《曼特农夫人之艳遇》把国王情妇的生平作为奇异的历险故事讲述。在她睡进王宫的一路上,她曾从丑陋的外省贵族那里转到驼背的"诽谤作家"斯卡隆手上,最后献身给国王的忏悔牧师拉凯斯神父。为了上她的床,神父伪装成男仆,后来又把她变成耶稣会阴谋掌控王国的密探(线人)。但是,与现代读者所期望的恰好相反,这样的叙述对政治远不如对观淫式宫廷性生活的暴露感兴趣。在抗议权力滥用方面,它们对国王的攻击超过最激进的"马扎然派"的寥寥无几。它们使"诽谤"超越了老式小册子和招贴传单的冷枪中伤,进入了杀伤力更强的武器——全方位政治传记——行列。18世纪开始前,路已经为给路易十五及君主制本身造成极大损害的畅销书开通了。[1]

这样的概评述很难恰如其分地说明一个不体面的、陌生的、具有极大影响的文学品系的历史;但是,它应该提供足够的信息来帮助回答一个根本问题:18世纪七八十年代的"诽谤小册子"和更早些的各类作品有什么区别?

---

[1] 关于 Bussy-Rabutin 的中篇小说及最著名续集的简易版本,见 *Histoire amoureuse de Gaules suivie de La France galante: romans satiriques du XVIIe siècle attribués au comte de Bussy* (Paris, 1930), 2 vols., 附 Georges Mongrédien 写的引言。大多数续集在17世纪八九十年代陆续出版,直到1737年这些才汇集成 *La France galante*——一集17部中篇小说,无一篇出自 Bussy-Rabutin 之手出版。见 Léonce Janmart de Brouillant, "Description raisonnée de l'édition originale et des réimpressions de l'*Histoire amoureuse des Gaules*", *Bulletin du bibliophile*(1887), pp.555—571, 以及法国国家图书馆书目。

第八章 政治诽谤史

头脑中闪现的第一个特征是它们的规模。与先前的作品不同,18世纪的"诽谤小册子"叙述冗长且复杂,篇幅从一卷的(《杜巴利伯爵夫人轶事》)至四卷的(《路易十五的私生活》),或10卷的(《英国间谍》),甚至36卷的(《法国文学共和国史秘密回忆录》),如果《丑闻编年史》包括进这类体裁的话。几乎所有先前的文学作品都以小册子形式流行,甚至有关路易十四的中篇小说也如此,这些到了18世纪30年代才被收入多卷版本。小册子或许对公众舆论有强大的作用,至少在例如投石党运动这样的危机时期是这样。但是,小册子容易昙花一现。图书形式的"诽谤小册子"把小册子素材收编成一种多年流传且详细描述不久前的往事的文学种类。

第二,图书"诽谤小册子"比先前的小册子文学作品传播得更广泛。虽然一些"马扎然派"作品在如格勒诺布尔这样的边远城市的书店出售,但大部分早期文学作品好像是由秘密出版社以小版式隔夜或隔若干天生产出来在地方上传播。① 后来"诽谤小册子"属于一个庞大的产业,它通过广泛的传播网络供给全法国。这些作品属畅销书,若干家出版商以上千册或更多的各种版本同时出版,竞相满足不断扩展的市场。

第三,由于置王家性生活于当代史的总体叙述之中,对路易十五的攻讦远远超过了对路易十四的攻击。《风流法兰西》把路易十四的统治贬低为一系列情欲私通,《路易十五的私生活》涵盖了60年的政治,甚至《杜巴利伯爵夫人轶事》也不断地提及政府中的权力争斗、高等法院反对派、普通民众的多舛命运。在这方面,它继续着"马扎然派"犀利见血的政治评论。但是,它把政治评论整合成路易十四统治时期创造发展起

---

① Henri-Jean Martin et al., *Livres et lectures à Grenoble. Les Registres du libraire Nicolas* (*1645—1668*) (Geneva, 1977), 2 vols. Nocolas 的论述提供了关于一些出版作品包括"马扎然派"作品在外省销售情况方面的珍贵资料。图书传播的大部分解释含有推论以及大量的猜测,其根据是主要研究型图书馆所存的册数。17世纪图书传播的最优秀调研是 Henri-Jean Martin 的 *Livre, pouvoirs et société*。

来的小说式叙述的一种扩大版本。

第四,即使作为性趣闻,后来的"诽谤小册子"和前统治时期的作品也大不一样。在《风流法兰西》一书中,国王风流好色。他把权力和放荡结合起来,用弗朗索瓦一世和亨利四世的手段迷倒了宫廷贵妇。除了在少数几部大多产生于他统治时期最后几年的小册子中,他的形象伟岸,是强大王国的有魄力的主宰,通常被尊敬地称为"大酋长"。因此,尽管偶然有不敬,丑闻往往褒扬了路易十四,在某些情况下,丑闻其实可能强化了太阳王崇拜。"诽谤"路易十五的作品则描绘了一个完全不同的君主形象。1770年前,他输掉了两次世界战争并且对国事失去了兴趣,他只在乎女人。但是,他勃起有碍,所以他迷上了一位色相平平的妓女,她利用在妓院里学到的功夫控制他乃至整个王国。杜巴利的平庸、出身低贱、举止粗俗,让她成为截然不同于路易十四的贵族情妇的女主人公。由于把国王拉低到了她那个层次,她剥掉了他的魅力光环,耗尽了王权的象征力。如一些"诽谤作家"所认定的,她手里的君主权杖好像国王的阳物一样孱弱无力。

第五,早先的"诽谤小册子"通常抗议暴政——一个古来就有且在文艺复兴时期再生的观念。不过,后来的"诽谤小册子"谴责王权堕落为专制——一个从17世纪末开始具有有力新颖意义范围的概念。[①] 两

[①] 本人尝试性地提出这个观点,因为专制主义概念尚未引起思想史学家的足够重视;还因为如George Sabine, *A History of Political Theory* (New York, 1958)这样的传统思想史中尚存在大量的术语变化。"暴君"(despot)和"专横的"(despotic)是18世纪之前的普通用词,但相信"专制主义"不是。因此,最激进的"马扎然派"作品之一,1652年问世的 *La Mercuriale* 中一句典型的话是:"如果君主对臣民实行暴虐统治,他便不再是王者而是暴君。"Hubert Carrier, *La Fronde*, pamphlet 26, I, p.8. 本人采用Robert Shackleton, *Montesquieu. A Critical Biography* (Oxford, 1961), Chap.12;以及Melvin Richter, "Despotism", in *Dictionary of History of Ideas* (New York, 1973), II, pp.1—8 所述,作为这方面研究的出发点。

个词都传达了滥用权力的意义,但是暴政把这个意义和个人——其倒台会消除问题的某个人——的专横统治结合起来;而专制则表明权力滥用浸透了整个政府体系。从个别地观察滥用权力到系统地观察滥用权力的转变始于路易十四统治的最后几年,保罗·阿扎尔定义为"欧洲意识的危机"①的1685至1715年内外交困时期。路易十四在剪除国内的反对派并加重税收榨干臣民的血汗的同时进行灾难性的国外战争;他还强加给王国一个暴虐的官僚政治,继续黎塞留和马扎然未完成的行政集权工作。在亲眼看见灾难的贵族知识分子看来,问题根子既是国家体制,又是国王本人。孟德斯鸠追踪这些人的思想脉络至路易十五统治早期,他认为问题指向一个独特的政体——专制主义,一个迥然不同于君主制或者共和制的政体。

更早的分类普遍遵循亚里士多德根据政权归属点区分政体的方法:一人享有的政府(君主制),多人享有的政府(贵族统治),或者全体人享有的政府(民主制)。但是,孟德斯鸠注重政治制度的历史发展;而路易十四的法国,按照《波斯人信札》和《论法的精神》的定义,似乎是在堕落为专制主义的君主国。詹森派的争吵以及国王与高等法院之间的冲突强化了这种看法。因此,当1771至1774年大危机——掌玺大臣莫普领导的摧毁作为对国王权力的一种制约的高等法院的尝试——震撼法兰西王国时,诽谤作家能够对事件进行理论的和历史的解释。当然,他们不撰写政治理论,也不仅仅给议会作宣传。但是,他们有他们的17世纪先驱们所不具备的更广阔的视野。路易十四的专制主义经历和启蒙运动政治思想给了他们理解莫普危机所需要的东西:他们视这次危机

---

① Paul Hazard, *La Crise de la conscience européenne* (Paris, 1935),2 vols.关于这一课题的较近期研究,见 Lionel Rothkrug, *Opposition to Louis XIV. The Political Origins of the French Enlightenment* (Princeton, 1965)。

为专制主义发展的最后阶段。从1771至1789年,专制主义将是"诽谤"文学作品的主题,完全符合国王性放荡的淫秽细节和"逮捕密札"标准的主题。

这类文学作品是革命的吗?简单的回答是不。"诽谤小册子"中没有一部敦促法国人起来反抗王权或推翻社会秩序,它们中有不少作品重复那些源于16世纪并且将延续到19世纪的主题——例如,维克多·雨果的《自娱的国王》和李古勒托的咏叹调《孽障,遭天谴的大臣们》中的主题。这样的一些主题构成了政治民间传说,存在期很长并长期影响了民众的态度:如水滴石穿那样,对于放荡的国王和阴险的部长大臣们的谴责磨洗掉了王权在臣民眼中保持合法性的神圣外壳。虽然个别事件从集体记忆中消失了,但是普遍模式保留了下来。这些模式构成了叙述框架,能够随着氛围变化而用于各种情势。虽然单独文本的意义切合时事,但是它衍生于一个发挥了三个世纪的总文本。因此,"诽谤"路易十五的作品附属于莫普和高等法院之间的缠斗,同时又表现了源自天主教同盟和投石党运动的对抗国王权威的态度。它们召唤出亨利三世和马扎然的形象,这样一来它们使路易十五看起来像路易·卡佩。①

"诽谤"史中长期持续性,并不意味着应该将其理解成无限重复的同样的东西。"诽谤作品"在演变过程中获得了新主题和新形式。从文艺复兴时期狡诈的诽谤到"福隆德式"小册子传单、色情政治传记以及对专制主义抹黑式抗议,诽谤文学逐步增强影响力并转化为对统治集团的全面控诉,虽然它没有号召革命。事实上,没有人预见到法国大革命或者在1787年之前激励法国人起来革命。法国大革命的思想根源应该被理解为旧制度去合法化的过程,而不应该视为新政权的预言。况且,没有什么能比诽谤文学更有效地侵蚀掉合法性。

---

① 应为于格·卡佩(Hugnes Capet),法国国王,987—996年在位。——译者注

第八章 政治诽谤史

一位诽谤作家攻击旧制度滥用权力：1771年版《铁甲报》卷首插画

一位诽谤作家被画成"身披甲胄的报人"，全方位地轰击旧统治集团的滥用权力：查尔斯·塞维诺·德·默兰德著《铁甲报》的卷首插画，1771年典型的"诽谤"，"出版于距巴士底狱一百里格，自由路标之下"。

至少,这是初步调查文学作品得出的结论。不过,结论必须是暂时性的,不仅因为这个课题尚需进一步深入研究,还因为它引导出另外一系列的问题:读者怎样响应非法文学作品?非法图书如何促进公众舆论的形成?

第九章　读者反应

虽然我们初步突入阅读史,但旧制度时期读者对图书的反应方式我们一无所知。[①] 我们所了解的足以使我们不相信自己的直觉。因为无论反应是什么样的,这些反应发生在一个和我们自己的精神世界大相径庭的精神世界,因此我们不能根据自己的体验具体感觉200年前面对文本的法国读者的体验。

不过,我认为有理由来做一个最低限度的论断:读者的反应尽管千变万化,但趋向于强烈。在一个没有电视和广播电台挑战的印刷文字至高地位时代,图书用我们今天想象不到的力量煽动情绪、鼓动思潮。理查森、卢梭、歌德不仅仅挤出读者的泪水,他们改变了人生。《帕梅拉》和《新爱洛伊丝》鼓励情人、夫妻、父母重新认识他们最亲密的关系,并在一些有证可考的情形中更正他们的行为。《少年维特之烦恼》驱使歌德的一些读者结束了自己的生命,尽管"维特热"并没有像有些德国人认为的那样掀起了一股自杀浪潮。

那些早期浪漫小说今天也许显得太过情绪化,但对于18世纪的读者而言,它们发出不可抗拒的真实声音。这些小说在作者与读者之间和读者与文本之间建立起新的联系。当然,旧制度统治时期有不少别的体

[①] 关于纲领性研究文章之范例,见 Henri-Jean Martin, "Pour une histoire de la lecture", in Martin, *Le Livre français sous l'Ancien Régime* (Paris, 1987); Roger Chartier, "Du Livre au lire: Les pratiques citadines de l'imprimé 1660—1780", in Chartier, ed., *Lectures et Lecteurs dans la France d'Ancien Régime*;以及 Robert Darnton, "First Steps Torward a History of Reading", in *The Kiss of Lamourette*。

裁和许多不同类型的读者。较之更早时期的精神食粮匮乏,18世纪消费的阅读物显得如此庞大,以至有人把它和"阅读革命"联系起来。根据这种论点,阅读体验在18世纪中叶以前基本上是"精",之后大体上是"泛"。"精读"源于一遍又一遍地阅读——几人为一组朗读——几部作品,尤其是阅读《圣经》的习惯。读者"泛读"时,快速浏览各种各样的出版物,特别是期刊和轻松小说,同样的文本不想读第二遍。

这个程式被一些德国学者发挥出来解释德国历史的特殊进程:法国经历了一场政治革命,英国经过了一场工业革命,而德国的现代化之路穿越了"阅读革命",这场革命开辟了"诗人和哲学家"(Dichter und Denker)民族独具的文化领域。此论点具有诱人的朴素性,但是除了莱比锡、汉堡、不来梅等城市周围新教区密集的区域和商业区的例证,它鲜有论据。就它可能应用于德国和欧洲的其他地区而言,这个论点有益地区分开了人们拥有一两本书反复阅读的较陈旧文化模式和人们一本接一本阅读的更繁荣、更高文化程度阶段。但是,这样的区分与更重要的"精读"与"泛读"的对立没有关联。旧式重复性阅读往往是机械的或仪式性的,不是深入的;而读小说的新时尚则产生出或多或少的深刻体验,这样的迹象它忽视了。许多德国人一遍又一遍地反复阅读《少年维特之烦恼》(拿破仑读了七遍),有些人还甚至熟记下来。①

---

① Rolf Engelsing 赞同"阅读革命"的观点,尤其见他的"Die Perioden der Lesergeschichte in der Neuzeit. Das statistische Ausmass und die soziokulturelle Bedeutung der Lektüre", *Archiv für Geschichte des Buchwesens*, X (1970), pp. 945—1002 和 *Der Bürger als Leser. Lesergeschichte in Deutschland 1500—1800* (Stuttgart, 1974)。至于对立看法,见 Rudolf Schenda, *Volk ohne Buch. Studien zur Sozialgeschichte der populären Lesestoffe 1770—1910* (Frankfurt-am-Main, 1970),以及 Erich Schön, *Der Verlust der Sinnlichkeit oder Die Verwandlung des lesers. Mentalitätswandel um 1800*,尤其是 pp.298—300。最新最好的德国近代图书史全面阐述十分怀疑"阅读革命"概念,见 Reinhard Wittmann, *Geschichte des deutschen Buchhandels. Ein überlick*, chap.6。关于"维特热"的较新论述是 Georg Jäger, "Die Wertherwirkung. Ein Rezeptionsäs-thetischer Modellfall", in Walter Müller-Seidel ed. *Historizität in Sprach-und Literaturwissenschaft* (Munich, 1974), pp.389—409。

确实，读者越来越注重17世纪较为少见的期刊和其他各种文学作品。阅读习惯不再符合男性家长给全家朗读《圣经》这样的画面。但是，这样的画面也从未准确地反映过法国的实际阅读习惯，尽管雷蒂夫·德·拉·布雷东在1779年充满感情地呼唤它。① 事实上，在1649年当投石党运动的印刷机一天出产6部小册子时，巴黎人或许比一个世纪以后阅读更多的昙花一现的作品。1750年左右，新阅读习惯的最初迹象可以被察觉到，当时私人藏书书目和图书特许权登记显示，相对于小说、历史、科学和游记文学作品，宗教作品呈下降趋势。② 但是，真正的大规模"泛读"直到19世纪晚期才居优势地位，这时廉价纸张、蒸汽动力印刷机、极大提高的识字能力使通俗文学作品的各类新品种进入普通民众范围。18世纪期间没发生过类似的情况。印刷技术、图书交易结构、儿童教育同1100年前的基本没有区别。尽管趣味变了，读者公众扩大了，阅读体验没有转变。阅读体验变得更世俗更多样，但深入性差。它没有经历一场革命。③

历史学家发现和否决了太多过去的隐蔽革命，"阅读革命"除了用来解释读者对法国旧制度时期违禁文学作品的可能反应外，也许被无关痛痒地忽略了。如果阅读发生了革命并且读者采取了随意和怀疑主义的激进新态度对待文本的话，那么他们大概会把"哲学书"贬低为一种

---

① Nicolas-Edmé Restif de la Bretonne, *La Vie de mon père* (Ottawa, 1949; 1st edn., 1779), pp.216—217.

② François Furet, "La 'librairie' du royaume de France au 18e siècle", in Furet, et al., *Livre et société dans la France du XVIIIe siècle* (Paris, 1965); Michel Marion, *Recherches sur les bibliothèques privées à Paris au milieu du XVIIIe siècle* (1750—1759) (Paris, 1978).

③ 这些问题最优秀的综合论述是 Chartier and Martin eds., *Histoire de l'édition française*, vol.II: *Le Livre triomphant 1660—1830*。

微不足道的娱乐形式。① 这一论点以假设之因说明假设之果,但是值得重视,因为这是唯一被提出来质疑违禁书影响的论点。不过,我们不能对其进行什么检验,因为我们掌握读者反应方面的文献太少,尤其是图书交易的秘密部分的文献。在进一步调查之前,我尽可以提供从作者、出版商、书商、书籍警察的往来通信中提取的一些零星证据。

遗憾的是,书评提供不了什么帮助。在法国流通的期刊不可以讨论违禁书。况且无论任何情况下,述评通常不外乎是出版摘要或者美化盟友的著作和攻击敌人的作品。但是,巴黎知识阶层经常在写给外国王公的时事通讯中报道丑闻诽谤作品。尽管这些私人报刊可能甚至比官方公报——时常评论自己和友人书籍的公报记者们——更具偏见,但是它们不受限制,会包含巴黎知识界中非法文学作品接收方面的一些线索。

时事通讯中影响最大的格里姆的《文学通信》(F.M.格里姆在狄德罗、雷纳尔及他人协助下于1753年创建并由J.H.梅斯特在18世纪七八十年代继续发行)讨论过许多"哲学书籍"。该《通信》赞扬如《被揭穿的基督教》这样的无神论小册子的书评证明不了什么,因为这些书评是由霍尔巴赫派内部人士撰写的。② 但是,《通信》刊登的关于"诽谤"路易十五作品的书评证明,世故练达的读者严肃地对待政治诽谤,即使这些读者不喜欢其粗俗。尽管梅斯特不能鉴定出《路易十五的私生活》和《杜巴利伯爵夫人轶事》的作者们,但是他对这些人无好感。他认为,第一个

---

① Chartier, *Les Origines culturelles de la Révolution française*, pp.103—115.
② Maurice Tourneux, ed., *Correspondance littéraire, philosophique et critique par Grimm, Diderot, Raynal, Meister, etc.* (Paris, 1877—1882), 16 vols.在称赞 *Le Christianisme dévoilé* 方面, *Correspondance littéraire* 断言该书对读者有激励解放的作用:"它激动人心……人们没有从中了解到新东西,却被深深吸引而不能自拔。"(V, p.368)该书还贬斥 *Thérèse philosophe* 是一本"无品位、没廉耻、没意思、无逻辑、无风格"的作品(I, p.256)。

像走狗那样写作,第二个像仆人。然而,他们写作的实质值得严肃注意。通过努力区分事实与杜撰,《私生活》相当客观地描绘了路易十五的统治。① 如果不因为文体,《轶事》由于公正逼真也值得高度重视:"他(匿名作者)写的历史既非绝对假也不完全真:尽管它不完全是事实,但它多数时候贴近事实。"②梅斯特对《杜巴利伯爵夫人原本通信》甚至给予了更高的评价:这部明显伪造的书信集里面的内容"捏造得真实可信"。这些书信抓住了路易十五统治的精神实质:

> 这些书信隐匿名姓的作者看来不仅十分了解充斥路易十五统治最后几年的所有小阴谋诡计,他好像还完全清楚他所表现的大部分人物的性格和人品……但是,读过这部不同凡响的作品之后,一个人要提出的第一个看法是,在杜巴利夫人受宠时,周围眼花缭乱的社会旋流中没有人,真的没有人,比她更值得尊敬。人们看到职位最高的人、王国最有势力的人物屈尊在她的脚下,乞求她的信任,表现得比她更加贪婪。他们制造混乱以期从中得利,他们一边索求又一边辜负她的信任,经受最该得到的污辱,应该领受所有因仇恨和妒忌而倾泻在她身上的轻蔑。③

总之,杜巴利和路易十五宫廷政治民间传说式的展现在那时巴黎知识界一位练达人看来似乎可信。

出版商通信中留存下来的这些信件证明了公众喜爱 5 位非法书籍

---

① *Correspondance littéraire*, XII, p.482.
② Ibid., XI, p.339.
③ Ibid., XII, pp.339—340.

作者：伏尔泰、卢梭、雷纳尔、兰盖、梅西耶。但是，这些信几乎从不讨论读者的反应。纳沙泰尔出版社文献中一个珍贵的例外是南特一位姓巴尔的商人的信，此人也捎带卖些图书生意。对于南特的图书生意，巴尔没好话可说："商人难得关心什么文学作品。"①不过，雷纳尔的《哲学史》例外：

> 公众热情接受这部作品。作者有天才、真知、诚心。他描写事物生动鲜明，阅读他时你会感觉心潮澎湃。他撕开了大量的遮蒙在人类的眼睛上使其不能认识真理的命运眼罩。②

纳沙泰尔出版社从鲁昂一位商人皮埃尔·戈德夫鲁瓦——此人也和图书交易稍有关系——那里收到类似的报告。他也热衷启蒙运动，但热衷启蒙运动较理性的方面。他要求纳沙泰尔出版社寄给他5册《自然体系》，以便他提供给有胃口吃禁果的朋友。他写道，他的圈子里每个人都"崇拜"伏尔泰；而且，与法国的奴性精神相对照，他自己尤其羡慕瑞士人的质朴自由。在阅读一部有关瑞士山中旅行的旅游书籍时，他说他动情于"自由产生的优越性。我们需要给这里的人们展示尽可能多的有关例证，他们甚至不知自由为何物"③。

专业书商不写这类个人评论，但如第一章中解释的，他们的信提供了"哲学书籍"需求方面的大量证据。按照里昂的皮埃尔-约瑟夫·杜普兰的说法，"哲学题材似乎是本世纪的宠儿"④。在行内交流议论的过

---

① Barre 致纳沙泰尔出版社，1781年9月15日。
② 同上，1782年8月23日。
③ Godeffroy 致纳沙泰尔出版社，1771年6月10日，1772年5月5日，及1776年2月10日。
④ P. J. Duplain 致纳沙泰尔出版社，1772年10月11日。

程中,他们表达了有关客户对个别作者和体裁的兴趣方面的意见和看法。例如,在贝尔福周围活动的一位姓勒利埃夫尔的流动商贩注意到当地军营军官中有人对淫秽和反宗教作品特别"好奇"。① 在洛顿,马勒布看到了人们对反教权主义作品的强烈兴趣:"伏尔泰先生的新作品一定会供不应求……至于布道书,售量不会太大。祈祷作品一般,宗教热降温了。"②书商们到处都感觉到了对政治"诽谤作品"——兰斯的伯第所称的"批评作品",或"辛辣文章"(苏瓦松的瓦洛基埃),或"时事作品"(图尔的卡雷)③——的强烈渴望。他们总是提到同样的文本,主要有《杜巴利伯爵夫人轶事》《杜巴利伯爵夫人真事回忆录》《莫普……历史日志》《莫普大人和家人的秘密通信》《路易十五的私生活》《路易十五回忆录》《路易十五的奢侈生活》《泰雷神父回忆录》《秘密回忆录》《英国间谍》)。他们的信件无疑确认了人们对这类书的兴趣。不过,唉! 这些通信没有只言片语谈论客户怎样阅读这些书。④

当然,文本自身包含许多线索,涉及作者和出版商预期的反响。例如,阅读色情书被假定是为了刺激性欲,因而有了卢梭的"人们用一只手读的书"⑤的著名说法;以及《哲人泰莱丝》中题为"绘画与阅读之效果"的高潮章节,其中伯爵通过引诱泰莱丝读《夏特勒的守门人……艳史》《加尔默罗会游方士风流史》《太太学堂》以及其他色情畅销书挑

---

① Le Lièvre 致纳沙泰尔出版社,1777 年 1 月 3 日。
② Malherbe 致纳沙泰尔出版社,1775 年 9 月 13 日。
③ Petit 致纳沙泰尔出版社,1783 年 8 月 31 日;Waroquier 致纳沙泰尔出版社,1778 年 1 月 7 日;Carez 致纳沙泰尔出版社,1783 年 2 月 23 日。
④ 罕见的例外使 Malherbe 评论了一些客户抗议百科全书的神学条目"神学院味道太浓,这样写无疑是为了能在法国流通。但是,这些条目对思想自由的阻碍让读者不高兴"。见 Malherbe 致纳沙泰尔出版社,1778 年 9 月 14 日。
⑤ 转引自 Jean-Marie Goulemot, *Ces Livres qu'on ne lit que d'une main. Lecture et lecteurs de livres pornographiques au XVIIIe siècle* (Aix-en-Provence, 1991), p.9。这部专著透彻地分析了色情文本如何引导读者。

223　逗泰莱丝手淫。但是,人们怎样对照读者的实际体验验证这样的设想呢?

一些迹象,尤其是关于政治作品效果的迹象,散见于王国政府图书贸易署(出版局)内部交流的信件和备忘录。1771年6月,卡昂检查官手下的代理检查官警告当局,诺曼底违禁书泛滥而且读者重视这些书:"阅读这些坏书在公民中造成了骚动情绪,不断煽动他们摆脱谦恭、服从、尊敬的约束。"①瓦朗谢讷一位退休书商拉巴狄劝警察当局采取严厉措施,尽管不能期望扭转公众舆论潮流:"当今,人人都想理性思考讨论国事。人人都议论这类事,争着买哪怕是最有害的有关这类事的作品。"②这不是说警察的线人把这种危险和即将到来的革命联系起来。警察的线人在读"坏"书的狂热中察觉到时髦风气和不满情绪。因而一部匿名的1766年备忘录,警告警察当局"哲学书籍"的传播看起来不可阻挡:

从来没有人见过像今天这样多的违禁作品……没有人耻于迷恋坏书。相反,人们为此感到自豪。一本书让人如此渴望便足矣了。而是每天不能花一小时读点健康书的人会谈论熬夜读坏东西。③

法律两端的专业人士都认识到违禁书吸引着以不同方式阅读的各类读者。在一份写于巴士底狱的备忘录中,为巴黎杜歇纳寡妇干活时曾叫卖过"哲学书籍"的老盖伊如下描述各种各样的读者和阅读行为

---

① "Project pour la police de la librairie de Normandie donné par M. Rodolphe, subdélégué de M. l'intendant à Caen",法国国家图书馆,ms. fr.22123,item 33。

② Labadie,"Projet d'un mémoire sur la librairie",Ibid.,item 21。

③ "Mémoire sur le corps des libraires imprimeurs",1766年,未签作者名,同上,item 19。

如下：

> 人们一心想买它们（违禁书），无论价格高低。这是些什么人呢？他们正是那些凭出身、地位、学识以及对宗教的感情应该最先谴责它们的人。但是，恰恰相反，他们即使偶尔听说有人曾暗地悄声谈论过此类书籍的某部新作品，也穷追不舍要得到它——廷臣为了开心、行政官为了消息灵通、教士为了反驳、第三等级的人为了说他们有稀少难得的东西要得到。一句话，这是出风头赶时髦的一种方式。还有，一个掏不出一枚6里弗的钱币付给鞋匠的人，为了赶潮流会花4路易（96里弗）买书。①

为了时髦、为了消息灵通、为了受刺激或被感动——读者们出于多种意愿求助于非法文学作品，并以多种方式作出反应。图书交易界里，没人期望反应会一致。但是，人人视违禁文学作品为一项大事，重要到足以引起王国最高官员们的重视并牵动整个警察部门。

当然，警察档案有自身的偏见。图书交易检察官们可能靠发现对教会和政府的威胁拍警察总监的马屁，而警察总监可能靠侦查压制对"大人物"的中伤诽谤取悦凡尔赛的上司们。法国大革命前一些年间权力最大的巴黎警察总监让-夏勒-皮埃尔·勒努瓦的书信文件尤其需要仔细地解读，因为勒努瓦是在1790年至1807年逃避法国大革命期间分别在不同的时候写的这些信。他要为自己的警局辩护以回击革命者，因为这些人指控他滥用权力，把他赶出了法国。不过，勒努瓦也想弄明白旧制

---

① "Mémoire sur la librairie de France fait par le sieur Guy pendant qu'il était à la Bastille", 1762年2月8日，法国国家图书馆，ms. fr.22123, item 22。

度为什么会垮台。还有,他了解太多的内幕,因此他永远也完不成的回忆录草稿之中潦草写下一些看法,提供了法国政府高层对于违禁书的态度和政策方面的有价值资料。①

勒努瓦认为,路易十六统治初年"诽谤作品"没有在凡尔赛引起太多的担心。政府当权大臣和宫廷阴谋的老手莫莱帕斯伯爵收集各种诽谤性歌谣和警句:"私下聚会时,莫莱帕斯先生欢快地朗读写来讥讽他的诗句。他声称这样的东西过去是,今后也会一直是一种娱乐。让那些无所事事又想在上流社会炫耀的人有事干。"②内克尔、卡隆、布里安纳内阁当政期间政策变了。1780年前部长们便秘密资助作家们相互拆台。路易十五风雨飘摇的最后几年期间以手抄本形式传播的"诽谤作品"以印刷本出版,攻击国王本人。这时,诽谤瞄准了路易十六,嘲笑他的性无能,又指向玛丽-安托瓦内特,指责她所谓的性放荡。这类名誉诽谤不能一笑置之。甚至莫莱帕斯也不行,他扭转了政策并且组织秘密机构以断绝国外的"诽谤作品"出版。外交部部长韦让纳伯爵派遣便衣特务在伦敦绑架"诽谤作家"。警察当局派员去维也纳和布鲁塞尔,并接连突袭巴黎书店。但是,诽谤禁不胜禁,因此"在法国大革命前那些年间法律对反政府'诽谤'简直无能为力"③。

回顾起来,勒努瓦好像认为抹黑行为"极大地危害了国内安定、公众

---

① 关于 Lenoir 手写回忆录的特点,见 Georges Lefebvre,"Les Papiers de Lenoir", *Annales historiques de la Révolution Française*, IV (1927), p.300;以及 Robert Darnton,"The Memoirs of Lenoir, Lieutenant of Police of Paris, 1774—1785", *English Historical Review*, LXXXV (1970), pp.532—559。

② Lenoir 书信文件,奥尔良市立图书馆,ms.1422,"Titre sixième: De l'administration de l'ancienne police concernant les libelles, les mauvaises satires et chansons, leurs auteurs coupables, délinquants, complices ou adhérents."。

③ Ibid..

情绪以及顺从（精神）"①。尽管政府尽力试图在自己的宣传中用真实报道进行反击，民众相信最放荡的故事："巴黎人相信秘密流传的恶毒谣言和'诽谤'，不相信事实。这些事实是经政府批准或允许印刷出版的。"②到1789年，勒努瓦在玛丽—安托瓦内特现身巴黎时得贿赂人群呼喊"王后万岁"。不过，尽管大费周章，他也只能制造出"仅仅几声稀落的掌声，谁都知道是买来的"。③ 经年累月的诽谤破坏了人民对王权的情感中根本性的东西。

勒努瓦的话可以由外交部文件和巴士底狱档案加以证实。1783年，外交部部长试图剪除"诽谤作家"所耗费的时间几乎不亚于他谈判《巴黎条约》——该条约结束了美洲战争——所花的时间。他给驻伦敦法国代办写信说诽谤让人不齿，不过一旦它攻击头戴王冠人便不能再被忽视："你知道我们这个世纪有多邪恶，接受最荒谬的东西有多容易。"④大量秘密活动之后，警察收买了一些"诽谤作家"；并诱骗其他一些回到法国，关进巴士底狱。⑤ 但是，此后不久，钻石项链事件——牵扯到王后和枢机主教罗昂的丑闻——引发了一股甚至更灾难性的小册子浪潮，许多法国人投身革命，是因为相信一位枢机主教给国王戴了绿帽子。

在这些资料中人们找不到任何暗示说，书籍不过是"用来制造效果的机器"，读者只不过是具有可以在上面压出任何印迹的"软蜡"般的头脑的接收人。⑥ 18世纪法国人对于传播的了解足以使得

---

① Lenoir 书信文件，ms.1423，"Résidus"。
② Lenoir 书信文件，ms.1422，"Sûreté"。
③ Lenoir 书信文件，ms.1423，无标题。
④ Vergennes 致 Adhémar 伯爵，1783年5月21日，外交部，政治通信，英格兰，ms.542。
⑤ 海军图书馆，ms.12517, ff.73—78。
⑥ Roger Chartier 似乎把这个观点归于那些认为违禁书对读者具有强烈影响的人。Chartier, *Les Origines culturelle de la Révolution française*, pp.104,109.

他们预料出读者和读物会是形形色色的。但是,他们相信"哲学书籍"能引起强烈的反响,"诽谤作品"能扰乱国家安定。我们无法知道那些男人女人们两个世纪前在处理文本时脑袋里想些什么。这些我们仅仅能够依靠作家、出版商、书商、政府官员和留下些反应记载的个别读者提供的证据进行间接研究。不过,全部证据都指向了同一结论:读者们重视违禁文学作品。这是说除一部决定性文献之外的全部证据。

在《巴黎图景》一书中,路易-塞巴斯蒂安·梅西耶似乎极度低估"诽谤作品"的影响:

> 一部"诽谤作品"越被禁,越有人想看。可是,当你读了并觉得它不值你的放肆行为之后,你就对抢着读它感到害臊。你几乎不敢声称"我读过了"。它是文学界下流家伙们出产的糟粕……有两星期后还没有遭到公众舆论唾骂而且没有臭名远扬的"诽谤作品"吗?……过分的"诽谤作品"让人厌恶,令人作呕,并以其本身的狂热性损毁自身。不过,如果较有节制的话,它有时会平衡权力的过度集中;它超越正派体面限度的方式和当局滥用权力的方式如出一辙。它经常由蛮横小暴君挑动起来,公众则看见处于两个极端之间的真相。①

这段话的确暗示了公众不是"诽谤作家们"卖什么就买什么,但没

---

① Mercier, *Tableau de Paris* (Amsterdam, 1783), VII, p.23,25。为了证明"诽谤作品"对读者影响甚微,Chartier 引用了这一段话,见 *Les Origines culturelles de la Révolution française*, pp.103—104。

有证明读者拒绝严肃看待"诽谤作品"。恰恰相反,这段话区分了言过其实的诽谤和对滥用权力较有节制的抨击,前者会产生反作用力,而后者会引导民众反对政府中的暴君。在这方面,梅西耶关于"公众"的描述好像主要是应用于他自己那样的人——即消息灵通人士、出版和公共事务领域的内部人士。在关于讽刺招贴和传单的类似讨论中,他提到"上流社会人士用它们消遣取乐,但也有保留地接受"。① 如此一来,梅西耶像出版商和警探那样去辨别世故老练的读者和一般的读者。他从未给后者下过定义,尽管他写了篇文章提出"公众先生"是一个"难下定义的复合体",由不相称且不相容的社会品质构成。② 然而,他坚认公众一定存在,以不受上流社会盛衰左右的法庭形态存在,过滤各种对立意见并终极式地宣布真理。③ 坚信真理会出现也影响了梅西耶对于诽谤的见解,因为他坚持认为下作的"诽谤作品"中的"一些实在的真话"会让某位部长颤抖,他甚至还论证说莫普内阁倒台的祸首是畅销书目上最流行的"诽谤作品"之一《莫普先生和家人的秘密通信》。④

不过,暗示归暗示,梅西耶的《巴黎图景》不能按照字面去解读,好像它是透视18世纪巴黎人心灵的窗户。像所有文本一样,它具有一股修辞的回流,把它带向矛盾的方向。这些矛盾在梅西耶论及阅读时表现最强烈,因为他一方面把印刷文字赞颂为最强大的历史力量,另一方面他又贬低新闻写作、雇佣作家以及"诽谤作品"。为什么他对文学活动的较低等形式这样反感呢?我以为,主要是因为他不想和这一类人为伍。他已经获得了"阴沟里的卢梭"之名,这与雷蒂夫·德·拉·布雷

---

① Mercier, *Tableau de Paris*, VI, p.79.
② Ibid., VI, p.268.
③ Ibid., VI, p.269.
④ Ibid., I, p.176.

东十分相像,这一用语就是为此人杜撰的。梅西耶以不合格的剧作家、庸俗的编辑人以及里斯提之密友的形象出现于让-弗朗索瓦·拉阿普的文学通讯中。① 在巴肖蒙的《秘密回忆录》中,他作为雇佣文人出现,把各种各样的垃圾统统收捡进《巴黎图景》,目的是增加卷数以攫取最大的市场回报。② 而在警察档案卷宗里,他是

(一位)律师,一位既无情又古怪的人。他既不在法庭上诉辩,也不咨询协商。他没有获得过律师资格,却使用律师头衔。他撰写了《巴黎图景》——四卷篇幅——和其他作品。由于害怕进巴士底狱,他出了国,后来又回国且想要依附于警察当局。③

所有评论一致认为梅西耶对政府和社会秩序的批评放肆大胆。如《2440年》那样,《巴黎图景》成了一部畅销"哲学书籍"。不过,它也是部"诽谤作品"吗?《欧洲信使报》上一篇评价该书初版两卷本的书评直言道:"这不是一部'诽谤作品',这是一位有勇气、敏感公民的作品。"这听起来像赞扬,其实则说中了梅西耶的要害。在下一版第6卷,梅西耶

---

① Jean-François de La Harpe, *Correspondance littéraire addressée à son Altesse Impériale Mgr. le Grand-Duc, aujourd'hui Empereur de Russie, et à M. le Comte André Schowalow, Chamberlain de l'Impératrice Catherine II, depuis 1774 jusqu'à 1789*, 6 vols. (Paris, 1804—1807), III, pp.202, 251.

② *Mémoires secrets pour servir à l'histoire de la République des lettres en France, depuis 1762 jusqu'à nos jours* 被认为是 Bachaumont 和其他人所作,36卷(伦敦1777—1789年版),1781年8月1日、1782年4月20日以及1784年4月23日之记载。

③ Lenoir 书信文件, ms.1423, "Extraits de divers rapports secrets faits à la police de Paris dans les années 1781 et suivantes, jusques et compris 1785, concernant des personnes de tout état et condition (ayant) donné dans la Révolution."

第九章　读者反应

用了长长一章的篇幅痛斥《信使报》上的评论——他提到的唯一一篇书评:"这种批评简直罪不可恕! 你们这些读过我的书的人,告诉我,这本书难道能使用法术变出些玩意儿让人联想到那个丑恶的字眼'诽谤'吗? 为什么用这个词? 它让我心烦。"①梅西耶对"诽谤作品"的恐惧泄露了他对自己的作品会划归成这一类的担心,恰如他对雇佣写作的贬低表达了他害怕自己被看成雇佣文人。②

确实,与其说是实际行为方面,不如说是在当时文学作品评述的重要主题方面,梅西耶发表的关于作家和读者的话语具有启发性。几乎在所有的作品中,梅西耶着魔似的回到同一个话题:启蒙运动正在各处发展,作家属于尚未得到承认的世界立法者,印刷机是马力最大的进步发动机,公众舆论将是横扫专制主义的力量。一个例子应该足以说明他的心境:

> 过去30年内我们的思想意识发生了一场重大革命。在欧洲,公众舆论现在变成了一股压倒性的力量,一股不可阻挡的力量。鉴于进步已经出现和将会出现,人们可以希望启蒙思想为世上带来最大的幸福;而且响彻四方的全人类呐喊,将欧洲从沉睡中唤醒,让各式各样的暴君们战栗颤抖……作家的影响大得让他们现在可以公开宣告自己的力量,并且不用再给他们

---

① *Tableau de Paris*, IV, p.279.评论引自 Mercier 自己的重印本。
② *Tableau de Paris* 通篇,以及 Mercier 的其他作品,主要是 *De la Littérature et des littéraires* 和 *Mon Bonnet de nuit* 之中,Mercier 试图区别开名副其实的文人作者和养尊处优的学院派文人及雇用文人。例如,见 *Tableau de Paris*, II, pp.103—113; IV, pp.19—26,245—261; VII, p.230; X, pp.26—29,154—156; XI, p.181。Mercier 也严厉批评"诽谤作品",以便讨好警察当局呢? 就像人们通过他的警察报告中的言语所怀疑的那样? 本人没有发现他为当局充当线人或鼓吹手的证据,但是 *Tableau de Paris* 含有吹捧警察的段落。例如,见 I, pp.187—193; VII, p.36。

控制人的思想的合法权威披上伪装。①

阅读在这堆主旋律中居中心地位。梅西耶汲取了早期浪漫主义的典型形象来论述阅读的作用：它是由天才产生，释放于天才的笔端，通过铅字传送，铭刻在读者的心灵上的一种道德力量，如电或引力那样不可抗拒又无影无踪。② 因此就有了《论文学与文人》中关于印刷术的一章，梅西耶将其再版重印于《我的睡帽》中：

> 这(印刷)是上天赋予的最美妙的礼物……它不久将改变宇宙的面貌。从印刷作坊排字工的狭长盒子里产生出伟大丰富的思想，人无法抵御。他会不由自主地吸收这些思想，它们的影响已然显而易见。印刷术不久前才问世，而一切已经在走向完美……一位身边卫士林立、周围要塞环伺、两千柄寒光闪闪的剑锋保卫的暴君可能对良心的呼唤充耳不闻，但是，他抵挡不住笔端的一击。这一击将深入他的宏大的心脏，置他于死地。……所以说，发抖吧，全世界的暴君们！在正直的作家面前发抖吧！③

梅西耶不允许任何不体面的东西损坏这幅图景。在《2440年》的乌

---

① Mercier, *Tableau de Paris*, IV, pp.258—259.这段话 Mercier 发表于 *De la Littérature et des littéraires* (Yverdon, 1778)第8—9页段落的重印本。Mercier 把自己大量早期作品融入多卷本 *Tableau de Paris*、*L'An 2440* 及 *Mon Bonnet de nuit* 。

② 关于这个一般主题，见 Auguste Viatte, *Les Sources occultes du romantisme: illuminisme-théosophie*, 1770—1820 (Paris, 1928), 2 vols.。

③ Mercier, *De la Littérature*, pp. 19—20；以及 Mercier, *Mon Bonnet de nuit*, 4 vols. (Neuchâtel, 1785), I, pp. 112—114。另外，见 *De la Littérature*, pp. 38—41；以及 *Tableau de Paris*, V, pp.168—173；VII, p.180；VIII, p.98 的相同论述。

托邦幻想中,他排除了所有无价值的书,用作家雕像充实公共空间,把阅读写作变成神圣的精神操行。在文章中,他经常谴责过分精致或过分浅薄的文学作品会削弱阅读的道德功效。① 而且,在戏剧和小说中,他在关键转折点安插阅读场景以引导情节走向。例如,一个爱情战胜宗教偏见的言情传说《耶稣会士之爱》叙述了耶稣会士阴谋控制主人公的灵魂,并通过在斯特拉斯堡一所寄宿学校给他强行灌输神学祈祷作品把他变成牧师。有一天,一位小贩在街上和他搭讪,偷偷给了他几本"哲学书籍"。由于好奇心被刺激起来,主人公买了4部伏尔泰的小册子,初步浏览一下文本便吊起了他的胃口。他在斗室里熬夜,如饥似渴地读起来。后来,阴翳从他的眼中脱落了。他放弃了教士职位逃走去找他的真爱"路德派美人"苏珊。

讲故事的过程中,梅西耶使用了各种具体细节来调动享用违禁文学作品的热情:暗藏着书的商贩袍子上宽大的褶层;地下版的廉价纸张和粗糙印刷;伏尔泰之恶名的煽惑力;商贩自信这类东西如甜点一样热卖的心情;用小刀划开前几页时的激动心情;衬衫里和衣袋内装着小册子时的兴奋;夜深人静,灯芯爆响快要烧尽时,手不释卷,最后的沉思。他用第一人称叙述,这样的描述连续了两章,讲起了一个极生动的关于读书的故事,恰如一个违禁书作家乐于想象的故事:

见过我读书的人可能会把我比作一个渴得要死的人正在

---

① 例如,见"Discours sur la lecture", in Mercier, *Eloges et discours philosophiques* (Amsterdam, 1776),他将该篇加入 *Mon Bonnet de nuit* 部分章节。Mercier 告诫说,过分解读,尤其是过分解读短暂出现的文学作品——那些会使一个人感觉迟钝的作品——没有什么害处,见"Discours sur la lecture", pp.245—246, 253, 269, 284, 289—292。他这方面的言论可以理解为反对"泛读",呼吁返回早期的"精读"。但是,16、17 世纪也可以发现有关图书出版失控和阅读昙花一现、作品虚浮作风的类似抱怨。

痛饮新鲜纯净的水……无比小心地点上灯后,我如饥似渴地埋头阅读。易懂的言语,顺畅且生动,让我不知不觉读了一页又一页。时钟在静谧中叮当报时,而我什么也没听见。灯快没油了,灯油快燃尽了,仅发出了暗淡的光,但我仍在读着。我甚至顾不得挑一挑灯芯,生怕打断我的快乐享受。这些新思想涌入我的脑海多快呀!我理解接受它们太快了!①

尽管渲染过分,这样的描述实际上符合许多18世纪读者的体验。② 当然,它代表了一种理想的典型写法,而非普遍的习惯写法。然而,这正是要害:虽然梅西耶远未提供出印刷文字的减弱力量及读者随意性方面的证据,但他清楚地表达了一个普遍的坚定信念:阅读可移山和铲除暴君,尤其是,如果阅读的书具有"哲学性"的话。

"哲学书籍"如何能产生如此非凡的效果呢?梅西耶甚至没有乞灵于简单的因果观。像他的许多同时代人那样,他想象出书决定公众舆论发展、公众舆论又影响事件的间接的过程。不过,这个观点也属虚构,孔

---

① Mercier, *Histoire d'une jeune luthérienne* (Neuchâtel, 1785), pp.142—143(第1版纳沙泰尔1776年以 *Jezennemours, Roman dramatique* 为书名出版)。

② 在此例中,梅西耶描写了一位通过阅读伏尔泰和冯塔尼从而摆脱了天主教教条束缚的年轻人。在其他作品中,他强调阅读卢梭所产生的排山倒海般的效果,而且他的描写贴近卢梭作品的实际读者的状况,见 Darnton, "Readers Respond to Rousseau: The Fabrication of Romantic Sensitivity", in *The Great Cat Massacre*。例如,在 *Tableau de Paris*, V, p.58,梅西耶描写了一位姑娘,不顾母亲阻止,偷偷地买了一本 *La Nouvelle Héloïse*。读过后,她深受感染,决心献身于以小说女主人公为榜样的家庭生活。梅西耶用类似语言抒发了他个人的感受:"写作!你的力量尚未得到充分的赞颂!纸上留痕的起初影响似乎微弱的文字凭借什么途径产生这样持久的印象呢?……思想与简单的修辞手段结合的力量具有某种奇异的超自然的东西……文字比实物更能激发想象……我打开一卷卢梭的 *La Nouvelle Heloïse*:里面白纸黑字依旧,可是我突然变得专注、激动、亢奋;我热血沸腾,我万般感动。"见 *Mon Bonnet de nuit*, I, pp.298, 302。

多塞在《人类精神进步历史纲要》中以其最崇高的形式表述过。考察了人们阅读违禁书时认为自己身上发生了什么情况和应该发生什么情况之后,我们现在面对着最后一个问题:"哲学书籍"如何有助于激化公众舆论?

第十章　公众舆论

公众舆论问题可能比读者反应问题更容易用几页篇幅迅速了结。但是,简要讨论一下这个问题也许有助于为进一步研究,同时也为最后一个异议找到答案,扫清道路:违禁书或许丝毫不影响公众舆论,违禁书或许仅仅反映了公众舆论。这个论点基于有关巴黎普通民众对王权态度的自主性质的两个观点。第一个观点认为从巴黎人日常生活自发的细微变化中可以体察到王权的"非神圣化"意识。① 第二个观点认为,巴黎人在18世纪50年代,可能甚至更早,就已经开始表现出对王权的敌视。②

第一个观点产生于《巴黎图景》中一些日常生活的观察思考。梅西耶注意到,旧货商出售刻有国王王后形象的旧熟铁纪念章,而且巴黎人感觉买张路易十六或凯瑟琳二世的画像悬挂在他们的小酒馆、烟草店外面实属平常。他们从食品店购买"王后御用糕点"和"王后御用牛肉"时,也从来不犹豫。③ 罗杰·夏蒂埃认为,这种形象和语言的随意使用证实了一种使王权非神圣化的"象征性的和情感上的资本投资减少",

---

① Chartier, *Les Origines culturelles de la Révolution française*, pp.108—110.
② Arlette Farge and Jacques Revel, *Logiques de la foule. L'affaire des enlèvements d'enfants. Paris 1750* (Paris, 1988) 以及 Arlette Farge, *Dire et mal dire. L'opinion publique au XVIII siècle* (Paris, 1992).
③ Mercier, *Tableau de Paris*, V, pp.109, 130,以及 Chartier, *Les Origines culturelles de la Révolution française*, pp.109—110. 其实,Mercier 把他的关于符号的评论作为撰写有"大人物"之中荣誉昙花一现道德文章的理由之一。而且,他把"à la royale"(皇家御用,还意为公平、光明正大,译者注)一语作为巴黎人认为有关王权的一切必须高尚的实例,而不是作为巴黎人失去对王权尊重的象征来加以讨论。无论何种情况,梅西耶的评论应该被看作文学文本,不应被当作不入流的街头社会学。

剥夺了王权所有的"超凡意义"。的确,这诠释了"哲学书籍"的成功,因为态度的非神圣化出现于这些书出版之前,而不是出版之后。① 事实上,时序对这一解释帮助不大,因为《巴黎图景》第 1 版产生于 1781 年,远在第一批"诽谤"路易十五的作品之后,况且"诽谤作家"中伤君主们两个世纪之久以后梅西耶才注意到巴黎商店中皇家物品的风行。更重要的是,随意乃至不敬的神圣物品买卖不是非神圣化的证据。在中世纪,人们以我们看来亵渎但却其实表现了他们普遍的信仰力量的随意态度——谈论、倚靠、净化身边的圣物。甚至在今天,英国国内的小酒店外挂着的王家标志及化妆用品上的"女王陛下专用"的标签不证明对君主制的不满;正相反,这表现了对君主制的热爱。②

第二个观点更重要,而且,由于它直接涉及形象说明公众舆论的问题,这个观点必须慎重考察。像所有其他人一样,法国政府当局没有给"公众"下定义,但知道公众有看法,当局也严肃对待这些看法。巴黎警察建立了一个复杂的告密人网络,以便跟踪咖啡馆、小酒馆及其他公共场所的议论。关于这些"谈话"(propos)——时事闲谈——的密报为整个 18 世纪巴黎公众舆论的状况提供了一个粗略的索引。

譬如,以下便是警察密探报告的 18 世纪 20 年代晚期咖啡馆中的飞短流长。1728 年某一天,富瓦伊咖啡馆的客人们简直不敢相信 N.-P.-B.昂热维利埃受命担任了陆军大臣,因为他的对手 F.-V.-L.德·布勒特伊背后有王后撑腰。卢梭咖啡馆的主顾们认为这项任命预兆着更多的变化,可能巴黎会有一位新行政长官,或许还会有一位新警察总监。与此同时,在昂克卢姆咖啡馆,谴责昂热维利埃残酷专横作风的人和崇拜

---

① Chartier, *Les Origines cultrelles de la Révolution française*, pp.108—109.
② Johan Huizinga, *The Waning of the Middle Ages* (1st edn., 1919, New York, n.d.).人类学家经常强调对圣物的熟悉感,例如,见 E. E. Evans-Pritchard, *Witchcraft, Oracles and Magic Among the Azande* (Oxford, 1937)。

234 他性格的另一些人之间爆发了一场激烈的争论。在摄政咖啡馆,总审计官菲利贝尔·奥里赢得了常客们的一片掌声,原因是他在一场事关后来雅各宾派传唱的《诅咒你》的歌谣的争论中刚刚辱骂了总包税人(和国王签约负责收缴间接税的富有金融家们)的管事们。棉花咖啡馆里的议论涉及巴黎证券交易所的算计花招,洛朗咖啡馆里议论面包价格,普万瑟莱咖啡馆里讨论粮食投机,巴思泰斯特咖啡馆里闲话黄金投机,皮伊咖啡馆里讲说王后是否怀孕,孔蒂咖啡馆里谈论法国同情西班牙国王,格拉多咖啡馆里议论一出戏剧的遭禁,普罗科普咖啡馆里谈论枢机主教弗勒里健康不佳,穆瓦希咖啡馆里讨论詹森派骚动等,事无巨细,包括大量非政治事件方面的事件——公路抢劫、越狱、特鲁瓦大火、香槟地区暴风雨中鸡蛋大的冰雹砸毁了葡萄园。这些报告包括了遍布巴黎的大约 50 家咖啡馆。其他密探向警方密报劳动阶层小酒店里的谈话、沙龙内的"好话"、公园里的一般流言。由于身处于这一庞大密告系统的战略核心位置,警察总监异常了解巴黎的街谈巷议。通过他每周呈送给国王和"国王宫廷事务"(实质上的内务部)部长的报告,政府一直牢牢地把按着公众的脉搏。政府或许缺少民意测验机构,但却密切注视着公众舆论的走向。①

报告有些以对话形式撰写,因此阅读时人们可以想象出 260 年前偷偷监听政治言谈的行为。不过,这样的幻想应该受到抵制,因为警察密探不是速记员,而且他们的报告像所有历史文件一样仅仅是文本,并非窥视过去的透明窗户。然而,这些报告显露充分,让人大致了解了巴黎人是如何议论路易执政早期的事务的。这里便有一例:

---

① 海军图书馆,ms.10170。这一卷仅包括无日期和无签名写在纸片上的便条,而且没有其他时期的便条可以比较,因此我们没有一套连贯的整个世纪咖啡馆流言的警察密报。

第十章 公众舆论

在富瓦伊咖啡馆,有人说国王新收了位情妇,称贡陶夫人,长得很美,是诺阿耶公爵与图卢兹伯爵夫人的侄女。其他人说:"如果这样,那就会有一些大变化。"另一人答道:"没错,各处都有谣言,但我觉得很难相信,因为弗勒里主教还当政呢。我想国王有心无力,因为他一直没有接近女人的机会。"还有一人说:"不管怎样,就算他招了位情妇,也不是什么弥天大罪。"另一些人补充道:"哎,先生们,这也可能不是一时的爱好,但第一次爱情会不利于性事,会害处多于好处。如果他爱好打猎强于干那事儿,或许会更让人称道。"①

国王的性生活一如既往地给流言蜚语提供了大量的素材,但是这些谣传趋于善意。1729 年,王后要分娩时,各咖啡馆里喜气洋洋:

真的,人人兴高采烈,因为他们都热切希望有位太子。其中有人说道:"好事呀!先生们,如果上帝恩赐给我们一位太子,你们将会看到巴黎和这整条河上(欢庆焰火)燃烧起来。"人人正在为此祈祷。②

20 年后,口气就完全变了。这里有巴士底狱档案中涉及 1749 年的一些典型摘录:

前龙骑兵队长,贝勒里乌骑士茹勒-阿列克斯·贝纳尔先生:在假发工匠古若的店里,此人朗读……一篇对国王的攻

---

① 海军图书馆,ms.10717,fo.175。我已加上了引号。
② 海军图书馆,ms.10170,fo.176。

许,其中说到陛下情愿受制于无知无能的大臣们,达成了一项屈辱不光彩的和平(《艾克斯—夏佩勒条约》),放弃了所有占领的要塞……国王和三姐妹(内斯尔侯爵之女,其与路易十五的私通被普遍认为既乱伦又通奸)有染,让他的臣民愤懑,如果不端正行为的话,还会给自己带来各种霉运。国王陛下既蔑视王后又与人通奸,复活节圣餐时他没有忏悔,上帝会诅咒全王国,法国将会灾害连连。①

被免去圣职的耶稣会士富洛尔·蒙塔尼……加上其他种种言论,他说国王简直不把臣民当回事,他的巨额开销就是证据;他(路易十五)知道人们穷极了,还让他们担负新税(马肖·达努维尔提议的二十分之一税),让他们活得更悲惨,好像是以此感谢他们对国王的付出。他还说:"法国人忍受这个真叫蠢。"其他的话他和另一人咬耳朵。②

让-路易·莱克勒克,地方法院律师,在普罗科普咖啡馆发表下列议论:没有比宫廷更腐败的了,大臣们和婊子蓬帕杜尔挑唆国王干坏事,这让人民极度憎恶。③

尽管资料不完善,公众舆论的概念定义也模糊,但是18世纪中叶公众对王权的尊重骤然下降这一点似乎无疑。人们可以为这一变化找到

---

① 法国国家图书馆,"Personnes qui ont été détenues à la Bastille depuis l'année 1660 jusques et compris l'année 1754", ms. fr.1891,fo.419。不幸的是,海军图书馆馆藏不包括这一时期的咖啡馆密报,因此,人们必须依靠巴士底狱档案资料。究其性质,这些档案资料包括的不是日常谈话,而是煽动性言论的密报。所以,文献使用方面的差异使比较失去了作用。然而,从18世纪40年代末到50年代巴士底狱文献中报告的"不满情绪"比先前那些更多更极端。
② 同上,fo.427。
③ 同上,fo.431。又见木材商 Victor Hespergus 的类似档案卷宗,同上,fo.489。

种种理由：奥地利王位继承权战争后的外交耻辱，财政危机和二十分之一税争论，以及引起新一轮国王与高等法院严重对立的詹森派骚动。大部分不满情绪联系到国王的私生活，这在国王与民众失去接触并放弃了一些王权的基本典仪的关口加剧了"公众喧嚣"。1738 年以后，当路易十五开始在宫廷上炫耀情妇时，作为人所共知的奸夫，他认为自己再无可能忏悔并像以往一样体面地领复活节圣餐。由于没能遵循忏悔和圣体圣事仪轨，路易十五便中断了触摸瘰疬患者的惯例。他 1744 年在梅斯差点丧命的遭遇曾让他短时期苦行赎愆昭彰的通奸罪孽，他的声望也短时期回升。但是，路易很快和内斯尔姐妹又鬼混到一起，然后勾搭上蓬帕杜尔夫人和杜巴利夫人——这几位让巴黎人恨之入骨，所以他最后干脆不回巴黎了。至 1750 年时已不再有入城式，不再有民众观仰国王出现，不再有国王卢浮宫大画廊里触摸病人，也不再有复活节上重申上帝"保佑教会之长子"。国王失去了君主风范，随之也失去了和巴黎普通民众的接触。①

  态度方面的显著改变既不可能被准确地确定年代，也不可能被归因于确切的原因。但是，似乎有可能许多巴黎人——不是上层沙龙人士，而是小店主和工匠——认为国王的罪孽给他的臣民带来了上帝的雷霆震怒。歉收和军事失利会被解释成失去上帝好感的征兆。还有，这些恰恰发生在鼓吹基督千禧年前复燃世界的民间詹森主义的浪潮席卷深入巴黎和主要外省城市下层社会之时。由于迫害詹森主义者，路易看起来正干着邪恶的勾当或甚至起着敌视基督的作用，这是一个胡格诺派小册子曾分配给路易十四扮演的角色。尽管政府在应对詹森派骚动方面举棋不定，但基本上支持巴黎大主教发动的阻止詹森派——他视其为秘密

---

① 关于引发了大量色情通俗史的路易私生活的学术评论，见 Michel Antoine, *Louis XV*, pp.475—510。

新教派——接受临终圣事的运动。1750年时,大多数法国人仍然依附高度仪轨化的"巴洛克"式的天主教。对这些人而言,临终仪式仍是寻求灵魂拯救的最重要的时刻。通过获得"善终",他们可以弥补一生的罪愆。不过,虽然自己是罪人,路易却似乎执意把这机会从自己最圣洁的臣民——普通民众敬仰的詹森派领袖——手里夺走。就好像他站在这些人和圣事之间,宣判这些人的灵魂下炼狱。①

总之,由于在皇家和个人仪式方面都有损神圣,路易十五好像断绝了把人民和王权维系在一起的合法管线。君主自己可能比"诽谤作家"干了更多使王权非神圣化的事。另外,这种破坏发生在世纪中叶,至少比大部分最重要的攻讦路易十五的图书的出版早20年。这是不是说"诽谤性小册子"对公众舆论影响不大,更应该被看成公众与王权离心离德的结果而不是起因呢?

在这一点上,似乎应当告诫人们警惕历史学家在死人身上玩的那套花招。我把民间詹森主义拼接到一些警察报告叙述中,调整年代次序并添加人类学的评论,从而在某种程度上使1750年左右的那些年看起来像法兰西王权史上一个关键的断裂点。我诚心这样做。但是,我提出了一个论点,仅此而已。况且我不会假装知晓是什么使一个价值系统断裂。当然,如果认为法国人也许会读了一些国王私生活的淫秽描述,而后由于阅读这些东西的缘故突然失去了对国王的信任,似乎言过其实。

---

① 有关巴洛克式宗教信仰和教义的争论,见 Michel Vovelle, *Piété baroque et déchristianisation en Provence au XVIIIe siècle*(Paris, 1973)和 Jean Delumeau, *Le Catholicisme entre Luther et Voltaire*(Paris, 1971)。关于詹森主义——由伊普尔主教 Cornelius Jansenius 主张而得名的天主教内严格的奥古斯丁神学派,见 Edmond Préclin, *Les Jansénistes du XVIIIe siècle et la constitution civile du clergé; le développement du richérisme, sa propagation dans le bas clergé, 1713—1791*(Paris, 1929); René Taveneaux, *Jansénisme et politique*(Paris, 1965);以及 Dale Van Kley, *The Damiens Affair and the Unraveling of the Ancien Regime*(Princeton, 1984)。

第十章 公众舆论

信仰的损毁也许发生在一个更基本的层面,这一方面包含神圣仪式,另一方面涉及日常行为模式的层面。

但是,如果断言在这一信仰的原始层面上1750年左右有些东西突然砰的一声垮塌了,一劳永逸地分离了人民与君主,似乎也言过其实。声音——伤痛的音响——在文献中找不到。我可以在咖啡馆的飞短流长中探知口吻的改变并在当时的日记中找出些共鸣,不过,这就足以支持有关一个旧政治体制合法性瓦解的重要论断吗?人们可以找到1750年前有关国王、王后们的大量愤怒的言论。警察档案和巴黎贫民史专家阿莱特·法尔热认为,说君主坏话的行为自18世纪开始延续下来。[1] 我认为这种行为促进了现代早期巴黎所有的政治剧变——尤其是1648至1652年、1614至1617年、1588至1594年的大危机,这些危机让18世纪中叶的困难显得程度较轻。我以为更理性的是考察一系列的冲击和长期的侵蚀作用的过程,而非断定人民对国王的依附在1750年被突然剪断。18世纪中叶的危机重要,但是,先前的创伤和1771至1774及1787至1788年的极度危机也同样重要。在每个紧要关头,"诽谤性小册子"和"不满情绪"一起出现,把公众舆论出现过程中的各种状态分别视为旧制度政治体制组成内的某种成分。

原因还是结果?口头诽谤还是印刷文字诽谤?这些问题具有让人误解的非此即彼的性质。"诽谤性小册子"与"不满情绪"同时存在,在长时期演变过程中交相辉映,彼此加强。两者都影响和表现公众舆论,同时公众舆论也在几百年间不断变换形式并增强威力。优先侧重某一个因素会让人迷失于先有鸡还是先有蛋的起因搜寻方式。在我看来,关键不是决定先后或者什么是因什么是果,而是了解所有的媒介如何在形成舆论的过程中相互影响。

---

[1] Farge, *Dire et mal dire*, pp.187—240.

"媒介"召唤出电视、广播、日报等概念。法国那时不具备这些（第一份法语日报《巴黎日报》1777年创刊，但几乎不刊登我们所认可的"新闻"），不过法国人通过旧制度独有的传播系统获得大量的信息。信息传播通过流言、歌谣、书信、版画、招贴、图书、传单小册子、手抄报纸、类似于报纸的东西——外国期刊和经过官方严格新闻检查的法语新闻报道。这些传播方式——口头、视觉、手写、铅印——如何使自身嵌入当时的觉悟，表达并引导被称为"公众舆论"的那种神秘力量呢？没有人知道。事实上，甚至没人提出这样的问题，因为公众舆论极少作为旧统治集团政治的组成部分受到过重视。历史学家们即便研究公众舆论，也无非将其看作哲学家们争论的思想观念，而不是一种影响事件的力量。在本章剩余部分，我无法继续讨论这一课题，但我想尝试通过讨论18世纪80年代诽谤文学作品的重要意义来厘清有关课题的某些混乱。[①]

表面上，书籍似乎对事件影响不大。莫内《法国大革命的思想起源》这样的传播研究认为，书籍有助于提供事件的背景的舆论——普遍的看法或者态度——的形成。书籍不决定公众舆论，公众舆论居于前景而且最好能通过查阅小册子传单、报刊、流言进行分析研究。但是，这些现象之间的关系一直不清晰。舆论如何转变为公众舆论，或者背景怎样与前景衔接呢？不单单因为书中发展的思想在刊物中普及。刊物传播新闻；咖啡馆流言和秘密报人，两个通过口头和笔头传播网络散布新闻的"诽谤作家"的变体，也传播新闻。要注意公众舆论流动，人们必须查阅这些前现代新闻人的成果。但是，过滤这类资料寻找大革命即将到来

---

① 本人无意贬低理解公众舆论概念的重要性，也无意轻视新闻及小册子研究的贡献。有关这些专题的优秀学术研究的范例，见前面引用的 Keith Baker、Mona Ozouf、Jean Sgard、Pierre Rétat、Jack Censer、Jeremy Popkin 等人的著作。确切地讲，本人提出的是学者们尚未讨论的不同媒介，这些媒介如何通过旧制度同有的传播系统起作用，如何实际地影响公众舆论，公众舆论又怎样实际上影响事件。

征兆的历史学家必定会失望。比如说他阅读所有关于"不满情绪"（18世纪80年代令人遗憾的稀少）的现存警察报告、各期《巴黎日报》（经过严格新闻检查的巴黎日报）、各期《欧洲信使报》（伦敦和滨海布洛涅每周两次刊行并为法国政府所容忍的一种法语期刊），以及《法国文学共和国史秘密回忆录》（一种手抄报纸的高度非法印刷本）内的每一项记载，他将得到的印象是法国人感兴趣的不外乎是气球飞行、梅斯梅尔大夫的超凡疗法、美利坚造反者。18世纪70年代后期和80年代的公众舆论似乎不在意国内政治。当然，动荡不宁的杜尔戈和内克尔内阁期间，它火热了起来。但是，在内克尔倒台（1781）与所谓大革命前夕（1787—1788）之间这一时期，政治新闻几乎从各类资料中消失了。法国人好像沉溺于暴风雨到来前奇妙的平静之中。而且，暴风雨最终突然来临时，似乎又不明来路——既不是来自书所造成的"舆论"，也不是来自刊物和煽动言论激起的公众舆论。

如果人们考虑到新闻的性质，这些似非而是的议论好像不太令人困惑。我相信新闻是一种文化构成：不是发生了什么事，而是关于发生了什么事的故事，是由那些共同因循有关什么是故事和故事应该如何讲述的常规专家们创造的故事。这些常规随时间而变化，因此，一个世纪的新闻会让另一个世纪的读者感到困惑，而且可能与历史学家构造的回顾性的故事大相径庭。我们几乎不了解是什么使故事吸引18世纪的读者，但是，不管是什么，如果我们想象书籍的叙述手法和新闻的叙述手法之间存在着太大的差异，我们可能会犯了理解错误。也许，"诽谤性小册子"终究具有新闻价值。

1774年路易十五死后，诽谤作品马上就制造出新闻。那时，读者公众渴望知道有关前国王在位期间"国王的秘密"的内情。但是，这些秘闻造成的故事是如此精彩，以致后来15年还一直强烈吸引着法国人，在此期间这些故事复述了一遍又一遍，讲述的形式有时是书信交流，有时是英国间谍的密报，或是男仆亲眼所见，或回忆录，或传记，或"丑闻编年史"，或当代史，不一而足。"诽谤"文学作品持续变换形式，不断增加，直至构成一个庞大的体系并在整个18世纪80年代统治了畅销书的书目。于是，如勒努瓦所述，对路易十五的诽谤在其死后造成的破坏最大。事实上，诽谤路易十五帮忙打倒了路易十六。

或许，对君主性生活的兴趣今天仍然强烈地足以使我们感受鉴赏这类文学作品的感染力，但是我们需要理解这种感染力如何作用。它内含三项基本的语言修辞策略，其中每一项都和那个时代的新闻写作有密切关系。第一，依照"姓名出新闻"的概念，它让读者具有一种似是而非的熟悉感。"诽谤作家"利用经布西·拉布丹完善的手段——精细的形体描写、对话、书信节选——逐步制造出从隐形观淫者视角目睹宫廷内部生活的幻觉。第二，"诽谤作家"利用轶事使普遍性主题具体化，似乎传达了社会顶级阶层的生活情趣。这些作家从咖啡馆流言蜚语及地下报刊的短文花边中借用素材。事实上，如我们所见，《杜巴利伯爵夫人轶事》常常用报刊引文和来自"新闻贩子"的珍闻趣事打断叙述，结果这本书一些地方读起来像新闻报道。但是，其轶事总是阐明一个基本点：凡尔赛的腐朽与专制。第三，与流言蜚语和手抄报纸这样的非印刷媒介不同，"诽谤性小册子"把这些故事永久地印在书中，供各类读者多次阅读。与短篇小册子和"丑闻编年史"这样的印刷媒介不同，"诽谤性小册子"不是简单复述简要轶事或者把轶事串联成冗长不定型的丛书集；反之，这些作品把轶事精工细作成复杂的叙述，增强意义并使其多样化。《杜巴利伯爵夫人轶事》一书中，轶事配合一个妓女灰姑娘的故事，这个故事也可以作为政治传记和法兰西当代史来读。另外，这个故事属于一个类似叙述的整体系列。它运用典型情节（性风流故事、穷人变富人的故事和偶然的爱情历险）中的典型人物（邪恶的部长、玩阴谋的大臣和欲火难耐的国王情妇），这些共同组成了一个相关传说的宝库。经几个世纪的整体演变,这类文学作品表现了我所称的政治传说。但是,有些这类作品,在有利时机发表的特殊"诽谤性小册子",也能够成为新闻——从凡尔赛秘密角落暴露的出人意料的丑闻报料。

这类新闻并不新鲜。这些家丑外扬时看起来惊人的相似并阐明共同的总主题:随着路易十四的过度专制,腐败丛生,王权堕落为专制政治。但是,这种素材耸人听闻的程度足以引起路易十六统治的平静年代读者公众的注意,当时政治问题的直接讨论不太有吸引力。18世纪80年代的政治信息常常附属于例如外交、骇人的宫廷案件、巴黎证券交易所丑闻这样的明显非政治话题。路易十五的私生活对此最为适用——一直到财政动荡迫使国王在1787年召集知名人士紧急会议,旧统治集团从此陷入最后也是最大的危机之中。这时候,"诽谤"文学作品的庞大体系获得一种新意义——与发生的事件本身相互依存的意义。

尽管无意讲述事件,但我认为对比一下两种对事件的普遍看法还是合理的:一种受大多数历史学家青睐,另一种为大多数跟踪事件发生发展的法国人所持有。自从阿尔贝·马迪厄在1922年提出"贵族反动"以后,历史学家通常从1787年爆发这个概念开始论述法国大革命。这一概念符合普遍的18世纪政治史观,即具有改革倾向的王权联合新兴资产阶级对抗受地方法院保护的反动贵族。因此,在1787年2月风云变幻的时刻,当财政总监夏勒-亚历山大·卡隆向显贵会议提交一份能解决国王财务问题的累进税收计划时,贵族起来反抗,迫使卡隆辞职,促使法国大革命的发生。此"法国大革命前夕"或全面大革命的第一阶段延续至1788年8月,这时国王打发了卡隆的后任罗梅尼·德·布里安纳并且召集等级会议。布里安纳采用了卡隆改革方案的主要部分,同时对这个方案的抵制也由知名人士转到了外省高等法院。为了不遗余力地压服高等法院,布里安纳改组了整个司法体制,基本上重演了1771年的莫普"政变"。但是,民众拒绝支持他,财政形势如此严峻,以致国王最后向贵族投降,召开了一个具有古老历史的会议——三级会议,一个特权阶级期望控制的机构。

尽管一些历史学家对这一观点提出了挑战,[1]但绝大多数历史学家,无论是像马迪厄、乔治·勒费弗尔、阿尔贝·索布尔、米歇尔·伏维尔这样的左派,还是像阿尔弗雷德·科本、罗伯特·帕尔默、克兰·布林顿、弗朗索瓦·孚雷这样的温和左派和中间偏右派都接受了这一观点。"贵族反叛"事件,在说明法国大革命的直接原因和初级阶段的同时,也为他们提供了一个弄懂早期现代法国历史的全部进程的诠释。这一观点使知名人士和高等法院的领袖们看起来像自私自利的反动派,让卡隆和布里安纳扮演了进步改革家的角色。在一个犯有极端时代错误的解释中,改革方案好像是"卡隆的新政"。[2]

对于当时的法国人来说,世界看来是截然不同的。他们浑然不觉在鼻子底下爆发的"贵族反叛"。他们中多数人鄙视卡隆,欢迎知名人士与他对抗。当布里安纳企图压迫高等法院通过卡隆税法时,民众站到了高等法院一边。然后,当他试图摧毁高等法院时,民众走上街头。普通法国人没必要支持高等法院的作为,但是他们不想多交税。他们把大臣们的税收方案看作政府专制,而不是反税务特权之战。卡隆和布里安纳好像重复了莫普的独裁措施,而且 1787 至 1788 年时期似乎再现了 1771 至 1774 年时期,甚或投石党运动。

---

[1] 虽然声音不大,关键的挑战来自 Jean Egret,他的著作尚未被充分吸收到法国大革命通史之中。主要见 Egret, *La Pré-Révolution française* (1787—1788) (Paris, 1962)。William Doyle, *Origins of the French Revolution* (Oxford, 1980) 对 Egret 的观点进行了最深入的再阐述。为清楚表达本人的看法,我应该说自本人初次阅读 Egret 并试图把他的卓见应用于本人的博士论文 *Trends in Radical Propaganda on the Eve of the French Revolution* (1782—1788) 之时起,便从未相信过"贵族反抗"。

[2] Wilma J. Pugh, "Calonne's New Deal", *Journal of Modern History*, IX (1939), pp.289—312.

第十章 公众舆论

历史学家对事件的看法和当时人对事件的认识也许分歧巨大。这种差异可以若干方式进行解释,但最终归结到一个两难困境:不是历史学家严重错误解释了法国大革命的起因,就是当时人患假觉悟的巨症。在我这方面,我认为历史学家们错了,不仅因为历史学家们只看到知名人士和高等法院采取的立场中的阶级利益,还因为他们没有从当时人的角度观察理解。也就是说,他们没有充分认识公众舆论,当时人对事件的看法与事件本身同等重要。事实上,看法不能与实践分离。看法赋予事件意义,而这样一来看法还决定了真正革命形势出现时人们结派的方式。

由于确定公众舆论的问题、分析话语的问题以及发展语义史问题,我们回到了我们的开始之处。

当然,我知道自己或许制造了一个假困境,一个通过把难题置于别处——不是历史学家,而是我自己这方面——便容易解决的困境。我,历史学家中的一员,怎么敢代言两百年前死去的法国人的觉悟意识呢?为了论证我的理由,我将不得不一个一个事件地解析"法国大革命前夜",同时展现发生了什么事件,以及当时人们如何解释所发生的事件。这是另一部书的主题。在本书中,尽管我已经参阅了足够的证据(法国国家图书馆和英国国家图书馆现存的 1787 年 2 月至 1788 年 8 月出版的每一部小册子)来确认其正确性,我只能坦白地说这个论点有待证明。我在这里提出这个问题是因为它关系到评价违禁文学作品的影响力这个大问题。

1787 年时,读者群体中渗透着各类非法图书,这些书从方方面面攻击旧制度的正统价值。但是,政治"诽谤性小册子"具有特殊的反响,因为这些作品以某种具体的方式配合了 1787 至 1788 年间发生的事件。随着危机爆发,界限划清了,而且人们选择了各自的立场。有见识的人们,也就是构成公众舆论的"公众"。在 1787 年 4 月,这一广泛社会群体中的每个人感觉到必须表明自己支持或者反对卡隆的立场。在1788年7月，支持或者反对高等法院的人分别集合在一起。透过历史文献看，当时的局势显得复杂得可怕。也确实复杂。不断增长的期望和不断上涨的面包价格、穷人的贫穷潦倒和富人的破产垮台、皇家官僚们推行的顽固不化的议事程序和亦公亦私的收税人造成的过度烦恼，令人困扰地纵横交织在一起，所有这一切由一个被既得利益和特权阶层蚕食殆尽的政府公然导演着，所以人们无法确定权力范围，更不要说谁负责了。人们对旧制度了解得越多，这个制度越显得令人不可思议。可是，在考虑公众舆论时，情况因增加了另一方面而更加复杂。我想从相反的方向——从复杂到简单——推导这个论点。

1787至1788年的小册子使这些问题简单化，而不是把它们分裂成数以百计的零碎部分。这些小册子把形势描述为一种极端化选择：支持或者反对政府，支持或者反对高等法院。它们引起了界线的划分。它们促进舆论极端化，同时又表达舆论，因为公众舆论的形成与小册子作者的煽惑鼓动彼此加强，互为因果，同时发挥作用。税收改革的复杂性不会呈现在小册子之中。伤脑筋的特权问题极少提及，至少在三级会议的召集提出了谁主导新宪政秩序并因扭转了局势之前没人提及。小册子嘲弄政府，而不是分析问题。当然，卡隆和布里安纳也有自己的辩护士，这些人站在政府一边进行宣传。但是，绝大多数小册子作品以及人们能够通过手稿资料尽量查找到的"言谈"和"公众喧嚣"，把这些问题归纳成单一主题：专制主义。

或者，更确切地讲，大臣专制主义。极少有小册子攻击路易十六。钻石项链事件之后，路易十六不像是生存和自由的威胁，更像是任人嘲弄的笑柄。反之，小册子中伤卡隆和布里安纳，把这两人描绘得像恶魔，堕落、淫奢，乐于把任何老实的公民投入巴士底狱。如此大量的辱骂倾泻到卡隆头上，以至这类言论获得了一个全称："卡隆系列"，一个与

第十章　公众舆论

18世纪70年代的"莫普系列"对应的名称。这些小册子也属于"诽谤性小册子"——过去15年以图书形式流传的那些故事的更短、更尖锐、更时新的版本。

这样，路易十五统治结束以来的诽谤文学在路易十六统治的末期毁灭性地应时贴切。它配合了1787至1788年发生的各个事件，为新鲜的轶事和"言谈"供应提供了一个总框架。它帮助当时人们理解局势，所采取的方式是提供给他们一个总体叙述。它回顾以往，越过路易十六和路易十五回溯到路易十四、马扎然、玛丽·德·美第奇以及亨利三世。一个文学风格从文艺复兴时代宫廷内的暧昧的口头较量发展成丰富的畅销书系列。在发展过程中，它提供了关于两个多世纪的政治史的连续性评论。它把新素材和新语言修辞手段融合为一个故事体系：政治传说，围绕一个中心话题构成，阐发单一寓意；王权堕落成专制。这类文学结束辩论，绝对化了立场观点，孤立政府，而不是提供严肃地讨论国事的空间。它依据彻底简单化的原则——一个危急时刻的有效策略——运作，此时划清界限迫使民众表明立场并绝对化地看问题：不是/就是，黑或者白，他们或者我们。巴士底狱几乎空了，路易十六全心全意向往臣民康乐，这些在1787年和1788年无关紧要。政府承担谴责，在长期的舆论中它输掉了旷日持久控制公众舆论较量的最后一轮，它丧失了合法性。

第四部分

"哲学书"简编

《哲人泰莱丝》，或《狄拉格神父与爱拉蒂丝小姐情史之回忆》

（无出版地或出版日期，大约1748年首次出版，可能是让·德·布瓦耶·阿尔让侯爵所撰）

大人，您一本正经要我写一些什么样的人生经历呢？您希望我给您讲一讲爱拉蒂丝小姐和狄拉格神父两人之间的那些秘密光景，告诉您C小姐与T神甫的奇遇吗？您是在向一个从未碰过笔的女孩索要一篇有条有理的、详详细细的描述吗？您喜欢故事里我给您描绘过的情景，或者说我们曾置身其中的场景，喜欢他们保留全部的色情味道，而且那些形而上学式的争论应该也原汁原味、效力不变。说实话，我亲爱的侯爵，这些我难以做到。另外，爱拉蒂丝是我的朋友，狄拉格神父是我的忏悔神父，况且，我有理由感激C小姐和T神甫。我会背叛最有恩于我的这些人的信任吗？是他们的行动，或某些情况下他们有见识的忠告，擦亮了我的眼睛，使我看清了自己的幼稚偏见。不过，您说，如果他们的榜样与他们的见识给我带来幸福快乐，为什么我不能用同样的方式——言传身教——尽力使别人也幸福快乐呢？为什么我要怕写出有益于社会的启发性真情实事呢？好吧，我亲爱的恩人，我不再推脱了：我要写，我的真情实感会弥补我的文笔欠缺——至少对有头脑的人是这样，傻瓜们我就管不着了。对了，您亲爱的泰莱丝会毫不隐瞒，您会知道从幼年起她心中的所有秘密。她的心灵通过那些引导她身不由己一步步走向情欲快乐顶点的小小奇遇，将会完全展现出来。

向神学家们阐述人的自由

你们这些神学家，精明也好愚昧也罢，请即刻回答我的问题：是谁任意谴责我们的罪错？谁把两种对立感情——爱上帝和爱情欲——放在我的身上？这是自然本能还是魔鬼？你们选择吧。不过，你们敢声明哪个都比上帝本身影响大？如果他们都从属于上帝，那必然就是上帝自己规定我——上帝的创造物——身上应该具有这两种情感。但是，你们回答说：上帝为了启蒙你而赋予你理智。不错，但不是为了决定我的意志。理智确实帮助我意识到这两种缠绕着我的情感，我的最后结论是：因为万物始于上帝，这两种感情也必然是上帝创造的。但是，这个指引着我的推理无助于我选择。不过，你们会继续说：既然上帝把你创造成自己意志的主人，你自由地选择善或恶。这纯属文字游戏！这种自由意志和这种所谓的自由本身毫无效力：它们仅在回应那些驾驭我们的情感和欲望的力量时才发生效力。例如，我似乎可以随心所欲地杀了自己，跳出窗户就行了。但完全不是那么回事：只要我心中求生的欲望大过求死的念头，我将永远不能自己了结自己。你们又会说：有人能毫不犹豫地把自己兜里的100路易施舍给穷人，或者给自己喜欢的忏悔牧师。但事实远非如此：只要他守财的欲望强过无用的赎罪想法，他当然会紧紧握住自己的每一块硬币。所以，任何人都明白，理智仅仅适用于让一个人知晓他要干还是不要干某些事的欲望，取决于他从中得到的是愉快还是不愉快。我们由这种经理智而得的感知，获得了我们所称的"意志"和"决心"。但是，这种意志和决心远不如控制着我们的情感和欲望力量，就如同两磅的重量再用力也不会使另一边压着四磅重量的秤倾斜过来。

可是，一位只看见表象的辩论者会坚持说：我晚餐时不是自由选择喝香槟或者红葡萄酒吗？我不是可以自由选择去杜伊勒里宫林荫大道或是斐扬阳台散步吗？

我同意，无论何时，一旦心灵全然不在乎命运，一个人想干这干那的欲望将被彻底抵消——处于完全平衡状态时，我们不会感觉到缺少自由。它就像我们不能从中辨认出任何物体的远方的一片漫漫烟雾。但是，当我们逐渐靠近这些物体时，我们可以相当清楚地观察到我们的行为过程。而且，一旦知其一，我们马上就知其全部，因为自然本能在所有事物中受同一原则引导。我们的对话人在桌边落座，叫了牡蛎：这道菜要配香槟。不过，你说，他可以随便选一种红酒。我不这样认为。当然，另一种原因或者一个胜过前者的对立欲望可能会引导他选择红酒；但还是说，这另一个一时的兴致却无疑恰恰会损害他所谓的选择自由。

又是这同一个人，走进杜伊勒里宫花园，在斐扬阳台上偶然看到他熟识的一位妩媚妇人。他有心同她一起漫步，除非某种其他动机促使他改走林荫大道。不过，无论他选择哪条路，总是会有某种原因、某种欲望不可抗拒地引导他做出反映这种欲望的决定。

要坚持认为此人是自由的，人们必须假定他有能力自主。但是，如果反之，他受自然本能和自己感官在他身上注入的不同程度的情欲的左右，他便不自由。因为，某种程度的欲望一定会像四磅重量将超过三磅重量那样使天平倾斜。另外，我要我的对话人告诉我是什么阻止他不能像我这样思考这里讨论的话题，或者为什么我不能使自己像他那样思考问题。他无疑会回答说，他的思想、他的观念、他的感觉迫使他不得不那样思考。但是，虽然这样说了——而且这样向他证明了他既没能力促使自己像我这样想，而我也没能力像他那样想——但他必须承认无论如何我们的思想不自由。再者，如果我们无思想自由，由于思想是因，而行动仅仅是果，我们怎么会有行动自由呢？难道"不自由"的动机会导致"自由"的效果吗？这里存在着矛盾。

最后，为了使我们自己相信这个真理，让我们根据心理感受考察一下这个问题。格雷戈里、达蒙、菲兰特是25岁前一直受教于同样几位先生的三兄弟。他们从未分开过,得到了同样的培养、信奉一样的宗教和道德信条。然而,格雷戈里嗜酒,达蒙好色,菲兰特十分虔诚。是什么使这三兄弟身上产生了三种不同的嗜好呢?不可能是他们的学识或者他们对道德善恶认识,因为他们每个人都从同一些先生那里接受同样的世事训诫。那么,他们每个人身上一定有不同的原则和不同的情感,这决定了他们尽管接受的知识相同,但偏好各异。另外,不醉酒时,酒徒格雷戈里绅士风度十足,极友善,是一位极可亲的朋友;但是,一旦品尝到迷人的佳酿,他马上就变得尖牙利齿,好争短长,好找碴儿。他会以割破好友的喉咙为乐。不过,格雷戈里难道一点也控制不了这种突然发生在他身上的性情变化吗?当然不能,因为没醉时他鄙视他贪杯时表现得身不由己的行为。可是,某些傻瓜却崇拜对女人毫无兴趣的格雷戈里有性欲抑制力,崇拜痛恨杯中之物的达蒙表现出节制,崇拜对酒色不屑一顾而从强烈虔诚渴望中得到自身同样快感的菲兰特行事虔敬。一旦涉及德行和罪愆,人类大多数就这样自欺欺人。

总之,我们身体器官的分布、纤维质的布局、液体的某种运行,都决定着在我们身上发挥作用的我们的情感类型,这些在我们进行最大乃至最小行动时指引我们的理性和意志。狂热的人的结构是这样的,圣人和傻瓜也不例外。傻瓜不比其他两类人自由,因为他的行为遵循同样的原理:自然本能是一致的。想象人完全自由自主,是把人和上帝等同起来。

泰莱丝23岁由于尽力抗拒本能,濒临死亡时离开了修道院

让我们回到我自己的故事。我讲过我母亲如何在我23岁身处死亡之门时把我从我待的修道院里接了出来。我的整部机器(即身体)疲惫不堪,面容枯槁,嘴唇发炎,形同一个行走的骷髅。当我举步维艰地回到母亲家时,宗教生活几乎结果了我。一位医术高明的大夫,我母亲曾派他去修道院看我,马上就找到了我的病根:给我们提供身体快乐——我们尝不到一丝苦味的唯一快乐——的神圣液体,按我的说法,这样的液体,其运行是我们的一些本能需要,如同从食物中摄取营养会满足我们的其他本能。可是,它流出了习惯的途径,进入了不熟悉的途径,如此便导致我整部机器的紊乱。

我母亲被劝说给我找一位丈夫,作为这个有生命威胁症状的唯一疗法。她很温柔地向我提议这件事。可是,满心偏见的我愤愤地回答说,我宁愿死也不愿意接受这样一个让人鄙视的人生安排来惹怒上帝,即使仁慈的上帝会宽容。她的任何说辞都不能动摇我的信念。我羸弱的身体状态让我失去了对这个世俗世界的任何渴望,我只向往允诺给我的另一个世界里的幸福。

泰莱丝在伏尔诺委身领受狄拉格神父的指导,并成为爱拉蒂丝小姐的朋友和知己

我就这样以全部可以想象的热情继续我虔诚的操行。我和很多人谈起过有名的狄拉格神父,我要见他,他做了我的忏悔牧师,而且他最可爱的信徒不久便成了我的好友。

我亲爱的伯爵,您知道这两位有名人物的故事。我不打算在这里重复人们所知道的有关他们的情况和所有关于他们的议论。但是,有件轶事,我自己也牵连其中的轶事,会逗您一笑;还有助于让您相信,虽然爱拉蒂丝小姐最终心甘情愿和这位伪君子发生情爱关系,但同样清楚的是,有很长一段时间,她不晓得自己是这位虔诚淫棍的猎物。

爱拉蒂丝小姐和我建立了最美好的友情,她向我倾诉她内心最秘密的想法。我们因气质、习惯、宗教信仰或许甚至是本性相近而亲密无间。我们两人都很正派,但是我们都因渴求圣徒之名、渴望作出非凡之举而身心交瘁。这种渴求的心情完全左右了她,因此如果有人让她相信她会使拉扎鲁起死回生的话,她愿意以殉教者之坚定去忍受所有可以想象的磨难。首先,狄拉格神父有本事想让她干什么她就干什么。爱拉蒂丝带有几分炫耀地几次向我吐露神父和她交谈得毫无拘束，而且在这些经常在她的房间里进行的亲密交谈中神父向她保证她距离成为圣徒仅仅几步之遥。上帝托梦告诉他，只要爱拉蒂丝继续按照规定的美德和苦修程度行事，将很快有最超凡之举。

妒忌和羡慕之情人皆有之，不过一位虔诚的女人或许最容易受其左右。

爱拉蒂丝认为我妒忌她的幸福快乐，而且还认为我不相信她的话。其实，听说这些和狄拉格的亲密交谈我惊诧异常，因为在他的一位信徒家里，此人也是我的一位身上烙有圣疤的朋友，他一直避免像亲近爱拉蒂丝那样接触我。也许，我的暗淡、神色枯萎的面容吸引不了这位圣洁的神父，激不起他进行精神劳作的欲望。我要继续努力。哼，不看圣疤！不和我单独谈话！我故意表示生气，假装什么也不信。爱拉蒂丝很激动，提议我应该哪天早晨亲眼见识一下她的幸福快乐。

她热切地向我保证："你将会看到我精神训练的强度和虔诚的神父引领我成为圣徒所要经过的各个忏悔阶段。你将不再怀疑这些训练产生的让人销魂的喜悦。"她还较为心平气和地补充说："我亲爱的泰莱丝，我真希望，作为我的第一个奇迹，我的榜样能够唤醒你身上那种把你的精神通过冥想从世俗事务中解放出来并无保留地献给上帝的力量！"

爱拉蒂丝小姐把泰莱丝关进一个可以窥视她整个房间的壁橱，以便泰莱丝能够可以窥视目睹她和狄拉格神父的操练

第二天早晨五点，我如约来到爱拉蒂丝的房间。我见她手拿一本书正在祈祷。

她对我说："圣者快来了，上帝与他同在。躲进这个小壁橱里吧。从这儿你刚好既能看见也能听见，上帝的仁慈将如何通过我们的忏悔牧师虔诚的宗教仪轨来拯救其罪孽深重的创造物。"不一会儿,有人轻轻敲门。我藏进了壁橱,爱拉蒂丝装起了钥匙。通过一个巴掌大的、几乎透明的旧绣花香帕遮盖着的洞,我可以毫不费劲地观察房间里的一切,且不用害怕让人发觉。

* * *

泰莱丝然后回自己的房间歇息,睡着了,做梦梦见自己亲眼看见的场景。由于抑制不住勃勃性欲,她用床栏摩擦私处,醒来后感觉疼得要命。这时候,一位世交 C 小姐来赴晚餐,T 神甫相伴而来。后来,私下谈话时,泰莱丝向 C 小姐讲了自己的心情不适和狄拉格神父的精神训练。C 小姐主动提出庇护泰莱丝,叙述继续如下。

C 小姐与 T 神甫简介

我亲爱的伯爵,您需要知道谁是 C 小姐和 T 神甫,这样才合情理,所以我想现在给您讲述一二。

C 小姐生于一个境况不错的家庭。15 岁时,父母强迫她嫁给一位年届 60 的老海军军官。婚后五年,她丈夫去世了,撇下怀着孩子的她,孩子出生时几乎要了她的命。婴儿出生三个月就夭折了。孩子死后,C 小姐发现自己手中掌握着一笔可观的财产。一位年仅 20 的漂亮小寡妇,手头又充裕,很快她便受到附近所有找老婆的人的追求。但是,她经历了第一次死里逃生之后,坚称自己绝不再冒险生孩子,所以甚至连最热情的追求者都泄了气。

C 小姐很明智,而且她坚持自己经过深思熟虑得出的见解。她读了不少书,而且喜欢就最抽象的问题发表议论。她的个人品行无懈可击。她从来都是不可或缺的朋友,无论何时都热心肠。我的母亲 26 岁时有一些这样的有益经验。以后我有机会为你讲讲她。

T 神甫先生是 C 小姐的好友,也是她的忏悔牧师,他还是个君子。他 44 或 45 岁,小个子但精神,面相开朗。他是个机灵人,对他那个阶层的人观察得细致入微。上层社会的人士很尊重、推崇他,喜欢他伴随左右。他聪明而且还博学。这些优点得到了普遍认同,为他赢得了他当时的地位,对此我在这里不好说三道四。他是许多善男信女的朋友和忏悔牧师,这一点他不像狄拉格神父那样专注职业性的圣女、虔诚的人、寂静教徒(神秘派)、走火入魔的信徒。

C 小姐打发泰莱丝去 T 神甫先生处忏悔

第二天早晨我在约定的时间回到 C 小姐房间。她一边走进屋一边对我言道:"喂,我亲爱的泰莱丝,你那可怜的小伤处感觉怎样?你睡得好吗?"

我答道:"夫人,好多了。我按你说的做,身上各处洗得干干净净。我觉得舒服了,不过,我至少希望没让主怪罪。"C 小姐笑了。她先让我喝咖啡,然后开始说教。

她说:"你昨天告诉我的比你想象的还要重要。我想你和 T 神甫谈谈是明智之举,他此时正在忏悔室等着你呢。我劝你去找他,把你告诉我的一字不漏地讲给他听。他是位绅士和睿智的顾问——正好是你所需要的。我想为了你的健康和救赎,他会建议你改变行为举止。你的母亲如果知道了我所晓得的会担心死了,因为我必须告诉你,你在爱拉蒂丝小姐屋里见到的那些可怕至极。泰莱丝,马上去吧,让自己不折不扣地信赖 T 神甫。你不会后悔的。"

我哭了起来,颤抖着起身去找 T 神甫。他一看见我的身影便走进忏悔室。

忏悔牧师对泰莱丝作有益忠告

我毫无隐瞒地向 T 神甫竹筒倒豆,他一直专注地听我诉说,只是在某些他不明白的地方打断一下让我加以说明。

他说:"你刚才向我披露的一些事让人震惊。狄拉格神父是个流氓,一个情欲迷心的恶魔。他离变态、毁灭不远了,还会搭上爱拉蒂丝小姐。

不过,小姐,这些令人发指,更让人可怜。我们不是命运的主宰,也往往不能抵御诱惑。我们的人生经常由环境决定,那就远离这些人,不要再见狄拉格神父和他青睐的那些年轻女人,但不要指责她们任何人。这就是所谓的宽容。C小姐很喜欢你,和她多多交往。没有别的,她会给你忠告,为你做表率。

"我的孩子,现在我们来谈谈你摩擦床栏的那个身体部位感觉到的那些强烈欲望。这些是本能,自然如饥渴。你不应该找寻或者刺激这些。……我们的身体所需由永恒的自然法则唤起,我们就要用自然之手本身施行我建议的满足需求的办法,这话我不说第二遍。另外,我们坚信自然法则是上帝创造的,既然如此,我们——上帝创造之物——为什么要害怕依靠上帝提供给我们的工具满足自身需求会冒犯上帝呢?尤其是这些工具绝非扰乱社会秩序?我亲爱的姑娘,狄拉格神父和爱拉蒂丝之间发生的当然不是这种情况,是这位神父诱骗了信徒。他冒着让她怀孕的风险,用自己繁衍后代的男性器官冒充圣·弗朗西斯之索。他这样做违背了教导我们爱邻居如同爱自己的自然法则。像他那样让爱拉蒂丝小姐面临终生耻辱算是睦邻之爱吗?

"我亲爱的孩子,你看到的神父的器官插进对方的私处活动,是人类繁衍过程的一部分,在婚姻状态下才准许。未婚姑娘如果参与,就会扰乱家庭安宁,违背我们应该一贯尊崇的公共利益。因此,只要你没有受到神圣婚姻的约束,你必须小心避免和任何男人发生这样的行为,无论什么姿势。我已向你建议了一种缓解欲求、冷却欲火的疗法。这一疗法会增进健康,还会增加体重。你的美貌会吸引众多试图勾引你的追求者。不要放松警惕,牢记我给你的训诫。今天就到这儿吧。"这位睿智的忏悔神父又说道:"下星期同一时,你可以到这里找我。请记住,这里忏悔所说的一切对罪人和忏悔神父同样神圣。向任何人泄露微枝末节便是大罪。"

此后六个月，我完全恢复了健康。新忏悔神甫给了我既合理又合人情的忠告，在他的帮助下，我良心无愧。我固定每星期一找他忏悔——而且每天和 C 小姐在一起。现在我和这位可敬的女人形影不离。我心中的迷茫正在一点点消失，我还逐渐习惯了理性思考问题。去他的狄拉格神父，去他的爱拉蒂丝小姐。

教导与榜样是心灵教育的最好老师！虽然不否认这两者传递不出什么，我们每个人体内有未来发展的种子，然而这两者无疑帮助培养了这些种子。它们使我们明白了那些影响我们的思想和情感；缺少教导或榜样，这些思想和情感会一直在我们身上深深埋藏或禁锢。

与此同时，我的母亲继续她的批发生意，但不景气。不少人欠她钱，她还担心一位会牵连她一同完蛋的巴黎商人那里隐隐呈现的破产危险。在这件事上，她先找人出主意，然后决定到这个辉煌的城市走一遭。这位亲爱的母亲太关心我了，为了她可能会长期离家期间不失去接触，竟然决定我陪她去。哎呀！这可怜的女人怎么也想不到她会在那里结束自己可悲的一生，而我在那里投入了我的幸福之源——我亲爱的伯爵的怀抱。

我们定下一个月后动身。之前这段时间我和 C 小姐在她离城里一里的乡间别墅度过。神父固定每天来，职能允许时还过上一夜。他们两人对我极尽关爱。他们在我面前讲话毫无顾忌，他们谈论道德哲学、宗教、形而上学问题，在某种程度上一切都不同于我曾经领受的训导。我感觉 C 小姐相当满意我的推理思考方式，而且乐于带领我通过争论得出恰当的结论。不过，有时我苦恼地注意到，T 神甫先生示意她不要竭力推出涉及某些问题的某些观点。这一发现羞辱了我。我打定主意使尽解数发现他们竭力对我隐藏了什么。那时，我丝毫没有看出他们相互间的好感。不久，我的好奇心就会得到满足，你听我道来。

我亲爱的伯爵，您将看到我从何处获得那些您清楚地阐发的道德和形而上学原理——那些向我展示我们在这个世间身为何物,并由此保证我过上这种您是幸福的中心的平静的生活的同样原理。

泰莱丝藏身树丛,窥视发现 C 小姐和 T 神甫之间的私情

我们那时正享受着美好的夏日天气。C 小姐固定每天早上五点左右起床,然后去她的花园尽头的一片小树林里散步;我注意到 T 神甫在乡间过夜时也去那儿。大约一个小时后,两人双双回到 C 小姐的寝处,而且此后不到早晨八九点钟两人没有一个会露面。

我决意先于他们去小树林藏起来听他们说些什么。由于我毫不怀疑他们之间有私情,因此没有认识到只听不看会漏掉什么。我去那里察看了地形,发现了一个对我的计划最为有利的藏身地方。

那天晚上,晚饭时谈话转向自然的作用及其创造。

C 小姐问:"'自然'究竟是何物?是某种存在?一切不都是上帝所造的吗?难道会有某类次要的神祇?"

T 神甫瞟了她一眼,马上接口反驳道:"老实说,你这样说很不合适。我保证明天早晨散步时向你解释一个人应有的全人类母亲概念。现在讨论这个话题太晚了。你不觉得这会让泰莱丝小姐多么厌烦,她已经打瞌睡了。如果听我劝,你们两人应该去睡觉。我办完事亦傚效两位。"

神甫的意见受到了重视,我们两人各自回房安歇。

第二天早晨天刚放亮,我溜到藏身的地方守着。我栖身于小路尽头的树丛后面,路两边树木森森,一些地方点缀着绿色的长凳,这里或那里还有雕像。我越来越不耐烦地苦等了一小时后,我的主人公们到场了,在我隐身之处前面的长椅上落座。

他们走近时,神甫嘴里正说道:"不错,那个不安分的小泰莱丝,她真是一天比一天好看。你得承认我是个好大夫加好心的忏悔牧师。她的身心我全治好了。"

C 小姐回嘴道:"好了,神甫,您这位泰莱丝我们听的还不够多吗?

我们来这里谈论她美丽的眼睛和性情吗？泰莱丝不缺乏精灵聪慧，但是太年轻，涉世太浅不让人放心。我承认她的好奇心无与伦比。从长远看，她会成长成为很虔诚的信徒，而且，如果不是我刚刚提到的缺憾，我会毫不犹豫地吸收她享受我们的快乐。因为，我们承认妒忌或者眼馋某人朋友的幸福，尤其当他们的享受不损害我们什么事时，实属糊涂。"

妒忌为什么可笑

神父说道："夫人，你说得一点儿不错。两种情绪使所有那些先天缺少思考能力的人心烦意乱。然而，我们必须把嫉妒和羡慕区别开。羡慕是人天生的情绪，是人本质之一部分：襁褓中的婴儿羡慕其他婴儿得到的东西。这种情绪我们得之于自然之手，只有教育才能减弱它的影响。嫉妒，牵涉情爱之欢，便大不一样了。这种情绪由我们的自恋感及偏见而产生。我们可以举证，在一些国家，男人奉上妻子招待客人享受，恰如我们献上窖藏佳酿让客人享用。这位外国人拍拍妻子怀中情人的背，同伴们则又鼓掌又喝彩。同样的情形下，法国男人会拉长脸，他会受到奚落成为公众笑柄。波斯男人无疑会用刀捅了奸夫、淫妇，人人会欢呼称赞他连杀两命。

"因此，十分清楚，嫉妒不是我们生而有之的情绪，它是因我们所受的教育、我们的狭隘偏见而起的。从孩提时起，巴黎的年轻女人就闻听人说，容忍她的情人的不忠行为是一种耻辱。青年男人确信情妇或者妻子不忠有损他们的自尊，既丢丈夫的也丢情夫的脸。我们说，由于吸收了这些说教，加上母亲的乳汁，产生了嫉妒——一个让男人因为某种假想出来的轻蔑而饱受折磨疯狂行事的绿眼睛妖怪。不过，我们必须清楚反复无常和不忠行为之间的区别。我爱一位爱我的女人，她和我品性一致，目睹其面容、受用其身体让我充满欢乐；她离我而去：这种情况下，我的痛苦非偏见之结果，它合情合理。我失去一位十分宝贵的人，一种习以为常的欢乐，我不敢保证能够替代。但是，一时的不忠行为，或许仅仅是心血来潮或者性欲冲动,也许仅仅是表示感恩或者证明对别人痛苦或快乐体贴的敏感之心——这会产生什么害处呢?事实上,不论人们说什么,只有傻帽才为所谓的'水中挥刀'——无关痛痒之事——烦心。"

C小姐打断神父,说道:"嗯,我明白你话里有话。你正轻松从容地表达这样一个意思:出于好心或仅仅为了使泰莱丝快乐,你会做教她点儿性事,少许——用你的话说——或许对我无关紧要的亲密努力。"她接着说道:"好吧,我亲爱的神父,我没有异议。你们俩我都爱,况且,你们俩都受益,同时我也没失去什么。为什么我要反对呢?假如我为此烦心,你会逮住理由说我只爱自己和个人快乐,以拒绝你的快乐为代价增进个人快乐。不过,这不是实情。我知道如何让自己愉快满足,不关注你增进快乐的事。所以,我亲爱的朋友,不要担心我会生气,你可以爱抚泰莱丝,这对可怜的姑娘有好处。我再说一遍,注意别忘乎所以。"

神父反驳道:"傻话!我对你发誓,一点儿没想泰莱丝。我不过想向你解释自然……作用过程。"

C小姐答道:"好了,我们不要多说了。不过,说到自然,你记不起来你信誓旦旦说要给我解释这位好母亲,好像对我说过话。让我们瞧瞧你怎样应付此事,因为你自称能解释一切。"

T神甫的演练,他推荐给所有理性男人应用

神父回答说:"我很高兴效劳。但是首先,我的小母亲,你知道我得做什么。如果我没做最影响我想象的那件小事,我毫无作为。否则,我不能理清思绪,这些思想全混乱于这一当务之急。我已经告诉过你,我在巴黎住时时间几乎都消磨在了读书和最抽象的科学研究上,每当我感觉肉欲刺激打扰,我随便找位年轻姑娘,像找个夜壶撒尿,并且我也以你不急于采用的方式插入她一次或两次。然后,我神清气爽地回去干正事。我认为任何文化人、任何有点儿性情的勤勉人士都应该使用这个疗法,它有益于身心。我再引申一步说:我申明任何一位具有社会义务意识的绅士应该应用此法,目的正是为了保证他不亢奋过度,以致忘了本分,去诱奸朋友或者邻居的老婆或女儿。"

希望安全通行性快乐危险之路的妇人、姑娘、男人之行为守则

神父继续说道:"夫人,现在你也许会问我女人、姑娘应该做什么。你会告诉我,她们有同男人一样的需要;她们同样是血肉之躯。不过,她们所支配的资源不一样。担心名声,害怕粗陋或者轻佻的情人,害怕怀孕,这害怕不允许她们求助于男性疗法。再者,你会说,她们从哪找那样的男人呢?就像你找临时小情人那样?"T神甫接着说道:"夫人,这个吗,她们恰恰应该像你和泰莱丝那样做。如果那样的玩法不适合她们(因为,事实上也不人人适用),那她们应该利用称为'傻瓜'的单纯器具之一。它们是实物的逼真仿造,加上想象所起的辅助作用。我重复一下,毕竟男女必须以一种不扰乱现存社会内部秩序的方式获取快乐。于是,由于社会赋予她们的责任,女人必须匹配那些适合自己的男人。你会反对这种不公,但无济于事:你认为对个人的不公正维护了大众福祉,大众福祉无人敢损害。"

C小姐答道:"嗯,神父先生,我现在明白了。你正在告诉我说,无论夫人还是姑娘都不许和男人干你明白的那事,绅士不应因企图勾引她而威胁到社会秩序。就这些完了。而你这个老色鬼,你折腾我上百次仅仅为这个目的。事实上,如果不是我不可克服的惧怕怀孕的心理,你或许能麻利地得手宣泄。所以,每当要满足你的特殊需要时,你一丁点儿不怕违背你一贯鼓吹的公众利益。"

神父回复说:"好哇!又来了!我的小妈,你是不是又开始重弹老调?我不是已经告诉过你了,如果你采取某些预防措施,你就不用冒那个险了吗?我们不是同意女人仅担心三件事:怕魔鬼,惜名声,怕怀孕吗?我想,你不担心第一点。我不认为你担心我这方面轻率或者鲁莽,这些只会坏了我的名声。最后还有,由于情夫随心所欲,女人才成为母亲。再者,通过详细说明生殖过程,我已经不止一次地向你解释过没有什么比这更容易避免。"

T神甫继续说道:"夫人,你渴望我从头至尾再细讲一遍性快乐的技巧,你看,你听到了。按我们彼此的了解,你能想象我是那类鲁莽之人吗?"

C小姐给予T神甫先生一些无私的快乐

C小姐急急答道:"不,对不起,我亲爱的神父。这我绝对干不来,无论如何不行。你说的不能让我放心,我给不了你连我自己都体会不到的快乐,这一点儿不公平。让我照我的方式来吧。哼!我要给这个小狐狸精一点儿教训。"她接着说道:"我的乳房、大腿你满意吧?你吻捏够了吧?你为什么把我的袖子拽到了胳膊肘以上?看着光胳膊在动,先生亢奋了吧。我手段如何?你没话了!啊,这个坏蛋,他玩得多开心呢!"

我亲爱的伯爵,你能想象我听这段令人耳目一新谈话时的心境。我有20次试图站起身来,想找个缝隙看看他们。叶子的响动一直让我踌躇。我坐着,后来我尽量向后仰,我还借助平时的小招数尽力熄灭煎熬着我的欲火。

T神甫先生证实"小雌鹅"的快乐完全合法

片刻之后,T神甫先生无疑整理好了衣服,他开口说道:"我的好朋友,事实上,经过一番思考后,我肯定你不肯给我要求的那种享受没有错。我身受快感如此之大,兴奋感如此之强烈,因而我觉得如果你让我得手,堤防就会崩溃。必须承认我们确实是很脆弱的动物,极少能够控制自己的欲望。"

C小姐回答说:"我可怜的神父,这我全懂。你对我讲的我已全然知晓。不过,告诉我,如我们这样子快乐嬉戏,我们不是在违背整体社会利益吗?那位聪明的情夫,你赞赏其谨慎的那位,从巢中拉出鸟并在地上洒落生命精华的那位,不也在犯罪吗?因为你必须承认,我们都在使世界丧失了又一位可能有益于社会的公民。"

神父答道:"这般推理乍一听好像贴切但实际上肤浅,这你会明白,我可爱的夫人。不存在促使——更不要说要求——我们进行物种繁衍的法则,无论人的或神的。青年男女法律允许单身,产生出一群群的没有被充分利用的修士和闲置无用的修女。而且,一位结了婚的男人合法地和怀孕的老婆同居,在这种情况下无谓地浪费种子。童贞甚至当成婚姻之首选。不过,话虽这样说,那个玩把戏的男人和玩"小雌鹅"游戏的我们,真的同那些修士、修女或任何其他独身生活的人一个模样吗?前者无目的地泼洒的种子在后者的阴私处徒劳地保存着。那么,对于社会,他们不是处于完全一样的立场吗?他们都不繁育公民。不过,美好的理性不是指示我们,男人纵情快乐但又不伤害他人,靠的是泼洒精子。反之,如果精子封存在睾丸中,不仅无用,还会危害健康,有时甚至危及生命。"神父又补充说:"所以,我的无所不知的小姐,你看到了我们的快乐无害于社会,因此我们可以继续接着干这桩小事。"

毫无疑问,神父说了这话以后,摆好姿势为 C 小姐的小事效劳了一番,因为过了一会儿我听她说道:

"哎,你这无赖教士,快住手!拿开你的指头。今天我没心情干那个,昨天折腾后我还有点儿难受呢。我们把下个节目推到明天吧。不管怎么说,你知道我喜欢舒服的姿势,在床上一字伸开。这张椅子怎么也不得劲儿。别忙,等一下,还有,现在我要你干一件事,那就是你许诺给我的自然母亲的定义。哲学家先生,你现在舒坦了。说吧,我洗耳恭听。"

我们应该理解的"自然"一词的定义

神甫回答说:"自然母亲?天哪,用不了多久你对她的了解不会比我少。她是虚构的想象,一个无意义的词。最初的宗教领袖们——最早的政治思想家——拿不准他们呈给公众的善恶观念,因此他们创造出了一个介乎于我们与上帝之间的存在,他们将其想象成我们的情感、疾病、罪恶的创造者。事实上,不这样做,他们又怎么能使自己的体系和上帝的无限仁慈保持一致呢?他们能有其他办法解释我们抢劫、杀人、作伪证的欲望吗?为什么有着这许多恶行、这许多人类弱点呢?人,这个生来一辈子爬行于地上的可怜虫,把上帝怎么了才遭此际遇?一位神学家会回答说:'这是自然的缘故。'但是何谓自然呢?是我们不认识或不了解的另一位神吗?她独立于上帝的意志,我行我素?这位神学家又会干巴巴地回答说:'不,上帝不可能造孽,恶只会靠自然行为存在。'真是废话!我挨了打,是应该恨棍子呢,还是使棍子的人呢?难道他不是我感到疼痛的实际原因吗?为什么我们不能毫不掩饰地承认自然是思维的产物,一个空洞无物的词语;一切始于上帝;打倒一个人的肉体之恶却有益于另一个人;从上帝的角度看,世界上没有恶,只有善;我们称为'善'或'恶'的一切仅仅根据由人建立的社会利益而存在?就上帝而论,我们必然依照根据上帝意志制定的基本法则——上帝为宇宙间的一切建立的基本运动原理——行事。一个人行窃,他行善于己,行恶于社会,他违反了社会规则,但在上帝眼里他没干什么。"

为什么行恶者应受惩罚

神父继续说道:"不过,我同意此人应受惩罚,虽然其行为出于必然,尽管我个人相信他不是任意犯罪或不犯罪,他必须受到惩罚。因为惩罚扰乱公共秩序之人,通过感官有效地对其他潜在犯罪者的心灵产生影响,使这些人不敢以身犯险;还因为对这个卑鄙之徒按罪施惩将有益于公众利益,公众利益一贯先于个人利益。我要补充一点,应该尽力使犯罪人的亲戚、朋友、同伙分担耻辱,以此促进社会成员彼此间对会扰乱公共安宁的罪过或行为产生厌恶。我们的自然气质,我们的需求,我们的个人福利,总是引导我们妨害某种安宁。一种气质只有通过教育并通过朋友、同伴的教诲或者榜样对其心灵产生的影响——一句话,通过和内部气质一起指导我们行为的外部感觉——才能在一个人身上产生出来。因而,气质必须激励并且强制人们在彼此间激发促进公众利益的情感。

"夫人,我相信你现在明白了'自然'一词的意义。我打算明早给你讲述正确的宗教概念。这是一个对我们的幸福有重大影响的话题,今天太晚了没时间说了。我感觉我要吃点巧克力了。"

C小姐边站起身边说:"我很高兴。哲学家在我的协助下风流一度之后有必要来点儿让体力恢复。"接着她说:"你值。你干好事,还说好事,最让人称道的莫过于你关于自然的见解。不过,请允许我说,我严重怀疑你的宗教见识会如此富于启发性,这个话题你已然讲了数次,效果不太理想。实际上,一个人如何能在一个如此抽象的领域,一个一切基于信仰的领域内进行验证呢?"

神父回答说:"这是我们明天要领会的。"

C小姐回道:"哦,我认为你明天拿不出观点。你如果乐意,我们早点回去,到我的房间,在那儿你和睡椅我全都需要。"

片刻之后,他们开始往回走。我顺着一条暗藏的小路尾随在后。我仅在自己的房间少许停留一下换了衣服,然后立即前往C小姐的寝室,我心想神父恐怕已经在那儿侃侃论述宗教问题,我无论如何要听一听。他的自然之论给予我强烈的感触:我清楚了上帝和自然为一体,或至少,自然唯有通过上帝的直接意志产生作用。由此我得出了自己的无足轻重的结论,或许有生以来第一次自己开始思考。

依据自然见解考察宗教

C小姐问道:"那么,这些(性快感)为什么不完全无罪无害呢?况且由于某些如同饥渴般自然的一些本能需要,我们都喜欢性快感。你相当全面地向我证明了我们谨遵上帝的意志行事,'自然'一词缺乏意义,不过是上帝这个原因的结果。但是,关于宗教你会有何说辞呢?宗教不允许我们婚姻状态之外的性欢乐。这里我们是否有另一个词缺乏意义呢？"

神甫答道："夫人，我们不自主，我们的一切行为是强制性规定的，这些哪一点你忘记了？而且，如果不自主，我们怎么会犯罪呢？不过，你既然有意，那让我们严肃认真地探讨一下宗教问题吧。我十分了解你的斟酌与谨慎。我在上帝面前起誓我尝试辨清真理和幻觉时真诚不欺，所以我表明观点时少有担心。下面是我关于这一重大问题的思想及实践的总结。

"我申明，上帝是仁慈的。他的仁慈让我确信：如果我一心一意尽力发现是否存在着上帝要求我进行的一种真正的宗教实践，上帝不会误导我。我将必然发现这种宗教；否则，上帝就有失公正。他给予我理性为的是我能运用，为的是我能受其指引。我还能有什么比这更好地运用吗？

"如果一位信仰坚定的基督徒拒绝质疑他的宗教，他为什么要期盼（按他要求）一位坚定的穆斯林质疑自己的宗教呢？他们都相信他们自己的宗教由上帝启示，一个通过耶稣基督，另一个通过穆罕默德。

"信仰在我们心中产生仅仅是因为一些人告诉我们上帝启示了若干真理。但是，信奉其他宗教的另一些人对其追随者说过同样的话。我们相信谁呢？为了弄明白，我们必须自信地研究这个问题，因为来自人的一切都应该接受我们的理性检验。

"这个世界上形形色色宗教的创始人们都自豪地宣称他们的宗教是上帝之启示。我们信仰哪些呢？我们必须弄清哪一个是真的。但是，由于所有我们知晓的无一不是我们青年时期及教育的偏见，为了明智判断起见，我们必须从把所有这些偏见祭献于上帝面前入手，然后根据理性考察悬系着我们——今生和永世——幸福或不幸的如此重大的问题。

"我首先注意到世界存在着四个部分，这四部分之一的至多二十分之一属天主教;所有其他部分的居民说我们崇拜一个人,还有一片面包,我们成倍地增加上帝,而且几乎所有教会神父在其文献中都相互否定——这证明了他们不是受上帝的启迪。

"从亚当起,摩西、所罗门、耶稣基督,及后来的教会神父进行的所有宗教变革都证明所有这些宗教不过是人的创造。上帝永不变!上帝是不可改变的。

"上帝无处不在。不过,《圣经》说上帝在人间天堂寻找亚当(亚当,你在哪儿?);上帝到处找寻并和魔鬼谈论约伯。

"理性告诉我上帝不受任何感情支配。然而,在《创世记》第六章里,情感使上帝说道,他悔不该创造了人,他的愤怒不是没有结果。基督教中,上帝显得软弱,不能让人拿他当回事。他先用水然后用火惩罚人:人依然如故。他派遣先知:人还是我行我素。他仅有一个儿子:他派遣他,但是人依然毫无改变。基督教简直把愚蠢加之于上帝!

"人人认为上帝知晓未来将发生什么。但是,他们说,上帝甚至在知道我们的行为将会有何结果之前,就已预见到我们将辜负他的恩泽并做出这些行为。因此,带着这种先见,上帝在创造我们时预先知道我们肯定将遭诅咒永世受苦。

"我们在《圣经》中读到上帝派遣他的先知警告人类,规劝人类改变行为。但是,全知的上帝十分了解人不会改变行为。因此,基督教《圣经》假定上帝是骗子与恶作剧者。这些说法能符合我们对上帝无限仁慈的信仰吗?

"我们给予万能的上帝一个以魔鬼身份出现的无所不能的危险敌手,这个魔鬼对抗上帝,永远会争取到人数不多的上帝选民中的大约四分之三,而上帝为这些选民牺牲了自己的儿子,毫不理会其他人类的命运。这太荒唐可笑了!

"按照基督教的说法,我们犯罪仅仅由于诱惑。说是魔鬼诱惑了我们。上帝只要毁灭魔鬼,我们就都得到拯救。上帝方面的弱点或不公正必定少不了!

"为数相当不少的天主教士断言上帝颁给我们十诫,但假设人无天恩不可履行,上帝赐天恩于他看中的一些人——然后惩罚其他不守训诫的人。这太矛盾了!简直是极其可恶的大不敬!

"还有什么比耳闻上帝易怒、嫉妒、报复心强,或看到天主教徒向圣徒祷告,好像这些圣徒如上帝一样无所不在并能看透他们的心灵、听到他们的呼唤,更让人不齿呢?说我们必须为了上帝的更大荣耀竭尽全力,简直荒谬透顶!难道上帝的荣耀能由人的想象或行为提高吗?人能提高上帝身上的东西吗?人不是在自我满足吧?

"什么使人认为上帝更满意、更荣幸看到人吃鲱鱼而不吃雀,喝洋葱汤而不喝咸肉汤,或不吃斑鸡而吃松鸡——而且,如果人若干天选择喝咸肉汤,这同一个上帝就会把人永远打入地狱呢?

"卑贱的世人们呀!你们认为你们能惹怒上帝!你们会像国王或者公侯——假如这些人公平合理地对待你们——那样地冒犯上帝吗?他们会鄙视你们的弱点和徒劳。你们先被告知上帝是位复仇的上帝,然后又被告知复仇是罪恶。矛盾呀!他们向你们保证宽恕你们的冒犯是一种善行,然后又竟敢告诉你上帝将以永久的苦难报复无意的冒犯!

"他们说,如果上帝存在,宗教必定存在。然而,你必须承认:世界创造出来之前有上帝无宗教行为。再者,自天地起始,存在着不以任何形式崇拜上帝的生物——动物。即使没有人,照样有上帝,照样有生物,而没有宗教。人所迷恋的是以己为蓝本构想上帝的行为。

"基督教提供了一个假的上帝概念。基督徒说世间正义发源于上天正义。然而,按照世间正义的教规,我们只能把对上帝的行为的指责转嫁给他的儿子亚当、异教徒和未受洗夭折的婴儿。

"基督教认为人必须力求完美。对基督徒而言,童真状态比婚姻状态更加理想。因此,很清楚基督教的完美概念导致人类毁灭。如果牧师的布道和努力奏效,那60年或者80年后人类不再存在。这样一种宗教起源于上帝?

"还有比通过牧师、修士或其他人的媒介请求上帝的祈福更荒唐的事吗? 这是以世间王者为模本构想上帝。

"如果相信上帝仅仅为了对抗自然——唯一能够带给我们人间幸福的自然——而创造我们,相信上帝要求我们放弃肉体满足及上帝赋予的欲望,那简直是愚蠢透顶! 假使一位暴君执意从生至死迫害我们,也不过如此吧?

"要成为十全十美的基督徒,你必须无知,盲目信仰,谴责一切快乐、荣誉、财富,抛弃父母朋友,保持童真——一句话,做一切违反自然之事。可是,这个自然不折不扣地按照上帝的意旨运行。宗教简直把一个无限慈爱与公正的上帝变成了矛盾体!

"由于上帝主宰自己的所有创造物,所以我们的任务是使一切创造物发挥上帝属意之功能,并根据每一事物创造之目的物尽其用。依靠上帝赋予我们的理性与内心情感,我们可以知晓上帝的计划与目的,并将这些同我们生活在其中的特殊社会之利益统一起来。

"人不是被创造出来无所事事的:他必须从事以其个人利益与为谋普遍的善相和谐为目标的某种事。上帝不但想要某些人幸福而且想要所有的人都幸福。因此,我们自己应该力所能及地互相服务,假如这些服务不破坏现存社会的任何部分的话。这最后一点应该支配我们的行为。我们依靠在人生各阶段的一切行事中遵循这一点来履行自己的全部责任。其他一切不过是偏见与幻觉。"

宗教起源

(神父继续说道:)"所有宗教,无一例外,都是人的创作。不存在没有殉教者和所谓奇迹的宗教。我们的宗教比其他宗教又多了什么让人信服的东西呢？

"宗教源于恐惧：雷电、暴雨、飓风、冰雹——所有这些摧毁了哺育着散居于地球表面各处最初人类的水果庄稼。人在这些灾害面前束手无能导致他们求助于某种他们承认强于他们自己并认为是专意折磨他们的力量。后来,不同世纪、不同地区的天才或有抱负之人——有影响的政客——依靠提供往往或陌生,或奇异,或暴虐的神灵来利用人民的轻信。他们推行迷信崇拜,并着手组织他们在其中会作为领袖与立法者的社团。他们认识到为了维护这些社团,每位公民必须为了他人的利益牺牲自己的欢乐和欲望。为此,有必要创立一种限定人们做出牺牲的奖惩制度。因此,这些政治领袖虚构出宗教。所有这些宗教借允诺奖励与惩罚勉励大部分人类抵御有心占有他人财物妻女、复仇、中伤他人、毁坏邻居名誉提高自己等的自然倾向。"

名誉之源

"后来,名誉与宗教联系了起来。这种现象大体如宗教一样属于虚构,并且一样为个人与社会幸福之必需。它的目的是根据同样的原则同样限制某些其他的人。"

人的一生好比骰子一掷

"上帝——世间一切之造物主与动力——的存在毋庸置疑。我们是这整体的一部分,而且我们仅作为上帝赋予它的运动本原的结果。一切计划周详完美无缺；一切不放任自流。根据手中骰子的排列或者骰子受力或旋转,赌徒扔出的三个骰子必有一中。骰子的这一掷可以看作人生一切行动的写照。一个骰子碰击另一个,使其运动,而运动的结果是中一分。人也同样,他的第一次行动——最初运动——决定第二次,而后第三次,以及其他,等等。说某人要某事只因他想要是毫无意义的。这如同假定实物产生于虚无。无疑,某种原因或动机致使他们要求这个东西,这样由因及因,一切接连决定,人的意志必然限定他在整个一生过程中采取这样或那样的行动,其结果是由骰子一掷运动之结果。

"让我们爱上帝,不是因为他要求我们爱,而是因为上帝仁慈无与伦比。让我们惧怕仅仅人及其法律。我们尊重这些法律因为它们为社会利益所必需,我们没人在社会中发挥一份作用。"

神父接着说道:"夫人,我和你的交情让我阐述了对宗教问题的看法。这是我二十多年来点灯熬油、开夜车、冥思苦想研究的成果,在此期间我真诚地努力去伪存真。

"我亲爱的朋友,让我们由此推断出我和你我们享受的快乐简单纯洁,因为由于我们行事秘密且得体,这些快乐不损害上帝也不伤害人。离开这两个条件,我不怀疑我们可能会引发丑闻,我们还会有罪于社会:我们的示范会诱惑由于家庭或出身注定要为社会作贡献的年轻人的心,他们会在追逐欲望时忘记了自己的责任。"

C 小姐努力劝说 T 神甫应该为了社会的福祉向公众传播他的感想

C 小姐回答说:"可是,如果我们的欢乐无害处,如我现在这样认识,为什么不反过来向世人昭示如何享受同样的欢乐呢?为什么不向你的朋友与同胞传达你从形而上学默想中获得的成果呢?因为没有什么更有助于他们的幸福与安宁呀?你不是无数次告诉我没有比播撒幸福更快乐的事吗?"

T 神甫提出的拒绝理由

神父答道:"夫人,我告诉了你实情。可是,让我们小心点儿,不要对傻子们表露真理,他们不会欣赏或许还会滥用。真理应该只对那些知道如何思考且情感不温不火不左右其行为的人。这类男女凤毛麟角:十万人里也就有寥寥二十个习惯于思考的人,并且最后你会发现,这二十人里,有独立思想不被这样或那样情感左右的不超过四人。所以,我们必须极谨慎地看待我们今天在这里研讨的这类真理。由于很少有人明白保障邻居幸福从而保证自己幸福之必要性,所以必须小心广泛散布那些宗教缺点的明显证据。宗教仍在蛊惑很多人,使他们服从自己的责任并遵守因为向信徒许诺了下地狱之恐惧及永久犒奖之希望在宗教外衣下那些尚且有益于社会的准则。激励着弱者的是这些希望与恐惧:他们为数不少。引导有思想之人的是廉耻、公众利益、社会规则:这些人实际上为数不多。"

T神甫刚一住口,C小姐马上言语热烈地表示感谢。

她双臂猛然搂住他的脖子说道:"我亲爱的朋友,你太可爱了。认识你,爱一个如你一样思想理性的男人,我太幸运了!请放心,我永远不会辜负你的信任,我将坚定不移地遵循你的正确原则。"

两人又彼此间好一阵亲吻——因为我身处不自在境地,这让我恼恨不已——之后,我那虔诚的忏悔神父和他那诚心的饭宗人转向客厅。我即刻回房间把自己禁闭起来。过了一会儿,C小姐让人招呼我去见她。我捎话说我一夜没睡,请求允许多休息几个小时。我利用这段时间把我刚听到的一切写了下来。

* * *

这次初涉哲学秘密之后,泰莱丝伴随母亲到巴黎。母亲到达后不久便去世了,没给她留下可让她在这个罪恶的城市生活下去遗产。泰莱丝其时操心于决定如何过活,她搬进一家供膳寄宿处,在那里她交往了布瓦-劳丽儿太太,一位从妓院老鸨那里继承了一小笔财产的退休妓女。布瓦—劳丽儿太太向泰莱丝绘声绘色地描述了她的性生活,还带着泰莱丝逛了巴黎各处。他们的观光漫游是在巴黎歌剧院消磨一晚,泰莱丝在那里遇见了她叙述中提到的伯爵。所以,此时叙述转向他们两人的关系。

泰莱丝的故事,续集

布瓦-劳丽儿太太讲完后,我向她保证不必担心我走漏消息,我由衷感谢她为了我勉为其难地讲述了她放荡的过去。

午时钟声响了。您捎信要见我时,布瓦-劳丽儿太太和我正在彼此打趣。我的心情万分激动,我跳起来朝您奔去。我们一起吃饭,还一起度过了那天余下的时光。

三个星期过去了,可以这么说,我们不离彼此,而且我缺少心机注意您正利用这段时间判断我是否适合您。事实上,我的灵魂陶醉于凝视您的喜悦之中,顾及不到什么其他感情;还有,尽管我想一心一意一生占有您,我从未一心想编排某种能保证我幸福的计划。

同时,您谦和的言语和稳重的举止也不会让我起疑。我对自己说,如果他爱我,那他在我面前会像我那些信誓旦旦爱心永存的其他追求者一样热烈。我担着心。我那时不晓得理性之人爱的方式也理性,不知道轻浮之人凡事也轻浮。

伯爵提出供养泰莱丝并带她去乡间庄园

我亲爱的伯爵,一个月时间过后,您某一天终于十分简洁地宣称:从遇见我的第一天起,我的境况一直让您心情沉重,况且我的表现、我的性格、我对您的信任,一切一切说服您想方设法把我从就要吞噬我的曲折困境中解救出来。

您接着说道:"小姐,作为一个宣称爱你的男人,无疑我对你显得相当冷淡。然而,爱是笃定的。不过,你应该知道我最迫切的愿望是企望使你幸福。"在那一时刻我想打断你表达我的感激之情。

您回答说:"小姐,现在不是时候。好好听我说完。我收入12 000里弗。我的举手之劳可以保证你一生2 000里弗花销。我单身,从未打算结婚,况且我打定主意离开上层社会,其反复无常让我不开心,我打算去我离巴黎约120英里景色优美的领地隐居。你愿意陪我去吗?或许,总有一天,你乐意做我的情妇和我一起生活。这要看你让我快乐的同时自己开不开心。但是,请记住,除非你自己确信这会带给你幸福,否则不要决定。"

快乐与幸福之定义：两者都依靠感觉之一致

您又说道："相信你能够通过思想让自己幸福那是扯淡。事实证明你不能想你所想。为了获得幸福，一个人应该抓住自己特有的欢乐，适合个人独具的情感的那种欢乐。这样做时，一个人必须预测欢乐享受所产生的有利及不利结果，注意考虑利弊，不仅从自身出发，还要联系公共利益。"

男人，为了生活幸福，应该上心为他人幸福作出奉献。男人应该做绅士

"男人，如果因为大量需求离开众多他人的帮助便得不到幸福时，应该注意行事不要有损邻居幸福，这是原则。任何游离于这一规矩之外的人找不到幸福。由此，一个人可以明确认定在这个世界幸福生活应该遵守的第一原则是做绅士以及奉行社会法则，这些如同维系我们相互需要的纽带。我想，那些离开这个原则的人显然不会幸福：他们遭受森严法律的惩处及同胞的憎恨与蔑视。"您接着说道："好了，小姐，静心琢磨一下我有幸告诉你的这一切吧。想想看你让我快乐时自己是否能够快乐。我走了。我明天来听你回话。"

"您的话震动了我。每当我想象能为像您这样思考的男人的快乐出点力，我就感到一种不可名状的欢乐。同时，我也看出横生在我面前的、您的慷慨会救我脱身的曲折困境。我爱您。但是我们之间的偏见太大了，太难消除！一个被包养女人的社会地位，我一直认为带有某种耻辱，让我十分害怕。我也怕怀孩子：我的母亲和C小姐生孩子时几乎丧命。另外，我习惯于自力更生，那种我认为无异于通过和男人做爱而获得的性满足——这种习惯减弱了我的急切躁动。由于欲望缓解及时，所以这方面我不缺什么。可是，唯有痛苦到来的前景，或者让您快乐时我自己也幸福的期盼，会影响我的抉择。第一个主意我不太在乎，第二个主意左右了我的决定。"

泰莱丝委身伯爵做朋友并同他一起动身去乡下

一旦我打定了主意,就迫不及待地等您回来!第二天您出现了,我扑到您的怀里,泣声喊道:"是的,先生,我属于您了!请善待一个钦慕您的年轻女人的心,您的感情使我相信您绝不会限制我的感情。您了解我害怕的事、我的弱点、我的习惯。让您的教诲随着时间流逝发生作用吧!您明白人的心情和压倒意志的感官力量。运用这些优势从我身上激发出您判断最适宜的感觉吧,使我可以无保留地为您的快乐尽力。与此同时,我将做您的朋友,其他等等。"

我记得在我温柔倾心诉说时您打断了我。您向我保证永远不会压制我的兴趣爱好。万事俱备。第二天,我向布瓦-劳丽儿太太宣布了我的好运,分手时她突然哭了起来。最后,我们在约定的那天启程前往您的领地。

到达这个可爱地方伊始,我十分自然地接受了地位改变,因为我心无旁骛一意要让您快乐。

论决定我们人生一切行为之自利

我评论说欲望之刃一旦磨快,您便借口迎合我对道德与形而上学问题的兴趣,利用论证力量促使我接受您渴望的那事。

一天,您对我说:"自利决定着我们一生的一切行为。'自利'我解释为我们做一件或另一件事时感觉的内心满足。例如,我爱你因为我从爱你中获得快乐。我为你所做的可能使你高兴,也许符合你的目的,但是你不应该对我心存感激:我的自利让我这样行事。为你奉献幸福的打算上寄托着我个人的幸福。同样道理,你不能使我完全幸福,除非在这样做时你的自利也得到满足。人们经常向穷人施舍;他们甚至不怕麻烦慰抚穷人:他们的行为有益于社会,在此程度上值得褒扬;但是,从他们个人角度,远远不止这些。他们施舍是因为他们对穷人的同情在他们内心唤起痛苦,继续忍受同情心唤起的痛苦和放弃金钱都让他们难受。

或许,换言之,他们的自利——真正的内心满足——决定他们的行为。我们的一切行为取决于两个原则:为我们自己争取或多或少的快乐,避免或多或少的痛苦。"

论心灵之缺乏任何自由行动或独立思考之能力

在另外一些场合,您详细引申阐述了我从 T 神甫先生那里接受的简短教导:

您告诉我:"他教导你说我们不能独立思考,按自由意志行事,如同我们控制不了我们是否会发烧。"你补充道,"事实上,我们通过简单明白的观察认识到心灵控制不了什么,它仅仅简单反射回应身体的感觉和官能。导致器官紊乱的原因可以扰乱心灵,改变情绪。头脑中一条受干扰的脉管或者纤维可以使世界上最睿智的人变成低能儿。我们知道自然的作用方式简单至极,具有永远不变的规律。这样,由于在某些行为方面我们明显不自由,于是我们的所有行为都不自由。

"还有,如果众生精神纯净,他们之间便无差异。由于无差异,如果他们具有独立思考自立能力的话,他们在类似的情形下会以同样的方式思想行事。不过,这样的情形绝对不会出现。于是,他们必然受某种别的事物左右,而这种别的事物只可能是物质,因为纵然思想最肤浅之人也承认精神与物质。"

关于精神意义的思考

"让我们这些轻信之人知道究竟什么是精神。精神可以存在且无居所吗?如果它位于某地,它必定占据空间;如果它占据空间,它便具有体积;如果它具有体积,它必定具有单位成分;如果它具有单位成分,它便是物质。因此,精神要么是幻象,要么是物质成分。"

您说:"从这些理由中,一个人肯定可以得出下列结论:第一,我们这样或者那样思考是因为我们的身体结构结合了我们日常经触觉、听觉、视觉、嗅觉、味觉接收的意念;第二,我们的幸福与痛苦依赖这种物质的改变以及这些意念,以致思想家和天才们必须总是苦苦尽力启发容易积极促进公众福祉尤其是自己亲人幸福的意念。为了这个目的,父母亲们为了孩子,或者先生为了学生,什么会不做呢?"

伯爵与泰莱丝打赌

最后,我亲爱的伯爵,您开始有些厌烦我的拒绝了,您想出了派人去巴黎取您的色情藏书和您收集的色情图画这样一个主意。我对书特别是图画产生的兴趣提醒了您这两个办法效果显著。

您以戏弄的口气说道:"泰莱丝小姐,原来您喜欢刺激的绘画和文学作品?我听了满心欢喜。不久一些最出类拔萃的作品会让您一饱眼福。不过,请接受下面的要求:我同意把我的藏书和绘画借给你,放在你寝室里一年,条件是你保证两个星期不碰你身体上那个按理说今日应该归我管的部位。你必须确确实实实认可脱离'手工操作'。"您接着说道:"没商量。我们各自交易条件相互迁就些才公平。我有正当理由要求你这样。选择吧。不服从这个安排,没书也没画。"

我只稍稍犹豫一下便发誓禁欲两个星期。

然后,您告诉我说:"那倒不尽然。让我们条件互惠吧。你只为了看看画或急着看书就做出这样的牺牲不公平。我们打个赌吧。你保证会赢。我用藏书赌你的贞洁,你不会像你保证的那样两个星期不动性欲。"

我有点儿动气地说:"说实话,先生,您对我性格的认识太荒谬,您对我的态度也缺少自制。"

您回答说:"哎呀!小姐,请别指责。我不喜欢和你争论法理。另外,我感觉你没猜到我提议的意图。听我说,每次我送给你礼物,你的自尊心都受到伤害,这是因为你从一位你没使其尽可能幸福的男人那里接受礼物,这没错吧?好吧!藏书和绘画,你会喜爱,不会让你脸红,因为你会赢。"

我答道:"我亲爱的伯爵,您要挖坑让我跳,不过倒霉的是您,别怨我没警告您。"我大声道:"我赌了!还有,我从每天早上什么也不干,只读你的书和看你迷惑人的画。"

读书观画的效果

照您的安排,一切都送到我的房间。最初四天里,我如饥似渴,也可以说一目十行,读了《夏特勒的守门人》的故事,紧接着读了《加尔默罗会游方士风流史》《太太学堂》《教士的桂冠》《瑟密朵儿》《弗雷逊隆》等书和许多其他同类作品。为了废寝忘食地看画,我手不释卷,画中极撩人的千姿百态呈现出让人心旌荡漾的着色和表现力。

第五天,一小时阅读之后,我陷入一种狂喜状态。我眼前挂着两幅画——《男性生殖神的盛宴》与《维纳斯和玛尔斯的爱情》。在《男性生殖神的盛宴》左首部分,两位强壮的男人让我心醉,我欣喜若狂,画中娇小女人的情趣与我自己的毫无两样。

我竟然没料想到您正注意着我的弱点,我目光转向第二张画。维纳斯之姿态太风情万种了!多奇特呀!多销魂的一刻呀!您突然间出现了,比画中的玛尔斯还精神,还挺拔昂扬。

我们的激烈情欲似乎已经打破了任何自制哲学以上就是我相信你要求我撰述的详细人生经历。许多傻瓜——假如这部手稿曝光——会声嘶力竭地反对它包含的色情淫荡,道德与形而上学原理!我必定应答这些傻瓜,这些闷声运行的机器,这些各种各样习惯于依赖别人头脑思考的机械人,这些人干这干那完全因为有人告诉他们做什么——我要应对这些人,我要说,我撰写之一切基于经验,基于无偏见之理性。

泰莱丝奇思妙想证明书中的原则道理应该有助于人的幸福

是呀,你们这些无知之人!自然是幻象,一切都是上帝所为。是上帝给了我们需求:吃,喝,肉体快乐。为什么我们要羞于实现上帝的安排呢?为什么害怕提供易于满足肉欲上各种不同口味的菜肴来促进人的幸福呢?我维护非但无害而且启蒙的真理时,应该担心得罪上帝和人吗？

泰莱丝总结书中阐述的一切

你们这些没味儿的是非人，我再告诉你们一次：我们无独立思想，心灵无意志，只受感觉的摆布；也就是说，受物质的影响。理性为我们启蒙，但不能左右我们的行为。自利（我们希冀的快乐或者尽力避免的痛苦）是我们一切决定的动力。幸福依赖于我们的身体器官、教育、外在感觉、人之法规统一或一致到人遵守它们且行为君子就能幸福的程度。上帝存在。我们要爱上帝，因为上帝无比慈爱、尽善尽美。理性之人——哲学家——应该以其伦理促进社会幸福。屈从与怪态，无论我们这些生灵能够创造出什么，都不能给上帝添光加彩。道德之善恶因人而存在，与上帝无关。身染疾病会危害一些人，却造福另一些人；医生、律师、金融家靠别人的不幸过活，一切都相互关联。各地区为了约束社会而设立的法律应该尊重。任何人违法都应该被惩处，因为恰如警诫能控制不守规矩或目的不纯之人，惩罚违法有助于普遍安宁也顺理成章。最后，国王、公侯、行政官以及根据品级为国家效力的所有高官，都应该受到热爱尊重，因为他们中每一个人都用自己的行动为整体利益作贡献。

《2440年：一个梦想，假如梦想不虚》

"阿姆斯特丹，1771"，路易-塞巴斯蒂安·梅西耶著。本译文不含第一版问世后所加的资料）

第 2 章 我年龄七百岁

年老英国人告辞时已经午夜了，我有些困乏了，我关门睡觉。刚一睡着，我梦见自己酣睡了几百年后才醒来不久。① 我翻身起床，发现自己体重反常。我双手颤抖，脚下不稳，我一照镜子几乎认不出我自己了。我入睡时满头金发，面容白皙，双颊红润，我起床时额头布满皱纹，满头白发，眼窝深陷，长鼻子，面容惨淡苍白；我走路费力，要靠拐杖支撑身体。不过，我没染上老人们身上十分常见的坏脾气。

我在住处外边发现了一个陌生的公共广场。广场上刚建起状如金字塔的圆柱，吸引着好奇的人们的注意力。我走上前去非常清楚地认出"2440 年"。这些数字描金镌刻于大理石之上。

起初，我料想自己眼睛看错了，或者更确切地说，工匠刻错字了。我正准备这样说时，目光落到墙上贴的两三张皇家敕令上，这让我更觉奇怪。我看到同样的 2440 年份一字不错地印在所有的政府文件上。我对自己说："怪事！我难道不知不觉中上了年纪！怪事！我难

---

① 一个人只需一物体强力冲击自己的想象便使其在夜间重现。梦中出现奇异之事。你们读下去就会发现，这件事影响相当大。

道睡了672年!"①

一切都变了。我十分熟悉的所有邻里社区在我眼里变了新模样,好像才刚整修过。在经过彻底整理的、宽阔美丽的街道上我迷了路。我走进宽敞的十字街口,秩序井然,我看不到一丝碍眼之物;我听不见任何很久以前那些街上刺耳的嘈杂叫喊;②我没碰到横冲直撞的马车;痛风病人都可以在街上悠闲漫步。城市呈现出活力,但不喧嚣不混乱。

我惊奇莫名,没有瞧见街上的行人驻足诧异万分地上下打量我。他们耸肩微笑,如同我们自己笑看假面人。事实上,我的衣着与他们穿的迥然不同,没法不显得奇异怪诞。

一位公民(我后来知道是位学者)走上前来客气但不失严肃地对我说道:"老人家,你这身装扮是为何呀?你想让我们重现古怪时代的可笑穿着行头吗?我们可没心思效仿。这种可笑的把戏罢手为好。"

我回答道:"什么呀?我不是刻意装扮,我穿着我昨天才穿的衣服。是你们的圆柱和告示在撒谎。你们好像承认君主,但不是路易十五。我不知道你们打什么主意,不过我警告你们:我相信这是玩火。这样的装束不该穿,还没人像你们这样狂妄无忌。无论如何,你们没理由装神弄鬼,因为你们得承认一个人存在的证据是什么也不能掩盖的。"

也许这个人认为我在说大话,或许他觉得我上了年纪难免胡言絮叨,或许他有些其他猜疑,不过他问我哪年出生的。我回答说:"1740年。"他对围着我们的一群人说:"那么,按我的推算,你整整700岁了。别惊讶。伊诺克和埃里不还活着吗?麦修彻拉还有其他一些人活了900岁。这位老先生也许找到了长生不老泉或者点金石。"

他说这些话时,面带微笑,而且我周围每个人都脸露喜悦尊敬之情。

---

① 该作品时间起点为1768年。
② 巴黎的街上叫喊独自构成一种语言,不了解其语法听不懂。

他们都渴望问我问题,但谨慎之心使他们欲言又止。他们满足于互相之间低声私语:"路易十五时代的人!真新鲜!"

第3章 我在旧货店买服饰

我的外表让我很难为情。那位学者对我说:"出人意料的老先生,我心甘情愿来做你的向导。不过,我首先恳请你,我们先光顾我们碰到的第一个旧货店。"他煞有介事地补充道:"因为假如你穿戴不得体,我不好陪你。"

"譬如,你会承认在一个政府宣告殴斗违法、保证人人生命安全、治理井然的城市,不需要——粗鄙不雅暂且不论——腿上裹带致命武器、腰挎佩剑去向上帝祈祷、同女士谈话、见朋友。这是卑微城市士兵的行头。在你那个时代,旧哥特骑士制度的旧偏见根深蒂固,身佩进攻性武器往往是荣誉的象征。我曾在你那时代的一部作品中读到甚至屡屡老者也身带没用的武器四处招摇。

"你穿着样式太紧,损害健康!你的肩臂受束缚,躯干被压缩,胸部受禁锢。你喘气不畅。我请问,为什么天气不好你还露着大腿小腿?

"每个时代有其新的服装风格,不过不是我错了就是我们的服饰不很受欢迎。你自己看吧。"其实,对我而言,他的装束样式尽管新鲜但没什么不妥。他的帽子不再有那种暗淡阴沉的颜色,也没有我们时代独具的麻烦的角状帽檐。[①] 它是简简单单一顶便帽,深可盖头,包着布箍。这道布箍,优雅包卷,不用时折叠着,可以根据天气回缩或展开以遮阳或防风挡雨。

[①] 我若写法国史,会特别重视帽子问题。假如处理得当,这一章会让人感到新奇有趣。我将对比英国和法兰西:前者流行小帽子,后者风行大帽子;后来,前者放弃了小帽子,后者也不流行大帽子了。

他的头发整洁地编起盘在脑后①,薄粉轻施让发泽自然显露。这种简单的发式与我们打着润发脂的皇皇金字塔式相去甚远。它既没有下垂的鬓翼,不显沉沉暮气,也没有呆板的发卷,这些发卷只会给人以僵硬的印象,不似浓发飘逸示人以优雅。

他的脖颈不再受窄布带子的捆勒,②它围上一条凉热随季节变化的三角巾;他的胳膊在略微宽大的衣袖里舒适自由;他的身体内衬着一种贴身汗衫,外罩一种长袍,防寒挡雨两相宜;一条长巾松缠在腰部,保证热度均匀;他不着那些紧勒小腿阻碍血液循环的吊袜带,长袜由脚至腰间,脚蹬实用鞋子——系带靴子形状。

他领我走进一家店铺,里面卖全套换季服装。我坐的椅子丝毫不像那些垫得软且厚坐着不舒适又累人的椅子。它是一种低矮倾斜式沙发,外表不光鲜,可随身体动作旋转。我简直不能相信我面前是位旧服装商人,因为他没说信誉或公平良心之类的话,他的店堂也很明亮。

第4章 搬运工

我的向导越来越和蔼可亲。在旧货店,他替我付了款,价值等于我身上的钱一路易,我掏了出来。店主说这绝对是不可多得的藏品。各商店现金付款,并且公民不遗余力地维护操守信誉,不再承认"信用"一词,所谓"信用"掩盖了赊欠者和债权人的种种欺诈行为。迅速积累债

---

① 如果我自行动手写一篇关于卷发技艺的论文,我如何会展示三四百种为绅士卷发的方法让读者惊叹。啊呀!我们的职业太深奥了!谁敢夸口无所不晓,这会让人心惊,或者那些固定的发卷除了勉强使头发置外一无是处,远远展现不出浓发飘逸!
② 我绝不喜欢普遍非议我们的衣领。由于熬夜、暴食以及一些别的不节制行为,我们显得苍白孱弱。通过微微捆勒脖颈,我们的衣领起校正上述缺点,帮助我们恢复血色的作用。

款不还的伎俩,文明社会的人不再玩。①

我一出来,一群人马上围了上来,但是这群人的目光并无起哄或侮辱的意味。四面八方叽喳声不绝于耳:"这儿有位 700 岁的人!他年轻时一定日子不好过!"

我惊奇地发现街道十分干净整洁,无乱扔污物:像过基督圣体节一样。不过,这座城市人似乎太多。

每条街道上都有卫兵负责监督公共秩序。他疏导搬运工与车流交通,他保持道路畅通无阻,特别是对于前者,这些人力负重载。这里见不到那些可怜的苦力,汗流浃背、气喘吁吁、眼睛通红、脑袋低垂,在牲口才驮得动的重载下呻吟着。富人不利用一两个小钱欺压人。还有,由于天生从事更幸福且更优雅之事,女性不对看她们往来的搬运工白眼相加。公共市场再也见不到她们的身影,步步勉为其难,指斥那些习惯无动于衷观看她们劳作的男人们野蛮没心肝。妇女们恢复了合适她们状况的工作,她们完成造物主赋予她们的唯一职责:生儿育女与抚慰周围面对生活不幸的人。

第 5 章　马　车

我注意到所有离开我的人右行,朝我走来的人左行。② 这一避免碰

---

① 法兰西国王查理七世到达布尔日伊始便定做靴子。可是,他试穿时,地方行政官进来对靴匠说道:"把货拿走,我们近期付不出靴钱。国王陛下的靴子还能穿个把月。"国王赞扬了地方行政官,说他值得有这样的人为他效劳。对到此处,那个定做鞋子且因又找到一个工匠骗一骗而沾沾自喜的年轻傻瓜会想些什么呢?他嘲弄那位把鞋子穿在他脚上的人,他不打算给钱的人,而他却迫不及待地等到邪恶淫窟肆意挥霍。他的灵魂之卑下难道没刻在额头——那个各街头到处躲避债主不带羞涩的额头——之上吗?假如所有他欠身上所穿衣服钱的人们在十字路口堵住他并拿回属于他们的东西,他还有什么能遮体呢?我盼望巴黎街上所有衣着超出地位之人衣袋里都装着制衣账款清讫收据,否则要受最严厉惩罚之苦。
② 这位外国人让法国人无休止的运动弄迷糊了,法国人从早到晚以某种不可思议的紧张状态在街上行走匆匆,而且往往目的不明。

撞的很简单方法才刚发明：有价值的发现需要时间，这话不假。如此一来，不幸事故就避免了。所有的出口便捷安全，而且公共节庆人群熙攘时，人人能享受美景，人人爱看，不让看不对。然后，人人回家，没有挤踏事故。我再也看不到成千辆马车拥挤一处，三个小时不能动弹，此时那些到处以车代步忘了用腿走路的富贵又愚笨的纨绔之徒朝马车门外大声叫喊，抱怨不能前行。①

普通人群随意轻松有秩序地通行。我经过百架独轮车，我看到每一辆独轮车都满载着食品或家具，给那些马车运去，而且有一架拉着一位我看像有病的人。我问道："我那时代巴黎满街跑的那些金碧辉煌、油漆粉饰的豪华四轮马车哪儿去了？你们不再有金融家、高等妓女②或公子哥儿了吗？在过去，这三类卑鄙的人凌辱民众，互相较量看谁最能恐吓老实的人们，看谁害怕被他们的马车轮子碾死逃命跑得快。我们的贵族老爷们拿巴黎人行道当奥林匹克竞技场，以跑死马为荣。在那个时代，人人得奔命。"

为让我放心，他们说道："这种竞赛不再允许。英明的节约立法宣布这种野蛮的奢侈——导致马匹和仆人超量③——为非法。恃财邀宠的那些人的轻松生活不再，因为那太让穷人侧目了。现今，大人老爷们都用腿走路；他们有更多钱花，且头痛事少。

"不过，你的确看到一些马车，这些车属于上年纪的行政官或者其他年龄大、腿脚不便的杰出公务员乘坐，唯有这些人的马车被许可在石子路上慢慢行进。路上普通公民最受尊重。如果他们的马车不幸伤了人，

---

① 没有什么事比看到一座桥上一溜马车拥堵交通更滑稽可笑了。老爷们焦急地向外望，车夫口中骂着脏话从座上站起身。这情景让倒霉的行人心里觉得舒服。
② （在18世纪巴黎）街头到处行驶着鞍辔华丽、六匹马拉的四轮马车，人群排成两行看着它们驶过，工匠们举帽致意，不过车里坐的是婊子。
③ 有理由把这些雇用大批脚夫的有钱傻瓜们比作土鳖：脚多，移动缓慢。

他们要立刻下车来把伤者扶上马车,而且他们要自费为此人准备一辆马车,让他在以后的日子使用。

"这样的不幸事件从未出现过。有钱贵族大人值得敬重,他们不以允许他们的马匹给公民们让路为耻。

"我们的国王自己经常同我们一起步行,他有时甚至光临我们的住处;而且倘若他走累了,他几乎总是找工匠铺子歇脚。他喜欢享受人与人之间应该有的天生平等,因此,在我们的眼神中他看到的唯有爱与感激。我们的欢呼真正发自内心,他也由衷倾听感受。他是亨利四世第二。他具有同样伟大的灵魂,同样刚毅果敢,作风同样高尚朴素,但他更幸运。他在公共场合路径上留下的足迹神圣而受人敬仰,没人敢在那里争吵;出点小乱子都会让人脸红。人们说:'假如国王从这儿走过。'我想,单单这样的警告就会制止一场内战。上层做出的榜样影响太大了!太感人了!神圣不可违之法则!全人类皆准之指南!"

第6章　绣　帽

我对向导说:"我觉得穿着似乎稍有变化。我看见人人穿着简单朴素,而且我在路上走,见不到一件镶金礼服。我既没见衣服镶边,也没见花边袖口。在我那个时代,堕落昏庸的奢侈让人疯狂,想入非非。无知的躯体包着炫目的外壳,而这种机械的家伙因此像个人样。"

"这正是为什么我们要蔑视过时的傲慢装束打扮。我们的目光不停留在事物的表面上。如果一个人以杰出工作而声名彰显,他无需华丽行头或者名贵装饰招摇表现,他不需要崇拜者吹捧或者靠山支持。他的作为不言而喻,并且每一位公民都会重视要求给予他应得的回报,那些事业同道们首先为他请命呼吁。每一位提交一份请求书,上面一丝不苟地详尽列举着他对国家付出的辛劳贡献。

"君主邀请那些赢得民众喜爱之人莅临宫廷,毫不犹豫。他与这些人交谈从而获益启发,因为他不认为他先天具备智慧。那些选择了一些高尚目标并殚精竭虑孜孜以求之人的真知灼见让他受益。他给他们每人一项上绣他们姓名的帽子作为奖励,这种荣誉恰如过去装点国人毫无印象之人的或蓝或红或黄的绶带那样受欢迎。①

"你完全可以想象得出,声名狼藉之人会害怕出现在其反应会暴露出他真面目的公众面前。头戴荣誉帽的人到处通行无阻,他可以在任何时候直趋丹陛之下。这是一条根本法。出于同样原因,庸庸碌碌与绣姓名的帽子无缘的公侯仍可享有财富,但不配荣誉标志。他们与行走于街上,人群中无人注意的无名众生受同等对待。"

"有些土地不宜挖掘,而有些品行不宜太过认真审视。动机是不是纯正,效果是否辉煌卓越,涉及全国,关系大吗?"

"这些最初起因的不屑非议者更渴望缩小品德范围而非承认那些现存品德,更热衷于为个人不端行为辩解而非让自己有益于民众。

"理性与政治两者都赞同这种荣誉的授予。唯独那些感觉自己不能获取的人哀怨反感。人没有完美到以行善为荣而行善的程度。不过,你或许猜想到,这种崇高名分为个人所得,既非世袭也非钱买。某位我们杰出公民之子年满21岁时自我引荐,由法庭裁定他是否应该享受父亲的特权。基于他过去的行为,有时还根据他表现的出息情况,我们可以批准他属于国家宝贵公民的荣誉。但是,如果一位阿喀琉斯之子是个碌碌无为之徒,我们会移开目光,免得他在我们的凝视下面红耳赤。他会湮没无闻,而他父亲的名字则更辉煌荣耀。

---

① 对古人而言,人的虚荣心在于尽力表现出神降凡间。有的人不遗余力地要做海神尼普顿的子侄、维纳斯的孙子、玛尔斯的表亲;有的人较为谦卑,满足于做河神、山林仙子或者河湖仙女的后人。我们的现代傻瓜的怪僻更糟:他们不求出身于显赫祖先,但求先祖默默无闻,不过家族脉系要古老绵长。

"你们那个时代知道如何惩罚犯罪,但不给予德行任何褒奖。那是很不完备的法制体系。在我们这个时代,在这样或那样的危急中拯救了公民性命的勇敢之人①,阻止了某种公共灾难发生的勇敢之人,或者做了大事、益事之人要戴绣帽,而且他可敬的姓名无人不晓,胜过最富有之人,不管他是迈达斯还是普洛托。"②

这是经过深思熟虑。在我们这个时代,他们会分发帽子,但是红色的帽子(比如红衣主教的帽子)。有人漂洋过海去获得它们,但这并不意味着什么。这些帽子十分紧俏,我无法准确告诉你如何去得到它。

第7章 改了名称的桥

你闲聊趣事之时,不知不觉地涉及不少东西。憧憬目睹如此之多的新景象让我焕发出青春活力,不再感觉上了年纪。我真看不够呀! 啊,天哪,奇观呀! 我行至塞纳河畔。我欣喜地注视着一切,眼中出现了最美的不朽建筑。卢浮宫建成了! 杜伊勒里宫与卢浮宫之间广阔的空地上建造了一座举行公共庆典的巨型广场。一幢新美术馆替代了老的,人们在那里仍然能欣赏到比洛的大手笔。这两座雄伟的标志性建筑,比肩而立交相辉映,构成了天上人间最壮丽的殿宇。所有著名艺术家居于这座殿宇,他们组成高贵君主最尊贵的扈从。君主自我夸耀:唯艺术为王国幸福昌盛之基石。我见到一座能容纳众多公民的壮丽的市长广场。对面耸立着正义祠,它的建筑风格烘托出其庄严使命。

---

① 拯救了同胞公民性命的人没得奖赏,这让人奇怪。警察法令规定河中奖励,救溺水之人的船夫奖励10埃居,但救人于危难的船夫分文不赏。
② 人心沦陷于极度贪婪之事,不再向往美德,政府只好利用大额赏金奖掖那些过去只用象征性荣誉褒勉的人。让所有君主以此为鉴吧,这些君主们应该颁行一些给予荣誉的货币。不过,这只在人们有渴望高尚之心的情况下才有价值。

我高声喊道:"那不是新桥吗?装饰得太妙了!"

"你叫它新桥吗?我们给它取了另一个名称。我们也改了其他许多名称,代之以更有意义或更贴切的名字,因为没有什么比正确合适的事物名称更能影响人民的精神。举例说,城市两部分往来枢纽的亨利四世大桥,名称再尊重不过。在每座桥台上面我们放置了热爱人类关心国民福祉的伟人譬如国王的雕像。我们毫不犹豫地在其身侧安放了大法官卢匹塔尔、萨里、詹宁、科尔波。这是多好的道德教科书呀!这一系列沉默却庄严的外表向世人生动地展示其高尚事迹会赢得公众尊崇的英雄人物的雕像,如公共演说般振聋发聩有说服力!你的那个世纪从来没有辉煌到足以干这般事。"

"哦,我那个世纪进行最微末的事业都难乎其难。人们极尽奢华大肆铺张,到头来唯有夸张地宣称彻底失败。一粒沙子能阻止最强大机器的运行。我们炮制出最巧妙的投机,还一贯凭嘴上或笔头功夫谋划事儿。不过,事随时代。我们那个时代的企划多如牛毛,如你们的有效实干。我为此祝贺你们。我真高兴活了这么长!"

* * *

第10章 戴面具的人

"不过,请你告诉我那个正从我身边走过脸戴面具的人是谁?他走得好快呀!他好像在逃避什么。"

"那是一位坏书的作者。我说'坏'不是指文体或观点的缺陷,一个人可以写出意义朴素健康的优秀作品[①];我们仅仅指相对于健康的道德准则——那些人人适用的普遍道德准则,他显露出危险有害的原则。为

---

① 无比正确,且乡间牧师布道效力超过某些充塞着巧妙验证与诡辩的大作。

了赎罪,他戴面具遮羞直至写出更审慎理性的东西以减轻前罪。

"每天,两位德行高尚的公民探望他,和煦雄辩地驳斥他的错误言论。他们听他抗辩,给予答复,告诫他尽快心服口服,回头是岸。然后,他将易地而居。他承认错误甚至会更光荣,因为与错误决绝①并诚心诚意拥抱新的理性世界善莫大焉!"

"可是,他的书经过批准了吗?"

"我来问你,谁敢在公众没看见书就审裁?谁能预测在某某情形下某某观点的影响?每位作家个人为自己写的东西负责,并且从不匿名。如果他否认作为人的行为与正直之基础的神圣原则,公众将让其耻辱加身。如果他提出了某种利于消除弊病的新真理,公众则支持推崇。实际上,公众的声音是种种这类案件的唯一仲裁法官,并且人人听从认可。作为公众人物,对每位作家的评判是根据这种声音,而非一位视野见识偏狭,在国人睽睽下鉴别不出什么值得赞扬或批评的人的信口雌黄。

"出版自由是公民自由权利的真正衡量尺度②,这一点已多次证明。你不可能攻此不损彼。思想应该自由无拘无束。企图限制或扼杀思想是损害人性罪。况且,如果我的思想不再是我自己的,剩下我还有什么呢?"

我回答说:"可是,在我那个时代,当权者们不怕别的就怕出色作家们的笔。当正义降临揭露他们的无耻行径之时③,他们傲慢且充满罪恶

---

① 一切能理论证明;谬误本身具有自己的几何学。
② 这等同于几何证明。
③ 在一部名为 *Les Noces d'un fils de roi* 的书中,司法部长——一位卑鄙无耻的廷臣——对他的仆从谈论起富于理性的作家们:"我的朋友,那些人恶毒可怕。你不允许犯错误,哪怕犯最小的错,也会遭他们议论。我们戴面具不让那些擅长刺探之人见到真面目,但没用。从你身边走过时,他们似乎对你说:'我认识你。'哲学家大人们,我会教训你们知道认识像我这样的人是危险的:我不想让人认识。"

的灵魂瑟瑟战栗。他们宣告所有文字作品都要受甄别,而不是保护这种公众批评;这种公众批评如果处理得当可以对不道德和罪恶的行为起强烈的震慑作用。况且,这种甄别太狭隘,限制性太强,结果作品的优良特色往往被忽视错过。天才的喷涌遭遇平庸之辈的残酷剪刀,无情地剪断天才的翅膀。"①

我周围每个人都笑起来。他们说道:"看别人严肃地施展本事、解析观念、掂量音节一定会好玩得很。令人惊异的是在如此严格的限制下你们还出版了一些有价值的东西。沉重锁链加身的你们如何能翩翩起舞呢?"

"呵,我们最优秀的作家相当自然地以打碎锁链为己任。恐惧贬低灵魂,受人性之爱鼓舞的人必定凛然无畏。"

他们答道:"在这里,你写什么都可以,不管多么惊世骇俗,因为在我们这里甄别、剪裁或铐子都不复存在。再有,我们出版胡言乱语的极少,因为下场是自取其辱、声名狼藉。政府保持检点无可非议。政府不畏惧启蒙知性作品;若害怕这些作品,无异于罪己。政府运作坦诚,我们唯有赞扬。况且国家利益攸关时,每个人发表己见都是作家,只是不自称头衔而已。"

第 11 章 新圣约书

"什么,人皆作家! 天哪,想法太妙了! 你们的墙壁将如火药般燃烧起来,一切轰然爆发。天哪! 全民皆作家!

"对,但没有鲁莽、傲慢或自以为是。每个人写自己重要关头的想

---

① 这些所谓的皇家检察官中有一半人不能属于作家之列,甚至连最低一等的作家也不算。说他们文盲也毫不冤枉。

法,且随着年纪增长,他积累起自己一生的思想精华。去世之前,他编纂成书,篇幅长短主要根据个人经历,以表达自己的方式。这本书是辞世之人的灵魂。这本书在他的葬礼之日朗读,而且唯朗读作为他的颂悼。孩子们怀着崇敬之心搜集先辈的所有思想并沉思揣摩。这些是我们的骨灰瓮。我想这些比你们的豪华陵墓或附有令人生厌的、语词傲慢、雕刻粗鄙的碑文的坟墓更为可取。

"清晰描绘一幅我们的人生画卷是我们向后代尽责的方式。这一体面的纪念品将是我们身后留给这个世界的唯一财产。① 我们为此而思虑再三。这些是我们要留给后人的不朽的经验教训,后代们为此将更加热爱我们。肖像与塑像仅描摹身体外形,为什么不描述灵魂本身以及激励灵魂的道德情感呢?这些会因我们的倾情表述而开花绽放。我们的思想行为史为我们的家族提供了经验教训。他们选择比较我们的思想,从中学会完善自己的处世方式。然而,请注意,最杰出的作家——他们所处时代的天才——总是像恒星那样启动并指导思想的运行。他们是原动力,而且由于他们博大的胸怀燃烧着对人性的爱,所有人都对他们以及他们战胜专制和迷信的辉煌胜利之声衷心响应。

"先生们,请允许我为我的世纪辩护几句,至少谈一谈那时值得赞扬的地方。我相信,我们那时不也有品行高尚的人和天才吗?

"不错,可你们野蛮!你们要么不承认他们,要么迫害他们。我们负责通过补偿恢复他们的精神来赎愆这些罪恶。我们在各公共广场建造了半身塑像,这样他们可以享受我们及过往陌生人们的敬意。他们以雕像之形屹立着,右脚踩着迫害他们的暴君的脸。例如,黎塞留的头置于

---

① 西塞罗经常问自己人们在他死后会如何议论他。不在乎名声好坏的他对博取好名声的手段不屑一顾。

高乃依的脚下。① 你晓得你们拥有接触认识吗？我们理解不了迫害他们的那些人的愚昧且蛮横的愤怒心理。他们卑劣之甚，烘托出了这些雄鹰翱翔之高。不过，今天迫害者们罪有应得，身负永世洗刷不掉的耻辱。"

他边说边领着我来到一座广场，广场上陈列着伟大人物的半身雕像。我看到高乃依、莫里哀、拉封丹、孟德斯鸠、卢梭②、布封、伏尔泰、米拉波及其他人等。"这么说，所有这些著名作家在这里家喻户晓，对吧？""他们的名字构成我们的儿童字母表。一旦孩子们达到理性思考的年纪，我们教给他们闻名遐迩的且经我们仔细重新编辑订正过的《百科全书》。""你让我吃惊！用《百科全书》作初级读本！啊，你们真是朝着高级科学大跃进了！我太渴望向你讨教一二了！向我敞开你们的百宝箱吧，这样我就可以一举醇享6个世纪光辉文献积累之大成！"

* * *

第19章 圣 殿

我们沿街角转弯后，我看见一座美丽广场的中间耸立着圣殿，圆形的建筑冠，恢宏的拱顶。这座大厦，由一列圆柱支撑，四门高大。每个三角门顶铭刻着"上帝圣殿"的字样，时光已经在墙壁上留下了圣洁的斑斑绿锈，平添了庄严崇高之气。我走到圣殿大门处，十分惊异地见到下

---

① 我希望作者具体说明卢梭、伏尔泰及其他作家脚踏何人的头颅。当然，不论戴着王冠与否，有些头颅奖章不稳，不过，每人要等待自己的那一天（1771 年后的版本中没有关于黎塞留和高乃依的评述）。

② 这里我们提到的是《爱弥儿》的作者（Jean-Jacques Rousseau），不是缺乏思想的那位诗人（Jean-Baptiste Rousseau），而这位诗人唯一的才能是重新排列文字，有时给文字披上华丽的外衣，以便掩盖他灵魂之贫瘠与精神之冷漠。

面几行大写字母铭刻于一石匾之上:

> 关于这位上帝
> 任何定论为时尚早,
> 莫声张渲染
> 让我们默默膜拜祝祷;
> 其本性无垠广袤与精神融为一体:
> 知晓这是什么,
> 人须自己做上帝。

我小声对他说道:"哎,你不是要想告诉我这出自你们这个世纪吧。"他答道:"这和你那个时代沾不上,因为你们的神学家们应该无胆量发表这样的见识。这些言论似乎直接出自上帝之口,一直与普遍遗忘了的其他圣经诗节混杂在一起。我想这些话传达的思想情感无比美好,而且我认为他们在这里名副其实。"

我们跟随着若有所思、缓慢稳重的人群走入圣殿深处。每人依次在一排排小无背椅上坐下,男女有别。圣坛居于中央,它无装饰;并且人人看得见牧师,这时他正在点香。颂唱圣歌时,他的声音和唱诗班高昂的音调轮流交替,他们甜美的歌唱反映出心中的敬仰之情,他们身心洋溢着神圣崇高的情感。没有雕像,没有寓意形象,没有绘画。① 万千遍重复,多种语言书写的上帝神圣之名字在墙壁上到处可见。一切宣告着唯一上帝之统一性。外部的修饰被严格禁止:上帝最终只身居于自己的圣殿。

---

① 新教徒看法正确。人的所有这些作品蛊惑人之盲目崇拜心理。为了弘扬以为无形但且存在的上帝,你必须有一座为他存身的庙堂。

你若举目顾望神殿之极顶,会看到天空显露,因为穹顶覆盖的不是石拱顶而是明亮的窗户。在一定的时刻,晴朗无云的天空宣示着造物主的仁慈;在另一些时刻,倾泻暴雨的浓云描绘着生命之黑暗面,并暗示这个暗淡的地球不过是流放之地。雷震显示上帝被冒犯时怎样厉害可怖,而电闪过后的沉静气氛预告了服从软化了上帝的复仇之手。纯净的生命之气乘春季和风波浪般柔抚吹送时,它启示一个安抚慰藉的真理——神圣宽仁爱之宝藏无穷无尽。这样,自然力与季节,其声音对于那些知道如何倾听之人说服力雄辩,向这些敏感的人讲话,全方位地向他们揭示自然之主。①

不和谐的声音无处可闻。甚至孩童的声音也融汇起来形成庄严的清唱曲。激烈的或者亵渎性的音乐不存在。朴素的风琴弹奏(音调不高)伴奏着这广大教众的声音,好像是诸神的歌声融合众生的祷告。祈祷期间无人进出。没有笨拙的堂守,没有讨厌的乞丐进来打扰信徒的默想。所有在场的人沉浸于虔诚深厚的敬穆。全体沉静默祷中,我突感一阵神圣惊骇袭来:好像上帝降临圣殿,他无影无形的存在溢满圣殿。

门上有接受捐赠的盒子,但放置得并不引人注目。这些人知道如何做好事不为人知。最后,礼拜之时,十分虔敬地保持着沉默安静,因此该处的神圣性结合了上帝之概念,在每个心灵中留下了深刻有益的印象。

牧师对全体教众的布道简单自然,他讲的内容而非他的做派动人有说服力。他说上帝只为唤起对上帝的热爱,说人只为激励人性、仁慈、忍耐。他无意让自己的才智显露。确切地讲,他力求感化心灵。他是一位父亲,和孩子们谈论人生正路。这样的训导出于一位纯绅士之口,更加发人深省。我丝毫不觉厌烦,因为讲道中既无慷慨说辞,也无晦涩类比

---

① 一位在树林中漫游思索着自然与上天——也可以说感受着他承认的唯一主宰——的野人比栖身斗室以热切想象有灵为己任的修士更接近真实的宗教。

《2440年：一个梦想，假如梦想不虚》

或者华丽的辞藻,且一点儿没有那些嫁接、移植给往往更拙劣的空泛文体的割裂下来的诗句。①

我的向导说:"我们就这样每早例行公共祷告,时间一小时,一天其余的时间圣殿关门。我们几乎没什么宗教节日,但我们有民间节日,这些节日娱乐民众却不引导民众放纵淫逸。人不应该虚度一日光阴。自然界从不放弃运作,人如同自然界,应该羞于自己无所事事。休息不是虚度时光。懒散是对国家做出的一种不折不扣的伤害,而停止工作实质上是一种犯罪。祈祷时间固定不变：足够升华崇敬上帝之心。冗长礼拜仪式导致厌烦。一切秘密祈祷都不如那些使公开性与宗教热情统一起来的祈祷更尽如人意。

"倾听我们使用的祈祷形式吧。人人高诵和沉思默想它所包含的思想。

"唯一之上帝,浩瀚宇宙的永恒睿智创造者啊！由于您仁慈地向人展示宇宙之宏大壮观,由于如此弱小的生灵从您那里获得了认识这宏大瑰丽之作的宝贵才能,所以不允许人像野兽那样通行于这个地球的表面却不崇敬您的力量和智慧。我们赞美您的崇高作为,我们赞颂您的至高无上的权力。我们尊崇您为主人。然而,我们爱戴您作为一切生灵之父。是啊,您仁慈,您伟大。这事事皆向我们——首先是我们的心灵——证明。如果某些短暂灾祸在下界这里折磨我们,那无疑是因为不可避免注定要发生。再者,倘若是您的意志我们足以承当。我们放心服从,我们企盼您的无尽恩惠。我们非但不抱怨反而感谢您造就了我们,使得我们能知晓您。

---

① 我尤其厌恶我们牧师们身上缺乏恒定不变得到的信条。他们的思想取自经文而非从心底产生。他们今日也许理智平和,但明日再听他们讲话,他们会偏狭蛮横无理。这些是他们正散布着的言论,假如他们提出三个观点,他们自己是否自相矛盾甚至无关紧要。我甚至听说一位牧师剽窃《百科全书》却攻讦《百科全书》的撰稿人。

"让每个人以自己的方式——温文或热烈——凭心尊敬您。我们不限制他们的热忱。您仅仅通过洪亮的自然之声尊训导我们。崇拜您,赞美您,在您的御座前泣诉我们的软弱、痛苦、短视以及我们需要您的救助,这些构成了我们礼拜的全部。

"倘若我们错了,倘若某些迷信——古代的或现代的——入您的法眼却不入我们的凡目,啊!请您垂顾张大我们的眼睛,除去我们心中的阴影吧。您将会发现我们信守您的规诫。但是,如果您满意这微薄的敬意,我们知道这要归功于您的伟大、您父亲般的慈爱,请给予我们坚持那些激励我们的恭敬情感的定力吧。人类的保护神啊!您,万物尽收眼底,也让慈善之火热烘地球上全体居民的心,为的是他们将在兄弟般的爱中携起手来,向您高唱同一曲爱与感恩之歌!

"祈祷时,我们不敢划定我们生命的持续时间。不论您把我们留在人间或带走,我从来出不了您的视野。我向您祈求的唯有美德,以免悖逆您不可预知的诏令。可是,顾及我们对您的意志谦卑、服从、战战兢兢,请惠准我们或平静善终或痛苦死亡;恩赐把我们带回您——永存的幸福之源——的身旁。我们的心感叹您的存在。让这凡间的皮囊脱落吧,愿我们飞到您的怀抱。我们亲历的您的崇高使我们渴望感受更多。您给予人太多,使他有勇气独立思想;他向您呈颂这样强烈的祈祷,只因您创造的生灵感觉他生来是为了接受您的慈爱。"

我对他说道:"不过,亲爱的先生,你的宗教,假若你允许我这样称呼的话,十分类似于那些在高山之巅身心崇敬上帝的古时长老的宗教。"

"一点不错。你说到点子上了。我们的宗教和伊诺克、以利亚、亚当的宗教完全一样。至少,我们回到最原始的形式。宗教如同法律,越简单越好。崇拜上帝,尊重邻里。行事凭良心,这位深植于你心的法官总是谨慎告诫:千万不要压抑那天国神秘之声。其余一切皆欺骗、虚假、谎言。我们的牧师们不自称独受上帝启示,他们认为自己是和我们一样的人。他们承认自己像我们一样在暗影中徘徊行走。他们跟循着上帝恩赐显示给我们的光点。他们向自己的弟兄们指示光点,不苛求或者卖弄。朴实的道德教诲,且无牵强的教条——这是避免不敬神、盲目信仰、迷信的办法。我们寻到了这个恰当的手段,并为此感谢这一切善的作者。"

"你们崇拜上帝,可你们承认灵魂不朽吗?关于这个大且难解之谜你们的看法如何?所有哲学家都试图解开它。智者与愚者各执己见。围绕这个问题产生出最多变的哲学体系及最富诗意的哲学体系。这个问题好像尤其引发立法者的想象。你们这个时代的见解如何呢?"

他回答说:"眼见为实,你只需观察周围,你只需留意自身内部来觉察我们身上存在着某种活的、有感觉、有思想、有意志、有自决力的东西。我们相信我们的灵魂独立于物质,它生性理智、聪慧。我们在这点上不多讲理论:我们宁可相信一切升华人之本性的东西。最推崇人之本性的体系是最和谐于我们的体系。我们不认为任何尊重上帝之生灵的思想观念会是错误的。选择最卓越的观念,我们不冒谬误之风险;我们达到我们真正的目的。怀疑实属弱点,思想大胆是适于智慧之人的信条。当我们感觉自己具有上帝的飞翔翅膀,并且不存在对立于这种大勇的矛盾迹象时,我们为什么要朝虚无之境爬行呢?假使我们错了,人会创造出一个体系比之更美好。因而,上帝的力量——我几乎说他的仁慈——会有穷尽。

"我们相信一切灵魂原本平等,但各具特点。一个人的灵魂和一只动物的灵魂都属无形非物质,但前者比后者离至善至美更进一步。这是当前的现状,但当然一切可变。

"还有,我们认为恒星与行星有栖居者,但是各个世界彼此不尽相同。这一望无际的壮景,这无穷无尽的不同世界之系列,这光辉灿烂的轨道,定然是宏大创世计划的组成部分。啊,这些恒星,这些如此美丽、如此巨大、如此多样的世界——我们认为这些星球为人类指定的栖居地。它们相互交叉,它们相互联系,它们各具自己的等级体系。人的灵魂通过这些世界,如攀登光芒四射的阶梯,一步步走向至善至美。这一历程中,人始终牢记看到学到的一切。他保有知识的宝库——他最宝贵的财富,他行至哪里传播到哪里。如果他鞭策自己做出卓越之发现,他飞升丢下人居住的世界;他凭他获得的知识与道德的力量升腾。牛顿的灵魂,凭其本身能量的翅膀,朝着所有那些他称量过的天体翱翔。认为死亡会遏制这杰出的天才有失公平。这样的毁灭会比物质世界的灭亡更令人不能忍受,更令人不可思议。断言他的灵魂和无知或愚蠢之人的灵魂等价存在也荒谬可笑。如果灵魂不能——通过默祷也好美德的发挥也好——自身升华,人完善灵魂实际上会毫无价值。然而,一种内心的感觉,克服一切阻碍,向他大声呼唤:'尽你全力,藐视死亡;只有你能战胜它延长生命,就是思想。'

"那些罪恶或懒散无为在泥沼中蠕动的低劣灵魂回到原来的起点,或甚至更低点。他们将会长久滞留于虚无之境的边缘,他们将会始终追求物质世界,他们将长期组合成一个邪恶、兽性的种群。博大的灵魂飞向永恒的天光,而其他的灵魂深深坠入黑暗,那里一线微弱的生命光束闪烁不定。这样,一位君主或许死后变成一只鼹鼠,一位大臣也许变成一条毒蛇,栖身臭气熏天的沼泽,而他所鄙视的——或确切说他不完全了解的——作家和那些敬仰博爱的仁人志士一道迈上一级光荣的阶梯。

"毕达哥拉斯早就注意到这种灵魂的平等,他曾暗示过这从一物体至另一物体的移居。但是他认为这些灵魂在同一世界内环行,从不离开他们的天体。我们的灵魂轮回理性优越于前人。对于这些选择了以爱世人为行为基础的高尚豪放的灵魂来说,死亡打开了一条通往光荣的辉煌之路。你认为我们的体系如何呢?"

"我衷心喜欢。这个体系既不否定上帝的力量,也不否定上帝的仁慈。这进步,这向不同世界的攀升,上帝之手所为的一切,这宇宙创造的历程——所有这一切似乎符合一位向明白人展现疆域的君主的崇高地位。"

他热情地回答说:"我的兄弟,对呀。这样形容太妙了。所有这些恒星逐一光临,所有这些灵魂随着旅程越来越丰富多彩,遇见无数梦想不到的事,越来越趋于完善;随着向上帝不断靠近,变得越来越高尚,更深刻全面地了解上帝,对上帝的爱更加理智,全身心滋润于浩瀚无极的上帝的崇高伟大之中!人啊,欢欣庆幸吧!你们能够逐一尽享非凡奇境。总有一个新的、非凡的奇观等待着你们。你们大有希望。你们将穿越自然界的无垠胸怀,直至最终自己进入上帝——大自然之源——的怀抱中。"

我大喊道:"那么,那些违反自然规律、心如铁石毫无怜悯、残杀无辜、唯天下以奉己的歹人呢?他们会怎么样?尽管我不喜好仇恨报复,但我会亲手打造地狱,活剥那些我眼见在弱者、好人身上作恶多端、让我热血沸腾的残忍灵魂。"

"我们——自身软弱且受各种各样情感左右——没责任对上帝惩罚他们的方式发表意见,但是为非作歹者确定无疑要受到上帝正义的惩罚。所有背叛他人或者对他人的苦难无动于衷或幸灾乐祸之徒会被逐出上帝的惠顾视野。苏格拉底或马可·奥勒留的灵魂绝不会接触到尼禄的灵魂:它们之间总会相隔着无限的距离。这些我们可以确信。但是,我们不负责计量出将置于永恒天平之上的重量。我们相信没有完全蒙蔽人的视听的错误,没有硬到麻木不仁的人心,甚至不认为自己是神的国王们——这些将有能力通过多年的自我改造进行自身净化。他们将降入肉体苦痛支配的世界。这将是有效的鞭笞,使他们认识到自己的惰性与罪愆,矫正他们由傲慢而生的名声。倘若他们屈服于惩罚之手,倘若他们遵循理性的导引服从理性之光,倘若他们意识到已从理想之境界深深跌落,倘若他们勉力达到那个境界,那么他们的朝圣历程将会大大缩短。他们会英年而逝,会受悼念。不过,虽然自己幸福释放出尘,但他们会悲叹他们身后留在那个不幸行星上的那些人的命运。所以不怕死的人完全不知道害怕什么：他的恐惧是无知的产物，而他的物质是对其罪愆的最高惩罚。

"罪大恶极之人也许还会失去自由意识。他们当然不会被消灭，因为虚无概念让我们反感：上帝是造物主、保护神、修建者，他的治下不存在虚无。歹人不该企望消失得渺无踪影：他们逃不出上帝的视野，上帝眼观一切。各类施虐为害者会在生态的最末一节阶梯上呆板地生存着。他们将忍受无休止地毁灭循环，遭受痛苦和奴役。然而，只有上帝知道惩罚或赦免他们所需的时间。"

* * *

第24章　王子身份的小旅店主

向导对我说："步行让你开胃了，你是否有意用晚餐？嗯，去这个小店吧。"我后退了三步，对他说："但愿你不这么想。你看，这里是马车的入口，盾形纹章、纹盾。一定是位王子住在这里。""不错，正是。这是一位仁义的王子，因为他总是安放三台饭桌，一台自己及家人使用，另一台供生客用，第三台专为贫困之人而设。""这样的餐桌城里不少吧？""王公家里都有。""那么，桌上游手好闲的食客也一定不少了？""也不尽然，因为一旦有人习惯成自然，如果他不是外来人的话，就遭人议论，而且城市户籍监察官会调查他的资格并给他派活干。不过，如果他除了吃一无所长，那监察官就把他从城市放逐出去，正如蜜蜂国度里所有那些不干活贪吃集体东西的蜂子要被赶出蜂房。""这么说，你们有监察官？""对，或确切地说他们应该有另一个名称：他们是规劝者，到处传播理性火炬，并且还通过他们的雄辩及某些时候的仁爱加技巧治愈桀骜不驯或反叛的心灵。

"这些餐桌为老人、病人、孕妇、孤儿、来访客人而设立，这些人心安理得地落座桌边。他们在这里享用健康营养的食品,清淡且足量。这位王子,心怀仁善,不显示奢华,那样会糜费、挥霍令人不齿。他不使用三百人伺候十数人用餐,他不设首席,他不以实际上可耻、奢靡、荒谬之举为荣①:用餐时,他想到他只有一个胃,如果很多人像侍奉古时神灵那样给他呈上他尝都尝不过来的百多样菜肴,他自己也成神了。"

我们边谈边穿过两道庭院进入一间很长的厅,外来人专用。简单一台餐桌,长贯全厅,几个位子已经有人落座。他们敬我年迈,请我坐扶手椅子。我们用了一道可口的汤,蔬菜,少许野味,一些水果,一切烹制简单。②

我大声道:"这真是令人称赞。啊,好一个散财救饥之举!我觉得这种想法见识更高尚,更配得上他们的地位。"一切井然有条不紊。热烈但得体的交谈使这台公众餐桌更增魅力。王子出现了,稳重和蔼地左右发出指令。他面带微笑地向我走来,他询问我那个时代的情况,他要我以实相告。我对他说:"哎呀!你的先人可不似你这样大方呀!他们吃喝打猎③消耗日子。如果他们猎杀兔子,那是出于无聊,不是为了把那些

---

① 目睹高康大(拉伯雷《巨人传》的主人公,译者注)雕像,嘴大如灶,一餐吞下1 200磅面包、20头牛、100只羊、600只鸡、1 500只兔子、2 000只鹌鹑、12桶酒、6 000个桃子,等等,等等,人难道不会对自己说:"这大嘴只有国王才有吗?"
② 我曾见一位国王临幸王子的宫殿,他穿过宽阔的庭院,那里挤满了不幸的人,他们声音微弱地呼唤着:"给我一块面包吧。"国王毫不理会地走过庭院,和王子一道坐下来享用耗资几近百万的盛宴。
③ 狩猎应视为一种庸俗低级的消遣。人猎杀动物应是生存的需要,况且在各种职业中,这当然是最不幸令人悲哀的一种。我一直从新的层面关注重新解读蒙田、卢梭及其他哲学家的反狩猎言论。我热爱那些甚至敬重动物之血的印第安人。人的本性表现于他所选择的娱乐方式。让血淋淋的鹧鸪从空中坠落,把兔子碾在脚下,跟着20条猎狗看它们撕碎野物,这样的消遣野蛮至极!动物是弱者,无辜,本性胆怯。它们是林中自由的居民,接受天敌的残酷撕咬。人来了,用箭弩射穿它们的心脏,这位野蛮人面露微笑看着它鲜血浸红的漂亮躯体和眼中淌出的无助泪水。这样的消遣属本性残忍之人所为。狩猎者的品格无过于残忍加冷漠。

庄稼让他们践踏了的人们吃。他们的心中从无远大实际的目标。他们在犬马、男仆、马屁精们身上挥金如土：一句话，他们是专职老爷。他们弃自己国家的事业于不顾。"

每个人都惊讶地举起了手，他们很难相信我的说辞。他们向我保证说："历史从来没有告诉我们这些——而是正相反。"我回答说："历史学家比王公们罪过还大。"

* * *

第38章 政　体

"我可否请你讲一讲你们目前的政体？它是君主制、民主制，还是贵族制？"①

"它既不是君主制也不是民主制，也非贵族制，它合理且适应人类。君主制不复存在（后来的版本中这句话改为"无限制的君主政体不复存在"）。君主制国家，如你所知——但相当无效——一贯容易陷入专制，恰如河流弥形于海之浩瀚，而专制不久会自我崩溃。② 事实上这一切已

---

① 民族精神独立于环境，气候绝非民族辉煌或没落的物质原因。地球上所有的民族都具有力量和勇气。特定的状况启动并持续这些原因，这些状况发生发展可慢可快，但迟早会发生。那些出于本能或者理性抓住时机的人太幸运了！

② 你愿意了解何谓通常左右昏聩君主枢密会议的普遍规律吗？下面是枢密会上所说的，更确切地讲是所做的逼真描写："我们必须增加各种税收，因为王侯从来不富裕，他负责供养军队和宫廷官员，宫廷本身要极宏伟壮观。如果负担过重的人民提出异议，那错在他们，必须镇压。这并非对他们不公，因为他们身处底层，要靠王后的好心过活；此外他们一无所有，王侯可以随意收回他好心愿意让他们拥有的东西，尤其是在他需要为王权添光加彩之时。另外，众所周知，被允许积累财富的人民会变得勤劳不足，蛮横有余。我们有必要削减他们的幸福以利深化他们的恭敬服从。臣民的贫穷永远是君主最强的保护，个人财富越少，国民的服从性越高。他们一旦接受了自己的责任便会习惯成自然地履行：这是最稳妥的治众服从术。仅服从还不够，他们必须相信君主权力是智慧精神之所在，并且不折不扣心悦诚服地服从我们一贯正确的法令。"（转下页）

经发生：这是无与伦比的可靠预言。

"人类能够量出地球到太阳有多远，称量太阳系。可是尽管获得的知识广博，人类却不能够创造出简单实效的法律制约有理性的人，这想来让人汗颜。傲慢、贪婪、个人利益演绎出千般障碍，这不假。可是，还有比发现个人感情与大众福利事业之间的联系更令人欢喜鼓舞吗？一艘海上航行的船掌控自然因素同时服从自然因素：四面八方冲击下，它反作用于这些冲击力向前行驶。这里我们也许看到了极完美的国家政府的形象：狂飙般的感情压迫下，它从感情中获取动力同时抗拒感情暴风骤雨般的能量。一切决定于船长的技术。你们的政治光线很黯淡。你们愚蠢地指责大自然的作者，尽管他给了你们管理自己的智慧和勇气。只要有人大声一呼就能从沉睡中唤醒民众。如果压迫雷霆般让你吓破了胆，你只能怪你自己软弱。自由和幸福属于知道怎样获得它们的那些人。这个世界革命就是一切：所有革命中最伟大的一次成熟了，我们正在收获它的果实。①

"脱离了受压迫状态之后，我们小心谨慎，不使所有的政府职能与

(接上页)倘若一位接近王公的哲学家荣升参加枢密会议，并且对君主说："别相信这些昏庸误人的顾问，您的身边尽是些王族的敌人。您的平安和伟大靠的不是专制权力，而是臣民之爱。如果他们受苦受难，他们将会强烈盼望一场革命，他们将推翻你的或者你的子孙后代的王位。人民不朽，而你不过昙花一现。君权之威不在于残暴且忤逆自然的无限的权利。你越平和务实，你的权威越大。你要树立公正之榜样，相信有德之王公愈强大愈受敬仰。"枢密会上的人会视这位哲人为空想家，也许不屑于因其德行而惩罚他。

① 对有些国家而言，存在着一个不可避免的阶段——一个血腥恐怖的阶段，尽管该阶段宣称自由即将来临。我说的是内战。这使所有大人物都行动起来，有人攻击，有人捍卫自由。内战让最秘密的人才得以充分发挥作用，杰出公民出现并用才能证明自己是民众的领袖。这是一种恐怖疗法！但是，对长期昏睡的国家及其居民，这是必要的。

机构、方方面面的权利落入一人之手。① 根据从过去几个世纪的错误中学到的经验教训,我们将再也不会掉以轻心。即便苏格拉底或马可·奥勒留本人死而复生,我们也不会赋予他们绝对权利,这不是出于不信任,而是因为害怕贬低自由人的神圣名声。法律不是公众意志的表达方式吗?我们怎么能把这样重要的功能交于一人?他没有软弱的时候?即使他没有,人们难道就可以谴责——自己的最大特权——自由吗?②

"我们体验过专制主义与国家的真正利益何等水火不容。提高刻毒的税收,不断加重让人苦不堪言的手段;混乱相互矛盾的立法;被贪得无厌律师蚕食的私人财产;特权恶霸充斥的城市;公仆、部长、地方行政长官贪污受贿,垂涎侵吞王国的各部分;人心的逐渐冷酷,丧失人性;侮辱人民、不愿倾听人民的诉说、对人民不负责的皇家官员,这些是这种专制主义的结果。这种专制主义聚集思想才智之人只为滥用权力,恰如放大镜聚光为火。你游历过法国,这个被大自然微笑青睐的魅力王国,可你看到了什么呢?让税课榨干的荒芜乡镇,城市变成村镇,村镇变成小农村,居民们面容枯槁,身体损毁——最终,不再是居民,成了乞丐。这些痛苦、不幸的人们比比皆是,可是人们牺牲大义原则,赞同一个贪得无厌

---

① 一个暴虐的政府不过是君主勾结少数廷臣欺压其余的人。因此,君主或其代表蒙蔽社会,分裂社会。他成为中心人物,为所欲为煽动情绪,为了他个人的利益,让其他人相互为敌。他宣布什么是正义或非正义,他的一时兴致变成法律,他的喜好成为公众评判的标准。这样的制度残暴不可忍受。但是,正义是一道保护臣民与王公的屏障。自由本身可以产生出富足的公民,唯理性可以创造理性之人。一位国王只有在领导一个富足的国家时才会具有权威。国王一旦受贬损,王权就会垮台。
② 自由创造奇迹,它战胜自然,它让石头长出庄稼,它给最悲惨的地方带来欢乐,它为头脑简单的牧羊人启蒙,使他们比复杂宫廷里傲慢的奴仆们更世故深奥。作为创造之杰作与光荣,其他的地方一旦坠入奴性状态,唯有展示荒芜的田园、低眉顺眼的苍白面孔。人啊!选择幸福或苦难吧,如果你们有本事选择:惧怕暴政,蔑视奴性,拿起武器,不自由活着毋宁死。

的制度①，其反复无常的阴影遮挡了普遍的掠夺贪污。

"你相信不相信？依靠伟人的英雄行为，革命相当容易发生。一位哲人——国王配行王权，因为他不重视王权，他关心人类福祉超过看重权利，他出于对权力的警惕和对后代负责主动提出恢复平民等级古老的特权。他意识到一个幅员辽阔的王国需要统一各省份以便于英明管理。正如人的身体里除大血液循环之外，各个部分有自己的血液循环那样，各省在服从总法的同时使自己的法律适合其乡土、地理位置、商业及各种利益。这样，各得其所，诸事兴旺。各省份不再只为朝廷服务，烘托陪饰首都。② 一个源于王权的错误指令不再在君主顾及不到的地方引起祸乱。各省保障自己的安全和自己的福利：其存在之本从此不再离其根。省自一体，往往能及时恢复整体振兴，及时纠正出现的弊病。医疗经有关人士之手施行，这些人会不吝提供必要的服务，也不会眼见疾病蔓延全国袖手旁观。

"君主专制政体就这样废除了。领导人保留国王称谓，但他不会傻乎乎地勉力承担那压垮了自己先人的全部重担。唯有王国的等级会议

---

① 一位地方行政长官希望给路过苏瓦松（Soisson）的某某（王后）法国富足的印象。他让人从城郊地里拔出果树移栽到城里街道上，结果街上的大鹅卵石却被清除了。这些树身上缠绕着金纸花环。这位长官"一不留神"变成了伟大的艺术家。

② 谬误与无知是贻害人类的万恶之源。人尚恶唯因误解什么是自己真正的个人利益。一个人可以在理论物理、天文或者数学方面犯错误而不产生负面影响，但是政治不容半点谬误。行政错误比自然灾害还可怕。这类错误会使一个王国人口减少陷入贫困。这方面需要极深刻严谨的研究，特别是在那些正反意见势均力敌的个案问题上。在这一点上，习以为常极为有害，它导致难以想象的苦难，且政府直至垮台才会意识到这些苦难。所以要不遗余力清楚地揭示复杂的执政术，因为点滴失误会使谬误横行。在此之前，法律呈一般补救形式只治标而不治本。法律不是出于哲学理性而是因为不得已。我们必须依靠前者矫正法律本身的缺陷。但是，要从这一片无形的混沌中建起一座规矩的大厦需要何等的勇气、何等的热情、何等的博爱胸怀呀！然而，对于人类，还有比这样的天才更宝贵的吗？请永远牢记这无比重要的目标，这一目标攸关人类的幸福和作为必要结果的人类的伦理道德！

行使立法权。行政,无论政务民务,委托给参议院,而君主手握法律之剑负责司法事务。他提议各类有益的制度举措。参议院向国王负责,而国王和参议院向等级会议负责,等级会议每两年举行一次。一切以票数多寡决定。新法、待决任命、待处理的冤情,这些属于等级会议的职权范围。个别的或者特殊的案件留待国王睿智处理。

"他欣然愉快①,并且其王位稳固,建立在坚实的基础之上,因为国民的自由担保着他的王冠。② 其他无名之人从这个崇高的源泉汲取美德。一位公民与国家唇齿相依,公民是其肌体的一部分。③ 所以,我们留意国王如何热情地支持为他增加光彩的每件事。"

"参议院发出的每项法令都有原因,参议院扼要地解释其动机和意旨。我们不能理解在你们(所谓的理性)的时代你们的地方法官怎么敢傲慢地像颁布神旨那样任意立法,好像法律不是公众理念的表达方式,好像人民无须知晓以便更及时地遵守。这些戴法官帽的大人先生们自称国家之父,然而对胜利有效的伟大说服之术一无所知;或更确切地说,他们无定见、无稳定的立场,个个糊涂、煽惑挑唆、卑躬屈膝,以谄媚劳顿君主为能事,时而拘泥于琐事,时而为金钱出卖人民。"

---

① 达朗贝尔先生说过,一位尽职的国王是世上最苦之人,而一位失职的国王则甚至更可怜。为什么称职的国王会是所有人里最苦的呢?是因为他百事缠身吗?可是,干事出色漂亮是真正的快乐志愿呀。他不相信保障人类幸福会带来的内心满足感吗?他没意识到美德本身即奖赏吗?人们普遍爱戴他,只有坏人憎恨他,为什么他心里对快乐无动于衷呢?有谁干了好事感觉不到满足呢?尸位素餐的国王则更可怜。确切地说,他倘若能自觉耻辱,正义惩罚莫过于此;如果浑然不觉,他甚至更让人可怜。上述说法正确无比。

② 任何国家,甚至共和国,都需要领袖,但其权利当然应该限制。他起威慑作用,恫吓野心家并剪除其阴谋诡计于萌芽状态。王权就像放在田园里驱赶来吃粮食麻雀的草人。

③ 那些认为君主制度下国王乃民众意志集中体现的人愚蠢可笑。事实上,还有比聪明人对某人说"为我们行使意志吧"更荒谬可笑吗?人民往往对君主说:"按照我们明确表达的意愿,为我们尽责吧。"

"你能够有理由设想我们除掉了那些多年前冷面铁心无情践踏公民生命、财产、名誉的地方法官们。他们维护自己的狭隘特权时是勇士,可事关公众利益时是懦夫。最终,他们甚至不值得去贿赂:他们陷入一种恒定惰性无为的状态。我们的地方法官正相反。我们授予他们的'人民之父'称号是他们完全名副其实的荣衔。

"如今,政府权柄托付给具有计划主见的智慧稳健之士。依法而治,无人凌驾于法律之上——这是你们的野蛮政府中可怕的绊脚石。国家之大福祉基于各位臣民的安身立命:他不惧怕人,他畏惧法,而且君主自己知道法律高悬头上。① 他的警醒让参议员们更注意尽职尽责,他对参议员们的信任抚慰了他们的辛劳,他的权威为他们的决策提供了必要的力量和气势。因此,君主的节杖,过去让你们国王备感沉重的负担,在我们国王的手中似乎变轻了。国王不再是牺牲品,装裱华丽,永远祭献给国家需要。他只担负他从自然得到的有限权力所允许给他的责任。

"我们拥有一位敬神、善良、正直的王公,崇敬上帝与国家,畏惧神罚和后人的评判,把问心无愧与名誉清白作为最高级的幸福。不是高智能或者博学造就美德,也不是纯心诚挚愿望爱行善、重行善。每每君主自负夸大的才华会损害国民的自由,不是增进国民的幸福。

---

① 任何容许个人凌驾于法律之上为所欲为的政府既黑暗又邪恶。天才之人(S. H.林格)徒劳地运用他的才能使我们洞悉亚洲人政府的本质:这些政府令人发指的悖逆人性。试想一下无视自然力的航船是何等狂妄,一个小裂缝会让大量的海水涌入使船沉没。同样,蔑视法律的人会让各种罪恶及非正义行为影响损害国家,且不可避免地加速国家的垮台。我们是由于一人之过还是多种因素而消失难道要紧吗?灾难依旧。专制暴政是千手还是仅一只手统治国家各部分,是否压迫所有的人,一旦砍断是否随之再长出来,难道要紧吗?再者,专制主义自身并十分可怕,可怕的是滋生蔓延的程度。伊斯兰达官显贵、土耳其帕夏等仿效着他们的主子,他们割人喉咙,然后自己喉咙被割。欧洲各政府中,所有部分同时反应作用——聚合产生震荡冲击——提供一些人民得以自由喘息的均势契机。其各自的权限——不断面临挑战——提供了一种自由的替代品,这个幻象至少慰藉了那些不能看清现实的人。

"我们能够调和国家利益和个人利益这两种看起来几乎无法共存的东西。大众幸福必定截然不同于某些个人幸福的观点事实上受到维护。我们抛弃了这种基于对真实法律的无知或对最穷和最有用社会成员的蔑视的原始政治哲学。假定人本恶的残酷可憎的法律在世上存在,而我们倾向于相信人是自从这些法律制定以来才变成这样的。专制主义耗损了人心,也因此麻木败坏了人心。

"要行善,我们的国王拥有一切必要的权利与权威;如果为恶,他手脚受限制。他总是以极佳的眼光看待国民:强调国民的勇气,对君主忠诚,对外来统治恐惧。

"有监察官员负责从君主身旁赶走一切倾向于敌视宗教、怀疑主义、虚妄以及更为有害的嘲讽美德之术的人们。① 我们不再有过去自称贵族(说来尽管可笑,贵族称号能拿钱买)之人的阶层——这些人蜂拥拜倒在王权脚下;他们追求军队服役或者宫廷职位;他们游手好闲无所事事,傲慢自得地炫耀发黄的族谱文献,摆出不亚于其恶劣品性的可怜可悲的虚荣架势。你们的掷弹兵走向战场,勇敢不亚于人们行伍中的显贵,却没像他们那样提出流血补偿的要求。再者,这样的要求在我们这个共和国会冒犯伤害了其他阶层的国民。我们的公民平等,他们之间的唯一差别出现于德行、智力和努力工作的方面。②

---

① 我倒是很愿意相信君主们几乎总是宫廷中最了不起的君子。纳西瑟斯(希腊神话中河神与水泽仙女之子。——译者注)神的灵魂比尼禄的甚至还邪恶。

② 为什么法国人不会某一天采用共和政体呢?王国里谁人不知由出身决定且几百年来习以为常的贵族特权呢?在约翰统治时期,第三等级一旦摆脱了低下的地位便立即跻身于国民大会,并且傲慢野蛮的贵族边抗议边接纳其属于王国的等级序列,尽管当时仍然盛行以采邑封地辖制及武装职业为基础的各种偏见。法国人的廉耻心——当时仍然是一种动力源且其影响超过我们大部分历史悠久的风俗习惯——也许某一天会成为共和国的灵魂,特别是在哲学之兴趣、政法知识、太多不幸的经历将摧毁这种会污染能使法国人成为世界上最优秀民族的闪光品质的迷信与浅薄以后,假如法国人知晓如何计划、发展、维持他们的规划设想的话。

"有许多预防措施存在并施行,为的是一旦民众有灾难时君主不忘记他对穷人的责任义务。另外,君主每年要庄严地禁食三天。在此期间,我们的君主忍受饥渴,睡硬板。这类痛苦但有益的禁食使国王心中充满对穷人更深切的同情。真实情况是我们的国王无须靠这种肉体刺激的方式提醒,而是靠迄今一直受到尊重的一项神圣的国家法律。以国王为榜样,每位部长以及其他所有执政府权柄之人觉得自己本身有义务体验贫困和痛苦。这样,他们更倾向于抚慰那些受极度需求之严峻规则束缚的人。"①

我对他说道:"不过,这些变革一定会是长期的、困难的、痛苦的。你们得做出多少努力呀!"这位智者惬意地微微一笑,答道:"行善比行恶容易。人的感情是厉害的绊脚石,不过当理智得到开启并认识感情的真实影响力时,人类的感情会变得健康朴实。在我看来,如果所有的心灵倾向于宽容和公平的话,好像一个人能独自治理世界。尽管你们那个世纪的人普遍平庸,你们却使理性在未来阔步前进成为可能。其影响现在显而易见,英明政体的美好原理是改革的首要成果。"

---

① 一位哲学家的小屋对面有一座富饶的山峰耸立,沐浴着和煦的阳光。山上遍布肥沃的草场、金黄色的庄稼、雪松、芳香植物。忙碌的鸟群——难以想象的美丽,无与伦比的灵巧——在空中展翅飞翔,欢快和谐地鸣叫。树林中鸣鹿奔跑。波光粼粼的湖水中畅游着鲤鱼、牙鳕、狗鱼。山后星罗棋布着三百户人家,享受着繁荣,生活富足,拥有这些条件所孕育出的美德情操,日出日落赞美上帝。可是,有一天,一位懒惰、贪婪、放荡的土耳其人奥斯曼登上了王位,三百户人家很快遭受灭顶之灾,被赶出家园流离失所。美丽的大山完全掌握在奥斯曼手下一位达官——一位贵族强盗——手中。他拿不幸人们留下的东西取悦他的狗、他的小妾、他手下的马屁精们,让他们瓜分获利。一天,奥斯曼外出打猎迷了路,偶遇哲学家,他的小屋遥远,躲过了吞噬了他的邻居的毁灭大潮。哲学家认出了这位君主,虽然后者毫无察觉。哲学家大度地履行了他的责任。他们谈话论及当今。这位睿智的老人说道:"哎呀!十年前,我们还轻松快乐;而今,极度贫困正折磨着穷人,毁灭他们的灵魂,他们日日必须面对的大苦大难正慢慢地把他们拖向死亡。人人在受苦。"奥斯曼答道:"请告诉我,什么是贫困?"哲学家一声长叹,缄口不言,手指回王宫的路。

《杜巴利伯爵夫人轶事》

("伦敦,1775",可能为马修-弗朗索瓦·皮当萨·德·麦罗贝所著)

引 言

这部作品很全面地叙述了杜巴利伯爵夫人的一生,但是作者选择了比较适度的"轶事"书名,以避自命不凡之嫌。这样,他自己便摆脱了一个较为郑重其事的书名所需的必要的结构,起承转合、严肃的文体。否则,他要被迫删减或者归入注释那些会玷污历史严肃性的大量细节。这些细节后世之人可能觉得琐碎至极,可当时的读者们认为猛料有味。

另外,不宜凭空假设我们在广泛采集信息资料过程中勉强凑集了有关这位名声显赫交际花的种种逸事奇闻。你们将注意到,从她的出世至退休,通篇故事中我们引用了我们的信息资料。这方面,我们坚持了史学家的审慎原则。

所有那些被这样的书名——往往表现污蔑中伤或彻头彻尾地捏造——迷惑的人以及将其内容作为教唆邪恶腐败的"诽谤作品"加以利用的人,应该认识到自己错得离谱,即刻否定这部书。作者在王室宠儿统治的最辉煌时期构思写作。那时候,他的动机既非希望也非恐惧,无论什么也不能让他放弃写作或影响他讲实话。如今,在杜巴利伯爵夫人无权势无声望、听凭人们嘲讽作践时,他不会堕落下作到给这个已经充满丑闻、狼藉声名的一生故事添枝加叶。他的目的更高尚裨益:抚慰由于出身卑微无缘宫廷荣耀唯有望洋兴叹的普通百姓;向普通人展示这些荣耀是怎样获得的,通过谁人之手颁赠,落到谁人头上。他的选题较之众多其他道德说教者要轻松巧妙,他找了一个集历史意义与小说全部乐趣于一体的主题。他的作品,稳重哲学家和浅薄读者都会喜欢,引起这个人深沉思考,给那个人提供快乐消遣。总之,此书为各类读者带来乐趣。

* * *

第一部

杜巴利伯爵夫人出身不详,像一些大江大河那样发源细微,随着它们不断宽阔深邃,汇成那些让旅行者向往的泱泱巨流之时,才引起我们注意。另外,她的出身也如那些湮没于时间尘埃中的豪族或古人的谱系,掺杂混合着传奇与神秘。不过,我们确有她的教父比拉尔·杜芒库先生的交代说明,他很熟悉这位女士权势之路的早期情况,但是后来如何——出于谨慎,或许根据上面的指令——他留待她说。

依他所言,1744年战争期间他负责给养采购。他出差路过乌库勒村,香槟省的一个小镇,这个地方以圣女贞德的诞生地自豪,而且毫无疑问将会同样以杜巴利伯爵夫人为荣。由于他在财政部官高职显,他在地方税务监察官家食宿。住宿期间,收税庄一位名叫古马赫·沃伯尼尔雇员的老婆生孩子。他是那些被称为"地鼠"的小职员其中之一,原因是这些人大多时间在地窖查验酒及其他饮料。

监察官的妻子答应了做孩子的教母,她请杜芒库先生陪她荐举新生儿洗礼。这位先生,本性豪爽嬉玩,痛快热情地接受了这礼貌的邀请。婴儿受洗命名玛丽·珍妮。仪式反映出教父囊中不菲,对那个小地方而言,仪式确显豪华,按习俗结束时喜庆款待,大量分发了杏仁和其他糖果。这位好人随后离开了,根本想不到他刚刚为上帝赎救的弱小生灵不久将重返魔鬼怀抱。

上帝,一直比她的教父更密切关注这个婴儿,并给予这位教父机会,在胸中重新燃起更适合他的新进头衔且更符合他的基督教信仰与人性的感情。

他返回巴黎若干年后,一天早晨,一位夫人上门求见。他唤她进来,她领着个孩子。这二人他都不认识,便询问她的姓名。她眼泪汪汪跪倒在地,言道她是他举荐受洗的那个古马赫的妻子。他面前站着的孩子是他的教女。

小姑娘引起他的兴趣。除了她那个年龄的孩子天生的甜美之外,她表现出某种不同寻常的优雅。他亲吻拥抱了她一下,接着问这位母亲因何事来巴黎。

古马赫太太诉说她失去了丈夫,丈夫死后,她境况十分凄凉,因为他活着时的那份工一点儿积蓄也攒不下。由于在乌库勒没了活路,她才来到首都找活儿干,希望找到份佣人工作。

这位母亲的命运杜芒库先生不关心,但是这个孩子却让他愿意解囊相助。他给了古马赫太太12法郎,告诉她每个月末来,要带着女儿;他提出每个月还付给她同样数量的钱,让姑娘接受初等教育,即教她读书写字;他还保证帮她找个职位。早先这些日子母亲怎么样我们不知究竟,在这一点上杜芒库先生记不太清了。他仅仅回想起他不断付出保证过的救助金,还附加不少。看来这位母亲将很大部分占为己有,因为,钱不是太有助于教父为教女上心的那类教育,教女阅读不行,写也糟糕。在发现的一封请愿书上,杜巴利伯爵夫人潦草手写了下列字样:"由受争议的杜巴利夫人推荐。"

这样的疏忽,显然无关紧要,持续时间不长。那时候,杜芒库先生有位倾心迷恋的情妇弗雷德里克小姐,一位十分出名的交际花。由于寡妇古马赫工作仍然没着落,他便安排她给自己的情妇做饭。他一石二鸟:

帮助这位可怜的妇人的同时,为自己安插了眼线,满足了自己的嫉妒好奇心理。

后面的问题是这位姑娘怎么办,她成长迅速,小小年纪已经很早熟。杜芒库先生有位亲戚比拉尔先生是邮政局审计,他狂热地心迷宗教,建议把她送进圣·奥丽,格里瑟尔神父管辖的——某种意义上也可以说是他建立的——一个团体。他的热心可嘉,建议也得到认可。他还答应支付孩子在这个宗教团体的食宿费用,她将在那里领第一次圣餐并接受足够的工作资格培训。

我们将一时见不到这块深深埋入圣·奥丽团体的珍贵宝贝,这位年轻姑娘正在那里适应修行训练。我们心知肚明这些训练往往不完全是精神上的。而我们自己将对她生命的第一阶段进行一些反思。

我们厘清了她混乱的出身问题后,得到下列结果:

(1) 她不是私生子,因为她有一位可以公开的父亲;而且按照法律,他是婚姻所验明的父亲。

(2) 她仍然不大可能是修士之女。这个荒唐的说法基于舒瓦瑟尔公爵先生的一句玩笑话,他不时重复这句话,一心想嘲讽丑化正开始得宠的杜巴利伯爵夫人,不是讲实情。因为实情他不比任何人知道得多。一次,他桌上的谈话涉及宗教界,人人大肆谴责时,公爵言道:"我们不要说修士们的坏话,他们为我们创造出美丽的孩子。"

(3) 尽管她父亲名位不显,但有人会说她不是阴沟里出生的,况且如自她发迹以来坚称的那样,她甚至可能是一个古老家族——不是古马赫家族就是沃伯尼尔家族——的后代。我们留待家谱学家们梳理她的门第线索吧,我们回到我们逸事系列的下一回。

* * *

大约 1760 年,一心企望女儿出人头地的古马赫寡妇积攒了一小笔她能省下的钱,这笔钱添上女儿的教父和……夫人给的足够在拉比耶先生服装店为曼侬(杜巴利夫人当时的名字。译者注)弄个职业。这个职业诚然十分风光,但到处受非难,明智谨慎的母亲不会起意让年轻标致迷人的女儿干这个。领她入这个行业等于让她抛头露面于大庭广众之下。这样说吧,这其实不亚于让她"街头卖笑";也就是说,这个职业会招引不三不四的人,色狼、皮肉生意行家等。古马赫寡妇已经对巴黎生活有所熟悉,大概心里有类似的想法。我们不知道她是否为了容易实现计划,那时,她给女儿改了名字。不管怎么说,习惯上,她的女儿在拉比耶店里称自己为兰松。我们下面讲述她这个时期的生活时,就提这个名字。

兰松小姐极其满意她的新去处。对于一个刚刚步入社会见识尚浅的年轻女子来说,服装店是无限欢乐之源。这是个不折不扣的卖俏殿堂。她眼前逐一陈列着最昂贵精美的织品、最考究奢华的服装、裙饰、花边、丝绒球,以及各类博女人欢心、编织得美轮美奂的装饰品。这样的诱惑,这位小精灵如何能抵挡呢?她如同阿喀琉斯第一次面对兵器。再者,如果这番景象必然唤起一位年轻不谙世事的人身上的虚荣感以及爱好奢侈轻浮之心,那么我们将看到,一位初习时尚的徒工的日常工作最终也使她如同行那样道德沦丧。实际上,她的工作不仅要改良法国和外国生产的各类产品,更要使其谙合女性客户的情欲。她要不停地劳作,时而为了凸显贵妇的傲慢,时而为了突出风骚女人的容貌,或为了体现害相思之苦的女士的热情火辣、声色之人的温柔、妒妇的气恼、交际花的风情淫荡,等等。美丽要优雅衬托,慈和面善需要些热情点缀,丑陋需遮掩、调和、淡化。总之,所有这些女人各个用自己的方式争强好胜,虔诚的女人甚至也想在心灵导师面前显示魅力。

此外,这些店铺里流行的那种打情骂俏习惯让在那里供职的年轻女人飘飘然忘乎所以。譬如,从修道院出逃的姑娘耳濡目染着挑逗勾引技巧,因此能够靠衣着举止诱惑为她选定的丈夫;或者一位即将引见宫廷,心里早就渴望着勾引国王的新嫁娘而使出浑身解数增强诱惑力；或者——作为最生动的例子——女戏子、歌女或舞女，一位如她们自己那样出身可疑的女店员，如今乘着豪华马车招摇过市，用八方供养的钱把自己打扮得花枝招展。最后，一位花花公子来买礼品送情妇，不经意信手打赏这些维纳斯的侍女们。她们听到的无非是盛宴舞会、喜剧艳情之类的闲话。如果她们偶尔必需打点居丧之人，她们着意淡化这些人的凄容，还之以优雅。一位寡妇定制丧服时想要显示这可恶的东西她不会永远穿下去。粗劣丧服之内，人们觉察到一位某天将会光彩照人，胜似以往的美人的蜕变。

除这些冲击年轻女店员感官的诱惑性场面之外，还有那些专事拉皮条的教唆娘儿们在竭力尽心。她们把年轻女店员当作献给淫荡肉欲的祭品，私下里把最撩拨人心的主意说给她听，这些主意不是她们自己的，就是某位偶然一见色眯眯看上了姑娘的宫廷贵族大人提出来的。由此可以看出她受身边普遍道德败坏行为的熏染是何等轻而易举。

于是，兰松小姐如其他人一样遭遇同等命运不足为奇。她脸蛋长得漂亮，这让她比同事行情好；加上她举止天真、随便，这将鼓励被人示爱、搭讪；她的金钱欲望以及对衣服首饰的极度迷恋为花心思勾引她的人打开了方便之门；另外，她身边没有好心相劝她别招事儿的人。她母亲本应照管女儿，况且她也没穷到拿女儿换钱的分儿上，可我们听说她偏偏不择手段地敛钱，想象着自己也沾女儿的光。就是在这种情形下，一位出名的老鸨，人称"市井宫廷享乐大总管"，听她的"暗桩"说起拉比耶店里来了位新人。这位巧舌如簧的拉皮条的娘儿们叫果丹，她传承了那些名垂西瑟丽亚（维纳斯）荣誉榜的弗洛伦斯及帕丽丝之流的传统，尽管尚未达到同样的风光地位，她正在首都以杰出的表现满足各项条件。她尽全力让自己的客户心满意足。她获得了部长、高级教士、一本正经的地方行政官员、大金融家以及形形色色的浪荡子们的信任。事实上，先生们都想经她手找情妇，因为她以传授色情享乐之术闻名遐迩。比方说，她不断从巴黎女店员中择取出类拔萃者。她把她们收拾整齐，进行调教，让她们有格调品位，帮助她们获得相称其容貌才艺的成就。

果丹夫人法眼一瞄上兰松小姐，就晓得这是位值得她尽心调教的坯子。她本能地看出她身上的潜在市场价值，麻利地设圈套捕获着称心的猎物。由于我们了解杜巴利伯爵夫人生平中对这一段情节的亲口详细描述，我们要在这里再现拉皮条娘儿们本人的说辞。我们仅仅略去不雅词语或者露骨的粗话。在描绘过火之处，我们给以较得体的修饰处理。果丹夫人自行讲述：

不久我的眼线告诉我拉比耶店里来了新人，长得很不错，我马上借口买些新布料前去看看。我遇到了稀罕见的可人儿。年纪不过16岁多点儿，已经出落得让人魂不守舍：体态轻盈不失贵气；椭圆脸，像画的一样；大大的眼睛，很清澈，侧目打量着周围一切，让她更显魅力；撩人的白皮肤；美嘴；小巧的双脚；头发十分浓密，我双手拢不住。根据外貌，我断定她的其余部位也差不多。这样一件好东西我说什么不能放过。我漫不经心地朝她走去，把一张写着我地址的名片连同一枚硬币放到她手里，同时以防止别人听见的方式小声告诉她有空马上来我那儿，来了对她有好处。

我是女人，我知道怎样想方设法引逗年轻姑娘们的好奇心。我十分自信我的一番话伴着小礼物会产生预期的效果。就在第二天，一个礼拜天，兰松小姐便来见我。她告诉我说她假装去弥撒。我大大奉承了她一番，招待她吃喝，然后问她满不满意自己当前的状况。她回答说还好，没问题，她目前的职业比其他差事适合她干，不过，总而言之她不喜欢工作，她愿意过开心玩乐的生活,她羡慕那些来店里光顾的女人们的日子——身边总有衣冠楚楚、相貌堂堂的绅士相伴,总是去跳舞或去看戏。我言道她讲得一点不错。像她这样的漂亮姑娘生来不是为了坐在椅子上穿针引线,几年后一天或许挣个二三十苏。这样的生活只适合长相丑陋,粗手大脚,不会有什么好前途的女工们。接着我热情地拥抱了她,请她观赏我的住处。我让她看我为做爱准备的闺房,房中的一切显示着肉欲、放浪、享乐。我怂恿她仔细观看墙上装饰的雕刻——赤裸的人体,让人想入非非的姿势,各种各样撩拨性欲的形象。我眼见小姑娘目光贪婪地逡巡着,无一遗漏;她心中欲火燃烧,可我硬是转移了她的视线,因为我不过想证实自己判断正确,她可以为我所用。

后来,我请她看宽敞的化妆室,我打开了几个壁橱让她瞧。我在她面前摊开了华美的衣料,塔夫绸、丝织饰带、丝袜、扇子、钻石。我大声说道:"怎么样,孩子,想不想签约跟我干呢?你会拥有这一切;你会过上梦寐以求的那种日子;你会每天看戏,看表演,或别的什么;你会和城里宫廷的最有权势最高贵的人一起用餐;而且,当夜晚降临时,你会多么享受呀!啊,太美了!我的心肝,这一切的极致表现当然是宫廷本身的快乐!……你没感受过吧?缺此便没有真正的幸福,晓得吧。这种生活无人不想。你会在这儿遇见王子、将军、部长、行政长官、教士。他们竞相来这里为了能够放松自己,享用像你这样的可口美味……好了,现在你知道我的意思了吧?"

她很灵巧地微笑看着我,回答说她实在不懂我的意思,以前从来没有人问她这样的问题,她真不知该如何回答……我答道,"亲爱的,你说得不错。来,让我看看。"我一边说着,一边假装让她试穿一件碰巧某位姑娘当晚赴宴要穿的华丽新衬衣。

我拉着她的手,把她的衣服全脱了,赤条条一丝不挂。我目光注视着一个上好的身材,还有乳房——这个我见过很多,可是从未碰过如此的灵活有弹性,如此的线条,如此的美妙体态;让你神魂颠倒的后背;大腿,屁股……雕塑家创造的作品也不会更完美……至于其余部分,我根据经验足以断定她的处女膜很是让人怀疑,不过还足够再卖几次……这是我真正想要弄明白的……

打扮、试衣服这样的小儿科把戏玩过了之后,她不想脱了,我便对她解释说事情不可以这样干。由于她尚无奇遇可言,况且还没有在警局登记注册,如果我把她留下来,我会冒让警察赶走她的风险,我也会受牵连。在我找到包养她的人之前,她还得回拉比耶店里,不过她可以悄悄来我这里加入社交生活,赚点零用钱。我把一枚6法郎硬币放进她兜里,并约定一旦需要我派人找她。派去的女人能够不说话传达消息,使用我们之间商量好的信号。她兴高采烈地紧搂了我的脖子,然后走了。

那时候,巴黎正开教士大会。一位姓名我不会公开(因为我们这行必须具有忏悔牧师的谨慎)的主教一直要求我给找一位新手,一位他能进行初级性欢乐指导的人。他的要求我还没能满足。当然,我们允许雇佣毛遂自荐、心甘情愿的年轻妇人,但是我们不经营放荡。兰松小姐似乎正合适这项差事。我写信告诉这位阁下找到了正合他意的姑娘,他老大人应该做好准备,他会喜欢我选的人。他指定了某一天,我及时让我的处女待命迎客。我指点她要扮演的角色,确切地说——在不涉及她过去的隐私又不深入了解她过去经历或未经历过的详细情况下——告诉她必须表现出不谙人事,甚至连这方面的言语也不懂。我让她使用一种会消除受男性侵入玩弄点滴痕迹的烈性洗剂。我让她身上洒香水，头发精心梳理。她扮相雍容华贵，气质靓丽迷人。在这番状态下，我把她交给主教，这朵花儿让我赚了100路易。

他显然被她迷住了，愿意包养她在身边。但教士大会一结束，他不得不立即返回自己管辖的教区。说句实话，这正合我意，这位处女不再被梳拢几次我不罢休。同时，为了使她和我更亲近，我送给她一袭礼服、几件裙子作礼物。我建议她诱使女友们认为她赢了大彩，这样会避免别人怀疑她行为不端。不过，这方面我无须对她多加指点，论心机狡诈她不次于我本人。可是，我施小恩小惠搔她的痒处，使她习惯于光鲜打扮。她爱我异乎寻常，称我是她的"小母亲"。每次我要她扮新人，她大笑自己不成样子。可是一旦进入角色，她换上小女子的天真举止，并瞒过了一些个中老手。她的处子之身已经更新过五六次之多。主教、贵族、行政长官、大金融家都尝过鲜，这让我收入了一千多路易。就在我要把她推销给有产阶层的当口，出了岔子——我们这个行当在所难免——干扰了我的计划，导致我放弃了兰松小姐。

我先前有位老主顾杜芒库，自从他搭上弗雷德里克小姐以后我再没见过他。刚好他没了情妇，又来找我，要位新鲜人儿刺激找乐儿。他给了丰厚的价钱。我选中了兰松小姐。我一直习惯不让我的姑娘们知道和她们交易的男人名姓，为的是诚信保密。我以同样的方式和不时来我这里的女店员们打交道，目的是保护她们，偶尔也为了维护我的控制权。虽说这样，该来的灾祸还是躲不掉。

在约好的那天，我带着这位处子来会这位色鬼。起初，他们好像素不相识，可是后来他们相互仔细打量，仿佛意外认出了对方。我注意到杜芒库凝视的目光中闪出欲火，他面带怒容；兰松一声尖叫昏死过去。杜芒库大喝道："小贱人，我怎么会想到在这儿见到你？这是你在圣·奥丽学来的吗？他们预言你会变成放荡女人，一点没错。"

他说着走上前来，好像抬手要打这位可怜的姑娘。我一下子冲到两人之间，手足无措，全然不知这责难从何而来。我揪住了怒气冲冲的他，喊人来救护小女子，然后把老流氓拉进另一个房间。开始，我害怕这场大闹后果会对我有所不利。我想杜芒库一定和这所谓的处子先前有瓜葛，他大发雷霆是因为被我们两人骗了。可是，他一解释，我马上意识到这场吵闹与我无关。他说她是他教女，还讲了后来的故事，这些我们现在全都知道。

这让我壮起胆子替姑娘说话。我对他起誓姑娘只不过第一次跟我干事，她是我的一个"沿线"介绍来的。她的天真单纯应该让他相信她很不适应出现在这样的场合，她被带到这儿来不知道要干什么，罪错她全然不懂……

教父怒哼一声打断了我，道："对，好极了，不知罪错！哼，她在修道院时就晓得了！"我看出和这个男人争辩下去有害无益，于是他说什么我一概不反驳，仅仅辩解说我什么也没教她，况且她这是第一次到我家来。他让自己镇静一些，接着我们长时间议论了兰松小姐母女，认为一切罪责应由这两人承担。在我认为他脸色平静下来了，并且保证由于他的特殊关切这孩子以后再不会来我家之后，我借口让两人和解，起身去找兰松，其实我是想私下单独打招呼提醒她我对他们会面的安排打算。我带着她回来了，不过面对的是老家伙的再次指责。她极力为自己开脱，并应对道："不过，教父，我来一个你经常光顾的地方有什么不妥吗?"这挖苦的一问极大程度地伤害了杜芒库的自尊,让他再次雷霆大发。

当他口沫横飞蛮横刻毒咒骂教女之时,姑娘自己、她母亲和我则极力躲避这位满腔盛怒的教父,他正舞动着手杖威胁要打人。他追赶着,大声叫喊着他要让她还有她下贱的妈妈自作自受,他从此再不管她们的事了,他们再也不要登他的门。这时候我一直尽力制止这个疯狂之人,可是他对我翻了脸:"还有你这臭婊子,我如果再发现这不要脸的贱货来你这儿,就送你去收容院,她也一样。"说完他就走了,不容别人说话。

这场变故让他的教女吓破了胆,那时再不敢来看我,不过她仍然对我心存感激,还尊重我。后来,做了他的情妇之后,她偶尔借助我的保护。她来这里秘密约会过一两次,但没什么显著成果。她和杜巴利在一起时,我也见过。由于杜巴利和我有时合伙干事,他借她给我应付过重大的场合。我能上百次安排她做个被包养女人。每当她受不了这个邪恶的男人时,经常要求我给她找别人,可事到临头她又不敢离开他。他似乎把她牢牢地控制住了。另外,他留着她会派上更大的用场,而且他确实所料不错。

果丹夫人的讲述到此为止。她又言道:那个杜芒库对她说到做到,从此再没光顾过她的住宅一次。她认为杜芒库狂吼大骂——这她已经对我们生动描述过——是因为他耻于在一个声名狼藉的场所遇见教女还受其指责。或许还加上些暗自嫉妒不满,因为她太美了,可是他却没预留下来自己首先享用,因为这对他而言易如反掌。总之,他此时内心之中百感煎熬,因为他不能满足欲望且不失他作为教父具有的道德优越感;然而,他如果希望享受教父之权威则需遏制自己的淫欲。无论造成这一怪异场面的动机如何,我们可以从果丹夫人的叙述中得出一些新的结论来为杜巴利伯爵夫人辩护。至于她在妓院度过了青少年时代的——如果不是诽谤,至少也是夸大其词的——指控,我们将不得不站在她一边。因为我们看到她去那儿仅仅出于好奇,不是由于明显喜爱风流淫荡,她也不是受卑鄙的赚钱欲望的驱使,尽管这种欲望诱惑了她的众多同伴。她是着迷于魅力打扮,这在女人方面是可以宽恕的。

简言之,如果她从此以后房术谙熟,她是心有灵犀自修成才,不是跟专门经营这一行的女老板们交往学来的。自幼年以来一直折磨着她且真正怜香惜玉之人视为女人最佳本钱的情欲气质,是她的老师。我们女主人公出身背景的不实之词始于诺艾叶公爵(时称亚恩公爵)的说辞,他讲的是句玩笑好话,不是实情。当他听国王说和杜巴利伯爵夫人发生关系之初,体验了全新的不可名状的快感时,他对国王解释说:"陛下,那是因为您从来没有逛过妓院。"

* * *

主人公结交了海军部一位职员又姘居过一位理发师之后,一段时间内不得不和母亲一起生活。她们在街上拉客卖淫补充微薄的收入,直到遇见一位修士,他是母亲的旧情人、女儿的生父。他把姑娘——现在称沃伯格尼尔小姐——安置在一位富有的寡妇家里。沃伯格尼尔小姐和寡妇的儿子及寡妇本人上过床后,又在男仆怀抱中寻求名副其实的快慰。这种不端行为导致她被解雇。她改名安格小姐在一家赌场干应召女郎。在那里,她迷上了她的首席情人,一位名叫让·杜巴利的冒险家,他自称伯爵,靠着为有钱有势的人拉皮条找女人过日子。

1768年春天,杜巴利伯爵遇见勒贝尔先生,国王最信任的侍从之一,最深入地参与国王陛下的寻欢秘戏事宜之人。此人专门负责充掖雄鹿园。在凡尔赛的这个去处,蓬帕杜尔夫人设立了一种不断在巴黎寻获的青年女子补给站,蓬帕杜尔从这些年轻姑娘之中为她的国王情夫选供床伴。她明白用外来帮手迎合国王肉体需求的重要性；再者，通过发挥这一行政职能，她自己保持了君主的荣宠以及她作为国王正式情妇应享的种种荣耀。人们很难数清这种人人急切等着轮到自己出场的动物园往来过多少尤物。对于不少人来说，事实上根本轮不上，或者轮上了也不过是一面之缘或露水短暂之事。这要么因为君主没了兴趣，要么因为后宫女总管忐忑担忧，她小心翼翼地务必让那些不论因为相貌气质还是国王感兴趣看来有威胁的人消失掉。

但是，准许进入这个闺阁带来了人们所期望的难得好处。这些姑娘一般以每人200 000里弗的嫁妆嫁掉，送往一些外省边远地区。在特殊恩典下，一些人设法留在了巴黎。例如，嫁给了一位银行家的安布恩夫人；达维夫人，一位地位显赫的粮食供应官员之妻；诺芒夫人，国王陛下终止和蓬帕杜尔夫人同床共寝之后睡过的第一个女人（她那时称摩菲小姐，如今只不过由于把女儿嫁给了特雷主教的侄子而极其受人尊敬）；瑟琳小姐，一位来自布列坦尼的女佣，本人选择进修道院且听说目前事业辉煌；还有等等许多。这里一一指名道姓意义不大。根据上述情况，不难想象维持这样一个机构会付出多高的代价，不但因为这些年轻美女以平均每礼拜一个的速度（相当于一年超过一千万的支出）离开后宫，而且还特别因为老鸨和帮手们寻找她们要付费，还要花钱净身、训练、打扮——使她们进入状态。简言之，不仅靠内在魅力而且靠外观亮丽、狐媚来勾引。这些主要花销款项之上如果再加上这样运作不可避免的浪费和私吞损失，我们就会看到含糊骗人的"现金收据"类项下国库资金的大量流失，好像水龙头坏了。

由于连续丧失亲人（1765至1768年间太子、太子妃、王后的去世）的缘故，国王决定关闭雄鹿园，让自己彻底陷入痛苦之中。年事不断增高以及任何高贵王公能够满足自己种种心愿的自在心态，减弱了其性事方面的追求。但是，这种需要尽管间断，仍继续存在。再者，大臣们认为有必让他散散心,从王后患病的长期悲痛状态中解脱出来。医生们明白告诉他,太过突然地断绝对他身心十分重要的那种快乐贻害匪浅。国王定然听从了他们的忠告,因为他责令勒贝尔先生承担这个地区的选美任务,而不顾国事繁忙与失去"伴侣"——他通知大主教王后去世的信中如此称呼。

为了更好地侍奉主人,这位十分热心的仆人经常亲自实地探查。就是在一次这样的猎艳途中,疲惫不堪、上气不接下气的他向杜巴利伯爵讲述了自己的难处。后者在这类事情方面嗅觉灵敏,而且是国王侍从熟知的极其有用之人,他轻而易举地让勒贝尔说出了心事。勒贝尔承认他很懊恼,猎艳考察没选中一个合适国王陛下的人。放肆无耻的伯爵问道:"你就为这事儿烦心?""我正好有你要的人。你知道我眼光不错。交给我办吧。过来吃现成的晚餐吧。如果我不给你献上你见过的最美丽、最新鲜、最具魅力的女人——名副其实的御用美味,你叫我无赖好了。"这样一位令人鼓舞的候选人让这位御前供奉心情大悦,他拥抱了伯爵并保证在约定的时间前来。杜巴利先生刻不容缓地返回家中,吩咐安格小姐穿戴上她最华丽的服饰[安格小姐是沃伯格尼尔小姐和杜巴利同居后的称谓,顺应名妓步入社交时取化名(nom de guerre)传扬的习惯]。他指点她要扮演的角色,唤醒她心中她可能认为仅仅是异想天开但事实上已成现实的某种希望。他为她描绘了一个光辉的前景命运。她将不单单现身凡尔赛,隐姓埋名地满足国王的肉体享乐,他会让她取代蓬帕杜尔夫人成为国王的正式情妇。为了实现这个目的,在勒贝尔先生面前——他正在来这儿的路上——她务必装成他的弟媳,就好像是她真的嫁给了他的胖弟弟吉洛姆·巴利。如果她角色扮演得好,尽全力充分发挥了风情魅力,并把剩下的事交给他,那么一切将会如愿以偿。

安格小姐几分玩笑似的已经在若干场合使用了"杜巴利伯爵夫人"的头衔。被包养的女人们以这种方式采用情夫的头衔是颇为流行的习惯。因此,她在勒贝尔面前扮演起这个角色来轻车熟路。她的脸蛋,她的顽皮举止,她充满情欲的眼神,以及与这些相称的言谈,让勒贝尔欣欣然。他感觉到自己这个老头一分一秒地变年轻了,并从个人的感受推断出这样一位才女可能会对自己的主子产生一种极妙的影响。这顿晚餐快乐喜庆,这位国王侍从还美滋滋地,要大着胆子进一步亲身察验他如何能够不打折扣地为他的新发现担保。杜巴利先生趁着热乎劲儿向这位老色鬼提出,他的弟媳绝对不能像一般招之即来挥之即去的那类年轻女人那样呈献给国王。相反,这是位有教养的女人,尽管荣幸地分享王公——威严的君主暨受人觊觎的情人——的床笫,但更渴望征服他的心;因为她已经对他的神圣风度感到依恋,这种依恋只会随着他们亲密关系的增进而增强,所以她不负这样的志向。

这位傻瓜侍从色迷心窍,对这番说辞不辨真伪,还首肯进行一切必要的准备,这位假伯爵夫人从此时起将会身家显贵。勒贝尔先生将把他的发现报告国王并向国王陛下转达该女士决意承欢的心愿,她的丈夫唯国王的意愿是从,盼国王和夫人将来心情愉快地看顾于他。不过,这位自负有能力长期示爱的美人儿,有权要求她的国王情夫作为回报,一个不留地驱逐所有其他竞争者。

刻毒饶舌的大臣们暗示说:这次谈话之后,这位使节被准许以国王的名义占有这位未来的情妇。其他人则揣度杜巴利更有心机,一旦计划成功,这样的奖掖他自己唾手可得。即便是这样,由于勒贝尔自己已经魂不守舍了,因此他上奏国王时的激情洋溢极大地调动起国王的热情。为了进一步煽惑,他出主意让国王在不为其所知的情况下亲自察看货色,这样国王便可以断定她值得宠幸后再实际约会。为此目的,勒贝尔让人准备了一处小房子,约请伯爵夫人前来晚餐。有人猜测她事先得到提醒要注意暗中有人观望。来客环境两相宜,晚餐风情万种,国王根本按捺不住自己。

当夜，他派人请安格小姐前来，发现她内在的魅力超过美丽的外表。当然了，那些在国王之前享用过她的人一致认为她有料让精力耗尽的床伴再振雄风。至于像老国王这样的情人，大体上厌倦了那些迄今为止出于对他身体的尊重崇拜，连做爱时都不能使他本身情欲具有的享乐资源物尽其用的女人。这样一位老情人突然被引进了一片情欲新天地，汲取先前一无所知的潺潺欢乐之源！这发现太了不起了！太宝贵了！毫无疑问，曾有像这位一样老练的女人和国王睡过，可是那些女人缺乏同样的无拘无束自然气质，不敢相信或者大胆发挥自己的技艺。相比之下，安格小姐热情奔放、坦率、生机勃勃，又师从淫荡技艺登峰造极之徒。他预见到他的教诲将会产生的奇妙的效果，与国王以前的情妇们冰冷压抑的怀抱迥然不同。如今他只需避开路，让学生自由发挥，初步的成功鼓励着她充分施展功力。如果已经熟悉了娼妓大胆泼辣手段的男人们仍然想方设法从她们那儿获得满足的话，那么这些强力手段在一位从未亲身体验过的好色之徒身上会产生何等的效力呀！据那些对国王私生活和消遣活动最知情的大臣们说，国王的状态正是这样。

这位维纳斯的女儿巧使手段致使国王上钩，离开她不行，坚决要求她伴驾到贡比涅。她在那里逗留期间恰逢王后的国丧期，由于国王陛下不希望在公众面前张扬他拈花惹草，因此她始终严格隐匿身份。另外，从维护社会道德出发，凡事关脸面的地方国王都处处留心，注意自身对臣民的影响。可是，这些小障碍恰好起到刺激增强国王性欲的作用。结果，我们听说勒贝尔看到主人明显偏爱安格小姐且情势发展大大出乎他的预料，开始后悔自己与伯爵联手图谋策划，他尤其怀疑其居心不良。因此，他感觉有义务不等国王的宠妇地位稳固，自己向国王谢罪和盘托出发现这位美人的来龙去脉；坦白自己受骗上当；说明她原非良家女子，而且甚至尚未婚配。根据最广泛认可的宫内传言，国王大叫道："那又怎么样？那又怎么样？让她马上嫁人，这样我可以不用提心吊胆了。"有人还说这位白痴侍从指望进一步说明详情,可是一看国王恶狠狠的眼神吓得马上住口。据说因为悔恨举荐了这么个东西,担心主子老来嗜欲受害,这位热心的奴才日渐憔悴,忧心过度去世了。不过,别人传言说为了防止不小心暴露秘密,他是被慢慢毒死的。

无论哪种情况,国王的话让杜巴利伯爵——为了和他的众兄弟区别开,时称"杜巴利老大"——兴高采烈。他的兄弟之一,我们称"胖杜巴利",属老醉鬼一类人,下流之极,日夜沉迷于最淫荡无耻的行径。他被挑出来和安格小姐成婚。他老早就得到了消息,当他听说默认这项婚事能让他更自在地过他喜欢的那种生活并且要多少钱都可以得到时,满口应承。用这样的前程贿赂他这样的无赖恰如其分。他赞成典礼安排,1768年9月1日婚礼在圣劳伦教区礼堂举行。奥特伊尔公证人勒普特批准了婚约。那时他全然不知他主持的世俗婚礼事关这位美人的重大命运。不过,惊艳于她的魅力优雅,他想享受一下他的同行们在这样的仪式上惯行使的特权:他堂而皇之地迈步向前拥抱这位富于青春活力的女子。然而,由于没料想到这一手,她表现出正常少女羞怯使然的忸怩推拒。可是,身处她如今扮演了若干时间的角色,她这是有意加劲儿表演的显示。在未来姻兄的劝说下,她允许这位当官的亲了一下面颊,同时杜巴利对这位公证人言道:"先生,好好儿记住这恩典吧,因为这是你从夫人这儿得到的最后一次。"

国王情夫欣喜婚礼已然举行。他好像更加肆意纵情于这位新伯爵夫人,他的情欲非但没因习以为常而减弱,反而与日俱增,以至杜巴利一家人心中的欲望开始无限膨胀起来。为了这个目的,要对这位国王的宠妇要加以很好的指点,杜巴利一家人的策划打算要十分谨慎周到。

对于这类事情,伯爵夫人自己毫无兴趣,而且完全不具备她目前地位所需要的心计。我们看到在那些最终导致她出人头地的奇遇过程中,她绝对不具备大多数交际花拥有的并且对付诡诈男人时相当实用的那些手段。她的动机不是野心也不是个人利益这两种大多数常人心中的欲求。反之,这位新伯爵夫人发扬了一种也许算是优良的品质:一种她应用于所获意见指点的判断力,使其立竿见影并带来效益。简单来说,就其姻兄的指点而言,她具有一种极佳的可塑性;而他在他们共同计划方面的成果只起到了强化弟媳信心的作用。于是,唯一的难点是必须不让宫廷发觉这根操纵这位国王宠妇的秘密导线。伯爵为她活动太多会警醒国王产生疑心,还会激起宫廷的恶感;可是,突然开缺这位参赞,会让受宠之人太过暴露,太容易判断失误,身处逆境。

这时,杜巴利伯爵草拟了一份堪称政治领域此类计划之杰作的行动方案。他准备彻底退出宫廷,看来像听任弟媳随命由天。但是,同时他又把妹妹杜巴利小姐安插在伯爵夫人身边,觉得妹妹很胜任眼前这项任务。其实,杜巴利小姐相貌太丑,既不会引起伯爵夫人的妒忌,也不会异想天开放下自己手头的任务去卖弄风情。况且,她智商很高,是一位真正的艺术内行,具有文学天赋,甚至还曾在《汞》杂志上发表过一封信。她很会奉承,而且最重要的是,她很快就掌控了那位国王宠幸之人。这样便设立了一条联络网络,由兄及妹,从妹至伯爵夫人,然后再从伯爵夫人到杜巴利小姐,从杜巴利小姐至其兄长。在通往凡尔赛的路上,由伯爵训练的年轻信使疾速往来,传递着视情况发出的或口头或文字的指令。如果必要的话,信使可以增加,那位国王的宠妇从而无论任何时候都受他控制。她间或到巴黎小住,由于无其他地方落脚,她下榻姻兄家中,在那里她接受一般指令,以备以后个别需要时运用执行。

尽管有这么多应对措施,一位出身如此低微、上学不多、没遇见过什么好人又天生缺少狡诈习性的姑娘,从第一次面君至正式引荐之日,能够在宫廷生存一年多的时间,这不让人出乎意料吗?在这期间,她行为规矩,不授人以柄,避免任何可能会让她出乖露丑的不检点言行。

行事极其小心周到对她来说尤为必要,因为她受宫廷上最可怕的舒瓦瑟尔集团的敌视。舒瓦瑟尔之名让人骇然无语，联想起命运之无常。多少翻天覆地之变由如此平常、貌似软弱的一个人搅起，在一位权势熏天的大臣脚下她会像玻璃一样支离破碎！

当然，黎塞留自己左右路易十三头脑的能力也许远不及舒瓦瑟尔公爵控制主人的能力。自从（1763年）议和之后，他为自己谋取了一个参与国王机密的更重要的位置。他的精明计谋见识让国王相信他是位伟大的政治家，国王陛下坚信他依靠其谈判才能，分化、遏制了法国的天敌，是法国不可或缺之人。国王认为舒瓦瑟尔单枪匹马便能够维持国王执意渴望的和平。再者，这位重臣行事敏捷随便，极其适合主子的懒散脾性。在奏报重大国事时，他只谈舞会和娱乐活动。

这些本事——个人魅力，干练有用，或更确切地说，不可或缺性——似乎使公爵的地位牢不可动。尤其是在侍奉一位年事越高变得越懦弱、越依附别人的王公方面。此外，舒瓦瑟尔凭着本身的资历让人肃然起敬。他出身高贵，是若干不同的王族——特别是洛林家族——的后裔。这样的身世受到维埃纳宫廷的密切保护。他的"家族契约"（1761年舒瓦瑟尔订立的法国与西班牙为主的波旁列强防卫联盟）让他得到波旁王族的各个支脉的青睐；而且由于他对耶稣会派公开宣战，西班牙和葡萄牙的国王对他尤其看重。最终，他在法国本土组织起一支庞大的拥护者党派。政府中他任命的人比比皆是。一半王族血统的王公们害怕他，另一半借亲友关系与他结盟。

杜巴利一家起初惧怕这样一位对手，后来竭力想把他争取过来。舒瓦瑟尔喜欢和贵妇人厮混，好色风流。据说伯爵夫人的姻兄教唆她施展全部魅力诱惑他，即使后来她无比仇恨舒瓦瑟尔，那也是因为他对其媚功不屑一顾。这位高傲的敌手认为出身这样低贱的人没什么可怕的，因此对她极度蔑视。但是，这两个阴谋集团之间爆发全面战争的根本原因，是与舒瓦瑟尔的姐姐格拉蒙公爵夫人的竞争。这个女人的傲慢专横狡猾超过她兄弟,如果可能的话,她玩弄他于股掌上,让他言听计从。他们之间的亲密程度在宫廷中引起不少刻毒的闲话,甚至有人揣测他们之间有性关系。尽管这样,她是货真价实的宫廷贵妇:一意孤行,厚颜无耻,放荡无忌,认为道德只约束平民百姓管不着她。她青春不再,脸蛋不复美艳。然而,她觉得自己有本钱迷惑国王,凭借她的地位和她兄弟的势力,她可以出入小套房及国王的寝室。自从蓬帕杜尔夫人死后,国王没有找到同样可意的人来满足自己。为了补缺,格拉蒙公爵夫人利用了解国王的随和好脾气、对异性的意志薄弱以及耽于一时之欢的嗜好来引导国王注意她。

结果,她未经允许悄悄上了国王陛下的床笫——这是凡尔赛最普遍接受的说法。但是,他们的关系仅仅出于方便以及国王的性迷,因此可以说每一次媾和她都强奸了国王。假如人们可以联想一位经验不菲的王公运用这个术语的话,随着一个更撩人的尤物现身,振奋他那疲惫的性欲,让他心跳更快,格拉蒙夫人马上遭抛弃。一位出身背景极平常的女人尚且难以原谅这样的轻蔑。那么,想象一下一位野心勃勃、出身高贵的女人猛然间发现自己期望扮演的角色横遭挫败时的狂怒吧。渴望报复让她失去了理智,她利用对兄弟的影响把他牵扯进争斗,丝毫不顾及这样做将会产生的恶果。舒瓦瑟尔拒绝听取来自对立面的任何主张。事实上,这样的无理性冲冠怒火是他们垮台的首要原因。由于看到无和解的可能——不是你死便是我亡,杜巴利一家决定拼了,而且很快找到了一个强大的盟友莫普大法官。但是,我们的叙述事件不可超前。

格拉蒙公爵夫人策划报复行动时,认为上策是揭露甚至夸大新宠的龌龊行径,丑化中伤她,让国王为自己的低级趣味感到耻辱。她打定主意不自己发动攻击,因为这样或许会一败涂地,或者会像一位遭抛弃的国王情妇的惯常责问那样无人理会。她的兄弟也不会傻到自告奋勇去告诉国王。姐弟两人商定最好通过公众喧嚷向国王慢慢渗透消息,也许早些,也许迟些。他们利用舒瓦瑟尔可动用的一切手段,通过各个可能的渠道,散布有关国王新一轮风流韵事的谣言。他们派信使到各社交聚会,谣言在那里议论倍细;他们设法从警察局获取安格小姐的生平故事,用趣闻轶事加以润色,以确保故事更滑稽可笑,更让人憎恶;最后,他们还设法让其以歌谣的形式在巴黎大街小巷和外省到处传诵。

下面是谣言首次出现于在巴黎传播的(手抄)新闻简报的情形。这些简报一定经过德·撒尔丁先生(巴黎警察总监或总长)披阅,他本人也笑谈传闻:

> 1768年9月3日,贡比涅出现了某位杜巴利伯爵夫人,那脸蛋儿让人议论纷纷。据说她是宫廷抢手货,国王尤其欢喜接纳。她的美貌和骤然出名引发了大量的追究调查,许多人试图查出她的出身根底,如果我们相信关于她的公开报道,她确实好像出身十分低微。她利用不光彩的手段达到了目前的地位,而且究其一生,丑闻迭出。某位自称出身英格兰杜巴利莫尔家族并且把她嫁给自家兄弟的杜巴利教唆调理了这位新情妇。人们说他在性事方面的趣味与经验,诱使这位冒险家希望国王赋予他拉皮条之责,在此位置上他将仿效勒贝尔先生。

有人设想如果小报记者不秘密仰仗一位有权势的靠山点拨,这样的新闻简报会很难流通全巴黎。在1768年10月15日出的另一期上,德·撒尔丁又说道:

> 现今一段时间以来四处唱着一首叫作《波旁女人》的歌谣,它传播速度异常的快。它虽然语言很枯燥,而且曲调也无聊之极,但却传播到了法国最边远的角落,甚至在乡村传唱。

人们走到哪儿都能听到。那些知底细的人声称这是一首讽刺歌，唱的是某位微不足道的小姑娘由极下贱境况发迹而到宫廷活动出人头地。可以肯定的是，根据故事散布到各色人等的方式，一个人自然而然注意到其败坏该女人名声的坚决意志。轶事收集人很快就把它收集入册，并且附加上必要的评论以便于理解和让后人珍视。

最后，他第三版公布了另一份简报，日期为 1768 年 11 月 16 日：

《波旁女人》是一首在法国各处流传的歌谣。在这首轻歌俚曲相当呆板平淡的词句字里行间，诡计多端的大臣们能嗅出一种讽喻，突出表现一位从社会最底层的淫荡泥污一路爬上来，受到宫廷及市井款待和过分吹捧的尤物。也许没有任何方式比通过公众，利用在这首歌谣中嬉笑怒骂做出的涉及这位下贱女人的联想，更能体现总审计长拉沃蒂垮台后的堕落之深。

接着，他引用了按《波旁女人》的曲调填写，其实是讽刺这位大臣的一些歌词。下面是歌词原文，受其启发出现了大量其他歌谣。德·撒尔丁先生的认可日期为 1768 年 6 月 16 日，正是安格小姐被秘密介绍给国王的重要时刻。

曲调："波旁女人"
这年轻女人，
从波旁省来到了巴黎，
小赚了几枚金路易；
这年轻女人，

从波旁省来到了巴黎，
小赚了几枚金路易；
在侯爵府邸。

身无继承领地，
她有美丽，
她有美丽，
尽管无继承领地；
这财富虽小，
对她来说金子比不了。

给一位富有贵族做仆，
她带给他幸福，
尽管仍然做仆；
她带给他幸福，
脾性好的缘故。

百依百顺，
情人的意思，
贵族眼观身受，
她百依百顺，
时时赏赐她，
各种礼物。

年金丰厚，
他定下契约；

他定下契约，
年金丰厚；
身在他的府邸，
她活得有滋润有味道。

生为农家女，
当今做贵妇，
当今做贵妇，
且为大贵妇；
她显摆架子大
从头到脚下。

出行乘车辇，
她品位不一般；
她品位不一般，
出行乘车辇；
她喜爱巴黎行，
胜似穷乡村。

离去她出门，
宫廷现其身；
宫廷现其身，
离去她出门；
人们说，老天哪，
她还把国王来勾引！

好姑娘,
莫心焦;
只要你妩媚,
只要你长得好,
一样的好运,
早晚你等到。

假如谱写这曲风流不为特定目的,那有些事怎么会这样贴近我们女主人公的故事呢? 不过,我们必须承认歌谣的第七节,即把她刻画得活灵活现的那一节,在各刊印出来的收藏集中找不到,可能是事后补写的。不管怎样吧,其他不太隐讳、没有遍布大街小巷却流传很广的歌谣也有出现。下面的一首极朴实无华却极辛辣尖锐:

曲调:"波旁女人"
真奇妙!
姑娘不值半分毫;
姑娘不值半分毫,
真奇妙!
堂堂宫廷上,
云雨悦王上!

她脉脉温情,
眼睛俏皮玲珑;
眼睛俏皮玲珑,
她脉脉温情;
她熟巧挑逗起

一位好色的老男人。

在寻欢作乐之所
她接受教导;
她接受教导
在寻欢作乐之所,
果丹妓院,布里森妓院;
性技巧她全部通晓。

知识如此之多!
她读过阿日提诺;
她读过阿日提诺;
知识如此之多!
她谙熟任何方式
如何挑起性欲。

国王高声感叹:
天使,你好手段!
天使,你好手段!
国王高声感叹;
我愿再梦想一次
做奸妇之夫。

到我的宝座上来吧,
我要把王冠为你带上,
我要把王冠为你戴上,

到我的宝座上来吧：
拿起我那……（根儿）
像举起国王的权杖那般。
它活着，还能动弹！

各类笑话也在流行。笑话中说杜巴利伯爵夫人是有史以来最上等的婊子，因为她从新桥仅一跃就上了王座。新桥是巴黎妓女成堆的地方，王座是不远处的一座大门，在圣安托万郊区离宫入口处。笑话中还说路易十五是王国本事最大的人，因为他塞满某个疤里（疤里与杜巴利为谐音双关语）。从这些平庸的社会渣滓们在大庭广众之下肆意散布的小嘲讽中，我们能够推断出有关这位新情妇的议论是如何无拘无束、如何肆无忌惮地表达的。

* * *

在1769年4月杜巴利伯爵夫人宫廷引见——即名义上给予她国王正式情妇地位——之后，杜巴利一派策划准备推翻舒瓦瑟尔派，进而控制政府。

这些明枪暗箭的攻防仅仅是舒瓦瑟尔公爵与杜巴利伯爵夫人之间拼死一战的前奏。这位妇人正神不知鬼不觉地开始插手重大国家事务。在艾吉永公爵事件中她首次显示其影响。这位贵族，本身相当喜欢搞阴谋诡计，发觉自己身陷十分严重的危机（身为布列坦尼的军事长官，他在一次皇家税务纠纷期间囚禁了雷恩高等法院的总检察长拉·夏洛泰。地方法院反手报复起诉了艾吉永，然后艾吉永要求巴黎法院进行审理。1770年6月审判面临失控之时，国王宣布审判无效——一年后又任命艾吉永为外交国务秘书）。国王本人被说服出面干预，这样艾吉永案件可以由巴黎法院审理，该处的王公贵胄参加陪审。起初由于希望掩盖并一劳永逸地平息他的专制管理造成的纠纷，公爵高兴地同意在新法院出庭。但是，当他眼见自己的秘密政敌舒瓦瑟尔公爵挑起了法官们对他的敌视情绪，还得知法官们全面调查了他以往的行为，准备对他提出更严厉的指控之后，他担心一切都完了。现在，他唯有指望杜巴利伯爵夫人了，她当时与大法官（R. N. C. A.莫普）关系密切。莫普本人对她事事依从，伺机巩固自己在宫廷的地位，完善自己反对整个司法体系的阴谋，以毁灭舒瓦瑟尔公爵——他早先的恩人，但由于他（舒瓦瑟尔）与高等法院的关系，现在成了敌人。

4月，莫普说服国王将艾吉永交由这个最权威的法庭进行最严肃的审判，以便开脱他及其同案贵族的罪名；然后6月份他要国王宣布结案，赦免了这位贵胄（艾吉永），整个事件不再提及。这里不宜详细探讨这些花招。只要注意到杜巴利伯爵夫人当时释放的，足以说服国王在王公贵胄、地方行政官员、全法国乃至全欧洲面前如此不顾脸面地改变立场的重大影响就够了。对这个事件有一首"逃兵"曲调的讽刺民歌加以赞美。艾吉永公爵宣告：

让我们忘记，
我那被终止审判的最后痕迹；
赦书在握，
本人不能被绞死。
我战胜嫉妒，
我享受庇护；
多亏朋友帮忙！
除名誉外，我毫发未伤。

这也引起了布里萨克元帅的一句戏言，他说杜巴利伯爵夫人保住了艾吉永公爵的脑袋，却扭歪了他的脖子。

艾吉永不是这样看待这一事件,这样的结果他高兴还来不及。他觉得不惜任何代价了解此案至关重要,因为他看到了舒瓦瑟尔一家失势在即,他期望能乘势捞一把。在这个关口,他又占了一个大便宜。在马利行宫逗留期间,国王答应和杜巴利伯爵夫人在卢谢安她的寓所共进晚餐,他欣然应允艾吉永公爵前来赴宴,甚至还在国王这一桌给他安排了席位。

　　此后,艾吉永与大法官日渐亲密,在杜巴利伯爵夫人处频频会面。两人各怀打算,联手阴谋打倒舒瓦瑟尔一家。他们商定,为了加速其垮台,他们应该向国王强调舒瓦瑟尔和高等法院之间的紧密关系。他们应该把目前高等法院对艾吉永审判的异议归罪于舒瓦瑟尔的主使,因为这次大法官本来向国王保证轻易了结的审判正在掀起更大的风波。这样一来,他们希望反对派攻击不成反受其害,完成自我毁灭。

　　在此期间,格拉蒙公爵夫人满怀嫉恨地离开了宫廷,借口散心养病周游有地方法院的各省,并利用艾吉永滔天罪行的附加证据煽动这些外省高等法院。这些外省高等法院让国王知晓他们和公爵夫人频繁晤谈,她鼓动他们抗争,同时向他们保证她兄弟的庇佑。这样的谴责控告在国王身上所起的作用是:从那时起,国王明显冷淡了舒瓦瑟尔。他不再召见他,虽然还继续使用他,并让他出席国王的晚餐。舒瓦瑟尔的失宠窘况大臣们了然于心,对他避之唯恐不及。

　　杜巴利伯爵夫人——这样率真、无忧无虑、顽皮、无心机的一个人——怎样身不由己地由着那些想方设法满足她的一切欲望、古怪任性的人们任意摆布呢?大法官逗留贡比涅期间设晚宴招待她,让这位宠妇乐开了怀。这一时刻应该极具讽刺意味。这位男人虽然身为司法最高长官,但此时全然不在乎有损自己的身份。

　　这位宠妇那时有位名叫扎莫尔的黑人童仆。她溺爱他,走到哪儿都带着他,耍弄他像条小狗。说来,这个孩子很顽皮淘气。由于一心渴望奉迎杜巴利伯爵夫人，莫普处处留意，他想利用取悦一位来讨好另一位。晚宴菜至甜点时，莫普吩咐人把一个超大的馅饼送上桌。不过这是一个恶作剧：切饼时，一刀下去马上从里面飞出来一群甲虫，它们在屋里到处飞，但大部分落到了大法官硕大的假发上。这项表演让扎莫尔十分开心，他无疑以前从来没有见过这样的甲虫。他想捉几只，于是走上前来在挂着甲虫的发网罩着的头发里寻找。最后，这小子为了自在地戏弄这些甲虫，全然顾不上国王司法长官的尊严，索性把假发从这位大人的头上摘了下来。这一举动让杜巴利伯爵夫人开怀哈哈大笑，而大法官阁下以世上最从容的风度让客人们开心消遣。下面是1770年随扈国王一行到贡比涅的一位大臣记录下来的当时情景。描写人物的最佳方式是记录下同等地位的人当时的叙述。

以下是8月20日发自贡比涅的一封信的节录：

> 你在巴黎想象得出地方行政长官大骚乱以及各地方法院不断出难题的情况，让大法官很伤脑筋。当然，他表面上不露声色：他似乎正乐于表现孩提般的天真烂漫。宫廷到处传扬的故事是国王最近悄然驾临杜巴利伯爵夫人的住所，看到她正和一些年轻的大臣们玩蒙眼摸牛的游戏。其中就有大法官，他正假扮那头"牛"。国王陛下一见觉得极其好玩。

人们可以想象舒瓦瑟尔一家和他们那个集团会怎样嘲讽这样没体统的场面；不过，莫普先生正在实现其个人目的。他那一派的势力正与日俱增。他那聪明灵活的心机头脑吸引了所有他的对手部长大人冷淡不睬的人。同时，他和黎塞留公爵之间关系日益密切，这位公爵先前企图脚踩两只船。

黎塞留即将赴任盖恩省省长，临行前他拜会了舒瓦瑟尔公爵，并且在告辞时顺便提到，如果格拉蒙公爵夫人旅行回程路过他那个地区时能够赏光作为他的客人在波尔多小住几日，他将不胜荣幸。他向舒瓦瑟尔保证会尽全力安排好她这样的贵妇应享的娱乐消遣。但部长大人毫不掩饰自己的不满。他明示黎塞留元帅这样的邀请实乃存心嘲弄；有关他姐姐和他本人的无礼闲言他全知道；他认为黎塞留是始作俑者之一。闻听这样的谴责，元帅马上尽力化解安抚，但是公爵不买账。他怒气冲冲地回复说不管是黎塞留公爵还是他的同伙，不许再来玷污了他的门槛，言罢转身再不理会。

一些时日后，舒瓦瑟尔受到了一次很伤害其傲慢个性的侮辱。他被迫任命一位杜巴利家族成员为科西嘉军团中校，此人是杜巴利三兄弟中的老幺，由博斯团转入该军团。这等于在舒瓦瑟尔的背后又捅了一刀。他无奈只好眼巴巴地看着政敌的行情日益高涨。

那年，杜巴利伯爵夫人从贡比涅返回后马上又公开陪伴国王去尚蒂伊，这次国王还给了她随驾勋爵贵妇的权利。当然，舒瓦瑟尔公爵的名字首当其冲被抹去。国王只向杜巴利伯爵夫人一人吐露在这个关键时期不断困扰他的那些烦心事。他9月3日同高等法院的专横吵闹（申斥了地方法院越权之后，国王撤销了艾吉永一案）对巴黎民众产生了恶劣的影响。他无奈地注意到令人沮丧的沉寂迎接他出入王宫：听不到一次"国王万岁！"的呼声。

后来他去卢谢安晚餐，而那里的女主人能使他从深陷苦恼中摆脱出来。她的这种能力太宝贵了，作用太大了，太醉人心旌了，让这位宠妇完全控制了她的情人。国王为了开脱艾吉永公爵干涉地方议会常常被援引为这方面的证据。他插手取消了各个关于艾吉永的司法程序，此举阻止了地方法院进一步审理此案并使整个事件胎死腹中。艾吉永当然明白国王这一举动的巨大作用，他想送给女保护人一件合适的礼物以表达感激。他定制了一辆足以让全巴黎人说长道短的豪华马车。马车无比精致,奢华程度没人见过,甚至太子的那些送往维也纳的马车在品位或工艺精湛方面也不能望其项背。一番形容将揭示出宫廷道德沦丧的程度,其中明显喻讽国王的风流丑事昭彰于全巴黎的众目睽睽之下。四面主厢板中央金底衬托着杜巴利家的纹章,上书那声著名呐喊:"向前进!"每一面侧厢板上是一篮玫瑰,上方有两只色眯眯亲吻的鸽子和一颗箭穿的心,其余各处装饰着箭囊、火炬以及爱神的种种标志。这些精巧的图案上挂着花环,其美轮美奂人所未见。其余部分也协调匹配:车夫的车椅罩垫、车后脚夫踏板、车轮、车梯制作之精细让人百看不厌。这辆骄奢淫靡的乘辇通身布满了情爱的标记,其艺术手段运用到如此完美的程度,人人叹为观止。

由于艾吉永公爵为了增添这件礼物之豪爽大方绝口不谈造价,我们无从发现其价值几何。然而,通过询问各位工匠,一些人估计这车的花费高达52 000里尔。不过,让公爵大为失望的是,这辆车杜巴利伯爵夫人从未使用过一次。其原因仁者见仁。有人说她不喜欢;但是,更可信的解释是国王觉得这车太过华美,命令不许她涉足;甚至有传言说这引起了两位情人之间的关系有些冷淡。毋庸置疑的是公众愤恨这样的穷奢极欲。结果,人们针对送礼和收受者双方编排了下列讽刺短诗:

这马车为何这样华丽?
这是女神的乘辇?
还是某位年轻公主的銮驾?
一位旁观者惊奇地高声问话。
不,都不是,
好奇人群中一丑儿多嘴答话。
这是位洗衣妇的马车,
(这女人争风也无人可敌)

那位臭名昭著艾吉永的门下。

敌对集团当然反应迅速,厉声谴责这等目空一切的奢侈。但是舒瓦瑟尔公爵克制着自己。他的喊声不大,而是满足于自己暗地支持那些高声叫喊之人。鉴于王国当时的糟糕状况,这些人似乎更有理由愤怒。面包昂贵,不少法国人濒临饿死;而这样一辆马车的造价可以养活一省之众几个月。这让许多人痛心疾首。另一位才子散布出一篇题为"老爹"的短文,它表现了民众的不满如何以各种形式加以宣泄。这位"老爹"指国王,他听到这样的抗议:

> 我的父亲,您身在凡尔赛。您的名字让人憎恶,您的王国摇摇欲坠。地下或天上您的意愿再不作数。您从我们口中夺走了每日的面包,今天还给我们吧。饶恕维护您利益的地方法院吧,就像您宽恕出卖他们的部长们那般。

其实,舒瓦瑟尔一家仍然心怀希望,尽管他们这一派败落的征兆频出,且对手的优势让人瞠目结舌。他们手中有一位妙龄美人作为秘密武器,期望用她取代那位宠妇,他们认为以她的魅力诱惑国王乃轻而易举。

已故海军军官的儿子,因写《伯尼斯红衣主教的梦幻》而非常出名的舒瓦瑟尔侯爵刚刚迎娶了某拉比小姐,一位有着世间绝美脸蛋的克里奥尔女子,天生丽质才艺俱全。集这些素质于一身,她成了宫廷成就最大的女子之一。再者,她明艳朝气勃勃如青春女神,在跻身宫廷贵妇之列必需的引荐仪式上似乎必然将让国王印象强烈。大臣们焦急地等待着这位明星出场亮相的那一天:在这位美艳神品报名见驾的那一刻,一双双目光全都集中到了国王身上。然而,人们发现国王陛下好像不大理会,事实上仅点到而已,以免怠慢不留情面。

既然这最后的计策没有产生希冀的效果,所以人人断言伯爵夫人从此将无敌于天下,大家都拜倒在她面前。在此之前,女人们尽量避免任何明显的敌视以使自己免受伤害。同样,她们也不敢主动亲近,保持着一种谨慎自制。现在,她们被格拉蒙伯爵夫人的失宠吓得心惊胆战,不得不匍匐在这位胜利偶像面前。甚至格拉蒙伯爵夫人,这位曾敢于在舒瓦齐无礼轻慢杜巴利夫人——此举惹怒了国王,导致她被逐出宫廷——挑起直接冲突的人,也不能长久忍受孤独的流放。她卑躬屈膝请求返回。她请冈托尔公爵和诺艾尔公爵居中斡旋,乞求这位宠妇的宽恕。虽然得到了恩准,但条件是她绝不许在宫廷露面。

尤其是在枫丹白露,杜巴利伯爵夫人风光无限,气焰熏天,让舒瓦瑟尔公爵出尽了洋相。为了接受国王陛下的分列检阅,皇家兵团在枫丹白露附近安营驻扎。此次仪式缺了战争部长(即主管战争与外交二部的舒瓦瑟尔公爵)不能举行。杜巴利夫人在维尔蒂诺瓦公爵夫人和蒙莫林西侯爵夫人的陪同下出席。沙特列伯爵,一位中校,那一晚在自己的营帐举行了有各位扈随贵妇出席的晚宴。杜巴利夫人落座在国王身边,取代了原本宣布前来其实并未露面的太子妃。这是她与这位宠妇之间第一次表现出不和。盛怒欲狂的舒瓦瑟尔公爵借口有病缺席,连检阅晚宴都没参加。

任何事只要涉及他这位迷人情妇,国王都感兴趣,甚至微枝末节也不放过。在枫丹白露逗留期间,国王欣喜于她的首席侍女结婚。我们已经提到过该女子曾经是杜巴利夫人姻兄的情妇,因兰格·沃伯尼尔小姐的缘故遭到抛弃。杜巴利夫人被要求雇用她从事上述职位时,她正深陷悲惨境地。后来,她深得女主人的欢心宠信,因此女主人同意她嫁给一个姓朗吉布的人,还给了此人一个年金 10 000 里弗的职位。作为结婚礼物,国王陛下赏赐了 25 000 里弗和一些很美的钻石。朗吉布太太继续侍奉杜巴利夫人,并一如既往地为她办机密差事。尽管朗吉布太太的为人刻薄可想而知，但她控制了女主人，杜巴利夫人离不开她——这是这位宠妇好心肠的又一个证明。

所有这些感情亲密的微末迹象，仅仅是杜巴利夫人在大法官和艾吉永公爵齐心协力，但又各怀野心准备发动的一场革命中将要发挥的重大影响的前奏曲。这两人联手利用伯爵夫人作为传声筒，替他们向国王进言。他们使她相信站在他们一边关乎她自己的切身利益：只要舒瓦瑟尔掌权，她休想高枕无忧；要铲除此人，则需设法让国王疑心他与地方法院的联系。而且，他们说，要败坏舒瓦瑟尔名誉最好借助于攻讦地方法院，告诉国王这是个意欲践踏侵犯国王权威、篡夺王权的野心集团。驱逐舒瓦瑟尔，其政敌艾吉永首先受益，税收其次但同等重要，最终会落实到国王给予她的慷慨花销上。这么多好处，这样令人心悦诚服的表述，有利于离间这位宠妇和地方行政官。她会很快把她对高等法院的仇恨灌输到国王心中，国王也会不分青红皂白地痛恨高等法院。就这样，这位软弱、缺乏主见的君主最终决定支持新法，该法在著名的1770年12月敕令中颁布并在当月3日依国王裁决在高等法院登记（敕令严厉限制各地高等法院的政治活动。12月3日，巴黎高等法院会议群情激奋，对其大加声讨，然后12月7日，非上述12月3日，在凡尔赛举行的称之为"国王裁决"的特别仪式上强行登记在案）。

但是，大法官与艾吉永公爵十分熟悉国王优柔寡断的个性，不放心他那表面上的坚定。他们只不过是利用他来推行自己的行动计划，让他处于欲罢不能的境地。从这个角度出发，杜巴利夫人正好适合他们的目的。鉴于国王几乎每晚都和她一起进餐，他们事先调教她该说什么。他们交给她预备让国王签字的命令，等她的情夫——因她敬奉的美酒而热血沸腾，因她的拥抱而欲火难耐——向她乞求云雨极乐并对她有求必应时，硬逼出他那可以决定生死的签名。这样便糊弄了部长议政会；至少，其他部长们大声抱怨，对于这些摧残巴黎高等法院的法案他们一无所知。

就这样,反舒瓦瑟尔公爵的加玺敕书于12月24日最终颁布。这份敕书国王在酒酣云雨之时已经签署过若干次,但每次转天便反悔。这一次他没有变卦,敕书在上午十一点钟由乌里列公爵传达给舒瓦瑟尔,限令他在二十四小时之内动身前往庄塔卢。其行文如下:

表弟:
　　你的效劳让我不愉快,迫使我把你流放到庄塔卢,24小时之内你必须动身前往。若非我对舒瓦瑟尔公爵夫人尊敬有加,尤其关切她的健康,我会遣送你更远。好自为之,不要迫使我采取别的措施。我的表弟,我祈祷上帝,愿上帝慈悲护佑你,钦此。

乌里列公爵前来传达国王敕令加倍地羞辱了舒瓦瑟尔,因为身为艾吉永的叔叔,这位部长情不自禁地暗自窃喜这项差事。所以,这位同事表达的客套宽慰舒瓦瑟尔不买账,他回敬道:"公爵先生,我很明白你十分愉快带给我这样的消息。"

人在巴黎,身患痛风已蔓延到脑部的普拉斯林公爵(舒瓦瑟尔的堂兄,主管国王财政委员会的国务秘书)同一天收到了一道更简短轻蔑的加玺敕书,即:

　　我不再需要你的效劳,我流放你至普拉斯林,24小时之内你必须动身前往。

一旦这两位部长大人离开了宫廷,高等法院的事务便无以为继。(1771年)1月22日,高等法院全体人员被遣送流放。

《杜巴利伯爵夫人轶事》

可想而知，这些事件引起了大量的抱怨、义愤、谴责。首先，讽刺诗、歌谣及讽刺杂文大量涌现。下面是其中最值得注意的。先是一首小歌谣，简洁但捕捉到了国王的品行与无能。这首歌谣也永远地剥夺了国王的宝贵的绰号（"让人爱戴的路易"），这个名号国王本应该不惜一切尽力维护，尽管他原本就不配拥有。

  皇历上受拥戴，

  法国人不喜爱；

  他凡事犹未决，

  皇历上受拥戴；

  司法与财政，

  他全放入同一个口袋；

  皇历上受拥戴，

  法国人不喜爱。

另一首讽刺民歌也家喻户晓，虽十分尖刻恶毒但应该作为公众蔑视最高行政首脑的证据史料加以保存。这首民歌显然创作于这两个派别争斗期间，当时人们认为大法官会不敌舒瓦瑟尔公爵支持的高等法院。

  最后的枢密会议上

  国王对大法官言讲：

  从波罗的海到爱琴海

  舒瓦瑟尔让我的王冠光芒闪烁；

  我有项任务给他做：

  我那……（窑子）你负责。

  大法官应旨回禀：

陛下,您真英明!
一位左摇右摆的可怜虫
您加重了他的权利:
但愿在你的床侧
我能让你那……(根儿)挺起!

最后一篇是妙趣横生的讽刺漫画(即版画),涉及地方法院12月10日颁布的法令,画中该机构报告国王说他们一致同意向国王奉献他们的财富、自由、头颅,等等,等等。

漫画表现国王身边环伺着大法官、审计总长、杜巴利伯爵夫人。地方法院第一任院长正把一个装满头颅、钱袋、地方法院成员男性器官的小篮子放在国王的脚下。大法官扑向头颅,审计总长直奔钱袋,那位宠妇猛抓阴茎。

她是否晓得这幅漫画不得而知,假如晓得,她一定觉得有意思。她会为铲除了敌人而开怀大笑。

舒瓦瑟尔本人则挺直腰杆勇敢地面对灾难,这几乎是他的胜利。尽管他在巴黎剩下的时间里不许会见任何人,但一大批各界人士在他门前留下了字条。他的密友查特里公爵还冲破道道关卡扑进他的怀里,涕泪横流。

第二天,他启程的日子,那些没能见到舒瓦瑟尔的人沿着他要走的路夹道送行。当他经过时,聚集的人之多,路两边马车排成双行。

国王虽然不喜欢舒瓦瑟尔,但习惯于他的存在。国王害怕他,却倚重他替自己纵横捭阖于英国和西班牙之间(福克兰群岛的争议,舒瓦瑟尔赞成支持西班牙及家族协约发动战争)。看来,让国王决心铲除这位部长的是,有人蓄意指责这位部长表面上努力适应主子越来越强的求和想法,实则暗地里挑动战争。

在国王那里败坏了舒瓦瑟尔的名誉之后,获胜的集团需要应付公众对他公开同情这一问题(公众往往盲目同情、盲目憎恨)。在他流放后不久,该集团在12月23日虚张声势地公布了一份关于谷物贸易的国王敕令。敕令仅仅重申了地方法院关于这个问题的种种法令之立场,而这些法令已经被(国王在枢密会议上)全部推翻。这项法规虽然再次肯定了这些法令的智慧及必要性,但此时全然无用,因为谷物出口根本不可能。在各个市场上,谷物价格高过了为防出口而定的水平。但更重要的是,这种商品的奇缺使其在法国境内价格极昂贵,人们想也别想出口。即使是政治舞台最漫不经心的观察者也能意识到这部文件企图把一切垄断及短缺的责任全部推到舒瓦瑟尔身上。

杜巴利夫人闻听自己专宠称霸的唯一障碍被消除当然会大喜过望。但是,仅仅流放敌人尚且不够;现在她必须在政府中安插自己的人。

艾吉永公爵让她深信他的忠诚超过了任何仆人。因此,她提名举荐他掌管海军部。其实,他已经接管了,但头脑较冷静的人劝告他等待时机。他听从这些顾问的劝告,认为进入政府的时机尚未成熟。他通过发表布列坦尼事件方面的新司法《备忘录》(律师辩护状)刚刚引起公众的注意;布列坦尼省等级大会在闭幕会议上仍然还在抨击他;另外,同情舒瓦瑟尔的大有人在。因此,他最好置身于幕后等待新部长因失误引起民众呼吁换马。特雷神父,其人机敏(自1769年12月担任财政审计总长)但出身很低微,不具备身份血统或实力,全凭自力更生。他被挑选出来临时负责执掌海军部,条件是一旦有要求他会马上放弃这个职位。但他的真实打算是保住这个位子。正如他认为自己可以管理财政部那样,尽管这方面他毫无经验,他料想自己凭天才一样会管好所负责的新部门。他希望有一些顺利的发展,比如允许他保住后者放弃前者,先前的职位极端危险而且危险性与日俱增。从自身利益考量,艾吉永公爵认为特雷是位极中意的看守人。他不谙海事,形单影只,一旦时机合适很容易摆脱。

战争部本应交给默伊伯爵,一位经验丰富的军人,但他因虔诚稳重拒绝向杜巴利夫人卑躬屈膝而失掉了这个位置。孔德亲王提出了自己的候选人,杜巴利夫人也不得不赞同任命蒙提纳德侯爵,此人亲王殿下感觉极适合贯彻自己的计划,计划细节我们这里不讨论。外交部长官空缺,这是艾吉永公爵打算接管的另一个部门。

那些和舒瓦瑟尔有牵扯的人全遭贬黜无一幸免。布莱托尔男爵被任命为驻维也纳大使。他已经提前送走了自己的车驾,正准备启程就职时,乌里列公爵邀请他前往拜会杜巴利夫人。夫人知会布莱托尔其目的地有变。实际上,这位外交家,继沃根纳先生之后最有才干的谈判专家,被迫埋没才华出使到那不勒斯宫廷。因为他支持那位被流放公爵,他的任命归功于公爵,有人害怕他会对皇后(玛丽亚·泰莱丝)施加压力,敦促她写信为舒瓦瑟尔说话。敌对派力主派一位忠诚可靠之人去维也纳,不管他多么不称职。结果他们属意派遣路易亲王前往。毫无疑问,这个重大的政治错误为降临到波兰头上的灾难(1772年首次瓜分)埋下了祸根。法国的利益以及盟国的利益就这样为个体利益——阴谋小集团的利益——做出了牺牲,结果法国不但在国外丧失了地位,而且陷入了内乱。

* * *

杜巴利伯爵夫人为她的一位宠儿钻营"利益肥缺"(负责办事员任命的官职)未果,但是她能够为大法官的得力助手布日瓦·伯伊恩争得了海军国务秘书一职。他正是落实莫普政策——建立准备取代地方法院的新初级法院——基石之人。4月13日,这项政策实际上以"国王裁决"颁布,人们将永志不忘。伯爵夫人对谴责此项行动的贵族之一尼维尔努瓦公爵的一番谈论,绝妙地体现出她在这件事上的影响——或者说她自认为施加的影响。伯爵夫人碰见这位公爵并指责了他在这件事上的所作所为,接着她说道:"公爵先生,我们只希望你不再提反对意见,因为你已经说明白了。国王说他绝不改主意。"公爵答道:"没错儿,夫人,他不过看你脸色行事罢了。"他就这样用一记诙谐且不是奉承言语,巧妙反驳,使自己摆脱了一场暗藏麻烦的交谈。

经过加工应用在杜巴利夫人身上的一首四行诗,甚至更强烈地暗示了她对国家苦难应负责任的程度。这首诗说道:

> 法兰西,你命如何?
> 一位情妇统治着。
> 你任处女(即圣女贞德)拯救过,
> 婊子将使你夭折。

她是否觉察到这首讽刺短诗,不得而知;但是,她不会理会。她想要明确无误地表示自己如何渴望以她力所能及的方式为新高等法院的形成出力。为了向左里·福鲁芮先生——新法庭检察总长,前地方法院行政官员中因怯懦而得以留任的唯一一位——表示满意,她赠送给其妻福鲁芮夫人一套价值10万法郎的钻石礼物。其实,有充分理由相信她的行事受到了他人的点拨。

她的姻兄让伯爵在幕后出主意,尽管他极少在宫廷露面。他住在巴黎,身边有不少年轻人为他效劳,不停地往返传达他的种种指令,接收人不是他的弟媳而是他妹妹杜巴利小姐,那位因智商高在很大程度上控制了伯爵夫人的丑女。她极少离开伯爵夫人身边。这三人之间频通声气,国王情妇的一言一行全由伯爵大人在一两天前酌情安排好了。

而且,这些年轻信使消息灵通并受过良好教育,他们不断行走于王国各处乃至外邦宫廷,尽管他们活动的原因无人知晓。一些人以为杜巴利先生此人一贯对政治感兴趣,研究过君主的喜好,通晓我们所称的外交事务，是一位无头衔的部长大人。他大概辅助国王办外交——像国王陛下那样在舒瓦瑟尔遭贬后的杰出表现。另一些人更令人信服地指出杜巴利不会有胆量觊觎外交部，他不过是为艾吉永公爵效力的下属。后来发生的种种事件验证了这种揣测的正确性。虽然其审判始于一年前，高等法院一项悬而未决判决的不良影响也尚未消除，艾吉永仍于6月间进入了国王枢密会议并被任命为外交部长。

* * *

第二部

　　旧高等法院被破坏新司法体制建立后，权力一直集中在莫普、特雷、艾吉永这三位关键部长手中。他们既不顾法国的利益相互间又争吵不休。艾吉永为了巩固自己的地位勾搭杜巴利，也就是说，给国王戴绿帽子。这位宠妇的姻兄让·杜巴利伯爵，为了自己的穷奢极欲不择手段地攫榨国库的钱财。

　　杜巴利伯爵这位姻兄是政府的不小包袱。凭着在弟媳身上举足轻重的影响，他视王国国库为自家的私人银行账户。他嗜赌成性，损失惨重。不过，他从不隐讳，根本不在乎。有时，他手气坏透了连赌连输时，和他一起玩的赌徒们都为他可惜，他却说："哥们儿，别担心我没钱给。你们大伙儿会给我付账。"1773年春天，他把自己关在特利尔城堡，堡主布里扎德先生把城堡借给了他。他借这座城堡为的是找一偏僻之处聚赌行乐。单一次赌局他就输了7 000路易。当时，他吹嘘自己欠债五百万。为了偿付这项债务，他照例写白条向特雷神甫支取。神甫恼恨他曾说过集资的坏话，拒绝兑现。这位欠债的居然追着审计总长不依不饶。不过，神甫不答应，艾吉永公爵感到不忿为他撑腰。公爵知会了杜巴利夫人，以防她的姻兄使坏挑唆她对付特雷。这一招儿伯爵闻听之下气愤不满溢于言表。一次晚宴上,他公开发难,声称如果艾吉永公爵忘了欠下的情分,他要让其滚蛋会像原先给他谋职那样轻而易举。他还说这话他不怕公开讲,希望这话传出去。部长们闻听此言一定吓得发抖,因为这事以后杜巴利伯爵摆平了欠债,分文不差地收到了必需的款项。

* * *

这样的腐败堕落该彻底结束了。若非路易十五之死使法国改变了局面,这个王国的毁灭指日可待。最奇异之处的是这局面竟由国王一死将一切完蛋的那些人一手造成。

一段时间以来,国王陛下沮丧有加。国王的宠臣加酒友德·齐维林侯爵的猝死让国王伤痛不已,原本身强体健的齐维林在一次狂欢痛饮中死在国王面前。这事国王一直念念不忘。年纪与国王相仿的另一位密友阿曼蒂埃元帅的离世让国王的郁闷伤感倍添。再加上,在濯足节上瑟内主教宣讲的一番言词特别激烈的训诫,国王听后良心发现,痛悔不已。杜巴利这群人决心鼓足干劲让国王摆脱这种糟糕的状态,为达目的他们甚至不惜借助狂欢、纵欲来刺激国王的身体(机能)恢复活力。于是,他们决定建议国王去特里亚敦(凡尔赛公园内的皇家城堡)散心游玩,在那里他会自然而然地忘情于宽松环境中诱发人们想干的那些事。他们注意到国王色眯眯地瞄上了木匠年纪不大的女儿,他们于是派人把姑娘弄来,梳洗净身,喷洒上香水,放到这位闻名的老色鬼床上伺候。不过,如果他们不用一些强烈的兴奋剂帮助国王享受一时的舒服通泰,并给予他这样年过花甲的老淫棍通常与之无缘的更多鱼水之欢,这道美味他实在很难消化。不幸的是,这孩子当时已经病了,要她干的事不堪应承,后来经他们百般威逼利诱才答应下来。他们那时并不知道她染上了天花,这病发作很迅速,这姑娘不久后死了。

病菌传到了国王身上,第二天他就生病了,然而当时没人知道病因。于是,他们劝告杜巴利夫人把病人留在当地,国王的事她可以继续说一不二。但是,首席御医德·拉·马丁尼埃先生借着国王身体虚弱耍威风,力主国王立即转移到凡尔赛,到那里的第二天国王被诊断患上了天花。人得了这病必死无疑。然而,他们最初不想惊吓国王,他们向他隐瞒了实情。宠妇为谨慎起见,开导国王相信她的私人医生伯尔度。他在国王的医疗方面发挥了主导作用,他作为首席医生与莫尼尔先生联手为国王治病,一起承担起主治医师的责任。自国王开始发病,他们一直争论于国王临终圣事如何办理的问题。巴黎大主教前往凡尔赛,希望帮助国王良心忏悔,但是伯尔度大夫强烈反对提这事,声称光提前安排这事就要了病人四分之三的命。他说这话的动机人人清楚:他不是顾及国王的生死,而是关心杜巴利夫人,因为圣仪一旦举行,她必须离开王宫。对杜巴利的敌对阵营而言,这是天上掉下来的好运气。

结果,杜巴利夫人继续留下,大主教被病人自己打发走了,因为他在这当口的到来让国王很生气。当他来到国王床边时,国王陛下借口病房里人多心烦,命令除仆人外一切人等统统离开。伯芒特先生被迫返回巴黎,从而引起了教士们的轻蔑。主教当时正患膀胱感染,这成了不少人嘲弄取乐的话头。戏言者说:"主教大人在巴黎尿血,可在凡尔赛只能泄尿。"事罢,杜巴利夫人在国王床边待了一整天,其他日子她也时常光顾。由于不知道自己情况严重,国王陛下要她的芊芊玉手抚摸自己身上溃烂的白泡。他们强调说国王仍然时时抚爱她,有一次甚至抓住她的乳房亲吻。不过,他们最后还是注定要分手。

生病的第五天夜间,国王本人对身边人说:"我不愿被迫重演在梅斯的那一幕(1774年他在梅斯患重病,路易的忏悔牧师逼他公开抛弃情妇查特鲁夫人)。请告诉艾吉永公爵夫人,如果她能领走杜巴利伯爵夫人,吾心甚慰。"结果,宠妇搬到吕埃尔和公爵夫人一起住。据传,她很坚强地领受这一驱遣。她马上给母亲写信告诉她自己搬家的事,她解释说国王陛下决定在这样危急的境况下他不适宜留情妇在宫中。他还写信安慰她说：无须担心，她会得到照应。而且，我们知道国王此举不是出自本心，而是一时的昏话，因为过后不久国王就忘记她已离开，还派人召唤她。

不过，影响已经造成了。这时候，她需要收回《列日年鉴》，这部书她一直耿耿于怀，拼命压制不让出版。书中关于四月预言之一含有这样的警句："最得宠的贵妇中有一位将一蹶不振。"她谦虚地认为这隐喻自己，常常说："我当然恨不得这可怕的四月快闪过去。"可是，谁会认为这是真心话呢？在吕埃尔居丧期间，她对奢侈轻松生活的追求一刻未停。她觉得艾吉永公爵城堡的床不太舒服，便马上派人从卢辛搬来自己的软床。当然，她直到最后都一直满怀希望，即使国王在即将领受临终圣事前通过他的钦使宣布："国王陛下痛悔把丑闻带给臣民，他唯愿以余生维护臣民之信义、宗教、幸福。"

杜巴利夫人深知一个垂死之人万一恢复健康，他的许诺会值几何。况且，那些大臣们本身的所为不断提醒她这一点。路易十五去世前两日，情况似乎不很严重，这时凡尔赛与吕埃尔之间的马车川流不息，事实上比巴黎至凡尔赛之间的交通还忙。可是国王病危的消息一传开，车马就逐渐稀少。国王还剩一口气弥留之时，那些以前出于政治原因装聋作哑的人开始高声怒骂这位情妇和她的家人。"杜巴利"这个名字人人诅咒，以至于当时被迫留在宫中侍奉阿托瓦伯爵夫人的年轻杜巴利侯爵夫人（富梅尔小姐），因忍受不住大量的冷嘲热讽，为了减轻痛苦，命她的仆人们脱去制服。其实，众所周知她一直反感于强加给她的这个婚姻。这本应使她免受公众的奚落，甚至得到同情。但是，有人嘲笑她无视情况严重依然靡费。譬如，人们说："桶匠们还有不少活儿干，因为所有的桶都漏水。"[法语"桶"（baril）与"杜巴利"（du Barry）谐音]事实上，杜巴利伯爵夫人的敌人们散布谣言说她逃离了吕埃尔，这事既不真实也不可能。她在吕埃尔接到自己的国王情人死亡的噩耗，乌里埃公爵前来向她送达"加玺敕书",流放她去布里的女子之桥修道院,离莫城不远。

一见这位不久前还在她脚下奴颜婢膝的部长大人出现,杜巴利夫人勃然大怒,她狠狠地指责他扮演这种角色。至于新国王的敕命,她习惯性地跳脚大骂道:"一张加玺敕书,国王就他妈的这样开张执政呀!"幽禁条件更让她狂怒不已:只允许她有一位使女,不许她见任何人甚至家人,要经修道院长阅看信件后才许发出。这样的严厉管束许多人认为是对已故国王的大不敬,但却是他去世之后若干时日内政治上之必需。这位宠妇无疑知道不少国家机密,当务之急是防止这样一位毫无责任感的娘们泄密。为了不让心肠软的人可怜她的境遇,大臣们散布了一件轶事旨在引起民众对她的愤恨以抵消可能出现的怜悯。他们晓喻公众说,她刚刚从妇女头饰商那里订购了100套帽边,暗指100个身着制服的仆人——一项令人难以置信的奢侈。这样会使人们普遍庆幸清除了一大祸害。

再者,人们不久后发现加玺敕书的口气并非严厉:说国王陛下为了国家之利益不得已命令她去修道院;他永不忘记他的先辈通过护佑对伯爵夫人昭示出的尊敬;况且,第一次枢密会议作出保证,如果需要她将享受适当的养老金。

新国王的慷慨大方似乎不止于此,因为大臣们知道杜巴利夫人过去常说新国王各种各样的坏话。她称他是:"缺调教的大小子",利用国王的宠信没规矩地叫太子妃"红毛"。甚至更加犯上作乱应受严惩的是,她曾开玩笑说:"陛下,您最好看紧点儿,别让这红毛暗地被人玩了。"显然,新君主与王后宽恕了当太子和太子妃时受到的那些侮辱,正如路易十二饶恕了自己身为奥尔良公爵时凌辱过自己的人那样。对杜巴利夫人而言,国家利益本身制约着他们的举动。对于她的姻兄,在宫廷上人称"耙子"的让伯爵来说,情况便不尽相同了,有头有脸的人们想要他承担一切罪名。

《杜巴利伯爵夫人轶事》

据说,这位阴谋家发现自己身处险境时,不知何人可以信赖,他在国王咽气的当口向和自己交情不浅的一位滑稽小丑戈伊斯先生吐露心思,向他讨教该怎么做才好。小丑摸了摸脑门,开口答道:"天哪,我亲爱的伯爵,钱匣加驿马。"伯爵拒不接受这主意,也生气自己会像歹徒那样出走逃命,他央求这位朋友再想个较体面的办法。戈伊斯先生搓了搓脑门,再次言道:"好吧,那就驿马加钱匣。"这主意杜巴利只能用一半,他的弟媳对他的信任没有达到他把一切卷走的程度。总之,他悄悄地脱身而去,让警察局丢人现眼,因为警察局受命对他进行彻底搜查。他的逃跑无疑得到了他的朋友艾吉永公爵的帮助,此人当时还是外交部长。当时,人人摇唇鼓舌说杜巴利,有关他的最令人不齿的故事到处传扬。例如,在他所干的不要脸的犯罪行为中,这些故事列举出他钱花光时会说:"我老弟会给我们钱。"每当谈及已故国王时,他总是令人难以置信地随便、没规矩。下面是关于这位耙子昭彰罪孽的最后一个故事。为了顺利逃跑,他藏身于一筐鲭鱼之中,同时信口哼哼着:"啊!和家人生活在一起真幸福!"

译名对照表

A

Académies de dames 《太太学堂》
Adoption, ou la maçonnerie des femmes 《被包养的女人》
Aiguillon 艾吉永
Albert Mathiez 阿尔贝·马迪厄
Albert Pons 阿尔贝·庞斯
Alembert 达朗贝尔
Almanach de la libraire 《藏书年鉴》
Almanch de Liège 《列日年鉴》
Amours de Mars et de Vénus 《维纳斯和玛尔斯的爱情》
Amours de Mme de Maintenon 《曼特农夫人之艳遇》
An 2440 《2440年》
André 安德烈
Anecdotes sur Mme la comtesse du Barry 《杜巴利伯爵夫人轶事》
Angervilliers 昂热维利埃
Ange 昂热
Annales 年鉴学派
Antoine-Gabriel de Sartine 安托瓦内-加布里埃尔·德·萨尔蒂纳
Aretino 阿日提诺
Argens 达让斯
Arlette Farge 阿尔莱特·法尔热
Arnaud 阿尔诺
Arrétin moderne 《现代阿雷丹》
Arrétin 《阿雷丹》
Art de foutre 《骗术》
Arthur Lovejoy 亚瑟·拉夫乔伊
Audéart 奥狄阿尔
Aug-Franc Rochard 奥格-弗兰克·罗夏尔
Aulard 奥拉尔
Auxerre 欧赛尔
Avertissement à la France touchant les libelles 《关于诽谤告全法兰西书》
Avignon 阿维尼翁(法国地名)

B

Babin 巴班
Bachaumont 巴肖蒙
Baculard d'Arnaud 巴库拉尔·阿尔诺
Barcelona 巴塞罗那(西班牙地名)
Baritel 杜巴利特尔
baron de Breteuil 德·布莱托尔男爵

baron de Breteuit　德·布勒特伊男爵
Barre　巴尔
Barrois　巴卢瓦
Barvé　巴雷
Bar-sur-Aube　奥布河畔巴尔
Bascon　巴松
Baudouin de Guémadeuc　鲍德安·德·盖马德克
Bayle　培尔
Beauvais　博韦
belle luthérienne　路德派美人
Bellerive　贝勒里乌
Bergeret　伯热莱
Bernard de Bautru　伯纳尔·德·鲍特鲁
bibliothèque bleue　精华图书（蓝皮书）
Bijoux indiscrets　《八卦珠宝》
Billard Dumonceau　比拉尔·杜芒库
Billault　比约尔
Blois　布卢瓦
Blouet　布鲁埃
Boisserand　布瓦瑟朗
Bon Sens.　《美感》
Bordeu　伯尔度
Borel　包雷尔
Bossuet　波舒哀
Bouardel　波亚德尔
Bouchard　博查尔
Bouillon　布庸
Bourgeois de Boynes　布日瓦·伯伊恩

Bourg-en-Bresse　布雷斯地区布尔格
Bourges　达布尔日
Bringand　布兰冈
Brissac　布里萨克
Brissot　布里索
Brittany　布列坦尼
Brizard　布里扎德
Buffon　布封

C

cabinet littéraire　文学阅览室
cahiers de doléances　陈情书
Calas Affair　卡拉斯事件
Caldesaigues　卡尔德赛哥
Calonne's New Deal　卡隆的新政
Calonniana　卡隆系列
Candide　《天真汉》
Canopé couleur de feu　《炉边的彩色长沙发》
Carez　卡雷
Carlo Ginzburg　卡洛·金兹伯格
carrosse　客运马车
Casette verte de M. de Sartine　《萨尔蒂纳大人先生的绿盒子》
"Catechism of Human Reason"　《人类理性问答》
Catéchumène　《望教徒》
Catherine Cadière　卡迪埃尔
causes célèbres　轰动性事件
Cellier　瑟利尔

Censure générale de tous les libelles diffamatoireç 《全面查禁诽谤中伤作品》
Cézary 塞萨里
Chambeau 尚博
Champagne 香槟
Chandelle de'Arras 《阿拉斯的蜡烛》
Chanteloup 庄塔卢
Chantilly 尚蒂伊
Chappuis 夏皮施
Charles 夏勒
Charles Christin 夏尔·克里斯坦
Charles-Alexandre de Calonne 夏勒-亚历山大·德·卡隆
Charles-Joseph Pancoucke 夏勒-约瑟夫·庞库克
Charmer 夏迈
Chevrier 谢乌里埃
Choiseul 舒瓦瑟尔
Choiseulistes 舒瓦瑟尔派
Choses utiles et agréables 《可爱有用之物》
Christiam Jouhaud 斯蒂安·若奥
Christianism dévoilsé 《被揭穿的基督教》
Chronique scandaleuse, ou mémoires pour servir à L'histoire de moeurs de la génération présente 《丑闻编年史或当代人风尚史回忆》
château of Triel 特利尔城堡

Cicero 西塞罗
Claude Mey 克劳德·梅伊
Claude Morlot 克劳德·莫洛
Cleland 克莱朗
Colbert 科尔波
Collection complète de tous les ouvrages pour et contre 《各类作品全集》
Compère Matthieu 《教父马修》
comte de Châtelet 德·沙特列伯爵
comte de Maurepas 德·莫莱帕斯伯爵
Concino Concini 孔奇诺·孔奇尼
Condorcet 孔多塞
Confidence Philosophique 《哲学的秘密》
Considérations sur les moeurs 《关于风俗的思考》
Corneille 高乃依
Correspondance littéraire 《文学通信》
Correspondance secrète et familière de M. de Maupeou 《莫普大人和家人的秘密通信》
Corsican Legion 科西嘉军团
"Cortigiani, Vil razza dannata" 《孽障,遭天谴的大臣们》
Courier de L'Europe 《欧洲信使报》
Cramer 克拉默
Creole 克里奥尔
crypto-Huguenot 胡格诺分子
Cugnet 库格尼
Custode du lit de la reine 《王后床笫守护人》

D

Damon　达蒙
Daniel Mornet　丹尼尔·莫内
Daniel Roche　丹尼尔·罗什
Days of the Barricades　街垒日
De la Martinière　德·拉·马丁尼埃
De La Reynie　德·拉雷涅
De Tournes　德·图尔纳
Delisle de Sales　德利索·德·萨尔
Denis Diderot　德尼·狄德罗
Desauges　德索热
Devoirs, Statuts on Règlements généraux des F.M.　《责任、地位或外国使团章程》
Dialogue de Pégase et du vieillard　《柏伽斯与老人的谈话》
Dictionnaire de l'Académie française　《法兰西学院词典》
Dictionnaire historique et critique　《历史批判辞典》
Dictionnaire　《辞典》
Didier　狄迪耶
diffusion studies　传播研究
discourse analysis　话语分析
Dissertation sur Saint-Claude　《论圣-克劳德》
divine liquid　神圣液体
Dominique Julia　多米尼克·朱丽亚
Dominique Lépagnez　多米尼克·雷帕涅

Dorat　朵拉
Dr.Mesmer　梅斯梅尔大夫
duc de Chartres　德·查特里公爵
duc de la Vrillière　德·拉·乌里列公爵
duc de Noailles　德·诺阿耶
duc de Praslin　德·普拉斯林公爵
duchess de Valetinois　德·维尔蒂诺瓦公爵夫人
Duclos　杜克洛
Duplain　杜普兰

E

écrit injurieux　冒犯性作品
Edict of Nantes　南特敕令
Edrrard Young　爱德华·杨格
Edwcation de Laure　《劳尔的培养》
Elie　埃里
Encyclopédie　《百科全书》
Enoch　伊诺克
Épîtres, satire, contes　《书信、讽刺、短篇小说》
Errotika Biblion　《圣经的谬误》
Espion anglois　《英国间谍》
Espion chinois　《中国间谍》
Espion dévalisé　《被揭穿的间谍》
Espion français　《法国间谍》
Esprit　《论精神》
Esquisse d'un tableau historique des progrès de l'esprit bumain　《人类精神进步历史纲要》

Essai philosophique sur le monachisme 《君主政体的哲学随笔》

"Etat et description de la ville de Montpellier" 《蒙彼利埃城概貌》

Examen de la religion dont on cherche l'éclaircissement de bonne foi 《探讨虔诚宗教信仰起源的宗教考察》

F

F.M.Grimm　F.M.格里姆

Fastes de Louis XV 《路易十五的奢侈生活》

feuille des bénéfices　利益肥缺

Fêtes de Priape 《男性生殖神的盛宴》

Fille de joie 《快乐的少女》

Fille naturelle 《朴实的少女》

Flandin　弗兰丁

Fleur de Montagne　富洛尔·蒙塔尼

Fontanel　冯塔内尔

Fougeret de Monbron　弗热埃·德·蒙布伦

"Fragments sur l'Inde et sur le général Lalli" 《关于印度与拉里将军之文摘》

Frambourg　弗雷伯格

France galante, ou histoires amoureuses de la cour de Louis XIV. 《风流法兰西》

Franco Niccolò　弗朗柯·尼克洛

Franco-Gallia 《法兰西—加利亚》

François de Baculard d'Arnaud　弗朗索瓦·德·巴库拉·达尔诺

François Furet　弗朗索瓦·孚雷

François-Marie Arouet de　弗朗索瓦-马利·阿鲁埃·德

Frédéric Barbier　弗雷德里克·巴比耶

Frédéric-Samuel Ostervald　弗雷德里克-萨缪埃尔·奥斯特瓦勒

Fréret　弗雷莱

Frétillon 《弗雷逊隆》

G

Gabriel Décombaz　加布里埃尔·德孔巴

Gabriel Grasset　加布里埃尔·格拉赛

Gallay　加莱

Gargantua　卡冈都亚

Gazetier cuirassé 《铁甲报》

Gazette de Cythère … (et) Le Précis historique de la vie de Mme la comtesse du Barry 《爱神报，(和)杜巴利伯爵夫人生活写真》

Gazette de France 《法兰西公报》

Gazette de Leyde 《莱德报》

Georges Canguilhem　乔治·康吉勒姆

Gervaise de Latouche　热尔韦·德·拉图什

Gessner　格斯纳

Godeffroy　戈德夫鲁瓦

Gomart de Vaubernier　古马赫·德·沃

伯尼尔
Gonthier 龚提尔
Grammont 格拉蒙
Gregory 格雷戈里
Grenoble 格勒诺布尔
Greole marquise 克里奥尔女侯爵
Guide au Chemin de la liberté 《自由之路指南》
Guillaume Inbert de Bourdeaux 纪尧姆·安贝尔·德·伯尔多
Guillon 大格隆
Guy 盖伊

H

Helvétius 爱尔维修
Henri-Jean Martin 昂利-让·马丹
Hermil 赫米尔
Histoire amoureuse des Gaules 《高卢人情史》
Histoire critique de Jesus-Christ 《基督批评史》
Histoire de dom B ... portier des Chartreux 《夏特勒的守门人……艳史》
Histoire de Juliette 《朱丽叶的故事》
Histoire de la tourière des Carmélites 《加尔默罗会游方士风流史》
Histoire de l'édition française 《法国出版史》
Histoire naturelle 《自然史》

Histoire philosophique et politique des établissements et du commerce des européens dans les deux Indes 《欧洲人在两印度的贸易和机构的政治哲学史》
Histoire Philosophique 《哲学史》
Histoire romaine 《罗马史》
Homme-machine 《机器人》
honnête homme 好男人
Hubert Carrier 于贝尔·卡里埃
Hubert Cazin 于贝尔·卡赞
Huguenot refugees 胡格诺难民

I

Inventing the French Revolution 《发明法国大革命》
Isaac-Pierre Rigaud 伊萨亚克-皮埃尔·李高

J

Jacquenod 亚克诺德
Jacques-Benjamin Téron 雅克-本杰明·泰隆
Jacques Revel 雅克·雷维尔
Jannin 詹宁
Jansenist 詹森主义
Jarfaut 亚福
Jean Martel 让·马特尔
Jean-Abram Nouffer 让-亚伯拉罕·努夫

Jean-Baptiste Girard　让-巴普蒂斯特·吉拉尔
Jean-Charler-Pierre Lenoir　让-夏勒-皮埃尔·勒努瓦
Jean-Elie Bertrand　让-埃利伯特朗德
Jean-Felix Charmet　让-菲力克斯·夏迈
Jean-François de la Harpe　让-弗朗索瓦·德·拉阿普
Jean-François Favarger　让-弗朗索瓦·法瓦热
Jean-François Pion　让-弗朗索瓦·皮昂
Jean-Joseph Niel　让-约瑟夫·尼埃勒
Jean-Louis Leclerc　让-路易·莱克勒克
Jean-Lécuyer　让·雷凯尔
Jean-Samuel Cailler　让-萨缪埃尔·凯耶
Jeremiah　耶利米
Jeremy Wittel　杰里米·威特尔
Jezennemours　《耶稣会士之爱》
John Dunn　约翰·邓恩
John Pocock　约翰·波考克
Journal de Paris　《巴黎日报》
Journal des savants　《博学者杂志》
Journal historique de la révolution opérée dans la constitution de la monarchie française par M. de Maupeou　《莫普大人在法兰西君主制框架下操纵的革命之历史日志》
Journal of the History of Ideas　《观念史杂志》
Jules-Alexis Bernard　茹勒-阿列克斯·贝纳尔
Jürgen Habermas　于尔根·哈贝马斯

K
Keith Baker　凯斯·贝克尔
Koeppen　科邦

L
La *Bourbonnaise*　《波旁女人》
La Chalotais　拉·夏洛泰
La Mettrie　拉梅特里
La Rochelle　拉罗歇尔
La Roche-Aymon　拉·罗什-艾蒙
Labadie　拉巴狄
Labille　拉比耶
Lafayette　拉法耶特
Laisney　莱斯尼
Lamoignon de Malesherbs　拉穆瓦尼翁·德·马尔泽尔布
Langres　朗格勒
Languedoc　朗格多克
Lanjuinais　朗久奈
Lauriers ecclésiastiques　《教士的桂冠》
Lazarus　拉扎鲁
Le Bel　勒贝尔
Letourmy　勒图米

译名对照表

Letters de Bolingbroke 《博林布鲁克信札》
Letters de cachet 《论逮捕密札》
Lettre philosophique de V*** 《伏……哲学通讯》
Lettres de cachet et des prisons d'Etat 《论逮捕密札与国家监狱》
Lettre sur les aveugles 《盲人书简》
Législation 《论立法》
Lettres originales de Mme la comtesse du Barry 《杜巴利伯爵夫人原本通信》
Lépagnez 雷帕涅
libelles 诽谤性小册子
Libertin de qualité 《个性解放》
Lièvre 勒利埃夫尔
Linguet 兰盖
lit de justice 国王裁决
Littérature et des littéraires 《论文学与文人》
Livre et société 《书籍与社会》
Loisirs du chevalier d'Eon 《伊昂骑士的消遣》
Loménie de Brieme 罗梅尼·德·布里安纳
Loudun 卢丹
Louis Petit de Bachaumont 路易·伯蒂·德·巴肖蒙
Louis-Adrien Le Paige 路易-阿德里安·勒佩日
Louis-Sébastien Mercier 路易-塞巴斯蒂安·梅西耶
Luc Biron 吕克·比隆
Lucretius 卢库里修斯
Lugano 卢加诺
Lyre gaillarde 《情诗》

M

M. Capel M. 卡佩尔
M. de Sartine M. 德·撒尔丁先生
Ma conversion, ou le libertin de qualité 《我的皈依,或个性释放》
Maastricht 马斯特里赫特
Mably 马布利
Machault d'Arnouville 马肖·达努维尔
Machiavelli 马基雅维利
Madame Gontaut 贡陶夫人
Madame Gourdan 果丹夫人
Maison du Roi 国王宫廷事务
Malasis 马拉西
Malherbe 马勒布
Manoury 马努里
Manoury 莫夫兰
Manuel de l'auteur et du libraire 《作者和书商指南》
Marcel Gauchet 马塞尔·戈谢
Marcellin 马塞兰
Marcier 马西耶
Marcus Aurelius 马可·奥勒留

Margot la ravaudeuse 《告密者马戈》
Maria Theresa 玛丽亚·泰莱丝
marquis de Chabrillant 德·沙布里朗侯爵
marquis de Chauvelin 德·齐维林侯爵
marquis de Monteynard 德·蒙提纳德侯爵
marquis d'Argens 阿尔让侯爵
marquise de Montmorency 德·蒙莫林西侯爵夫人
maréchal d'Armentières 阿曼蒂埃元帅
Matthieu-François Pidansat de Mairobert 马修-弗朗索瓦·皮当萨·麦罗贝
Matthieu 马蒂欧
Maundy Thursday 濯足节
Maupeouana 莫普系列
Maupeou 莫普
Maurepas 莫莱帕斯
mauvais propos 坏话
Maximes du droit public français 《法兰西公权的行为准则》
Mazarinade 《马扎然派》
Mazarin 马扎然
Maîtress en titre 御前者席情妇
Meister 梅斯特
Menocchio 曼诺乔
Mercure 《信使报》
Methuselah 麦修彻拉
Metz 梅斯(法国地名)
Meusnier de Querlon 默斯尼耶·德·凯尔隆
Mémoires authentiques de Mme la comtesse du Barry 《杜巴利伯爵夫人真实回忆录》
Mémoires de Louis XV 《路易十五回忆录》
Mémoires de l'abbé Terray 《泰雷神父回忆录》
Mémoires de M. le comte de Saint-Germain 《圣-日耳曼伯爵回忆录》
Mémoires de Mme la marquise de Pompadour 《蓬帕杜尔侯爵夫人回忆录》
Mémoires d'une reine infortunée 《一位不幸王后的回忆》
Mémoires secrets pour servir à l'histoire de la République des Lettres en France 《法兰西文学共和国史秘密回忆录》
Mémoires secrets 《秘密回忆录》
Mémoires sur la Bastille 《巴士底狱回忆录》
Mémoires sur la librairie 《出版业陈情书》
Michel de Certeau 米歇尔·德·塞尔托
Michel Vovelle 米切尔·伏维尔
Mirabeau 米拉波
Missel de Paris 《巴黎弥撒》

译名对照表

Mlle de Lespinasse　德·莱斯皮纳思小姐
Mlle Frédéric　弗雷德里克小姐
Mlle Selin　瑟琳小姐
Mme Bois-Laurier　布瓦-劳丽儿夫人
Mme David　达维夫人
Mme de Châteauroux　德·查特鲁夫人
Mme de Maintenon　德·曼特农夫人
Mme de Pompadour　德·蓬帕杜尔夫人
Mme Doubler de Persan　杜布莱·德·伯桑夫人
Mme Gianbonne　安布恩夫人
Mme le Normant　诺芒夫人
Mme Ricconboni　李科波尼夫人
Mme Tencin　唐森夫人
Mmy comtede　默伊
Moeurs　《习俗》
Molin　莫兰
Monarque accompli　《称职君主》
Mon Bomet de nuit　《我的睡帽》
Mona Ozouf　莫娜·奥佐夫
Monsieur le public　公众先生
Morande　默朗德
Morelly　摩莱里
Morforio　莫弗利奥
Mossy　莫西
Moufle d'Angerville　姆弗尔·丹格维尔

N

Nancy　南锡（法国地名）
Necker　内克尔
Nesle　内斯尔
Nicolas　尼古拉
Night Thoughts　《夜思》
Nimes　尼姆
Norbert Elias　诺贝尔·埃里亚斯
Nouvelles des couvertes des ruse　《诡计新编》
nouvelliste　新闻贩子
Nubla　努布拉

O

Observateur anglais, ou correspondanse secrète entre Milord、All'Eye et Milord All'Ear　《英国观察家，或顺风耳大人和千里眼大人的秘密通信》
Oeuvres posthumes　《身后作品集》
old prejudice of Gothic chivalry　旧哥特骑士偏见
Origines intellectuelles de la Révolution française　《法国大革命的思想起源》
Ovid　奥维德

P

Pamela　《帕梅拉》
Parc-aux-Cerfs　雄鹿园
Parlement of Aix　艾克斯议会
Pascal　帕斯卡尔
Pasquin　帕斯干

Pater Noster 《我们的父亲》
Patras 巴特拉斯
Paul Aazard 保罗·阿扎尔
Paul Malherbe 保罗·马勒尔布
Paul Scarron 保罗·斯卡隆
Paysan perveriti 《邪恶的农夫》
Perrault 比洛
petits appartements 小套房
Petrone 《彼特龙》
Philibert Orry 菲利贝尔·奥里
Philinte 菲兰特
Philip Erasmus Reich 菲利普·埃拉姆斯·莱克
Philosophie dans le boudoir 《贵妇沙龙里的哲人》
Philosophie de la nature 《自然哲学》
Pierre Bourdieu 皮埃尔·布尔迪厄
Pierre de L'Estoile 皮埃尔·德·埃斯托瓦尔
Pierre-Joseph Duplain 皮埃尔-约瑟夫·杜普兰
Pièces heureusement échappées de la France 《法兰西无人瞩目之戏剧》
Planquais 普兰凯
Plus Secrets Mystères des hauts grades de la maçonnerie dévoilés 《共济会……奥秘探隐，或玫瑰十字架》
Poinçot 普瓦索
Poitiers 普瓦提埃
Pommereul 波默勒尔

Pontarlier 蓬塔尔利耶
Pont-Neuf 新桥
Portefeuille de Madame Gourdan 《古尔丹夫人的钱包》
Praslin 普拉斯林
Prévost 普雷沃
prince de Condé 孔德亲王
Princess de Clèves 《克莱芙王妃》
Profession de foi des théistes 《有神学论者信仰声明》
Pucelle d'Orléans 《奥尔良少女》
Putain errante 《流浪妓女》
Putain parvenue 《暴富妓女》

Q

Queen Caroline Mathilde 卡罗琳·麦西尔德王后
Quentin Skinner 昆廷·斯金纳
Questions sur l'Encyclopédie 《论百科全书问题》

R

Rabelais 拉伯雷
Ragionamenti 《性交术》
Raynalle 雷纳利尔
Raynal 雷纳尔
Recherches philosophiques sur les Américains 《美洲人之哲学探索》
Recherches sur l'origine de l'esclavage religieux 《宗教奴役的起源研究》

Recueil de comédies et … Chansons gaillardes … 《情歌……及……喜剧集》
Recueil des Actes du Comité de salut public 《公安委员会文件汇编》
Regnault le jeune 小雷诺尔
Reims 兰斯(地名)
Religieuseen chemise 《穿睡衣的修女》
Religieuse 《修女》
Remarques sur les Anecdotes da Madame la comtesse du Barry 《杜巴利伯爵夫人轶事评论》
Rennes 雷恩
Resplandy 莱普朗迪
Restif de la Bretonne 雷蒂夫·德·拉·布雷东
Régiment de Beauce 博斯团
Rêve de d'Alembert 《达朗贝尔之梦》
Richard Hoggart 理查德·霍加特
Richard Tuck 理查德·塔克
Richardson 理查森
Richelieu 黎塞留
Rideau levé ou l'éducation de Laure 《拉起的帷幕或劳尔的培养》
Rip Van Winkle 利波·万·文克尔
rival discursive practices 竞争性的话语实践
Robert Cadell 罗伯特·卡德尔
Robert Palmer 罗伯特·帕尔默
Rochette de la Morlière 罗切特·德·拉莫里哀
Roger Chartier 罗杰·夏蒂埃
Roger de Rabutin 罗杰·德·拉布丹
Roi Sámuse 《自娱的国王》
Rollin 罗兰
"Rousseauistic category" 《公民权与人权宣言》
Rouyer 卢耶尔

S

Saint-Claude 圣-克劳德
Saint-Victor 圣·维克多
Samuel Fauche 萨缪埃尔·弗歇
Saul 《索勒》
secret du roi 国王的秘密
Siècle de Louis XIV 《路易十四的世纪》
Sieur Monnier 莫尼尔
Simon 西蒙
Société typographique de Neuchâtel (STN) 纳沙泰尔出版社
Soissons 苏瓦松
Sombert 松贝尔
"Sonetti lussuriosi" 《色情十四行诗》
Sopha 《索珐》
St. Francis 圣·弗朗西斯
Stanislas Leszczynski 斯坦尼斯拉思·勒兹金斯基
Stockdorf 斯多克朵夫
Strasbourg 斯特拉斯堡(德国地名)

Sully　萨里
Système de la nature　《自然体系》

T

Tableau de Paris　《巴黎图景》
Taureau blanc　《白色的公牛》
Terray　泰雷
Terray　特瑞
"The Castle of Otranto"　《奥特兰多的城堡》
the duc de Nivernois　尼维尔努瓦公爵
The Family Compact　家族契约
"The Great Chain of Being"　《存在之伟链》
Thémidore　《瑟密朵儿》
Thémiseul de Saint-Hyacinthe　泰米索尔·德·圣-亚塞特
Théologie Portative　《袖珍神学》
Thiers　梯也尔
Thomas Jefferson　托马斯·杰弗逊
Tournel　图尔内
Toussaint　杜桑
Traité des trios imposteurs　《三个骗子的约定》
Treaty of Aix-la-Chapelle　《艾克斯—夏佩勒条约》
Troisième　特鲁瓦谢姆
Troyes　特鲁瓦
Turgot　杜尔戈

U

Ultramontane church　越山教会

V

Valencia　瓦伦西亚（西班牙地名）
Valenciennes　瓦朗谢讷
Vaubergnier　沃伯涅埃
Vergennes　沃根纳
Vernes　韦尔纳
Veuve Duchesne　杜歇纳寡妇
Vewve Baritel　弗夫·巴利泰勒
Védrène　韦德雷纳
Vénus dans le ccoître　《修道院里的维纳斯》
Vie privée de Louis XV　《路易十五的私生活》
Vindiciae contra tyrannos　《暴君惩戒》
vingtième　二十分之一税
Vision du Cardinal de Bennis　《伯尼斯红衣主教的梦幻》
Volnot　伏尔诺

W

Walter Mitty　沃尔特·米蒂
Waroquier　瓦洛基埃
William Strahan　威廉·施特汉

Z

Zamore　扎莫尔

图书在版编目（CIP）数据

法国大革命前的畅销禁书 / (美) 罗伯特·达恩顿著；
郑国强译. — 上海：上海教育出版社，2023.3（2024.4重印）
ISBN 978-7-5444-9552-3

Ⅰ.①法… Ⅱ.①罗… ②郑… Ⅲ.①禁书－图书史
－研究－法国－18世纪 Ⅳ.①G256.1

中国国家版本馆CIP数据核字(2023)第110245号

The Forbidden Best-Sellers of Pre-Revolutionary France copyright © by Robert Darnton
Printed in the United States of America
First published as a Norton paperback 1996
Simplified Chinese translation copyright © Shanghai Education Publish House 2023
Published by arrangement with Bardon Chinese Creative Angency Limited
All right reserved

上海市版权局著作权合同登记号 图字 09-2023-0638 号

责任编辑　储德天
封面设计　高静芳

法国大革命前的畅销禁书
[美] 罗伯特·达恩顿　著
郑国强　译　洪庆明　校

出版发行	上海教育出版社有限公司
官　　网	www.seph.com.cn
地　　址	上海市闵行区号景路159弄C座
邮　　编	201101
印　　刷	上海昌鑫龙印务有限公司
开　　本	890×1240　1/32　印张 12.875
字　　数	322 千字
版　　次	2023年7月第1版
印　　次	2024年4月第2次印刷
书　　号	ISBN 978-7-5444-9552-3/K·0064
定　　价	79.80 元

如发现质量问题，读者可向本社调换　电话：021-64373213